新工科·普通高等教育汽车类系列教材

汽车改装设计

主编　文少波　臧利国
参编　周　盼　吴金国　徐翊竣
主审　殷国栋

机械工业出版社

本书系统地阐述了汽车改装设计所需的基本理论知识和相关技术要求。全书分为汽车改装技术基础篇、乘用车改装篇、旅居车改装篇和专用汽车改装篇4篇，共15章，主要内容包括汽车改装技术概述、汽车改装理论基础、汽车改装法规与标准、乘用车性能改装、乘用车外观改装、乘用车电气设备改装、特殊改装案例、旅居车概述、旅居车总体设计、旅居车内部空间设计、旅居车结构设计、专用汽车发展概述、专用汽车功能改装设计、专用汽车现代设计方法、改装案例等。本书尝试改变过去教材过于注重理论和教师教学的内容体系，力图构建一个强调实践和以学生为主体的新的内容体系。

本书可作为高等院校车辆工程、汽车服务工程等专业的教学用书，也可作为专业从事汽车改装设计的工程技术人员的参考读物。

本书配有 PPT 课件，选用本书作为教材的教师可以登录 www.cmpedu.com 注册后免费下载。

图书在版编目（CIP）数据

汽车改装设计/文少波，臧利国主编. —北京：机械工业出版社，2024.3

新工科·普通高等教育汽车类系列教材

ISBN 978-7-111-75234-9

Ⅰ.①汽… Ⅱ.①文… ②臧… Ⅲ.①汽车改造-高等学校-教材 Ⅳ.①U472

中国国家版本馆 CIP 数据核字（2024）第 048054 号

机械工业出版社（北京市百万庄大街 22 号　邮政编码 100037）

策划编辑：宋学敏　　　　　　责任编辑：宋学敏　赵晓峰
责任校对：潘　蕊　王　延　　封面设计：张　静
责任印制：郜　敏

三河市国英印务有限公司印刷

2024 年 5 月第 1 版第 1 次印刷

184mm×260mm · 19.75 印张 · 485 千字

标准书号：ISBN 978-7-111-75234-9

定价：69.00 元

电话服务　　　　　　　　　网络服务

客服电话：010-88361066　　机 工 官 网：www.cmpbook.com
　　　　　010-88379833　　机 工 官 博：weibo.com/cmp1952
　　　　　010-68326294　　金 书 网：www.golden-book.com

封底无防伪标均为盗版　机工教育服务网：www.cmpedu.com

前　言

近年来，我国汽车保有量快速增长、汽车消费已经从私有化向个性化发展，针对汽车改装的需求越来越多，国内车企也加快了定制改装车型的研发进程，进一步推动了汽车改装技术的发展，汽车改装人才的需求也大为增加。但汽车改装设计的理论梳理和法规、标准推介有待进一步完善，同时汽车改装设计方面的专业教材并不多见。本书系统阐述了汽车改装的理论知识，介绍了汽车改装的法规和标准，同时提供了大量典型汽车改装案例，理论性与实用性并重，既能满足高等院校车辆工程、汽车服务工程等专业的教学需要，也可为专业从事汽车改装设计的工程技术人员提供参考。

本书内容丰富，理论性和实用性强。本书分为4篇，汽车改装技术基础篇主要介绍了汽车改装的发展、汽车改装技术的理论基础、汽车改装法规与标准等内容；乘用车改装篇主要阐述了乘用车性能改装、乘用车外观改装、乘用车电气设备改装等内容；旅居车改装篇主要介绍了旅居车总体设计、旅居车内部空间设计、旅居车结构设计等内容；专用汽车改装篇主要介绍了常用专用汽车型号、专用汽车功能改装设计，专用汽车现代设计方法等内容。

本书在介绍改装理论知识的基础上，突出地展现了一些典型汽车改装案例，如摆臂式垃圾车改装、常压液体罐车改装、高空作业车改装、残障人士专用车改装和赛车改装等。本书尝试改变过去教材过于注重理论和教师教学的内容体系，力图构建一个强调实践和以学生为主体的新的内容体系。

本书由南京工程学院文少波、臧利国担任主编，由东南大学殷国栋教授主审。参加编写的还有南京工程学院周盼、吴金国和徐翊竣。编写分工如下：文少波编写第1、2、4章，臧利国编写第12~15章，周盼编写第3章，吴金国编写第8~11章，徐翊竣编写第5~7章。

书后列出了主要参考文献，限于篇幅，难免著录不全，在此，对本书涉及内容的参考文献作者表示感谢。

限于编者水平和经验，书中难免有疏漏和不当之处，恳请读者批评指正。

编　者

目　录

前言

第1篇　汽车改装技术基础篇

第1章　汽车改装技术概述 ················ 3
1.1　汽车改装概述 ·················· 3
1.2　汽车改装技术发展现状 ········ 5
1.3　汽车改装基础知识 ············ 22
思考题 ······························ 26
第2章　汽车改装理论基础 ············ 27
2.1　汽车性能改装理论基础 ········ 27
2.2　汽车外观改装理论基础 ········ 54
2.3　汽车电气改装理论基础 ········ 60

2.4　汽车人机工程学设计 ········ 67
2.5　汽车改装总体设计 ············ 71
思考题 ······························ 80
第3章　汽车改装法规与标准 ········ 81
3.1　机动车改装的法律法规 ········ 81
3.2　主要尺寸 ······················ 82
3.3　质量参数 ······················ 86
3.4　性能参数 ······················ 92
思考题 ······························ 101

第2篇　乘用车改装篇

第4章　乘用车性能改装 ············ 105
4.1　发动机性能改装 ·············· 105
4.2　底盘性能改装 ················ 115
4.3　制动性能改装 ················ 118
4.4　其他改装 ···················· 120
思考题 ····························· 123
第5章　乘用车外观改装 ············ 124
5.1　空气动力学改装 ·············· 124
5.2　汽车色彩学改装 ·············· 126
思考题 ····························· 129

第6章　乘用车电气设备改装 ······ 130
6.1　汽车仪表改装 ················ 130
6.2　汽车车灯改装 ················ 131
6.3　音响改装 ···················· 136
6.4　汽车主动安全电气设备改装 ·· 146
思考题 ····························· 152
第7章　特殊改装案例 ·············· 153
7.1　残障人士专用汽车改装 ······ 153
7.2　赛车改装 ···················· 167
思考题 ····························· 180

第3篇　旅居车改装篇

第8章　旅居车概述 ················ 183
8.1　旅居车发展历史 ·············· 183
8.2　旅居车分类 ·················· 188
8.3　国内外旅居车发展现状 ······ 192
思考题 ····························· 197
第9章　旅居车总体设计 ············ 198
9.1　整车参数的确定 ·············· 198

9.2　外观造型与涂装设计 ········ 201
9.3　整车配置与系统功能定义 ···· 204
思考题 ····························· 206
第10章　旅居车内部空间设计 ······ 207
10.1　旅居车内部功能区间 ········ 207
10.2　旅居车内部设施设计 ········ 208
10.3　空间拓展设计 ··············· 213

10.4 旅居车空间设计人机工程学 ………… 216
10.5 车内空间布局优化设计 ………… 218
10.6 内饰材料及色彩搭配 ………… 221
10.7 旅居车智能化设计 ………… 222
思考题 ………… 223

第11章 旅居车结构设计 ………… 224

11.1 车身 ………… 224
11.2 空间扩展机构 ………… 226
11.3 牵引连接装置 ………… 227
11.4 其他附属配件 ………… 229
思考题 ………… 230

第4篇 专用汽车改装篇

第12章 专用汽车发展概述 ………… 233
12.1 专用汽车的一般概念及型号 ………… 233
12.2 发展专用汽车的重要性 ………… 235
12.3 我国专用汽车的发展概况 ………… 236
思考题 ………… 237

第13章 专用汽车功能改装设计 ………… 238
13.1 自卸汽车改装 ………… 238
13.2 起重举升汽车改装 ………… 252
13.3 厢式汽车改装 ………… 256
13.4 仓栅式汽车改装 ………… 260
13.5 特种结构汽车改装 ………… 267
思考题 ………… 277

第14章 专用汽车现代设计方法 ………… 278
14.1 专用汽车的特点和要求 ………… 278
14.2 专用汽车设计方法 ………… 279
14.3 自卸车设计优化方案 ………… 284
思考题 ………… 287

第15章 改装案例 ………… 288
15.1 专用自卸汽车改装——摆臂式
垃圾车 ………… 288
15.2 罐式汽车改装——常压液体罐车 ………… 295
15.3 起重举升汽车改装——高空
作业车 ………… 298
思考题 ………… 306

参考文献 ………… 307

第1篇

汽车改装技术基础篇

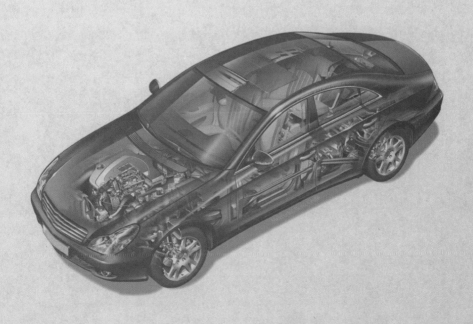

第1章 汽车改装技术概述

1.1 汽车改装概述

1.1.1 汽车改装的概念

一般来说,汽车改装是指根据汽车车主需要,将汽车制造厂家生产的原形车进行外部造型、内部造型以及机械性能的改动。

汽车改装市场是以汽车的品牌文化为特征,以特色偏好为导向,对汽车的实用性、功能性、鉴赏性进行改进、增强、美化的一种市场形式。

随着汽车产业的飞速发展,汽车改装已经被越来越多的人所认可。汽车改装在最大程度上强化和提升了车辆的使用性能,其作为一种汽车文化得到了广泛的延伸,越来越受到人们的喜爱,得到了众多私家车主的认可和追求。在美国、德国、日本等发达国家,汽车改装已经产业化。汽车制造商每生产一辆新车,其配套的改装配件和技术就会出现,以满足车主更精细的需求。随后,体现汽车个性、追求驾驶乐趣、提升车辆安全性、突出个性外观、延伸实际需求的汽车改装产品也得到快速发展,形成了汽车改装市场。

1.1.2 汽车改装的意义

普通人认为汽车改装与他们无关,认为汽车厂家在生产汽车时就应该按照汽车销售的价格,把使用者所需要的装备都装配在了汽车上。所以说到汽车改装,很多人认为只有赛车可以改装。事实上,汽车改装在一些发达国家已经发展多年,并拥有大批的拥护者。车主经常通过改装汽车来体现自己独特的个性,而且汽车改装之所以如此吸引人,不仅仅是因为它简单地改变了汽车的某些部分,更重要的是它代表了车主对汽车本身的爱好和对汽车文化的理解。

但是,由于不同车辆性能的差异以及车主对汽车改装理解和目标的不同,因此汽车改装的内容和方法也不同。汽车改装项目可简单可复杂,成本可多可少。大家可以根据车辆的具体情况、个人经济实力、兴趣爱好等制订适合自己的改装方案。所以,衍生出来的汽车改装产品种类繁多,这便让车主可以充分发挥自己的主观能动性,大大提升车主的改装意愿。

真正意义上的汽车改装无非以下4个目的。

1）提高汽车的各项技术性能。车主在驾驶车辆过程中，可以针对自己感觉到不满意的环节对车辆进行改装升级，从而提高车辆的部分性能，增强车辆的安全性，例如更换大尺寸的轮胎、更换制动系统等。

2）体现车主与众不同的个性及用车理念。这类人群一般个性鲜明，喜欢寻求时尚，享受改装的感觉，对车辆升级改装的部件有品质上的要求。另外，关于旅居车和其他特殊车型，车主也可以根据自己的兴趣爱好和实际需求进行设计改装。

3）满足车主对赛道的钟情。这类人群喜欢对车辆进行运动与竞技改装，追求速度的激情，对操控性能的要求很高，关注驾驶时的运动与竞技感受。他们非常喜爱各种赛事，一般都是"发烧级"的车迷，并梦想成为一名赛车手。他们将自己的车完全比照赛车来改装，以求能够在赛道上挥洒激情。

4）根据机械兴趣改装来深入研究。这类人群对车辆的升级改装完全是出于对机械的一种理解与偏爱，他们喜欢研究各种升级改装部件，感受升级改装车辆的细节乐趣，从机械调控中寻找与实现自我的一种追求。另外，如果车主自己完成对汽车的改装，则需要相对专业的汽车领域知识，这对车主的知识储备有非常高的要求。

1.1.3　汽车改装的起源

20世纪60~70年代改装车开始登上了历史舞台，随着汽车时代的到来，"汽车文化"已渐渐为人们所了解，各种各样的汽车娱乐、汽车旅游、驾车探险以及赛车等文化形式已成为广大车迷津津乐道的生活方式。与此同时，一种全新的汽车文化也正悄然兴起，它就是令所有追求个性、追求速度的车迷着迷的汽车改装。

汽车改装起源于赛车运动。参加各种竞技及赛事的赛车都需要经过标准严格的改装才能进入赛场。赛车改装的目的，一是增加赛车竞赛过程中的车辆安全性，二是提高赛车的性能指标。汽车改装是汽车赛事中十分重要的环节，在某种程度上，汽车赛事也是一场汽车改装技术水平的较量。

1.1.4　汽车改装的文化

（1）**起源阶段**　最初的汽车改装主要是为了提高赛车的性能，但这样的改装是为了让车辆性能发挥到极限，以牺牲车辆的寿命、油耗、舒适性为代价来达到追求极限速度的目的。

（2）**萌芽阶段**　随着汽车工业的快速发展，汽车技术和制造同质化的现象越来越严重，汽车零部件的供应趋向高度集中，这就让生产出的汽车越来越没有了独特的个性。而人们的消费需求越来越向差异化方向发展，汽车也不再只是简单的代步工具，于是部分车主就通过汽车改装来表达自我的独特爱好，汽车改装也逐渐成为普通车迷生活中不可或缺的组成部分。无论追求纯粹驾驶乐趣的汽车性能改装，凸显车主鲜明个性的外观升级改装，还是体现车主精致实用的内部升级改装，汽车改装都成为追求多元化的体现。而以汽车为载体的文化现象得到了延展，汽车改装成了一种时尚，也渐渐形成一种汽车改装文化。

（3）**成熟阶段**　汽车改装是产业文化、社会文化和时代文化的折射。目前德国、美国和日本等一些发达国家的汽车改装业已经进入多元化、个性化、高科技的时代，这反映出这

些国家汽车改装市场的成熟、汽车文化的浓厚和汽车消费环境的宽松。与之相比，近年来随着国内汽车市场的快速发展和人们对汽车消费理念的日渐成熟，国内的汽车改装市场也展现出了很大的发展潜力。一些年轻的汽车消费者在追求汽车驾驶舒适性和娱乐性的同时，开始追求一种体现个性、表现自我的汽车文化。而汽车改装正切合了这种精神，这也推动了国内汽车改装及其文化的发展。

1.2　汽车改装技术发展现状

汽车改装在国外一直很流行，它往往能体现一个国家、一个地区的汽车文化精髓。地域不同，汽车改装的特点和目标指向也各不相同，如美国、欧洲国家、日本，在汽车改装上都体现出了各自的特色。个性化改装已形成了独特的汽车文化，汽车改装也形成了产业化，并成为汽车相关产业链中的一个重要组成部分。

伴随着汽车改装文化的蓬勃崛起，各地的改装车展也纷纷亮相。地域背景的不同、汽车文化的差异，使得这些改装车展散发着各自独特的魅力。改装车展最大的亮点，是指汽车改装在注重改装产品及设备技术的同时，还结合了时下流行的诸多时尚因素。来自世界各地的改装店将自己不同风格的改装成品在改装车展上展示，无不体现出了良好的改装技术及设计理念。

1.2.1　美国汽车改装的现状及主要品牌

1. 现状

世界上改装车最多的是美国，改装车市场最火的也是美国，汽车改装在美国早已普及，并拥有稳定市场，在美国私家车的改装率更是超过 50%。美国有独特的汽车文化、法律规范以及交通状况。在美国，汽车改装多数是"玩车族"的爱好，他们通过对汽车外观和部件的改装，以便追求夸张的外观和强烈的视觉冲击，而将车辆实用性标准降至最低甚至忽略不计，例如车身加长、大马力发动机换装等。这种改装只适用于"玩车族"的刺激性娱乐运动，而并无实用性可言。美国甚至有完全依照顾客的要求定制个性化汽车的汽车定制工厂，这些工厂可以为顾客专门制造汽车。美国的汽车改装风格受到西部牛仔思想的影响，改装后的汽车不仅外形独特、五花八门，而且可以拥有许多独特的用途。汽车的独有性、个性化达到了极致，而其改装费用更可以用天文数字来形容。

在美国，车主可以进行汽车外形的改装，如加装大包围、加装尾翼、换装异形灯具等；也可以进行内部的豪华装饰，如更换专门生产的高档桃木内饰和真皮座椅；还可以进行性能提升甚至类似赛车的改装，如提高发动机的动力和转矩，更换制动系统和减振系统等。可以说，车主能把汽车上所有的东西都改掉。另外，有的工厂还大批量地生产专门的改装配件，提供给世界各地的消费者。

2. 改装车展 SEMA Show

美国是全球最大的汽车消费市场，在拉斯维加斯举办的全球规模最大、名气最响的改装车展——SEMA Show（Specialty Equipment Market Association）首创于 1969 年。美国的 SEMA Show 与德国 Essen Motor Show、日本 Tokyo Auto Salon 并称为全球三大改装车展。

SEMA Show 起初是各大汽车零配件制造商为早期的汽车改装爱好者举办的一个小型展览，后来经过几十年的发展和完善，逐渐使得汽车改装在美国取得了合法地位，该展览现在由美国汽车维修服务业、汽车及设备制造商协会和汽车零部件协会等主办。

经过几十年的发展，SEMA Show 已成为全球最具有影响力的改装车展，每年都会吸引来自全球的优秀企业前来参展，数以万计的专业采购商、批发商、进出口商的公司高层决策人员、技术人员等相关人士前来观摩洽谈。SEMA Show 也是迄今为止世界上首屈一指的专业汽车产品贸易盛会，汇集了业内最先进的技术和最热销的产品。该展览还举办了研讨会和产品展示会，给广大汽车改装爱好者提供了一个良好的学习交流平台，在创造商机的同时还为全球汽车工业的发展作出积极贡献。在 SEMA Show 上，最先进的改装思想得到传播，最先进的改装技术得到推广，最别致的改装车型得到大家共同的称赞。

SEMA Show 的主题展区主要有皮卡、SUV（Sport Utility Vehicle）及越野车产品（Trucks、SUVs and Off-Road）展示区，竞赛及性能产品（Racing and Performance）展示区，性能轮胎和轮毂（Performance Tries and Wheels）展示区，汽车养护及产品（Car Care and Accessories）展示区，翻新市场（Restoration Marketplace）展示区，个性改装及产品（Restyling and Accessories）展示区，老爷车（Hot Rod Alley）展示区，工具和设备（Tools and Equipment）展示区，原厂商产品（Original Equipment Manufacture，OEM）展示区，汽车电子及技术产品（Mobile Electronics and Technology）展示区，商务服务（Business Services）展示区等。

（1）皮卡、SUV 及越野车产品展示区　美国是全球最大的皮卡、SUV 和越野车销售市场，而且对于一般的家庭而言，皮卡的实用性更强。因此对于皮卡来讲，大多数客户希望的是通过改装进一步增强它的实用性，所以一些如车厢盖、行李箱、行李架、拖钩、车厢踏板等产品在此展示区极为常见，观众关注也最多。

在这个展示区的展示车中，皮卡以福特、GMC（吉姆西）、道奇等品牌为主，越野车则更多的是悍马和吉普牧马人，也有日本的一些汽车品牌，但欧洲的汽车品牌却几乎一辆也没有，也许这与美国的自由文化、宽松的改装环境和较低的油价有一定的关系，这个展区几乎占了整整一个场馆，可见美国皮卡、SUV 和越野车产品市场足以与一般的轿车市场平分秋色。

改装的福特 F-250 皮卡如图 1-1 所示，全车采用银灰色涂装并配以荧光绿色拉花，底盘

图 1-1　改装的福特 F-250 皮卡

采用8～10in（1in=0.0254m）气动悬架套件，并经过电镀处理，散发着幽幽绿光（对应实车效果）。

（2）竞赛及性能产品展示区 在这个展示区，从高性能的紧凑型轿车、运动型赛车到一些其他屡获殊荣的车辆，都让人感到眼花缭乱。虽然这些车辆的外观和内饰改得花里胡哨，但真正的改装特色还是在用以提升竞赛水平的部件上，如氮气加速系统、涡轮增压、机械增压、革命性的排气系统和先进的悬架系统等，这些才是最具特色的改装部件。竞赛及性能产品展示区如图1-2所示。

图1-2 竞赛及性能产品展示区

（3）性能轮胎和轮毂展示区 没有一个人可以彻底颠覆轮胎和轮毂的造型，但在每年SEMA Show的展会上，轮胎和轮毂展示区展出的却都是全新的产品。源于美学和艺术的性能轮胎和轮毂是整个展会中最为时尚的部分。普利司通、米其林、固特异、百路驰等公司相继推出了它们最新设计的、最新款式的产品。此外，这里也展示了许多在轮毂盖、轮辋及其他相关部件的革新技术，而专门为一般轿车、皮卡、SUV及赛车设计的高性能轮胎更是让人有一种"无所适从"的感觉。在2019年的SEMA Show上，通用公司携旗下的尼龙线轮胎（TBBTires）亮相，如图1-3所示。

图1-3 TBBTires亮相2019 SEMA Show

（4）汽车养护及产品展示区 这个展示区主要是展示一些车辆日常的养护相关产品，如车蜡、吸尘器、冷却剂、润滑油、防锈保护产品、抛光产品、润滑油添加剂、燃料添加剂等，如图1-4所示。

（5）翻新市场展示区 近年来，翻新市场在美国已经受到了更多的关注，美国一些收藏家对经典车型翻新的投入大大提高了整个翻新市场的关注度。SEMA Show的翻新市场展示区包括了让车辆恢复到原始状态的翻新产品和服务，产品有翻新的原部件和重新生产的部件，而服务更是按照原来的标准和样式进行。例如，翻新座椅座垫，都是在原有的针孔上穿

线翻新。并且有相关方面的厂商把工作车间搬到了展会现场，从而让更多的客户及观众可以近距离地观摩整个翻新过程，如图1-5所示。

（6）**个性改装及产品展示区**　大多数的消费者和专业改装没有太大关系，他们追求的往往是一种时尚外形和某些功能的实现，而个性改装产品恰恰能满足他们的需求。这些产品可用于任何车型外观和内饰的改装，主要包括喷漆、装饰条、车身绘图、内饰装饰件、反光镜、前照灯、门内侧面板、脚垫、真皮座椅套、天窗、行李架、保险杠等，如图1-6所示。

图1-4　汽车养护及产品展示区

图1-5　翻新市场展示区

图1-6　个性改装及产品展示区

（7）**老爷车展示区**　虽然只是汽车市场的一个小分支，但悠久的汽车发展历史，让老爷车在美国汽车界和一般的消费者中仍保持着很高的出镜率。老爷车也许是SEMA Show上最具创造性和艺术性的车型，相关部件主要有传统专业化部件，包括轮胎、车身、底盘、仪表、铝制散热器、线束包等。这些在20世纪20~40年代生产的老爷车经过全面改装翻新后，就可行驶在道路上，并显示其极具竞争力的一面。此外，这些老爷车的改装者也通过这种展示方式，让熟悉现代车型的观众又回到了那个老爷车专有的年代。老爷车展示区如图1-7所示。

（8）工具和设备展示区　美国的汽车改装业已经进入了多元化、个性化、高科技的时代，这也折射出了美国汽车市场的成熟、汽车文化的浓厚和汽车消费环境的宽松。工具和设备展示区如图1-8所示。

图1-7　老爷车展示区

（9）原厂商产品展示区　现在越来越多的原厂商也开始注重SEMA Show对其系列产品的影响力，所以每年在SEMA Show上，它们都要推出最新的原厂改装车及将要上市的新车。SEMA Show上原厂商主要有本田、雪佛兰、福特、克莱斯勒、通用、现代、起亚、马自达、沃尔沃、日产、Scion（赛恩）、斯巴鲁、铃木、丰田和大众等，如图1-9所示。

图1-8　工具和设备展示区

（10）汽车电子及技术产品展示区　现在汽车工业的发展对汽车电子产品的依赖性越来越强，这一点在国内汽车改装市场上也可见一斑。因此，汽车电子及技术产品展示区也成了SEMA Show增长最为迅速的一部分。此展示区中展示的电子产品主要有导航系统、CD播放机、卫星接收系统、可视系统、车内娱乐产品、辅助灯光系统、车载通信系统、安全系统及雷达探测器等。

图1-9　原厂商产品展示区

3. 美国改装车的主要品牌

目前，汽车已成为美国人生活中不可缺少的"伴侣"。同样，个性十足的改装车也最先得到美国人的青睐。经过几十年的努力，美国汽车用品改装协会SEMA已壮大成为拥有3400多家会员的法人团体。美国每年都会不定期举行改装车展览，每次盛会都能够吸引世界各地的改装车迷前来参观。

美国的汽车改装品牌主要有K&N、APR等，主要介绍如下。

（1）K&N 位于美国加利福尼亚州里弗赛德（Riverside）的 K&N Engineering，是提供可重复使用的汽车及机车棉纱过滤器技术的发明者和领先创新厂商。自 1969 年起，K&N 就开始为那些对高性能提速表现有着极高追求的汽车及摩托车运动的狂热爱好者设计和制造高流量空气滤芯。自 K&N 创办至今，K&N 已为大部分的主流车型设计制造了 2400 种空气滤芯，并设计了 500 种"发烧级"高流量进气系统，如图 1-10 所示为 63-3516 K&N 性能进气系统。

K&N 不仅拥有比同类产品的生产厂家更齐全的产品线，而且还是高流量进气类产品的发明者和维护者。除了民用产品之外，K&N 还为专业赛车设计了上千种空气滤芯，

图 1-10　63-3516 K&N 性能进气系统

其生产的滤芯是美国印第安纳州波利斯赛事中唯一使用的空气滤芯。

K&N 的特殊设计不但使空气流量达到一个更高的层次，而且还保证了空气过滤的水平，从而确保了发动机的寿命。在原厂车更换了 K&N 空气滤芯后功率通常都可以明显增大 1～4hp（1hp＝745.7W）。除了在沙尘环境中拥有杰出的过滤效率之外，K&N 空气滤芯还最大限度地提高了车辆最大功率及提速性能。K&N 生产的是一种可以洗涤的、反复使用的、使进气流量明显提升并且保护发动机的、使发动机寿命更长的空气滤芯。

（2）APR 美国 APR 总公司创立于 1997 年，位于美国阿拉巴马州。APR 的全称为 Audi Performance Racing。APR 公司专业从事于德国大众集团旗下车系——奥迪、大众、保时捷的高性能提升改装，是现今世界上最大、最专一、最前瞻和最专业的 VAG（Volkswagen Audi Group）车系高性能改装品牌公司之一。APR 公司改装的奥迪车型如图 1-11 所示。

经历了多年和大众车厂共同的研发合作，APR 公司彻底"领悟"了 VAG 车系的精髓，创造出当今极为顶尖的 VAG 车载计算机升级程式。APR 公司的研发实力和产品效果更是得到了大众车厂的认可和推荐，APR 公司成为大众车厂极端性能改装的御

图 1-11　APR 公司改装的奥迪车型

用品牌。APR 公司的车载计算机升级程式有别于目前世界上其他品牌，其程式不仅仅只注重于单一区域的功率或是扭力提升，而是全面均匀地提升汽车整体动力性能。在美国总部，APR 公司拥有规模较大且极为专业的计算机程式编程技术团队，每个程式的诞生必须通过软硬件研发工程师团队数百次严格的专业调试，务求在确保稳定、可靠的前提下发挥其最尖峰的线性效果。APR 公司拥有世界上尖端的硬件研发生产工具及检测仪器，其中包括价值过百万美元的 CNC（Computer Numerical Control）、CAD（Computer Aided Design）等大型专业设备。APR 公司的所有硬件产品全部选用最好的原材料生产。例如，选用铬、镍、铁合

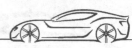

金来铸造 Intake Manifold 等。APR 公司所研发和生产的全部产品在正式推出市场销售前，必须在其美国总部 36000ft² （1ft² = 0.092903m²） 的测试厂房里由专业人员进行安装调试，并要在设于澳大利亚的专业试车赛道中经过为期半年的严格实地测试，在数据加实践中不断地完善和提高，直到完美。不仅如此，APR 公司的产品更活跃于世界各大赛车和赛事上，APR 公司 Motor Sport 的专业赛车团队拥有多台自主研发和调试的冠军赛车及多名签约的专业赛车手，他们的完美配合总能够让 APR 公司在诸多的大赛中屡获殊荣。

1.2.2　欧洲国家汽车改装的现状及主要品牌

1. 现状

提起欧洲国家的汽车改装，人们想到的往往是强劲的速度感与完美的操纵性能，尤其以德国汽车为首。欧洲国家的汽车改装更注重于改装的精致度和整车的协调性，更偏重于整体操控性能的提升，这种汽车改装对于改装后的整体效果极为重视。同时，欧洲国家的汽车改装也更注重"内在美"，外观上并不是"显山露水"，但性能上一定可以"卓越超群"；它的最大特点就是在进行大幅度汽车改动后，还能维持原装式样和整体风格。但改装的费用却高得吓人，对于改装车型的要求也较高，通常是改装高档名车，因此往往只服务于一些高端用户。

德国汽车工业起步较早，汽车改装的历史也非常悠久。德国埃森国际改装车展（Essen Motor Show）是欧洲最大的汽车改装盛会，一年一届，首届于 1968 年举行。该展会由著名的德国埃森国际展览有限公司主办，展会地点在德国埃森贸易展览馆。由于德国正处于汽车工业及专业改装盛行的时期，同时又占有地理优势，因此对于埃森国际改装车展欧洲名车的专业厂家会蜂拥而至，并在展会上推出自己的最新作品。该车展是欧式改装车风格的风向标，也是欧式风格潮流的"代言人"。

德国的汽车改装业非常规范，大的改装厂一般都与汽车生产厂家有非常密切的关系，只改一个厂的一个或几个品牌。这样一来，改装操作针对性比较强，改装出来的车型也就更加成熟。现在德国几大汽车公司如大众、宝马、奔驰、欧宝等都有自己认证的改装公司。例如，专门改装奔驰车的 AMG （Aufrecht Melcher Grossapach） 公司是欧洲汽车改装的一个代表公司，它通常在原车基础上进行高性能的改装，如适当加大气缸容积，并通过高性能的涡轮增压器提高发动机功率，换上锻造的活塞连杆、高性能的电喷装置等。改装后的汽车需要仔细观察才能发现外观上的改变，如改变轮毂的尺寸。

德国百年名厂 Loder 公司全新改装的阿斯顿·马丁 V8 Vantage Volante，20in 的轮毂，其尾部加装了碳纤维空气动力学组件，如图 1-12 所示。

保时捷专用改装厂 Ruf 素有"怪兽"制造商之称，其改装的强力 900hp 卡雷拉 GTT 如图 1-13 所示。

外观严谨，具有 Lorinser（罗伦士）独特风格的奔驰 GLK 级 SUV 如图 1-14 所示。1050hp 的 1956 梅赛德斯奔驰鸥翼跑车如图 1-15 所示。

图 1-12　阿斯顿·马丁 V8 Vantage Volante

图 1-13　强力 900hp 卡雷拉 GTT

图 1-14　奔驰 GLK 级 SUV

德国改装厂 PPI Automotive Design GmbH 对奥迪 R8 进行了改装，首先为它的 4.2L V8 发动机配备了一个机械增压系统，发动机最大功率可达到 580hp，最大转矩为 602N·m，0~100km/h 加速时间只需 3.7s，最高时速可达 330km/h。宽大的车身套件由碳素纤维制成，可以将大量空气输送给制动系统和冷却器，发动机盖由超轻材料制成，轮辋则采用铸造铝合金制成，改装后的奥迪 R8 如图 1-16 所示。

图 1-15　梅赛德斯奔驰鸥翼跑车

图 1-16　改装后的奥迪 R8

瑞士公司 Rinspeed 针对保时捷 Carrera GTS 进行了专业改装，提供了用树脂材料制作的全透明顶棚。保时捷矿石白的色调，是使用了著名饰品品牌施华洛世奇的上百万个微小纯正水晶颗粒打造而成的，动力方面配备了一台 3.8L 排量的水平对置发动机，其最大输出功率可达到 355hp，最高速度为 293km/h，如图 1-17 所示。

Lumma 是一家专业的宝马车型改装厂商，在经过精心而漫长的研发过程后，在车展上推出以宝马高性能运动车 M6 为基础打造的经典车型——CLR600。Lumma 对这款车的前保险杠、侧裙以及排气尾管等空气动力学外观相关组件进行了全新的设计，使原本就侵略性十足的 M6 更加凶猛，此外还采用了改装车的标志性装备——全碳纤维发动机盖，发动机输出功率提升到了 544hp，如图 1-18 所示。

2. 欧洲国家改装车的主要品牌

欧洲国家汽车改装力求给每位驾驶者带来非同一般的驾驶感觉。在德国，人们喜欢的奔驰车绝大多数是来自改装车厂的产品。奔驰改装车在原来的基础上，进一步强化豪华配置，并赋予奔驰车更快的速度。很多商业巨子和银行家都对产自奔驰改装车厂的产品有浓厚的兴趣。

究其原因，主要在于改装奔驰车有着原车不可比拟的优势，比如驾驶的舒适性。虽然德国人对"开宝马、坐奔驰"的说法不太热衷，但宝马轿车绝佳的操纵性能还是吸引着人们

图 1-17　保时捷的矿石白色调

图 1-18　CLR600

的注意力。在豪华的奔驰车上找到宝马轿车的驾驶感觉，很容易引起人们的关注，因此多年来，奔驰改装车的市场反响一直很热烈。比如专改奔驰的德国 Brabus（博速）车厂，它们的产品除了传递给车主豪华的感觉外，更具有一种豪放的气势。奔驰车给人的一贯印象是豪华、舒适、内敛，而博速改装的奔驰车给人更多的是疯狂的感觉，它在保留原车舒适性的同时，更多的是追求速度的极致，力求给驾驶者带来非同一般的驾驶感觉。

欧洲国家的汽车改装品牌主要有梅赛德斯·奔驰改装品牌 AMG、宝马改装品牌 Mtech、保时捷改装品牌 Gemballa 等。

（1）奔驰改装品牌 AMG　AMG 成立于 1967 年，被称为"王者中的王者"，AMG 名称来自两位德国人 Hans Werner Aufrecht（汉斯·威纳·奥弗里彻）和 Eberhard Melcher（埃伯哈德·梅尔彻）的一家小型赛车制作厂。他们的成名作是在 1971 年比利时 SPA 24h 耐力赛上获得第二的 300SEL6.9 AMG，之后就一直得到奔驰公司的青睐。直到 1985 年，以梅赛德斯·奔驰 W124 即当时的 E 系列为底盘的 300E 5.6 AMG 横空出世，这辆"蒙面黑客"拥有

最高 300km/h 的惊人速度，AMG 公司从此登上巅峰。2007 年 AMG 开始进军我国市场，来自德意志的精品汽车也在中国大地上掀起热潮。奔驰 AMG 改装车型如图 1-19 所示。

（2）宝马改装品牌 Mtech　Mtech 是宝马中的 M 部门，表面上来说，和奔驰车厂的 AMG 有许多相似之处。它们的产品都出现在各个系列之中，如 3 系列中的 M3、5 系列中的 M5 以及 6 系列中的 M6 等。但是

图 1-19　奔驰 AMG 改装车型

相比之下，M 部门的发展史却和 AMG 大有不同。M 部门自开始以来就是宝马集团内部的一个专门机构，其目的在于使宝马的产品更加具备自身特色。M 部门从始至终忠实地贯彻着宝马对于操控快感的追求，使得用户驾驶宝马车成为一种享受。宝马 M 部门改装车型如图 1-20 所示。

（3）保时捷改装品牌 Gemballa　Gemballa 的改装，最初是希望保时捷能够具备更加完美豪华的内饰，因此专门为保时捷制作了专用的全皮内饰。结果这些全皮内饰受到了客户和保时捷厂方的一致好评及认可。紧接着的改装延伸并发展到了外观空气动力套件方面，这些

图 1-20　宝马 M 部门改装车型

年来，Gemballa 更是在保时捷水平对置发动机的涡轮增压方面独树一帜，形成了 Gemballa 独具特色的内饰、外观、增压器三位一体的改装风格。保时捷 Gemballa 改装车型如图 1-21 所示。

图 1-21　保时捷 Gemballa 改装车型

1.2.3　日本汽车改装的现状及主要品牌

1. 现状

日本汽车改装综合了欧洲和美国的特点，不仅在外观上比较夸张，在性能上也追求突破极限。日本人改装汽车的疯狂在很大程度上受美国影响，并且日本创办有专门的改装车杂志。作为亚洲汽车改装的先锋，日本在改装的技术性、可靠性和实用性方面都达到了很高的水平，在改装车方面也有很多经典作品，特别是日本的汽车改装厂，在技术力量和资金积累方面都有不俗的实力。日本的汽车改装在动力方面擅于在原有的基础上进行改装，将发动机的动力发挥到极限。日本法律允许在一定范围内对汽车进行改装，但并不像欧洲国家和美国那样宽松，因此很多过激的汽车性能改装是法律所禁止的。而日本存在很多游走于法律边缘的地下汽车改装组织，改装的程度较接近于赛车性能的改装。日本汽车对于排气量有严格的限制，而日本汽车改装最擅长的就是在排气量不变的基础上最大限度地加大功率，2.0L 排气量的发动机可以将功率加大至 1000hp。

东京改装车展（Tokyo Auto Salon）起源于 1983 年，每年一届，最初是以"东京 Exciting 车辆展览"命名的，是聚集改装产品、运动和经典汽车的世界盛会。日本东京改装车展每年都会有许多新颖的改装汽车。作为亚洲汽车改装技术发达的国家，日本拥有极为先进的

机械及计算机技术，其改装后的汽车具有相当高的实用性，某种意义上达到了汽车制造行业的较高水平。

与美国车展不同的是，日本的改装车展览看上去更加疯狂，在这里你会看到许多已经看不出原来车型的"狂改"车。由于日本拥有先进的机械技术和电子技术，加之汽车市场的完善，许多日本人将汽车看作一个崭新的平台，在这个平台上他们肆意而为，充分发挥了自己的想象力。

受特殊原因影响，2021年东京改装车展以线上的形式进行，虽然没了现场的热闹氛围，也缺少了近距离的观摩，但其频频亮相的一些天马行空的改装车型，也使得人们对其寄予的厚望没有丝毫"打折"。

日产Office Pod（移动办公仓），顾名思义，这款构思大胆的概念车用途就是让用户享受旅途风景的同时，还能不落下工作，如图1-22所示。该车的原型是日产NV350轻型商务车，在被改装之后变为可移动的"办公室"，车辆的尾部设有可滑动进出的功能，内有迷你型的办公区域，标配办公桌和椅子，设计简约且不失科技感。在日常的时候，为了不引人注意，还可以将办公区域划

图1-22 日产Office Pod概念车

至车内进行办公。顶部还配备了很有档次感的躺椅和雨伞等工具，在工作疲惫之余，用户可以躺在车顶上，沐浴阳光，领略大好风景。

飞度凭借着越野属性和混动系统，让众多改装车迷过足了眼瘾。图1-23所示为飞度e：HEV Crosstar Custom特别版本，这款飞度车是基于全新飞度Crosstar版打造的，在外观及性能方面都作了较大的改动。车辆前脸配备了全新的造型设计，大量的圆孔设计元素更显圆润，车身不仅增加了黑色护板用以彰显越野身份，轮胎还更换为东阳A/T越野胎，为其越野通过性奠定了良好的基础。车顶行李架的搭载，增强了不少装载能力。此外动力方面还配有1.5L排量燃油发动机和2台电动机组成的混动系统，综合最大功率为80kW，峰值转矩为253N·m。在WLTP（World Light Vehicle Test Procedure，世界轻型汽车测试规程）工况下百公里油耗在3.7L左右。

图1-23 飞度e：HEV Crosstar Custom特别版本

2. 日本改装车的主要品牌

Fabulous车厂来自日本，是少数几家更改式样外观套件的改装厂之一，其改装主要集中在外观、轮辋、排气系统、内饰等方面，而涉足的车型也非常广泛，除了日本国内数家车厂的车型外，还包括奔驰、宝马和法拉利等，而且改装风格非常统一，从不轻易更改。

日本的汽车改装品牌主要包括 TRD&TOM'S、NisMo、Impul、STI、Mugen 等。

（1）**TRD&TOM'S** TRD 的全称为 Toyota Racing Department，即负责丰田汽车参加赛车比赛的部门。它是由当时的 Toyota Technocraft Co., Ltd. 的一部分演变过来的。1984 年，TRD 正式成立，是丰田 100% 独资的改装公司，可出品种类繁多的改装件，其中包括高性能减振器、涡轮增压器和高强度、轻量化轮辋等，负责对雷克萨斯、丰田、Scion 品牌汽车进行性能的改装提升。早期 TRD 不但负责改进丰田旗下车辆的性能，更重要的是在世界各项高水平赛事上为丰田提供技术支持。但现在的 TRD 只负责赛车的研发，开始了真正的赛车及改装车的研发，改装部件涉及丰田旗下汽车的各个部分和车型。图 1-24 所示为丰田凯美瑞 TRD 改装车型。

图 1-24　丰田凯美瑞 TRD 改装车型

TOM'S 是一家独立的公司，于 1974 年由日本著名赛车手 Nobuhide Tachi（馆信秀）及他的朋友 Kiyoshi Oiwa（大岩湛矣）共同创建，TOM'S 由两个人名字的第一个字母再加上 Motor Sport 的第一个字母组成，主要因其改装赛车而出名。除了赛车之外，TOM'S 也逐渐涉足一般民用车的改装，随着 TOM'S 在日本及全球各类赛事不断取得佳绩，TOM'S 的名气也逐渐深入人心，并得到了丰田更大的支持，成为丰田认可的专门化汽车改装公司。时至今日，TOM'S 一直活跃于日本的 JTCC（Japanese Touring Car Championship，日本房车锦标赛，又名 JGTC 和 F3 赛事），民用车改装也日趋多元化发展。从 Vitz（雅力士）到 Celsior（塞利西欧）的全线丰田车系都有 TOM'S 的专门改装产品，TOM'S 可以算是丰田以外最强的独立改装公司。图 1-25 所示为丰田陆地巡洋舰 100TOM'S 改装车型。

图 1-25　丰田陆地巡洋舰 100TOM'S 改装车型

（2）**NisMo** NisMo 是 Nissan Motorsport International 的缩写。NisMo 成立于 1984 年 9 月 17 日，负责的是尼桑赛车的改装和开发，由 NisMo 改装的 NisMo R34 GT-RZ-Tune 使尼桑在赛车界得以扬名。如图 1-26 所示，这台 2.6L 涡轮增压发动机配备 4WD（4 Wheel Drive）和四轮 HICAS（High Capacity Actively Controlled Suspension）系统的日本高性能跑车成为改装的最佳对象。

（3）**Impul** Impul 则更加侧重于尼桑旗下小型车的改装开发和研究。Impul 主要对 GT

车型进行改装，如图1-27所示。Impul与Ohlins协作开发出的减振系统作为一款高价并且以高性能著称的减振器受到大家的推崇。

图1-26　尼桑NisMo改装车型

图1-27　尼桑Impul改装车型

（4）**STI**　STI是Subaru Tecnica International的缩写，于1988年4月成立，一直沿用"樱花红"作为其标志性颜色，如图1-28所示。STI也是因为斯巴鲁制造的Impreza WRX，在WRC（World Rally Championship）上的赫赫战功而闻名，涡轮增压的水平对置Boxer发动机由当初的2.0L进化到了现在的2.5L，扭力强劲是水平对置发动机共同的特点。

（5）**Mugen**　Mugen于1973年3月成立，它的第一个作品是基于第一代Civic（思域）搭载的EB1发动机开发出的代号为MF318的赛车发动机。Mugen是由本田的创始人本田宗一郎之子本田博俊所开办的。2006年该公司推出了进化版本"D"。Mugen在SPEC-D的VTEC（Variable Valve Timing and Valve Life Electronic Control System）发动机上加装了机械增压器，使得动力达到了145hp，同时对外观、悬控、进排气都进行了一系列改装与强化。而另一款则是刚刚上市的Civic改装版本，被称为"Civic Dominate"。K20A发动机加上机械增压器后产生的最大输出功率为221kW，连制动系统都经过了Mugen的强化，使用6速变速器，改装件都被印上了Mugen的Logo。图1-29所示为本田Mugen改装车型。

图1-28　斯巴鲁STI改装车型

图1-29　本田Mugen改装车型

1.2.4　国内汽车改装的现状、趋势及存在的问题

1. 现状

我国的汽车改装行业自1997年开始形成。近些年来，我国的汽车改装行业已得到初步发展，全国几乎所有大中城市都出现了专业的汽车改装店，庞大的消费市场与迅速崛起的经济，蕴藏了一个极具发展潜力的汽车改装及相关产业市场。虽然与国际大展有差距，但是作

为一个正在成长中的新兴展览种类，国内的汽车改装展览还有着充分的发展空间。

目前汽车改装市场主要集中在以广州、深圳、珠海为代表的广东地区以及四川等地，并逐渐向长江三角洲及环渤海地区发展。起初的汽车改装主要效仿香港地区同行的模式，后来又不断接触到台湾地区的改装潮流，在融合两种改装风格后逐渐形成了现在广东的改装风格。从一开始仿制同类产品，到现在逐步根据消费者的审美观和驾驶特性以及地形地貌，自行研究、开发出具有特色的改装产品。如今，广东地区的汽车改装业各具特色，正朝着百家争鸣的方向发展，市场商机越来越多，改装厂家、店家也不断增加，车主对汽车改装的认同和参与热情也与日俱增，改装技术正不断接近港台地区的水平。

世界三大汽车改装公司之一，德国的奔驰汽车改装厂 Brabus（博速）也已经进入北京。但是由于各方面的条件限制，个性化改装还远远没有广东地区发展得那么快。特别是动力提升方面，能够"大刀阔斧"地进行改装的店铺不是很多，而且多数改动的范围是有限的。北京曾于 2000 年举行过一次小规模的"汽车装饰、装潢竞赛"，得到了不错的效果，也使得更多的消费者了解了许多科学正确的改装方法。在改装市场发展较快的城市如上海等地，改装已形成了一个千万元级别的大市场。

在我国，虽然目前汽车改装的合法性还受到质疑，但市场已悄悄形成。在我国汽车改装行业比较有影响力及规模的专业展会主要有上海国际汽车定制改装博览会和中国国际汽车改装博览会。到 2020 年为止，上海国际汽车定制改装博览会已成功举办了 15 届，每年一届在上海举办，首届于 2006 年 10 月 4 日在上海世贸商城展览馆开幕。该博览会由汽车品牌研究中心与上海世界贸易商场共同主办，参展规模从 2006 年首届的 36 台整车展览发展至现在的200 余家改装企业及品牌参展，是我国唯一坚持高端定位并始终坚持"国际化、品牌化、专业化"的汽车改装行业专业展会。目前已经成为我国汽车改装行业最具影响力及最大规模的专业展会。

中国国际汽车改装博览会是由中国商务部举办，中国国际汽车零部件展览会组委会（China International Auto Parts Expo，CIAPE）和美国汽车改装用品协会（SEMA）联合打造的我国唯一国家级国际性的汽车改装博览会。中国国际汽车改装博览会从 2007 年开始到2020 年已成功举办了 14 届，每年 10 月在北京举办。在 2020 年的中国国际汽车改装博览会上，共有 608 个品牌参展，展商数量达 316 家；324 家媒体进行了报道，268 位主播进行了现场直播；现场接待 48249 人，其中专业观众 15023 人，车送 33226 人，同比 2019 年提升30%。博览会上，超过 4200 辆的改装车展示，让改装店及车迷们大饱眼福。2021 年的博览会还扩大了场地，在展商增加的基础上观众的比例又有了一定提升。参展品牌有：来自欧美的 KW、Koni、Alcon、APR、Revo、Sebring、K&N、Ohlins 等；来自日本的 Spoon、Mugen、JS Racing、Cusco、Defi、Top Secret、Toda、HKS 等；我国则有 Cidep、Wilson、Pwsox、CDR、BC、Turbo-CN、ISC 等。各大品牌除展示当年推出的最新汽车改装产品外，还以最新锐的改装车作品作为产品承载车来展示，当中不乏近年来当红的诸多热门改装车型，GTR、Civic Type-T、NSX、Porsche911、EVO、STI 等热门改装车均全面展出。

中国国际汽车改装博览会中几款成功的改装车型介绍如下。

1）会展中心展出的两部 WDS（World Drift Series）飘移改装赛车分别是 2014 年世界汽车飘移系列赛天津大奖赛冠军得主 Vaughn Gittin Jr（沃恩·基玎·Jr）的参赛车辆福特野马改装车，如图 1-30 所示，以及同样是顶尖汽车飘移高手 Chris Forsberg（克里斯·福斯贝里）

的座驾——Nissan 370z 改装车，如图 1-31 所示。

图 1-30　福特野马改装车

图 1-31　Nissan 370z 改装车

2）法拉利 458 Italia 是一款中后置发动机双门跑车，标志着法拉利在其原有的中后置发动机跑车的基础上实现了重大飞跃。法拉利 458 指的是 4.5L、8 缸发动机。法拉利 458 Italia 出自意大利著名的 Pininfarina（宾尼法利纳）汽车设计工作室，但它的整体造型却完全颠覆了过去法拉利跑车给人的既有印象，充满了科技感。这台法拉利 458 Italia（图 1-32）的排气系统通过更换 AK 全段，不仅在动力上更加强劲，而且排气声音也更接近赛车，充满了战斗气息。

3）克莱斯勒 300C 可以说是一款改装非常彻底的车型，从外观到内饰，从动力性到操控性都进行了改装和升级。在动力性上，这台 300C 5.7L 车型通过改变气缸容积使得排气量达到 7.0L，并且换装了提高操控性的悬架系统，大包围、大轮毂是美式改装车的必改项目，同时精美的车身，能够营造出完全不输于几百万车型的豪华感，配合 22in 电镀轮毂和气压升降减振，加上豪华 VIP 风格内饰，从而打造出这辆高级移动座舱，如图 1-33 所示。

图 1-32　法拉利 458 Italia

图 1-33　克莱斯勒 300C

4）电镀金 GTHaus 宽体版宝马 E92 M3 在外观上采用了 GTHaus GT2 宽体包围，定制的美国 AF Design 20in 轮毂、Brembo 制动系统、KW-Clubsport 减振系统、H&R 防倾杆、德国 Techtec 定制程序、日本 Gruppe-M 碳纤维进气套件、OKD 高性能点火线圈、Meisterschaft 中尾段排气、Performance 多功能转向盘、加装出风口多功能显示屏、Tecnocraft 发动机室水壶盖罩、Tecnocraft 空调滤芯盖罩、定制碳纤维集气罩、Tecnocraft 前照灯盖罩、定制碳纤维车顶、全车电镀金、碳纤维中网、红色天使眼都让这款车在视觉上有很强烈的冲击，如图 1-34 所示。由于原厂的 M3 车型在内饰上已经有很不错的表现，因此这台车并没有对内饰进行改

进，只是增加了一些装饰。

5）保时捷 911 也是展会中比较有特色的改装车型。如图 1-35 所示，该车是在保时捷御用改装厂泰赫雅特（TechArt）改装后的保时捷 911 车型基础上改装外观和内饰而来的。车的漆面采用了白色，这辆保时捷 911 属于"家族系列"中 GT3 版本，Novidem 公司的动力方案是安装上一套机械增压装置，由此带来功率的提升。套件的设定分为两个阶段，第一阶动力约 460hp，而第二阶动力可达 540hp。前进气格栅和轮辋进行了颜色的改变。另外发动机舱盖也更换了图案，两条突出的线条使得这款车有更加"凶猛"的视觉感受。

图 1-34　宝马 E92 M3　　　　　　　　　　　图 1-35　改装后的保时捷 911

2. 趋势

目前我国的汽车改装主要是围绕外观改装和提高性能这两个方面进行的。

外观改装深受年轻人青睐，一般他们有一定的经济实力，喜欢彰显个性，追求自由自在的生活。目前国内的外观改装主要从大包围（空气扰流组件）、车身贴画、车灯光、轮胎、轮毂等方面进行，此外还有些内饰改装。外观改装主要是以跑车的特征对车辆进行改造，加装车身大包围，能使车辆从外观上显得更为饱满厚实，有的车辆加装了尾翼，尽管目前大部分车辆的车速达不到需要尾翼来调整稳定性的程度，但却能把车辆衬托得更加威风，也更符合跑车的特性。此外，有的车主在车顶加装了行李架，以负载更多的旅行用品等。汽车就像服饰，可以体现自我，同样一辆汽车，通过车主的改装与装饰，不仅能改变外形和内在性能，还能体现车主本人的喜好与个性。

在提高性能方面，并不单单以提升绝对速度为目标，而主要是在汽车已有条件下尽量将自身性能发挥得更好，如采用铂金或铱金火花塞、更换高压导线，提高点火强度，使发动机气缸内的混合气体燃烧得更彻底；加装燃油增压器，快速提升动力；在发动机进气管处安装负增压提速器，调整和改善进气效果；加装蓄电池脉冲配电器，延长电池寿命、优化点火效果等。一辆车出厂后一般只能体现出原车极限 60% 的性能，而经过改装，就能把它体现出的性能提升到原车极限的 80%。

3. 存在的问题

我国的汽车改装还处于起步阶段，是一个新兴产业。由于汽车改装不同于普通的服务行业，它涉及工商管理、交通管理、车辆管理、标准管理、保险、环保、产品质量监督等许多问题，综合来看，汽车改装市场虽然前景看好，但目前还有待规范，我国目前的汽车改装市场主要存在以下问题。

（1）黑户经营权益难保障　由于国内相关政策法规对汽车改装有严格的限制，同时又缺乏细节性的标准，因此国内汽车改装行业的合法性受到质疑，很多改装商家实际上带有"半地下"的色彩。《中华人民共和国道路交通安全法》明文规定车主不能改动车辆的结构，在此禁令下，众多改装商家的经营执照上都没有标明"汽车改装"，因为如果商家专门到工商局申请"汽车改装公司"是根本得不到批准的。因此，汽车改装交易逐渐步入"灰色地带"。正因为没有合法的"身份"，相关职能部门也无法对这些"黑经营户"进行有效管理，一旦出现任何问题，消费者的权益很难得到保障。

（2）汽车改装标准欠规范　在目前的国内汽车改装领域，不仅缺失针对行业的相关法律法规，同时对于改装的技术标准和鉴定也是空白。在国外很多国家，汽车改装都有标准和法规。在欧洲及日本等不少国家，具有一定规模的改装厂，除了有专门的技术研发部门、测试部门外，更重要的是它们的发动机改装要通过认证与许可，其严谨态度不亚于整车厂。而在我国，汽车改装经营者资质难以认证，而汽车用户对于改装知识了解不多，改装后的质量和安全性也无从评定，其潜在的风险之大不言而喻，也不可不慎。

（3）汽车改装企业从业人员的素质参差不齐　汽车改装企业从业人员中的大部分人上岗之前没有进行岗前培训（实际上，我国目前还没有关于汽车改装技工的岗前培训），没有相应的执业资格，致使改装质量得不到保证。

（4）汽车改装企业所使用的改装配件及改装技术、设备大多来源于国外　在国内并没有相关的改装操作规范、产品认证标准、匹配标准及服务标准。许多进口配件与国产汽车不相匹配，使得一些进口配件必须在改动之后才能安装到国产汽车上，严重影响了进口原装配件的性能，同时，配件的质量也参差不齐，给改装车辆带来很大的安全隐患。

（5）改装后的车辆没有相应的评价验收标准　在出现服务问题时，消费者与商家往往会陷入说不清楚的纠纷之中，难以确定责任，致使一些问题不能得到合理解决。

（6）汽车改装安全有隐患　《中华人民共和国道路交通安全法》对改装管理虽然严格，但细节项目并不明确，并没有具体指出哪些项目能改、哪些项目不能改，而越来越多的爱车族又对改装充满了空前的热情，汽车改装的需求逐渐增大。在这种背景之下，许多"半路出家"的改装厂和改装件生产厂应运而生，就连不少"作坊式生产"的汽车维修厂也在悄悄进行着改装生意。而国外汽车改装厂家一般是和生产厂家结合在一起的，只有改装技术、质量能够达到原厂要求，才能保证改装不会给车辆造成隐患。我国由于大部分改装厂家的水平和国外成熟的汽车改装业还有很大的差距，有的店就是拿着自己改装后的效果图让顾客挑，改装件只要能装上就装，是否真正适用则不予关心。此外，专业技术人员匮乏、改装件质量无法保证、潜在安全隐患多等问题也比比皆是。有些车主不了解道路交通安全法对车辆管理的规定，盲目对车辆外观、性能等方面进行改装，造成了许多安全隐患，致使车辆不能通过年度检验。

（7）目前国内厂商并没有提供相应的改装配件及指导　在国外，许多厂商在新车发布后，都会针对相应的车型提供相当多的改装配件，以及为车主提供比较明晰的改装指导，甚至还提供专门改装自己汽车的改装公司介绍。

（8）保险安检不成熟　车辆擅自改装后，一旦发生质量问题，难以区分是原车问题还是改装引起的问题，一旦出险，保险公司对其一般不予理赔。目前绝大多数的保险公司对于改装车出险后的赔偿，都仅限于原车部分，而对于改装配件则不予赔付。如果车主在投保

时，已与保险公司就改装部分的投保事项进行了特别约定，那么车辆改装部分也是在保险公司理赔范围之内的。车保理赔人员也会提醒车主：如果想对车辆进行改装，改装车的车主最好在车管部门进行备案，以免出现问题后，引起一些不必要的麻烦。

（9）汽车改装企业一般都没有汽车改装许可证，不具备汽车改装的资质　由于汽车是技术含量非常高的产品，所以对汽车改装技术的要求很高，对从事汽车改装企业的要求也很高，并且改装企业需要具有相应的资质。可是，在我国，目前除了服务于汽车赛事的专业改装机构得到汽车运动联合会的认证许可外，其他许多从事民用汽车改装业务的厂家原来都是汽车装饰或维修企业。

1.3　汽车改装基础知识

1.3.1　汽车改装的分类

目前我国汽车改装一般有两种情况。第一种是传统的汽车改装，即用国家鉴定合格的发动机、底盘或总成，重新设计、改装、生产与原车型不同的但具有专门用途的汽车，如救护车、消防车、运钞车等专用汽车，此类汽车生产厂一般称为汽车改装厂；第二种是在已领有牌照的汽车上，为了达到某种目的而进行的加装、换装、选装、强化、升级、美容装饰等工作。

下面根据改装车型不同，分别对乘用车改装、旅居车改装和专用汽车改装进行简单介绍。

1. 乘用车改装

根据改装目的不同，可以将乘用车改装分为赛车改装、乘用车非法改装和乘用车技术改装3类。

（1）赛车改装　赛车改装主要是针对参赛车辆进行的改装。为了将车辆动力性能提升到最高，除了对汽车本体进行改装外，还要改装或更换发动机、轮胎、制动和悬架系统等动力相关部件。由于汽车比赛要求强度很高，改装要确保汽车的安全性、动力性及防撞性等。为此，这类改装多在专业改装厂进行。经改装后，汽车输出功率很大、速度极快，但只适合各类赛车比赛使用。

赛车改装目的如下。

1）增加汽车安全性，如能应对撞击、翻滚、失火等。

2）提高比赛能力，如加速性、转弯稳定性、制动性、通过性、操控性等。

3）减少自重及风阻系数。

（2）乘用车非法改装　乘用车非法改装是将民用车辆性能提升到与专业赛车相近的程度。经过这种改装后，乘用车动力超强、速度非常快，但是由于它并不考虑正常的路面情况和安全隐患，比较容易发生较为严重的安全事故。

（3）乘用车技术改装　乘用车技术改装是指通过外加或换装更高性能的产品，激发乘用车原有的潜能，使之有效升级，以满足驾驶人的实用性需求，一般项目有加装保险杠、尾翼、车贴，或者换装音响、高压线、火花塞等，对于汽车的转向、制动等系统不会轻易去改

变。如给汽车加装尾翼，其作用就是使空气对汽车产生作用力，能抵消部分升力，控制汽车上浮，减小风阻影响，使汽车能紧贴着道路行驶，从而提高行驶的稳定性。本书中将乘用车技术改装简称为乘用车改装。

乘用车技术改装是以汽车品牌文化为特征，以特征偏好为取向，在量产车型基础上，结合造型设计理念，运用先进的工艺及成熟的配件与技术，对乘用车的实用性、功能性、观赏性进行改进、提升和美化，并使之符合乘用车技术标准，最终满足人们对汽车这种特殊商品多元化、多用途化、多角度的需求。从广义上来讲，改装即"改变"了汽车出厂时的"装备"，从某种意义上讲，哪怕只是更换了一个车门锁，也可以称之为改装。乘用车技术改装主要包括加装与配装、换装与调校、强化与升级3个方面。

通过以上对乘用车改装的分类比较，可以清晰地看出乘用车技术改装与乘用车非法改装有着严格的区别。这些改装类别各有其特定的目标和用途，如果混淆起来，则很容易对乘用车改装产生错误的认识。

2. 旅居车改装

旅居车，俗称房车，是指用于短暂或季节性居住并可以满足道路车辆结构和使用要求的单元。旅居车辆就是一个移动的家，是集"衣、食、住、行"于一身，可实现"生活中旅行，旅行中生活"的时尚产品。

按结构功能，旅居车辆分为旅居车、旅居挂车、宿营挂车。旅居车是指装备有睡具（可由桌椅转换而来）及其他必要的生活设施，用于旅行宿营的汽车，如图1-36所示。旅居挂车是指装备有睡具（可由桌椅转换而来）及其他必要的生活设施、用于旅行宿营的挂车，包括中置轴旅居挂车和旅居半挂车、旅居全挂车，是满足道路车辆结构和使用要求的挂车类旅居车辆，如图1-37所示。宿营挂车是指用于短暂或季节性居住并保留可运输机动性的旅居挂车，用作宿营地的永久性住所，不满足道路车辆结构和使用要求。

图1-36　依途T600旅居车

图1-37　宇通T511旅居挂车

下面主要介绍旅居车改装的分类。

（1）个性改装　指在现有旅居车或能改为旅居车车型基础上进行的改装，主要对旅居车的性能、外观和内部进行升级改装，以满足车主对旅居车的个性化需求。许多旅居车发烧友热衷于改装自己的旅居车，使车内环境更舒适，同时也更能张扬他们的个性。

（2）整车改装　指旅居车企业因社会或行业的特殊要求而专门进行的改装，它是在使用国家鉴定合格的发动机、底盘或者车辆总成的基础上，经过重新设计、加工或者增加专用

部件，改成与原车型外观或使用功能不同的车辆。目前受限于旅居车制造技术水平，我国多数旅居车企业还处在批量改装阶段。大多数旅居车企业在依维柯、福特、奔驰等车型的二类或者三类底盘基础上进行整车改装，但这些旅居车改装难度比较大，专业部分需要交给专业人员完成。以国外旅居车改装市场为例，车主可以根据其他车型 DIY 设计旅居车，也可以按自己的需求和喜好来"装修"旅居车，相当于装修一间小房子，包括修改供水、电路、燃气系统、供暖、冷藏以及内饰，旅居车麻雀虽小，五脏俱全。

3. 专用汽车改装

专用汽车是装备有专用设备，具备专用功能，用于承担专门运输任务或专项作业，以及其他专项用途的汽车，如图 1-38、图 1-39 所示。

图 1-38　松原市大庆油田汽车改装有限公司改装车　　　　图 1-39　东风华神自卸车

专用汽车的改装与普通汽车的改装区别主要是前者改装了具有专用功能的上装部分，能承担专门运输任务或专项作业任务。因此，在设计上，不仅要满足普通基本型汽车性能要求，还要满足专用功能的要求，这就形成了其自身特点和特殊要求。这些特点和特殊要求概括如下。

（1）选用定型的基本型汽车底盘进行改装设计　首先要了解商用车产品的生产情况、底盘规格、供货渠道、销售价格及相关资料等；然后根据所设计的专用汽车的特殊功能和性能指标要求，在功率匹配、动力输出、传动方式、外形尺寸、轴载质量、成本等方面进行分析比较，优选出一种基本型汽车底盘作为专用汽车改装设计的底盘。

对于不能直接采用二类底盘或三类底盘进行改装的专用汽车，在设计专用底盘时也要尽量选用定型的汽车总成和部件进行设计，以缩短产品的开发周期，提高产品的可靠性。

（2）总体布置和专用工作装置的匹配　设计时既要保证专用功能满足其性能要求，又要不影响汽车底盘的基本性能。必要时，在保证安全的前提下，可适当降低汽车底盘的某些性能指标，以满足实现某些专用工作装置性能的要求。

（3）产品的系列化　由于专用汽车生产具有品种多、批量少的特点，产品系列化可以根据不同用户的特殊需要很快地进行产品变型。专用汽车零部件的设计，应按"三化"（通用化、标准化、系列化）的要求进行，最大限度地选用标准件，或选用已经定型产品的零部件，尽量减少自制件。对自制件的设计，应遵循单件或小批量的生产特点，要更多考虑通用设备加工的可能性。

（4）强度校核和可靠性　在普通汽车底盘上改装的专用汽车，底盘受载情况可能与原设计不同，因此要对一些重要的总成结构件进行强度校核。其核心部件和总成的优劣（如

各种水泵、油泵、气泵、空压机及各种阀等）直接影响到专用汽车专项作业性能的好坏，因此这些核心部件，要从专业生产厂家中优选，以满足性能和可靠性要求。

（5）满足车辆公路交通安全法规的要求 对于某些特殊车辆，如重型半挂车、油田修井车、机场宽体客车等，应作为特定作业环境的特种车辆来处理。

（6）具有良好的适应性 某些专用汽车可能会在恶劣的环境下工作，使用条件复杂。要了解和掌握国家及行业相应的规范和标准，使专用汽车具有良好的适应性和工作可靠性，且专用汽车要安装安全装置。

综上所述，专用汽车的设计既要满足汽车设计的一般要求，同时又要获得好的专用性能，满足专用功能的要求。这就要求设计中汽车和专用工作装置合理匹配，构成一个协调的整体，使汽车的基本性能和专用功能都得到充分发挥。

1.3.2 汽车改装的项目

汽车改装爱好者对汽车改装的项目包括汽车外形改装、动力性能改装、经济性能改装、操控性能改装、稳定性能改装、实用性能改装、越野性能改装以及汽车内饰的改变等。而对于家用车的改装而言，并不需要像专业赛车那样追求高水准的动力、操控等性能，应该根据实际使用的需求和自己的喜好，在适当的范围内进行改装。

1. 民用汽车改装的项目

民用汽车改装的项目见表1-1。

表1-1 民用汽车改装的项目

改装种类	改装项目
发动机改装	进气系统、排气系统、供油系统、点火系统、节气门、涡轮增压器、节油器、点火线圈
汽车底盘改装	排档锁、转向盘锁、车轮锁、自排锁、安全带、安全气囊、底盘装甲、轮罩盖（车轮饰罩）、备胎罩、轮眉、悬架弹簧、减振器、防倾杆（平衡杆）、制动系统、防抱死制动系统、铝合金轮、轮胎、绞盘
汽车电气改装	前灯罩、后灯罩、雾灯罩、边灯框、装饰灯、电动窗帘、倒车雷达、越野车灯、氙气灯、中控锁、汽车音响、电子防盗器、全球定位系统、车载免提电话、黑匣子、巡航控制系统
车身改装	大包围、定风翼、车身贴纸、封釉、太阳膜、隔音工程、汽车天窗、车顶行李架、尾梯、护杠（防撞杠）、手动窗帘、防撞条及门边胶条、车身饰条、后护板（后门踏板）、门脚踏板、前饰条、后饰条、装饰标志（立标、贴标等）、扶手箱、门拉手、后视镜罩、车牌架、后视遮雨板、中柱、桃木内饰、椅套、真皮座椅、跑车座椅、电动座椅、儿童座椅、座垫、地毯、地胶（脚踏垫）

2. 上海国际汽车定制改装博览会改装的项目

上海国际汽车定制改装博览会作为一个国际知名汽车改装博览会，其参展须知中规定了参展改装车的改装项目范围，其中包括了汽车美容的内容。

（1）改装样车 改装样车包括世界各国专业汽车改装厂家设计、改装的各种乘用车辆；国内外专业级汽车爱好者设计、改装的乘用车辆，其中包括越野车、旅居车、竞技用车、个性改装民用车辆等。

（2）改装涉及范围 改装涉及范围主要有动力系统、操控系统、电器及电子系统、照明及信号系统、车身覆盖件、影音设备、越野车专业改装、野外用品、汽车节能环保产品以及美饰护理用品等，见表1-2。

表 1-2 改装涉及范围

改装种类	改装项目
动力系统	发动机本体：压缩比、排量、燃油追加、燃油增压器 发动机外围件：进气系统、排气系统、点火线圈、火花塞 涡轮增压系统：涡轮增压器、机械增压、中冷器、泄压阀 发动机电子控制单元
操控系统	悬架系统：减振器、拉杆组、防倾杆、悬架牵引装置 安全系统：制动系统及制动检测系统、胎压监测系统、安全带、安全座椅、儿童座椅、儿童车内保护及看护装置、安全气囊和侧气囊、车身稳固装置、行人保护装置、气帘、安全防盗系统、中控锁、排档锁、车轮锁、转向盘锁、雷达测速器、后视系统、汽车缓冲器 传动系统：轻飞轮、轻皮带轮、主减速器、竞技离合器、变速器齿轮套件 轮胎及轮毂：高性能轮胎、轮毂
电气及电子系统	应急灯、节油器、行驶记录仪、电容、车辆电子摄像系统、各种警示标志、扬声器、刮水器、电子元器件、汽车半导体、智能式传感器、汽车传感器、模拟器件、汽车行驶记录仪、汽车后视防水摄像枪、电控制动助力、电控防滑、电控悬架、汽车巡航定位系统、车载冰箱、逆变电源、车用吸尘器、车载洗车机、车载剃须刀、风扇、蓄电池、空调系统、车载蓝牙
照明及信号系统	卤素灯、LED 灯、HID 灯、射灯、车顶灯、装饰灯、仪表灯、防雾灯、制动灯、转向灯
车身覆盖件	大包围（前后保险杠、左右裙边、中网）、平衡尾翼、天窗、不锈钢饰条、防滚架、踏杠、反光装置、挡泥板、后视镜、空气扰流辅件
影音设备	汽车音响、车载电视、车载 MP3、车载 DVD、车载 CD、车载卡带机、汽车低音炮、汽车功率放大器、解码器、均衡器、显示器、扬声器、接收器
越野车专业改装	平衡拉杆、涉水器、防护板、绞盘、差速锁、车顶行李架、车尾行李架、预热系统、延时熄火装置、临时补胎装置、电源逆变器
野外用品	帐篷、遮阳伞、汽车顶架、汽车顶箱、轮胎打气泵、车用工具箱、急救包、折叠桌、折叠床、折叠椅、指南针、睡袋、旅行设备
汽车节能环保产品	氧吧、空气净化器、空气净化剂、除臭剂、三效催化剂、熏香器、香水、熏香油、防炫镜、节油清洁剂、中间轴节能离合器、节能排气尾管、节油设备等其他节能产品
美饰护理用品	车蜡、车釉、清洁剂、玻璃修补剂、玻璃防雾剂、汽车漆、漆面保护膜、积炭清洗剂、冷媒、润滑剂、防锈剂、抗磨剂、防腐剂、增效剂、改进剂、防冻液、制动液、水箱补漏剂、低温起动剂、密封胶、新合剂、原子灰、鹿皮擦布、车衣、汽车地毯、金属或木饰件、转向盘套、防爆膜、纸巾盒、手机架、眼镜架、保温壶、钥匙扣、点烟器、温度计、遮阳挡、气压表、靠枕、靠垫、座套、窗帘、脚垫

✏️ 思考题 ●

1-1 汽车改装的定义是什么？意义是什么？

1-2 国内汽车改装存在哪些问题？

1-3 汽车改装是如何分类的？

1-4 与普通汽车相比，专用车改装有什么特点？

1-5 汽车改装的项目主要包含哪些？

第2章 汽车改装理论基础

2.1 汽车性能改装理论基础

2.1.1 汽车的动力性

1. 汽车动力性指标

汽车动力性的评价指标有 3 个：最高车速、最大爬坡度和加速时间。

（1）最高车速 $v_{\max}$　最高车速是指汽车在良好路面上直线行驶时，由纵向外力决定的所能达到的最高行驶速度。

（2）最大爬坡度 $i_{\max}$　最大爬坡度是指满载汽车在良好路面行驶，能爬上的最大坡度，一般是指一档最大爬坡度。

轿车的最大爬坡度只需满足基本使用要求，货车、越野车的爬坡能力是个很重要的指标。在军用车辆的战术技术要求中，常规定在一定坡道上车辆应达到一定的速度。

（3）加速时间 t

1）原地起步加速时间：由一档或二档起步，逐渐换至最高档，行驶到预定距离或车速所需时间。一般有如下两种评价方式。

① 0—100km/h 的加速时间。

② 从静止到行驶 1km 的冲刺时间。

2）超车加速时间：超车加速时间 t 是指在最高或次高档由某一较低车速（如 30km/h、40km/h）全力加速至某一高速所需的时间。

2. 汽车驱动力与行驶阻力

（1）汽车驱动力　汽车驱动力 F_t：发动机或电动机产生的转矩 T_t 在经传动系传到驱动轮，驱动轮在 T_t 的作用下给地面作用一圆周力 F_0 后，地面对驱动轮的反作用力 F_t 即为驱动力。

$$F_t = \frac{T_t i_g i_0 \eta_T \mu}{r} \tag{2-1}$$

式中，T_t 为发动机转矩；i_g 为变速器传动比；i_0 为主减速器传动比、η_T 为传动系的机械效率；r 为车轮半径；μ 为发动机外特性修正系数。

修正系数按不同标准试验会略有不同，具体如下。

1）按美国汽车工程师学会（Society of Automotive Engineers，SAE）标准试验（美国、法国、意大利）$\mu=0.81\sim0.84$。

2）按德国标准化学会（Deutsches Institut für Normung，DIN）标准试验（德国）$\mu=0.90\sim0.92$。

3）按英国标准（British Standards，BS）试验（英国）$\mu=0.83\sim0.85$。

4）按日本工业标准（Japan，Industrial Standards，JIS）试验（日本）$\mu=0.88\sim0.91$。

5）按中国国家标准（GB）试验（中国）$\mu=0.85\sim0.91$。

（2）行驶阻力　汽车行驶阻力由滚动阻力 F_f、空气阻力 F_w、坡度阻力 F_i 和加速阻力 F_j 组成。

$$\sum F = F_f + F_w + F_i + F_j \tag{2-2}$$

1）滚动阻力 F_f。产生滚动阻力的主要原因有硬路面上轮胎变形；软路面上轮胎变形和路面变形。

$$F_f = Gf\cos\alpha \tag{2-3}$$

式中，G 为汽车总质量；f 为滚动阻力系数；α 为道路坡道角。

滚动阻力系数 f 取决于轮胎的结构形式、汽车行驶速度和路面条件等因素。当车速在 50km/h 以下时，f 可取常数，部分路面条件的滚动阻力系数 f 见表 2-1；当车速在 50km/h 以上，但<100km/h 时，f 可表达为车速 u 的线性函数：$f=f_0+ku$，式中，k 为比例系数，f_0 为车轮中心前的滚动阻力系数。

表 2-1　部分路面条件的滚动阻力系数 f

路面类型	f
良好的沥青或混凝土路面	$0.010\sim0.018$
一般的沥青或混凝土路面	$0.018\sim0.020$
碎石路面	$0.020\sim0.025$

2）空气阻力 F_w。汽车直线行驶时受到的空气作用力在行驶方向的分力称为空气阻力，包括压力阻力和摩擦阻力。车身表面空气法向压力分布如图 2-1 所示。

① 压力阻力。作用在汽车外形表面上的法向压力的合力在行驶方向上的分力称为压力阻力，约占空气阻力的91%。

② 摩擦阻力。由于空气黏性作用在车身表面产生的切向力的合力在行驶方向的分力称为摩擦阻力，约占空气阻力的9%。

空气阻力 F_w 的计算为

$$F_w = \frac{1}{2}C_D A\rho u_r^2 \tag{2-4}$$

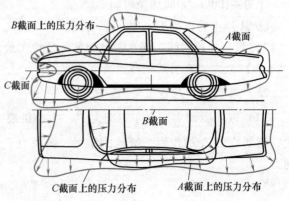

图 2-1　车身表面空气法向压力分布

式中，C_D 为空气阻力系数；A 为迎风面积；ρ 为空气密度；u_r 为相对速度。

空气密度 ρ 一般为 1.2258N/m^3，u_r 为相对速度，本章只讨论无风条件下的汽车运动，u_r 即为汽车的行驶速度 u_a，故式（2-4）常用下式表示为

$$F_w = \frac{5C_D A u_a^2}{8} \tag{2-5}$$

3）坡度阻力 F_i。坡度阻力 F_i 指汽车重力沿坡道的分力，如图 2-2 所示。

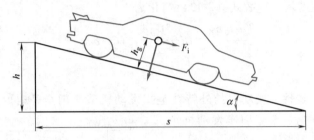

图 2-2　汽车的坡度阻力

$$F_i = G\sin\alpha \tag{2-6}$$

式中，G 为车的重力；α 为斜坡角度。

常见路面的坡度见表 2-2。

表 2-2　常见路面的坡度

路面	i_{max}	路面	i_{max}
高速公路平原微丘区	3%	一级汽车专用公路平原重丘区	5%
高速公路山岭重丘区	5%	四级公路平原微丘区	6%
一级汽车专用公路平原微丘区	4%	四级公路平原重丘区	9%

由于道路坡度一般都较小，认为 $\sin\alpha \approx \tan\alpha = i$，故 $F_i = G\sin\alpha \approx G\tan\alpha = Gi$。

滚动阻力和坡度阻力之和称为道路阻力 F_ψ，则

$$F_\psi = F_f + F_i = Gf\cos\alpha + G\sin\alpha \tag{2-7}$$

由于道路坡度都较小，认为 $\cos\alpha \approx 1$，令 $\psi = f + i$，则

$$F_\psi = G\psi \tag{2-8}$$

式中，ψ 为道路阻力系数。

4）加速阻力 F_j。汽车加速行驶时，克服其质量加速运动时的惯性力即为加速阻力。包含平移质量的惯性力偶矩和旋转质量的惯性力偶矩两部分。

$$F_j = \delta m \frac{du}{dt} \tag{2-9}$$

式中，δ 为旋转质量换算系数，可由下式计算得到；m 为整车质量；$\dfrac{du}{dt}$ 为加速度。

$$\delta = 1 + \left(\frac{1}{m}\right)\frac{\sum I_w}{r^2} + \left(\frac{1}{m}\right)\frac{I_f i_g^2 i_0^2 \eta_T}{r^2} \tag{2-10}$$

式中，I_w 为车轮转动惯量；I_f 为飞轮转动惯量。

若不知道 I_w、I_f 值，则可按照下述经验公式估算 δ 值。

$$\delta = 1 + \delta_1 + \delta_2 i_g^2 \tag{2-11}$$

式中，$\delta_1 \approx \delta_2 = 0.03 \sim 0.05$，低档时取上限，高档时取下限。

（3）汽车行驶方程式　汽车驱动力与行驶阻力平衡，则

$$F_t = F_f + F_w + F_i + F_j \tag{2-12}$$

$$\frac{T_t i_g i_0 \eta_{T\mu}}{r} = Gf\cos\alpha + \frac{5 C_D A}{8} u_a^2 + G\sin\alpha + \delta m \frac{\mathrm{d}u}{\mathrm{d}t} \tag{2-13}$$

由于一般道路坡度较小，故式（2-13）简化为

$$\frac{T_t i_g i_0 \eta_{T\mu}}{r} = Gf + \frac{5 C_D A}{8} u_a^2 + Gi + \delta m \frac{\mathrm{d}u}{\mathrm{d}t} \tag{2-14}$$

3. 动力性计算

（1）发动机的外特性　发动机的外特性是指发动机节气门全开时的速度特性，是汽车动力性计算的主要依据。某牵引车发动机的外特性曲线如图2-3所示。图中，T_e 为发动机输出转矩，P_e 为发动机功率，G_f 为发动机油耗量，b 为燃油消耗率。

发动机外特性一般有3种获得的方法：①由发动机厂家或汽车底盘制造厂家提供；②直接由发动机台架测出；③由经验公式拟合得出。

发动机外特性曲线类似于抛物线，故常采用下式计算为

$$T_e = a n_e^2 + b n_e + c \tag{2-15}$$

式中，T_e 为发动机输出转矩（N·m）；n_e 为发动机输出转速（r/min）；a、b、c 为待定系数，由具体的外特性曲线决定。

待定系数的确定方法有三点插值法和经验公式法两种。

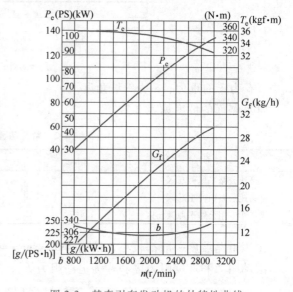

图 2-3　某牵引车发动机的外特性曲线

1）已知外特性曲线。根据外特性数值建立外特性方程式，利用拉格朗日三点插值法，求出 a、b、c 的值。

$$T_e = T_{e1} \frac{(n_e - n_{e2})(n_e - n_{e3})}{(n_{e1} - n_{e2})(n_{e1} - n_{e3})} + T_{e2} \frac{(n_e - n_{e3})(n_e - n_{e1})}{(n_{e2} - n_{e3})(n_{e2} - n_{e1})} + T_{e3} \frac{(n_e - n_{e1})(n_e - n_{e2})}{(n_{e3} - n_{e1})(n_{e3} - n_{e2})} \tag{2-16}$$

将式（2-16）展开，按幂次合并，比较系数，可得3个待定系数。

$$\begin{cases} a = \dfrac{T_{e1}}{(n_{e1} - n_{e2})(n_{e1} - n_{e3})} + \dfrac{T_{e2}}{(n_{e2} - n_{e3})(n_{e2} - n_{e1})} + \dfrac{T_{e3}}{(n_{e3} - n_{e1})(n_{e3} - n_{e2})} \\[3mm] b = \dfrac{(n_{e2} + n_{e3}) T_{e1}}{(n_{e1} - n_{e2})(n_{e1} - n_{e3})} - \dfrac{(n_{e1} + n_{e3}) T_{e2}}{(n_{e2} - n_{e3})(n_{e2} - n_{e1})} - \dfrac{(n_{e1} + n_{e2}) T_{e3}}{(n_{e3} - n_{e1})(n_{e3} - n_{e2})} \\[3mm] c = \dfrac{n_{e2} n_{e3} T_{e1}}{(n_{e1} - n_{e2})(n_{e1} - n_{e3})} - \dfrac{n_{e1} n_{e3} T_{e2}}{(n_{e2} - n_{e3})(n_{e2} - n_{e1})} - \dfrac{n_{e1} n_{e2} T_{e3}}{(n_{e3} - n_{e1})(n_{e3} - n_{e2})} \end{cases} \tag{2-17}$$

2）无外特性曲线时。可按经验公式拟合外特性方程式，则

$$T_e = T_{em} - \frac{T_{em} - T_p}{(n_t - n_p)^2}(n_t - n_e)^2 \tag{2-18}$$

式中，T_{em} 为发动机最大输出转矩（N·m）；n_t 为发动机最大输出转矩时的转速（r/min）；n_p 为发动机最大输出功率时的转速（r/min）；T_p 为发动机最大输出功率时的转矩（N·m），$T_p = 9549 \dfrac{P_{em}}{n_p}$。

将式（2-18）代入式（2-15）可解得 3 个待定系数，即

$$\begin{cases} a = \dfrac{-T_{em} + T_p}{(n_t - n_p)^2} \\[3mm] b = \dfrac{2n_t(T_{em} - T_p)}{(n_t - n_p)^2} \\[3mm] c = T_{em} - \dfrac{(T_{em} - T_p)n_t^2}{(n_t - n_p)^2} \end{cases} \tag{2-19}$$

（2）动力性指标计算

1）最高车速。按照汽车最高车速的定义，有待定系数 $a = 0$，加速度 $j = 0$，可得

$$au^2 + bu + c_1 + c_2 f = 0 \tag{2-20}$$

而 $f = f_0 + ku$，故 $au^2 + (b + kc_2)u + (c_1 + f_0 c_2) = 0$。

因 $(b + kc_2)^2 - 4a(c_1 + f_0 c_2) > 0$，令 $d = \sqrt{(b + kc_2)^2 - 4a(c_1 + f_0 c_2)}$，又因通常 $a < 0$，$d > 0$，所以方程的第二个根，即是所求汽车的最高车速 u_{max}，计算式为

$$u_{max} = \frac{-(b + kc_2) - d}{2a} \tag{2-21}$$

2）最大爬坡度。由最低档（第 1 档位）的 a、b、c_1、c_2 和 d 值可得

$$e = \frac{b^2 - 4ac_1}{4ac_2}$$

由 e 值可得

$$\alpha_{max} = \arcsin(e - f_0\sqrt{1 - e^2})$$

所以得到该车的最大爬坡度 $i_{max} = \tan\alpha_{max}$。

4. 动力性计算实例

图 2-4 所示为某半挂冷藏车的外形图，整车有关参数见表 2-3 和表 2-4。

整车动力性计算步骤如下。

（1）确定动力性计算时所需的有关系数　动力性计算需确定的有关系数见表 2-5，回转质量换算系数 δ 的计算结果见表 2-6。

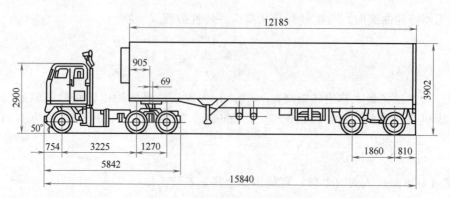

图 2-4　某半挂冷藏车外形图

表 2-3　某半挂冷藏车计算有关的整车参数

名称	符号	数值与单位
发动机最大输出功率	P_{em}	275kW
发动机最大输出功率时的转速	n_p	2100r/min
发动机最大输出转矩	T_{em}	1570N·m
发动机最大输出转矩时的转速	n_t	1400r/min
车轮动力半径	r_d	0.520m
车轮滚动半径	r	0.536m
主减速器传动比	i_0	4.77
汽车迎风面积	A_D	7.96m^2
汽车总质量（满载）	m_a	42000kg

表 2-4　牵引车变速器速比

档位	1	2	3	4	5	6	7	8
i_g	8.35	6.12	4.56	3.38	2.47	1.81	1.35	1.00

表 2-5　动力性计算需确定的有关系数

名称	符号	数值
发动机外特性修正系数	μ	0.82
直接档时传动系效率	η	0.89
其他档时传动系效率	η	0.86
空气阻力系数	C_D	0.8873
滚动阻力系数	f_0	0.012
比例系数	k	0

表 2-6　回转质量换算系数 δ 的计算结果

档位	1	2	3	4	5	6	7	8
δ	1.2992	1.1709	1.1046	1.067	1.0462	1.0350	1.0292	1.0259

（2）确定发动机外特性曲线的数学方程　采用前面介绍的拉格朗日三点插值法来拟合该发动机的外特性曲线。首先在图 2-3 中选择有代表性的 3 个点的坐标值，即

$$n_{e1} = n_t = 1400\text{r/min}$$

$$T_{e1} = T_{em} = 1570\text{N}\cdot\text{m}$$

$$n_{e2} = 1900\text{r/min}$$

$$T_{e2} = 1400\text{N}\cdot\text{m}$$

$$n_{e3} = n_p = 2100\text{r/min}$$

$$T_{e3} = T_p = \frac{30\times1000\times p_{em}}{3.14 n_p} = \frac{30\times1000\times275\text{kW}}{3.14\times2100\text{r/min}} = 1251\text{N}\cdot\text{m}$$

然后，利用公式 2-17 计算系数 a、b 和 c。为计算方便，记

$$a_1 = \frac{T_{e1}}{(n_{e1}-n_{e2})(n_{e1}-n_{e3})} = \frac{1570}{(1400-1900)\times(1400-2100)} = 0.4486\times10^{-2}$$

$$a_2 = \frac{T_{e2}}{(n_{e2}-n_{e1})(n_{e2}-n_{e3})} = \frac{1400}{(1900-1400)\times(1900-2100)} = -0.1400\times10^{-1}$$

$$a_3 = \frac{T_{e3}}{(n_{e3}-n_{e1})(n_{e3}-n_{e2})} = \frac{1251}{(2100-1400)\times(2100-1900)} = 0.8936\times10^{-2}$$

则

$$a = a_1+a_2+a_3 = 0.4486\times10^{-2}-0.1400\times10^{-1}+0.8936\times10^{-2}$$
$$= -0.5780\times10^{-3}$$

$$b = (n_{e2}+n_{e3})a_1 - (n_{e1}+n_{e3})a_2 - (n_{e1}+n_{e2})a_3$$
$$= -(1900+2100)\times0.4486\times10^{-2}-(1400+2100)\times(-0.1400\times10^{-1})-(1400+1900)\times0.8936\times10^{-2}$$
$$= 1.567$$

$$c = n_{e2}n_{e3}a_1 + n_{e1}n_{e3}a_2 + n_{e1}n_{e2}a_3$$
$$= 1900\times2100\times0.4486\times10^{-2}+1400\times2100\times(-0.1400\times10^{-1})+1400\times1900\times0.8936\times10^{-2}$$
$$= 0.5089\times10^{3}$$

将 a、b、c 的值代入式（2-15），得

$$T_e = a n_e^2 + b n_e + c$$
$$= (-0.5780\times10^{-3}) n_e^2 + 1.567 n_e + 0.5089\times10^3$$

（3）计算各档位时的系数 a、b、c_1、c_2 和 d 值　依据式（2-19）和式（2-20），将上面的有关参数和系数分别带入计算，计算的结果见表 2-7。

表 2-7　各档位的 a、b、c_1、c_2 和 d 的计算结果

档位	a	b	c_1	c_2	d
1	-0.1257×10^4	0.1726×10^5	0.2845×10^5	-0.4116×10^6	0.2040×10^5
2	-0.4950×10^3	0.9274×10^4	0.2085×10^5	-0.4116×10^6	0.1084×10^5
3	-0.2050×10^3	0.5148×10^4	0.1554×10^5	-0.4116×10^6	0.5933×10^4
4	-0.8367×10^2	0.2829×10^4	0.1552×10^5	-0.4116×10^6	0.3195×10^4
5	-0.3285×10^2	0.1511×10^4	0.8415×10^4	-0.4116×10^6	0.1655×10^4
6	-0.1313×10^2	0.8112×10^3	0.6167×10^4	-0.4116×10^6	0.8506×10^3
7	-0.5642×10	0.4513×10^3	0.4599×10^4	-0.4116×10^6	0.4427×10^3
8	-0.2490×10	0.2476×10^3	0.3407×10^4	-0.4116×10^6	0.2146×10^3

（4）计算最高车速 将直接档（第 8 档位）的 a、b、c_1、c_2 和 d 值带入式（2-21），可得该半挂冷藏车的最高车速 v_{max}（km/h），即

$$v_{max} = \frac{-(b+kc_2)-d}{2a}$$

$$= \frac{-[0.2476\times10^3+0\times(-0.4116\times10^6)]-0.2146\times10^3}{-2\times0.2490\times10}$$

$$= 92.81$$

所以该车的最高车速 $v_{max} = 92.81$ km/h。

（5）计算最大爬坡度 i_{max} 将最低档（第 1 档位）的 a、b、c_1、c_2 和 d 值带入式 $e = \frac{b^2-4ac_1}{4ac_2}$，可得

$$e = \frac{b^2-4ac_1}{4ac_2}$$

$$= \frac{(0.1726\times10^5)^2-4\times(-0.1257\times10^4)\times0.2845\times10^6}{4\times(-0.1257\times10^4)\times(-0.4116\times10^6)}$$

$$= 0.2130$$

将 e 值代入式 $\alpha_{max} = \arcsin(e-f_0\sqrt{1-e^2})$，有

$$\alpha_{max} = \arcsin(e-f_0\sqrt{1-e^2})$$

$$= \arcsin(0.2130-0.012\sqrt{1-0.2130^2})$$

$$= 11.61°$$

所以得到该车的最大爬坡度 i_{max} 为

$$i_{max} = \tan\alpha_{max} = \tan11.61° = 0.2055$$

（6）计算最大加速度 j_{max} 专用汽车在水平地面的加速度计算公式为

$$j = \frac{1}{\delta m_a}[av^2+bv+c_1+c_2(f_0+kv)]$$

将各档的 a、d 和 δ 值带入下式，可得该半挂冷藏车在各档位时的最大加速度 j_{max}，见表 2-8。

$$j_{max} = \frac{-d^2}{4a\delta m_a} = \frac{-d^2}{4\times42000a\delta}$$

表 2-8 各档位的最大加速度

档位	1	2	3	4	5	6	7	8
$j_{max}/(\text{m/s}^2)$	1.517	1.207	0.9253	0.6806	0.4744	0.3165	0.2009	0.1073

同理，可以求得该车的加速时间 t 和加速行程 s 等性能曲线。图 2-5 和图 2-6 所示为该车原地起步连续换档加速和直接档加速特性图，计算时将速度区间离散取值后带入计算。

2.1.2 汽车的燃油经济性

在保证动力性的前提下，汽车以尽量少的燃油消耗量行驶的能力，称为汽车的燃油经济性。

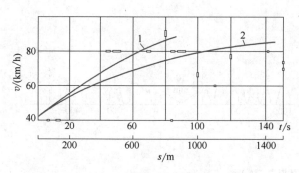

图 2-5　原地起步连续换档加速特性图
1—$v=f(t)$　2—$v=f(s)$

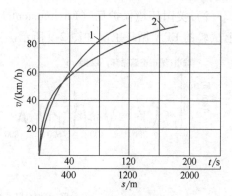

图 2-6　直接档加速特性图
1—$v=f(t)$　2—$v=f(s)$

1. 汽车燃油经济性的评价指标

汽车燃油经济性的评价指标包括等速、等加速、等减速和怠速等工况下的百公里燃油消耗。

我国及欧洲燃油经济性评价方式：一定运行工况下百公里燃油消耗量 [L/（100km）]。

美国燃油经济性评价方式：一定运行工况下一定量燃油行驶的里程（mile/USgal，1mile＝1609.344m，1USgal＝3.78541dm^3）。

（1）等速工况　汽车等速百公里燃油消耗量曲线如图 2-7 所示。

（2）循环行驶试验工况

1）欧洲经济委员会（Economic Commission of Europe，ECE）相关规定。ECE 循环工况如图 2-8 所示。

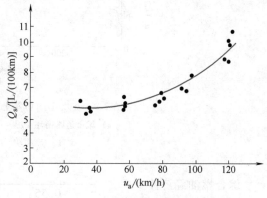

图 2-7　汽车等速百公里燃油消耗量曲线

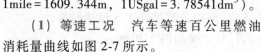

欧洲城市：2×ECE-R.15循环
2.026km

等速：2km

a)　　　　　　　　　　b)

图 2-8　ECE 循环工况
a）在汽车测功器上试验（热起动）　b）路上试验

以 L/（100km）计的1/3 混合油耗为

$$\frac{1}{3}混合 = \frac{1}{3}ECE + \frac{1}{3}×90km/h + \frac{1}{3}×120km/h$$

2）美国环境保护局（Environmental Protection Agency，EPA）相关规定。在汽车测功器上试验的 EPA 循环工况如图 2-9 所示。

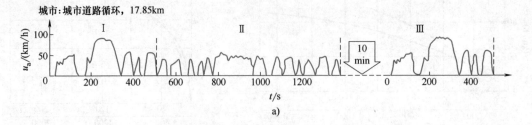

a)

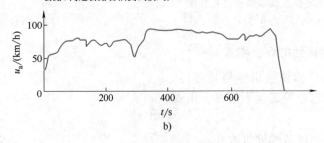

b)

图 2-9　在汽车测功器上试验的 EPA 循环工况

a）城市道路循环工况　b）高速公路循环工况

Ⅰ—冷起动　Ⅱ—热起动

$$综合燃油经济性 = \cfrac{1}{\cfrac{0.55}{城市道路循环工况燃油经济性} + \cfrac{0.45}{高速公路循环工况燃油经济性}}$$

3）我国相关规定。我国测量汽车燃油经济性的行驶工况如图 2-10 所示。

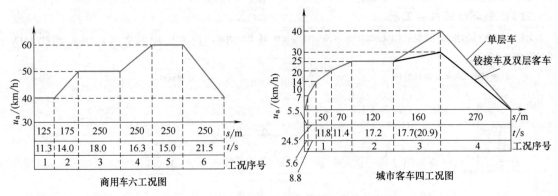

图 2-10　我国测量汽车燃油经济性的行驶工况

2. 汽车燃油经济性的计算

汽车燃油经济性计算的基本依据是发动机万有特性图和汽车功率平衡图。

（1）等速行驶工况燃油消耗量的计算　等速时发动机应提供的功率为

$$P_e = \frac{1}{\eta_T}(P_f + P_w) \tag{2-22}$$

式中，P_f 为滚动阻力所做的功；P_w 为空气阻力所做的功。

由 u_a 和 P_e 在万有特性图上可确定燃油消耗率 b。

设已知汽车的车速 $u_a = 150\text{km/h}$，发动机功率 $P_e = 43\text{kW}$，可在汽油发动机万有特性图（图 2-11）上确定燃油消耗率 $b = 270\text{g}/(\text{kW} \cdot \text{h})$。

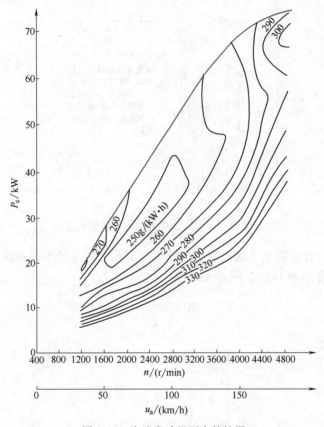

图 2-11　汽油发动机万有特性图

汽车以 u_a 等速行驶时，燃油消耗量为

$$Q_t = \frac{P_e b}{367.1 \rho g} \qquad (2\text{-}23)$$

式中，b 为燃油消耗率 $[\text{g}/(\text{kW} \cdot \text{h})]$；$\rho$ 为燃油的密度（kg/L）；g 为重力加速度（m/s^2）。汽油 $\rho g = 6.96 \sim 7.15\text{N/L}$，柴油 $\rho g = 7.94 \sim 8.13\text{N/L}$。

等速行驶 s 行程时，燃油消耗量为

$$Q = Q_t t = Q_t \frac{3.6s}{u_a} = \frac{P_e b s}{102 u_a \rho g} \qquad (2\text{-}24)$$

折算成等速百公里燃油消耗量为

$$Q_s = \frac{P_e b \times 100}{102 u_a \rho g} = \frac{P_e b}{1.02 u_a \rho g} \qquad (2\text{-}25)$$

（2）等加速行驶工况燃油消耗量的计算　加速时发动机需提供的功率为

$$P_e = \frac{1}{\eta_T}\left(\frac{Gfu_a}{3600} + \frac{C_D A u_a^3}{76140} + \frac{\delta m u_a}{3600}\frac{du}{dt}\right) \tag{2-26}$$

式中，G 为汽车重量；m 为汽车质量；u_a 为车速。

等加速过程燃油消耗量的计算如图 2-12 所示。

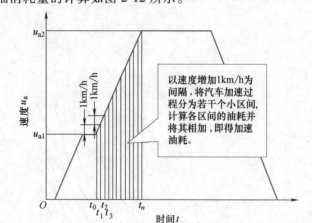

图 2-12 等加速过程燃油消耗量的计算

按照式（2-24）计算每个小区间起始或终了时刻车速对应的单位时间燃油消耗量 Q_i。

汽车行驶速度每增加 1km/h 所需时间为

$$\Delta t = \frac{1}{3.6\frac{du}{dt}} \tag{2-27}$$

从行驶初速度 u_{a1} 开始加速，速度每增加 1km/h，各区间所需燃油量为

$$\begin{cases} Q_1 = \frac{1}{2}(Q_{t_0} + Q_{t_1})\Delta t \\[2mm] Q_2 = \frac{1}{2}(Q_{t_1} + Q_{t_2})\Delta t \\[2mm] Q_3 = \frac{1}{2}(Q_{t_2} + Q_{t_3})\Delta t \\[2mm] \qquad\vdots \\[2mm] Q_n = \frac{1}{2}(Q_{t_{(n-1)}} + Q_{t_n})\Delta t \end{cases} \tag{2-28}$$

整个加速过程的燃油消耗量为

$$Q_a = \sum_{i=1}^{n} Q_i = Q_1 + Q_2 + \cdots + Q_n \tag{2-29}$$

$$Q_a = \frac{1}{2}(Q_{t_0} + Q_{t_n})\Delta t + \sum_{i=1}^{n-1} Q_{t_i}\Delta t \tag{2-30}$$

加速区段内汽车行驶的距离为

$$s_a = \frac{u_{an}^2 - u_{a1}^2}{25.92\frac{du}{dt}} \tag{2-31}$$

（3）等减速行驶工况燃油消耗量的计算　减速行驶时发动机处于怠速状态，减速工况燃油消耗量等于减速行驶时间与怠速油耗的乘积。

减速时间为

$$t = \frac{u_{a2} - u_{a3}}{3.6 \frac{\mathrm{d}u}{\mathrm{d}t_d}} \qquad (2-32)$$

式中，$\frac{\mathrm{d}u}{\mathrm{d}t_d}$ 表示减速度。

减速过程燃油消耗量为

$$Q_d = \frac{u_{a2} - u_{a3}}{3.6 \frac{\mathrm{d}u}{\mathrm{d}t_d}} Q_i \qquad (2-33)$$

式中，Q_i 为怠速油耗。

（4）怠速停车时燃油消耗量的计算　怠速停车时的燃油消耗量为

$$Q_{id} = Q_i t_s \qquad (2-34)$$

式中，t_s 为怠速时间。

（5）整个循环工况百公里燃油消耗量的计算　整个循环工况的百公里燃油消耗量为

$$Q_s = \frac{\sum Q}{s} \times 100 \qquad (2-35)$$

式中，$\sum Q$ 为整个循环过程燃油消耗量之和；s 为整个循环的行驶距离。

3. 燃油经济性计算实例

图 2-13 所示为某自卸汽车的外形图，整车有关参数见表 2-9。

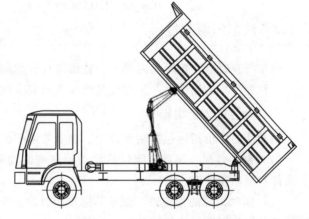

图 2-13　某自卸汽车的外形图

表 2-9　某自卸车计算有关的整车参数

名称	符号	数值与单位
发动机最大输出功率	P_{em}	101kW
发动机最大输出功率时的转速	n_p	2500r/min
发动机最大输出转矩	T_{em}	430N·m
发动机最大输出转矩时的转速	n_t	1500r/min
车轮动力半径	r_d	0.401m
车轮滚动半径	r	0.417m
主减速器传动比	i_0	4.875
汽车迎风面积	A_D	5.6m^2
汽车总质量（满载）	m_a	11000kg

专用汽车的燃油经济性通常用车辆在水平的沥青或混凝土路面上,以经济车速 u_a 满载行驶的百公里燃油消耗量 Q [L/(100km)] 来评价。

首先计算出经济车速下相应的发动机转速,设该自卸汽车的经济车速为 65km/h,则发动机输出转速为

$$n_e = \frac{i_0 i_g u_a}{0.377r} = \frac{4.875 \times 1 \times 65}{0.377 \times 0.417} \text{r/min} = 2015.6 \text{r/min}$$

为尽可能满足题目条件选取滚动阻力系数 $f = 0.0186$,故在经济车速下发动机功率为

$$\begin{aligned}
P_e &= \frac{1}{\eta}\left(\frac{m_a g f}{3600}u_a + \frac{C_D A_D}{76140}u_a^3\right) \\
&= \frac{1}{0.86}\left(\frac{11000 \times 9.8 \times 0.0186}{3600} \times 65 + \frac{0.8873 \times 5.6}{76140} \times 65^3\right) \text{kW} \\
&= 62.94 \text{kW}
\end{aligned}$$

根据汽车发动机万有特性,选取 $b = 200 \text{g/(kW} \cdot \text{h)}$ 由式(2-25)得

$$Q = \frac{P_e b}{1.02 u_a \rho g} = \frac{62.94 \times 200}{1.02 \times 65 \times 7.94} \text{L/100km} = 24.3 \text{L/100km}$$

2.1.3 汽车的制动性

汽车行驶时能在短距离内停车,且维持行驶方向稳定性和在下长坡时能维持一定车速的能力,称为汽车的制动性。制动性是汽车主动安全性的重要评价指标。

1. 制动性的评价指标

制动性的评价指标包括制动效能、制动效能的恒定性和制动时汽车的方向稳定性。

(1)制动效能 制动效能包括制动距离和制动减速度。制动距离取决于路面条件、载荷条件和制动初速度。

(2)制动效能的恒定性 制动器温度上升后,制动器产生的摩擦力矩常会有显著下降,这种现象称为制动器的热衰退。

制动效能的恒定性即抗热衰退性能,可评价连续制动后制动效能的稳定程度。山区行驶的货车和高速行驶的轿车,对抗热衰退性能有更高的要求。

(3)制动时汽车的方向稳定性 制动时汽车的方向稳定性就是制动时汽车按给定路径行驶的能力,即在制动中不发生跑偏、侧滑或失去转向能力的性能。

2. 制动时车轮的受力

本节主要介绍地面制动力、制动器制动力及其与附着力的关系;滑移率的概念;分析制动力系数、侧向力系数与滑移率的关系。

(1)地面制动力 地面制动力是由制动力矩所引起的、地面作用在车轮上的切向力 F_{Xb},如图 2-14 所示。F_{Xb} 取决于制动力矩 T_μ 和车轮半径,同时不能超过地面附着力 F_φ,则有

$$F_{Xb} = \frac{T_\mu}{r}, \quad F_{Xb} \leqslant F_\varphi \tag{2-36}$$

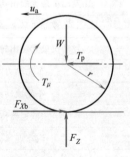

图 2-14 地面制动力

（2）制动器制动力　在轮胎周缘克服制动器摩擦力矩所需的切向力称为制动器制动力，可用式（2-37）计算。

$$F_{\mu} = \frac{T_{\mu}}{r} \qquad (2-37)$$

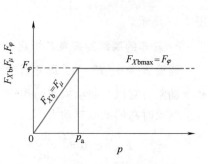

图 2-15　制动过程中制动器制动力和地面附着力的关系

F_{μ} 取决于制动器的类型、结构尺寸、制动器摩擦副的摩擦系数及车轮半径，并与踏板力成正比。

（3）F_{Xb}、F_{μ} 与 F_{φ} 的关系　制动过程中制动器制动力和地面附着力的关系如图 2-15 所示。

（4）影响制动力系数的因素

1）路面。各种路面的平均附着系数见表 2-10。

表 2-10　各种路面的平均附着系数

路面	峰值附着系数	滑动附着系数
沥青或混凝土路面	0.8~0.9	0.75
沥青（湿）	0.5~0.7	0.45~0.6
混凝土（湿）	0.7	0.7
砾石	0.6	0.55
土路（干）	0.68	0.65
土路（湿）	0.55	0.4~0.5
雪（压紧）	0.2	0.15
冰	0.1	0.07

2）滑移率。当车轮在路面上滑动时，附着系数随滑移率呈线性上升，达到一个最大值后，又随滑移率的继续增大而逐渐减小。由于车轮与路面之间的滑动摩擦系数小于静摩擦系数，因此路面附着系数在达到最大值后就逐渐降低。附着系数的最大值称为峰值附着系数，峰值附着系数在滑移率为 20% 左右形成，对应的滑移率称为峰值滑移率。

峰值系数的数值主要取决于道路的材料、路面的状态、车轮的结构、胎面花纹、轮胎材料和汽车行驶的速度等。图 2-16 所示为沥青路面滑移率曲线，沥青路面 10.00×20/F 表示沥青路面材料的类型。滑移率 100% 时的纵向附着系数称为滑动附着系数。同等条件下，车速越高，滑动附着系数越低。

3）轮胎结构。子午线轮胎接地面积大、单位压力小、滑移率小、胎面不易损耗，制动力系数较高，所以轿车普遍采用宽断面、低气压、子午线轮胎。子午线轮胎结构如

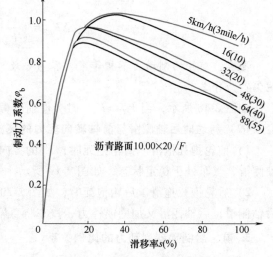

图 2-16　沥青路面滑移率曲线

图 2-17 所示。

3. 汽车的制动效能及其恒定性

假设 $F_w = 0$、$F_f = 0$，即不计空气阻力
和滚动阻力对汽车制动减速的作用。

图 2-17 子午线轮胎结构

制动时总的地面制动力为

$$F_{Xb} = \varphi_b G = \frac{G}{g} \frac{du}{dt} \qquad (2\text{-}38)$$

式中，φ_b 为制动力系数。

汽车能达到的制动减速度为

$$a_{bmax} = \varphi_b g \qquad (2\text{-}39)$$

当前、后轮同时抱死时的制动减速度为

$$a_{bmax} = \varphi_s g \qquad (2\text{-}40)$$

式中，φ_s 为滑动附着系数。

当汽车装有防抱死制动系统（Antilock Braking System，ABS）时的制动减速度为

$$a_{bmax} = \varphi_p g \qquad (2\text{-}41)$$

式中，φ_p 为峰值附着系数。

我国行业标准采用平均减速度的概念，平均减速度为

$$\bar{a} = \frac{1}{t_2 - t_1} \int_{t_1}^{t_2} a(t) dt \qquad (2\text{-}42)$$

式中，t_1 为制动压力达到 3/4 最大压力 p_{amax} 的时刻；t_2 为到停车时总时间的 2/3 的时刻。

汽车的制动距离是指制动器起作用和持续制动两个阶段汽车驶过的距离。

4. 制动时汽车的方向稳定性

方向稳定性主要是指防止制动跑偏、后轴侧滑、前轮失去转向的能力。

（1）左右车轮制动力不相等　当左右制动力不相等时，$F_{\mu l} \neq F_{\mu r}$、$F_{Xbl} \neq F_{Xbr}$，常用制动力不相等度 $\Delta F_{\mu b}$ 来评价左右制动的不相等程度。

$$\Delta F_{\mu b} = \frac{F_{\mu b} - F_{\mu l}}{F_{\mu b}} \times 100\% \qquad (2\text{-}43)$$

思考：前轮的制动力不相等度大容易导致跑偏，还是后轮的制动力不相等度大容易导致跑偏？为什么？

如图 2-18 所示，当 $F_{X1l} > F_{X1r}$ 时会使前轮偏转、汽车跑偏。

（2）制动时后轴侧滑与前轴转向能力的丧失

1）前轮抱死拖滑。前轮抱死时，F_j 的方向与前轴侧滑的方向相反，F_j 能阻止或减小前轴侧滑，汽车处于稳定状态，如图 2-19 所示。

2）后轮抱死拖滑。后轮抱死时，如图 2-20 所示，F_j 与后轴侧滑方向一致，惯性力加剧后轴侧滑，后轴侧滑又加剧惯性力，汽车将急剧转动，处于不稳定状态。

5. 前、后制动器制动力的比例关系

制动过程的 3 种可能如下。

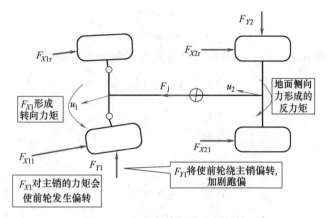

图 2-18　左右车轮制动力不相等

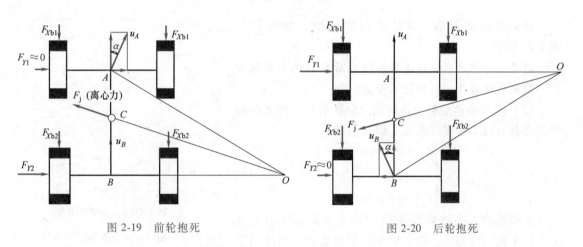

图 2-19　前轮抱死　　　　　　　　　　图 2-20　后轮抱死

1）前轮先抱死拖滑，然后后轮抱死拖滑；稳定工况，但丧失转向能力，附着条件没有充分利用。

2）后轮先抱死拖滑，然后前轮抱死拖滑；后轴可能出现侧滑，不稳定工况，附着利用率低。

3）前、后轮同时抱死拖滑；可以避免后轴侧滑，附着条件利用较充分。

前、后制动器制动力的分配比例，将影响制动时前后轮的抱死顺序，从而影响汽车制动时的方向稳定性和附着条件利用程度。

（1）地面对前、后车轮的法向反作用力

制动时汽车的受力如图 2-21 所示。

$$\begin{cases} F_{Z1}L = Gb + m\dfrac{\mathrm{d}u}{\mathrm{d}t}h_g \\[2mm] F_{Z2}L = Ga - m\dfrac{\mathrm{d}u}{\mathrm{d}t}h_g \end{cases} \qquad (2\text{-}44)$$

令 $\dfrac{\mathrm{d}u}{\mathrm{d}t} = zg$，$z$ 为制动强度，则前后制动力可表示为

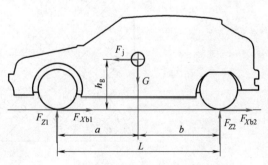

图 2-21　制动时汽车的受力

$$\begin{cases} F_{Z1} = G(b+zh_g)/L \\ F_{Z2} = G(a-zh_g)/L \end{cases} \quad (2\text{-}45)$$

当前、后轮都抱死时，φ 为前后轮同时抱死时的制动力系数，有

$$\begin{cases} F_{Xb} = F_\varphi = G\varphi = m\dfrac{du}{dt} \\ \dfrac{du}{dt} = \varphi g \end{cases} \quad (2\text{-}46)$$

此时 $z=\varphi$，则

$$\begin{cases} F_{Z1} = \dfrac{G}{L}(b+\varphi h_g) \\ F_{Z2} = \dfrac{G}{L}(a-\varphi h_g) \end{cases} \quad (2\text{-}47)$$

制动时地面对前、后轮法向反作用力的变化如图 2-22 所示。

思考：为什么有些轿车采用前盘后鼓的制动系统配置？制动管路为什么采用交叉布置？

（2）理想的前后制动器制动力分配曲线 理想的制动条件是前后车轮同时抱死，即

$$\begin{cases} F_{\mu 1} + F_{\mu 2} = \varphi G \\ F_{\mu 1} = \varphi F_{Z1} \\ F_{\mu 2} = \varphi F_{Z2} \end{cases} \quad (2\text{-}48)$$

I 曲线为在各种附着系数的路面上制动时，要使前、后车轮同时抱死，前、后车轮制动器制动力应满足的关系曲线。理想的前后制动器制动力分配曲线如图 2-23 所示。

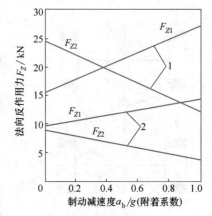

图 2-22 制动时地面对前、后轮法向反作用力的变化
1—BJ1041 型汽车　2—BJ213 型汽车

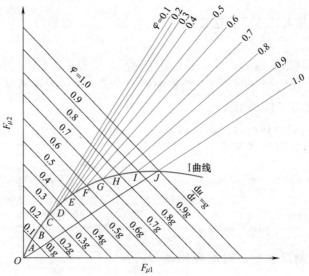

图 2-23 理想的前后制动器制动力分配曲线

2.1.4　汽车的稳定性

1. 静态稳定性

由普通汽车底盘改装成的车辆，其质心位置较普通货车更高，原因是副车架或工作装置

的布置，使得装载部分的位置提高了，如罐体、厢体等，因此应对整车的静态稳定性进行计算。

对有些改装车辆，不仅要对运输状态进行稳定性计算，而且对作业状态的稳定性也应进行计算，如自卸车在举升卸货时，就有纵向或侧向失稳的可能性。

分析专用汽车的静态稳定性，首先应计算出整车的质心位置。当改装汽车的总体布置基本完成后（图2-24），即可对该车的质心位置进行计算。

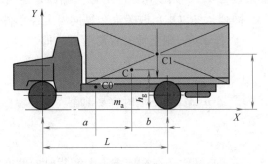

图2-24　某厢式货车质心位置计算图

计算时根据已有的资料或利用试验结果，也可以计算出整车的质心位置。

对图2-27所示的厢式货车纵向和高度的质心坐标计算，得

$$\begin{cases} a = \dfrac{\sum\limits_{i=1}^{n} m_i X_i}{\sum m_i} \\ b = L - a \\ h_{\mathrm{g}} = \dfrac{\sum\limits_{i=1}^{n} m_i Y_i}{\sum m_i} \end{cases} \tag{2-49}$$

式中，m_i 为第 i 个总成的质量（kg）；X_i 为第 i 个总成的质心至前轴中心的水平距离（m）；Y_i 为第 i 个总成的质心至地面的高度（m）；a 为整车质心至前轴中心的水平距离（m）；b 为整车质心至后轴中心的水平距离（m）；h_{g} 为整车质心至地面的高度（m）；L 为轴距（m）。

车辆的静态稳定性是指车辆停放或等速行驶在坡道上，当整车的重力作用线越过车轮的支承点（接地点）侧时，车辆不发生翻倾的能力。若整车的重力作用线正好通过支承点，则车辆处于临界的倾翻状态，此时的坡道角称为最大倾翻稳定角 $\beta_{\max}$。

此外，当车辆停放或在坡道行驶时，若坡道阻力大于附着力，车辆由于附着力不足而向下滑移，同样也会出现失稳，其最大滑移角 $\alpha_{\max}$ 仅取决于车轮和路面间的附着系数 φ，即

$$\tan\alpha_{\max} = \varphi \tag{2-50}$$

图2-25所示为某厢式货车侧向稳定性计算图，则

$$\tan\beta_{\max} = \frac{B}{2h_{\mathrm{g}}} \tag{2-51}$$

由于侧翻是一种危险的失稳工况，为避免车辆发生侧翻现象，依据侧滑先于侧翻的条

件，则有

$$\frac{B}{2h_g} \geqslant \varphi \qquad (2-52)$$

若取专用汽车轮胎和普通混凝土路面间的横向附着系数为 0.7，则专用汽车的最大侧倾稳定角 ≥35°。

同理，可以推出改装汽车纵向稳定性条件如下。

① 若 $a>b$，则上坡时容易后翻，即

$$\frac{b}{h_g} \geqslant \varphi \qquad (2-53)$$

② 若 $a<b$，则下坡时容易前翻，即

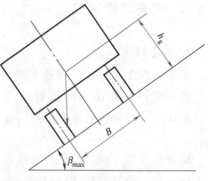

图 2-25 某厢式货车侧向稳定性计算图

$$\frac{a}{h_g} \geqslant \varphi \qquad (2-54)$$

对于自卸汽车在横向坡道上卸货时的侧向稳定性，可按下式计算

$$\beta_{max} = \arctan\left[\frac{B m_a}{2(h_g'm'+h_g''m'')}\right] \qquad (2-55)$$

式中，h_g'、h_g'' 分别为自卸车底盘加货厢及货物举升后的质心高度（m）；m'、m'' 分别为自卸车底盘加货厢及货物质量（kg）。

对于举升高度，满载时可按货物下滑的临界角度计算，空载时按最大举升角计算。

2. 行驶稳定性

对于有些改装车辆，不仅要对静止状态或作业状态进行稳定性计算，而且对车辆行驶过程中的稳定性也应进行计算，如液罐汽车弯道行驶或在侧面坡道上行驶时，由于液体的流动以及侧向力的影响会造成质心位置的转移，形成侧向失稳的状况。下面就以罐体截面为椭圆形的液罐汽车为例进行简单介绍。

如果罐体长度为 L，由于罐内液体在整个罐体长度为等截面。因此液体的质心在纵向位置的 $L/2$ 处，与液体截面形状无关，因此研究液体质心的位置只需研究液体横截面质心的位置即可。

建立如图 2-26 所示的液体截面坐标系 YOZ，原点设在罐体横截面的几何中心处。液面与横坐标 Y 轴的夹角为 O，则罐内液体自由表面的方程即为在坐标系 YOZ 内液体截面的截线方程，即

$$Z = kY + C \qquad (2-56)$$

式中，k 为液体自由表面的斜率，$k = \tan\theta$；C 为液体自由表面在 Z 轴上的截距，或称液面直线 AB 在 Z 轴上的截距；θ 为汽车转弯行驶时液面与 Y 轴的夹角。

为了准确地建立罐内液面的数学模型，并与转弯行驶工况相联系，现在液面截线 AB 上任取一质点 Q，则质点 Q 的受力如图 2-26 所示，其中：$F_Q = \frac{m_Q v^2}{Y_Q + R}$，$G_Q = m_Q g$。

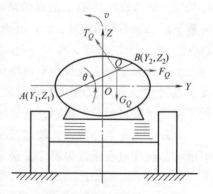

图 2-26 液罐汽车左转弯行驶时的罐体坐标图

T_Q—液面的法向反力 F_Q—侧向惯性力 G_Q—质点 Q 的重力

根据力的平衡关系，对于质点 Q 有

$$\begin{cases} T_Q\cos\theta - G_Q = 0 \\ F_Q - T_Q\sin\theta = 0 \end{cases} \tag{2-57}$$

将上式整理后得

$$\tan\theta = \frac{v^2}{g(Y_Q + R)} \tag{2-58}$$

式中，Y_Q 为质点 Q 的横坐标值（m）；R 为液罐汽车中心转弯半径（m）；v 为液罐汽车稳态转弯行驶速度（m/s）；g 为重力加速度（m/s^2）。

由于汽车在转弯行驶时，其转弯半径 R 远远大于质点 Q 在 Y 轴上的横坐标 Y_Q 值，即 $R \gg Y_Q$，因此式（2-58）可写成

$$\tan\theta = \frac{v^2}{gR} \tag{2-59}$$

由式（2-56）和（2-59）可得汽车稳态转弯行驶时罐内液面的斜率为

$$k = \tan\theta = \frac{v^2}{gR} \tag{2-60}$$

将式（2-56）~式（2-60）进行整理后，可得出液罐汽车在稳态转弯时，罐内液面的平衡方程式为

$$Z = kv + C = \frac{v^3}{gR} + C \tag{2-61}$$

然后根据液体在罐内装载的情况（满载、半载等），确定液体的动态质心位置，进而求出各工况下液体截面对 Z 轴、Y 轴的截距，并对该工况下的质心位置进行分析，确定其质心位移的程度。最后根据液罐汽车转弯行驶时即将发生侧倾的边界条件，形成车辆侧倾力矩与重力回正力矩的平衡方程式，得出液罐汽车转弯行驶时不发生侧倾乃至侧翻的设计参数，如允许转弯速度、最佳装载比例等。

采用同样的方法，还可对液罐汽车在坡道行驶时的相应参数进行稳态性计算。

3. 操纵稳定性

汽车的操纵稳定性是指在驾驶者不感到过分紧张、疲劳的情况下，汽车能遵循驾驶者通过转向系统及转向车轮给定的方向行驶，且当遭遇外界干扰时，汽车能抵抗干扰而保持稳定行驶的能力。汽车的操纵稳定性是汽车主动安全性的重要评价指标。

车辆的操作稳定性主要在确定汽车轴载质量分配时予以考虑，即在确定汽车的轴载质量时应考虑汽车的稳态响应和动态方向稳定性。

根据汽车理论知识，可由静态储备系数 $S.M.$ 决定汽车的稳态转向特性。即

$$S.M. = \frac{K}{K_1 + K_2} - \frac{L}{L_1 + L_2} = \frac{K_2}{K} - \frac{L_1}{L} \tag{2-62}$$

式中，K_1 为前轮轮胎侧偏刚度之和（N/rad）；K_2 为后轮轮胎侧偏刚度之和（N/rad）；K 为汽车全部轮胎的总侧偏刚度（N/rad）；L_1 为整车质心至前轴的距离（m）；L_2 为整车质心至后轴的距离（m）；L 为汽车轴距（m）。

1）当 $S.M. = 0$ 时，汽车具有中性转向特性。

2）当 $S.M. > 0$ 时，汽车具有不足转向特性。

3）当 $S.M. < 0$ 时，汽车具有过多转向特性。

从车辆的操纵稳定性考虑，汽车应具有一定的不足转向特性。汽车总体设计时，合理地进行轴载质量分配，以及质心位置、轴距及前后轴侧偏刚度的匹配，可以得到一定的不足转向特性。质心前移或减少前后轴轮胎的侧偏刚度比时，会增加汽车的不足转向特性。

当汽车具有不足转向特性时，此时用特征车速 u_{ch} 来表征汽车的稳态特性。特征速度由下式表示为

$$u_{ch} = \sqrt{\frac{L^2}{m_a\left(\dfrac{L_1}{K_2} - \dfrac{L_2}{K_1}\right)}} \qquad (2\text{-}63)$$

因此汽车动态方向稳定性的条件为

$$1 + m_a\left(\frac{L_1}{K_2} - \frac{L_2}{K_1}\right)\frac{u^2}{L^2} \geqslant 0 \qquad (2\text{-}64)$$

式中，u 为汽车车速（m/s）。

因此当汽车具有过多转向特性时，其设计车速应低于临界车速，当低于临界车速行驶时，汽车行驶是稳定的，高于临界车速行驶时是不稳定的。但过多转向特性是车辆在设计时所不希望的。如果出现短暂的过多转向特性，应在车辆使用说明书中予以提示。

2.1.5 汽车的平顺性

汽车的平顺性主要指保持汽车在行驶过程中乘员所处的振动环境具有一定舒适程度和保持货物完好的性能。

振动会影响汽车的工作效能、人的舒适性和身体健康，影响货物的完整性以及零部件的性能和寿命。所以，汽车平顺性研究的目的是有效控制汽车振动系统的动态特性。

1. 人体对振动的反应

人体坐姿受振模型如图 2-27 所示。我国的标准规定，评价汽车平顺性时应考虑椅面 X_s、Y_s、Z_s 这 3 个轴向振动。人体对不同频率的振动敏感程度不同。

1）对 Z_s 敏感的频率范围是 $4 \sim 12.5\mathrm{Hz}$。$4 \sim 8\mathrm{Hz}$ 频率范围，可让人的内脏器官产生共振；$8 \sim 12.5\mathrm{Hz}$ 频率范围，可对人的脊椎系统影响很大。

2）对 X_s、Y_s 敏感的频率范围是 $0.5 \sim 2\mathrm{Hz}$。

在 $3\mathrm{Hz}$ 以下，人体对水平振动比对垂直振动更敏感，且汽车车身部分系统在此频率范围内产生共振，故应对水平振动给予充分重视。

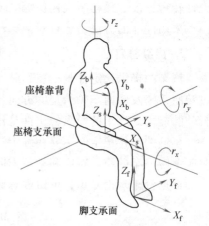

图 2-27　人体坐姿受振模型

人体对不同频率振动的敏感程度不同，因此对于 12 个轴向的振动，赋予了不同的加权系数，称为轴加权系数。在同一振动轴向上，人体对不同频率振动的敏感程度也不同，因此，对每一个振动轴向，都规定了一个频率加权函数。频率加权函数和轴加权系数见表 2-11。

表 2-11 频率加权函数和轴加权系数

位 置	坐标轴名称	频率加权函数	轴加权系数 k
座椅支承面	X_s	ω_d	1.00
	Y_s	ω_d	1.00
	Z_s	ω_k	1.00
	r_x	ω_e	0.63
	r_y	ω_e	0.40
	r_z	ω_e	0.20
座椅靠背	X_b	ω_d	0.80
	Y_b	ω_d	0.50
	Z_b	ω_d	0.40
脚支承面	X_f	ω_k	0.25
	Y_f	ω_k	0.25
	Z_f	ω_k	0.40

2. 平顺性的评价方法

(1) 基本评价法

1) 计算各轴向加权加速度均方根值 $\overline{a}_w$。

① 滤波网络法。将测得的加速度时间历程通过相应的频率加权函数 $w(f)$ 的滤波网络，得到加权加速度时间历程 $\overline{a}_w(t)$。

$$\overline{a}_w = \left[\frac{1}{T} \int_0^T a_w^2(t)\,dt \right]^{\frac{1}{2}} \tag{2-65}$$

② 频谱分析法。对 $a_w(t)$ 进行频谱分析，得到功率谱密度函数 $G_a(f)$。

$$\overline{a}_w = \left[\int_{0.5}^{80} w^2(f) G_a(f)\,df \right]^{\frac{1}{2}} \tag{2-66}$$

2) 计算 3 个方向总加权加速度均方根值。

$$\overline{a}_{vj} = \left[(1.4\overline{a}_{Xw})^2 + (1.4\overline{a}_{Yw})^2 + \overline{a}_{Zw}^2 \right]^{\frac{1}{2}} \tag{2-67}$$

3) 计算总加权振级 L_{aw}。

$$L_{aw} = 20\lg(\overline{a}_{vj}/a_0) \tag{2-68}$$

式中，a_0 为参考加速度均方根值，$a_0 = 10^{-6}\,\mathrm{m/s^2}$。

4) 评价方法。L_{aw} 和 $\overline{a}_{vj}$ 与人的主观感觉之间的关系见表 2-12。

表 2-12 L_{aw} 和 $\overline{a}_{vj}$ 与人的主观感觉之间的关系

总加权加速度均方根值 $\overline{a}_{vj}$	加权振级 L_{aw}	人的主观感觉
<0.315	110	没有不舒适
0.315~0.63	110~116	有一些不舒适
0.5~1.0	114~120	相当不舒适
0.8~1.6	118~124	不舒适
1.25~2.5	112~128	很不舒适
>2.0	126	极不舒适

（2）辅助评价法　当峰值系数>9时，ISO 2631-1：1997（E）标准规定用加权加速度4次方根值评价平顺性。它能更好地估计偶尔遇到过大的脉冲引起的高峰值系数振动对人体的影响。此时采用辅助评价法计算振动计量值，VDV（$\text{m/s}^{1.75}$），则

$$VDV = \left[\int_0^T a_w^4(t)\,dt\right]^{\frac{1}{4}} \qquad (2\text{-}69)$$

3. 路面不平度的统计特性

1）路面不平度函数。路面纵断面曲线如图 2-28 所示。

路面相对基准平面的高度用 q 表示，沿道路走向长度 I 的变化 $q(I)$ 称为路面不平度函数。用水准仪或路面计可以得到路面不平度函数。

2）路面不平度的功率谱密度见式（2-70）。

$$G_q(n) = G_q(n_0)\left(\frac{n}{n_0}\right)^{-W} \qquad (2\text{-}70)$$

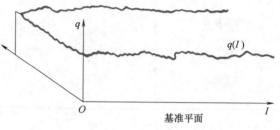

图 2-28　路面纵断面曲线

式中，n 为空间频率（m^{-1}），表示每米长度包括几个波长；n_0 为参考空间频率，$n_0 = 0.1\,\text{m}^{-1}$；$G_q(n_0)$ 为参考空间频率下的路面功率谱密度，也称路面不平度系数；W 为频率指数。

路面不平度等级见表 2-13。

表 2-13　路面不平度等级

路面等级	$G_q(n_0)/(10^{-6}\,\text{m}^3)\ (n_0 = 0.1\,\text{m}^{-1})$	$\sigma_q/(10^{-3}\,\text{m})\ 0.011\,\text{m}^{-1}<n<2.83\,\text{m}^{-1}$
	几何平均值	几何平均值
A	16	3.81
B	64	7.61
C	256	15.23
D	1024	30.45
E	4096	60.90
F	16384	121.80
G	65536	243.61
H	262144	487.22

注：G_q 为均方根值。

2.1.6　汽车的通过性

汽车的通过性是指能以足够高的平均车速通过各种坏路和无路地带（如松软地面、凹凸不平地面等）及各种障碍（如陡坡、侧坡、壕沟、台阶、灌木丛、水障等）的能力。

通过性又分为支承通过性和几何通过性。通过性取决于地面的物理和力学性质及汽车的结构参数和几何参数。

1. 汽车通过性评价指标

汽车通过性评价指标主要包括汽车支承通过性评价指标和汽车通过性几何参数。

（1）汽车支承通过性评价指标　汽车支承通过性评价指标包括牵引系数、牵引效率及燃油利用指数。

1）牵引系数 T_C。T_C 指单位车重的挂钩牵引力（净牵引力），表明汽车在松软地面上加速、爬坡及牵引其他车辆的能力。

$$T_C = F_d / G \qquad (2\text{-}71)$$

式中，F_d 为汽车的挂钩牵引力；G 为汽车重力。

2）牵引效率（驱动效率）TE。TE 表示驱动轮输出功率与输入功率之比，反映了车轮功率传递过程中的能量损失。

$$TE = \frac{F_d}{T_w} \frac{u_a}{\omega} = \frac{F_d r (1 - s_r)}{T_w} \qquad (2\text{-}72)$$

式中，u_a 为汽车行驶速度；T_w 为驱动轮输入转矩；ω 为驱动轮角速度；r 为驱动轮动力半径；s_r 为滑转率。

3）燃油利用指数 E_f。E_f 指单位燃油消耗所输出的功。

$$E_f = F_d u_a / Q_t \qquad (2\text{-}73)$$

式中，Q_t 为单位时间内的燃油消耗量。

（2）汽车通过性几何参数　汽车与地面间的间隙不足而被地面托住，无法通过的情况称为间隙失效。包括顶起失效、触头失效、托尾失效。

1）顶起失效。当车辆中间底部的零件碰到地面而被顶住的情况。

2）触头失效。当车辆前端触及地面而不能通过的情况。

3）托尾失效。当车辆尾部触及地面而不能通过的情况。

与间隙失效有关的汽车整车几何尺寸，称为汽车通过性几何参数，包括最小离地间隙、纵向通过角、接近角、离去角、最小转弯直径。

1）最小离地间隙 h。汽车满载、静止时，支承平面与汽车上的中间区域最低点之间的距离称为最小离地间隙，它反映了汽车无碰撞地通过地面凸起部分的能力，如图 2-29 所示。

涉水深度
610mm

最小离地间隙251.5mm

图 2-29　最小离地间隙

2）纵向通过角 β。汽车满载、静止时，分别通过前、后车轮外缘作垂直于汽车纵向对称平面的切平面，两切平面交于车体下部较低部位时所夹的最小锐角称为纵向通过角，如图 2-30 所示。它能表示汽车能够无碰撞地通过小丘、拱桥等障碍物的轮廓尺寸。

3）接近角 γ_1。汽车满载、静止时，前端突出点向前轮所引切线与地面间的夹角称为接近角 γ_1，如图 2-30 所示。γ_1 越大，越不容易发生触头失效。

4）离去角 γ_2。汽车满载、静止时，后端突出点向后轮所引切线与地面间的夹角称为离去角 γ_2，如图 2-30 所示。γ_2 越大，越不容易发生托尾失效。

5）最小转弯直径 d_{min}。转向盘转到极限位置、汽车以最低稳定车速转向行驶时，外侧

图 2-30　纵向通过角、接近角和离去角示意图

转向轮的中心平面在支承平面上滚过的轨迹圆直径称为汽车最小转弯直径，如图 2-31 所示。它表征了汽车能够通过狭窄弯曲地带或绕过不可越过的障碍物的能力。

2. 牵引通过性计算

牵引通过性计算可以通过分析车辆在松软土壤条件下行驶时所遇到的各种滚动阻力；分析松软地面给履带和驱动轮的土壤推力，从而确定车辆的挂钩牵引力。

（1）**车辆在松软地面上的滚动阻力**　当车辆在松软地面上行驶时，滚动阻力由 3 部分构成：土壤的压实阻力、推土阻力、轮胎的弹滞损耗阻力。

（2）**挂钩牵引力**　车辆的土壤推力 F_X 与土壤阻力 F_r 之差，称为挂钩牵引力 F_d。

$$F_d = F_X - F_r \tag{2-74}$$

计算车辆牵引通过性时，首先要确定轮胎与土壤接触面的形状及接触面上的应力分布，然后列出车轮受力平衡方程并求解，从而得到车辆牵引通过性参数。

假设轮胎与土壤接触界面为一段平面加一段圆弧面。那么驱动轮受力分析如图 2-32 所示。

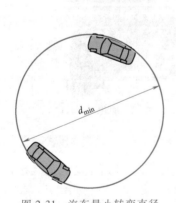

图 2-31　汽车最小转弯直径

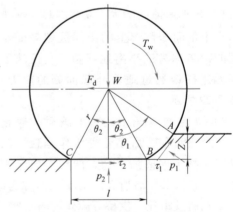

图 2-32　驱动轮受力分析

切应力的分布满足

$$\tau = \tau_{\max}\left[1 - \exp(-j/K)\right] \tag{2-75}$$

式中，j 为剪切变形；K 为土壤剪切变形模数。

压力的分布满足

$$\begin{cases} p = Kz^n = \left(\dfrac{K_c}{b} + K_\varphi \right) z^n \\ K = \dfrac{K_c}{b} + K_\varphi \end{cases}$$

$(2\text{-}76)$

式中，K_c 为土壤的黏聚变形模数；K_φ 为土壤的摩擦变形模数；b 为承载面积的短边长度；z 为土壤沉陷量；n 为沉陷指数。

3. 间隙失效的障碍条件

间隙失效情况下的障碍条件包括顶起失效和触头失效。

（1）顶起失效 汽车通过由两个相交平面形成的凸起障碍时，障碍顶点 A 的轨迹为直径等于 D_r 的圆，D_r 称为地隙直径。汽车顶起失效的几何关系如图 2-33 所示。

当 $h_m < 0$ 时，汽车发生顶起失效；当 $h_m = 0$ 时，是汽车通过障碍的极限尺寸。此时，$180° - \angle BAC$ 即为汽车的纵向通过角。

所以，顶起失效的障碍条件为

$$h_m + 0.5(D + D_r)\sin\alpha_0 - 0.5D \leq 0.5D_r \quad (2\text{-}77)$$

式中，h_m 为汽车中部地隙；D 为车轮直径；D_r 为地隙直径。

而 $(D + D_r)\cos\alpha_0 = L$，故顶起条件为

$$h_m \leq 0.5\left[(D + D_r) - \sqrt{(D + D_r)^2 - L^2} \right] \quad (2\text{-}78)$$

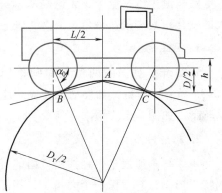

图 2-33 汽车顶起失效的几何关系

（2）触头失效 触头失效的几何条件如图 2-34 所示。由图 2-34 可知，发生触头失效的条件为

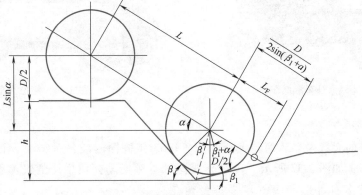

图 2-34 触头失效的几何条件

$$\frac{D}{2\sin(\beta_1 + \alpha)} \leq L_F \quad (2\text{-}79)$$

式中，$\sin\alpha = \dfrac{h}{L} + \dfrac{D}{2L}\left(1 - \dfrac{\cos\dfrac{\beta - \beta_1}{2}}{\cos\dfrac{\beta + \beta_1}{2}} \right)$。

2.2 汽车外观改装理论基础

2.2.1 汽车外形

汽车的外形各有不同，而确定汽车外形有 3 个因素：机械工程学、人体工程学和空气动力学。机械工程学要求汽车动力性好、操纵稳定性好；人体工程学要求驾乘人员有足够的活动空间，舒适性好；空气动力学要求汽车行驶时空气阻力小，即汽车外形应具有良好的流线型。

汽车诞生以来至今，无论是从车身造型还是从动力源或底盘、电气设备来讲，都有了很大的变化，其中最富特色、最具直观感的当数车身外形的演变。

1. 马车形

1885 年，德国的两位工程师戴姆勒和本茨分别试制出 1.1kW（1.5 马力）和 625W（0.85 马力）单缸汽油发动机并成功地试制出第一台汽车，但当时的汽车车身基本还是沿用马车形，如图 2-35 所示。

2. 箱形汽车

由于马车形汽车很难抵挡风雨的侵袭，美国福特汽车公司在 1915 年生产出一种新型的福特 T 形车，它很像一个大箱子，箱子上部装有门窗，实际上只是在原来的马车车身上进行了局部的改进，人们把装有这类车身的汽车称为箱形汽车，如图 2-36 所示。

图 2-35　马车形汽车

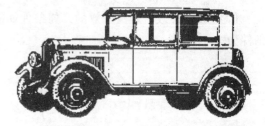

图 2-36　箱形汽车

3. 甲壳虫形汽车

流线型车身的大量生产从德国大众开始。1933 年德国的波尔舍博士设计了一种类似甲壳虫外形的汽车，如图 2-37 所示。1934 年美国的克莱斯勒公司生产的气流牌小客车，首先采用了流线型的车身外形。1936 年福特公司在气流牌小客车的基础上，成功研制林肯和风牌流线型小客车，此车散热器罩很精炼，俯视整个车身呈纺锤形。

4. 船形汽车

美国福特公司经过几年的努力，于 1949 年推出具有历史意义的新型福特 V8 型汽车。这种车型改变了以往汽车造型的模式，使前翼子板

图 2-37　甲壳虫形汽车

和发动机罩，后翼子板和行李舱罩融于一体，前照灯和散热器罩也形成一个平滑的面，车室位于车的中部，整个车身造型仿如几个长方体的几何形体拼成一个船形，所以人们把这类车称为船形汽车，如图2-38所示。

5. 鱼形汽车

船形汽车尾部过分向后伸出，形成阶梯状，在高速时会产生较强的空气涡流。为了克服这一缺陷，人们把船形车的后窗玻璃逐渐倾斜，倾斜到极限即成为斜背式。这类车被称为鱼形汽车，如图2-39所示。与甲壳虫形汽车相比，鱼形汽车的背部和地面的角度较小，尾部较长，围绕车身的气流也比较平顺，涡流阻力较小。另外鱼形汽车基本上保留了船形汽车的长处，车室宽大，视野开阔，舒适性也好，并增大了行李舱的容积。

图2-38　船形汽车

图2-39　鱼形汽车

最初的鱼形汽车是美国1952年生产的别克牌小客车。1964年美国的克莱斯勒顺风牌和1965年的福特野马牌都采用了鱼形造型。自顺风牌以后，世界各国开始逐渐生产鱼形汽车。但鱼形汽车由于后窗玻璃倾斜太甚，面积较大，此外还有一个潜在的重大缺点，就是对横风的不稳定性。针对鱼形汽车的这一缺点，人们想了许多方法加以克服，例如在鱼形车的尾部安上一只翘翘的"鸭尾"，以克服一部分升力，这便是鱼形鸭尾式车型。汽车背部的演变图如图2-40所示。

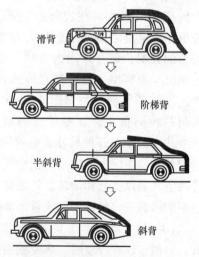

图2-40　汽车背部的演变图

6. 楔形汽车

为了从根本上解决鱼形汽车的升力问题，人们设想了种种方案，最后终于找到了"楔形"的理想办法，如图2-41所示，就是将车身整体向前下方倾斜，车身后部像刀切一样平直，这种造型能有效地克服升力。1963年

图2-41　楔形汽车

司蒂倍克公司第一次设计了楔形的阿本提小客车。楔形对于目前所考虑到的高速汽车，已接近理想造型。现在世界各大汽车生产国都已生产出带有楔形效果的乘用车。汽车发展到鱼形，关于空气阻力的问题已经基本解决，楔形继承了这一成果，并有效地克服了鱼形汽车的升力问题，使汽车的行驶稳定性有了显著的提高，成为目前最为理想的车身造型。

2.2.2 汽车空气动力学

1. 汽车空气动力学概述

（1）空气动力学的定义　空气动力学是研究物体在空气或任何流体中所受到的力，并根据在试验测试中所得到的数据来修改物体的外形，使之达到所需求的特性。车辆在行驶时，空气阻力和速度的平方成正比；汽车若想保持一定的速度，相应的发动机就得多烧些油来增加汽车的动力，使之能与空气阻力相抗衡。一辆车的外形设计不好，它的稳定性及经济性都会大打折扣，从而在市场中失去竞争力，因此汽车的空气动力性已成为评价汽车的重要指标之一。从 20 世纪初至今，汽车的外形设计得更加圆滑。空气阻力系数已降低约 58%。

（2）空气动力学模拟研究工具——风洞　风洞是用来制造出汽车试验所需环境的工具，从而测试出汽车在风中所受到的影响。在设计一辆车时，若想在未定型之前就了解其各种空气动力的数据，最常采用的方法，就是先制出车的模型，然后把它放入风洞中，进行各项测试，如图 2-42 所示。风洞的种类很多，有密封式回旋型、开放式直流型及各种尺寸大小的风洞，

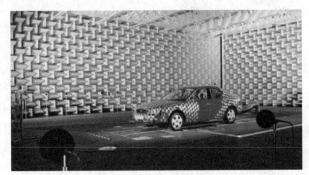

图 2-42　风洞试验

它们都是利用巨大的风扇，把空气吸入管孔中，再利用整流板及管孔渐小的特殊设计，把吸进的空气加以整流和加速，使之达到所需的风速，然后再送入风洞的试验段中。在密封式回旋型的风洞中，里面的气流可不断循环，重复使用。

（3）空气动力学在节能上的工作原理　汽车车身的节能性主要取决于它的空气阻力系数。一般车辆在行驶时，所受到的阻力主要来自前方，除非侧面的风速非常大，否则不会对车辆产生太大的影响。

在风洞中，要测试的数据，包括空气阻力系数 C_D 及升力系数 C_L 等。当车辆在风洞中进行测试的时候，由风洞中的风速来模拟汽车行驶的车速，用气动力天平测出作用在车辆或模型上的气动力（空气阻力、升力）和力矩。在测得空气阻力后，利用空气动力学的有关公式就可算出空气阻力系数。空气阻力系数是一个固定值，每辆车都有它的空气阻力系数，在算出空气阻力系数后，就可由此算出车辆在各种速度中所受到的空气阻力。

（4）空气动力学在稳定性上的工作原理　汽车的稳定性主要取决于它的升力系数 C_L。车辆在行驶当中，有些气流从车底穿过，而这些气流的密度若是大于从车顶飘过的气流时，驾驶人就会感到车辆发飘难以控制，此时若是有侧风从车旁吹过，车身就很容易产生偏移的

现象，如果车子的质量大，轮胎抓地力强的话，则偏移的现象就会减轻，但相应的耗油量就会增加。通常车底的气流密度一般要大于车辆上方的气流密度。这是因为当车辆前进时，气流与车头相互碰撞后，有一部分气流会从车子上方飘过，另一部分则从车底和车侧流过，但由于从车顶飘过的气流需行经较长的路径，因此气流的密度就会降低，而气流进入车底后，有点被压缩的情形产生，所以每辆车都会产生升力。测得车辆的上升力后，可以计算出升力系数。

（5）空气动力学在车身造型上的应用　根据车身造型的发展情况可以看出，空气动力学原理在车身造型设计中的应用是指造型构思时减少空气阻力系数，现代轿车的外形一般用圆滑流畅的曲线去消隐车身上的转折线。前围与侧围，前围、侧围与发动机罩，后围与侧围等地方均采用圆滑过渡，发动机罩向前下倾，车尾后箱盖短而高翘，后翼子板向后收缩，风窗玻璃采用大曲面玻璃，且与车顶圆滑过渡，前风窗与水平面的夹角不宜超过30°，侧窗与车身相平，前后灯具、门把手嵌入车体内，去掉不必要的装饰，车身表面尽量光洁平滑，车底用平整的盖板罩住，降低整车高度等，这些措施均有助于减少空气阻力系数。在20世纪80年代初问世的德国奥迪100-Ⅲ型轿车就是最突出的例子，如图2-43所示。它采用了上述种种措施，其空气阻力系数只有0.3，成为当时商业代轿车外形设计的最佳典范。

图2-43　奥迪100-Ⅲ型轿车

据试验表明，汽车空气阻力系数每降低10%，燃油节省7%左右。对两种相同质量，相同尺寸，但具有不同空气阻力系数（分别是0.44和0.25）的轿车进行测试，以同样速度88km/h行驶100km，燃油消耗后者比前者节约了1.7L。

2. 基于空气动力学的车身造型设计和分析

为评价汽车的空气动力性能，引入气动力系数的概念，如升力系数、空气阻力系数等。各个系数如下。

空气阻力系数

$$C_D = \frac{D}{1/2\rho v_\infty^2 A} \tag{2-80}$$

式中，D 为空气阻力。

升力系数

$$C_L = \frac{L}{1/2\rho v_\infty^2 A} \tag{2-81}$$

式中，ρ 为空气的密度，v 为气流相对汽车的速度，L 为汽车的特征长度，A 为汽车的迎风投影面积，包括车身、轮胎、发动机及底盘等零部件的后视投影，如图2-44b所示。

由式（2-80）、式（2-81）可以看出各气动力和力矩均与迎风投影面积 A 及各气动力系数成正比，在迎风投影面积和自身重力一定的情况下，降低各项气动力系数对汽车的性能和

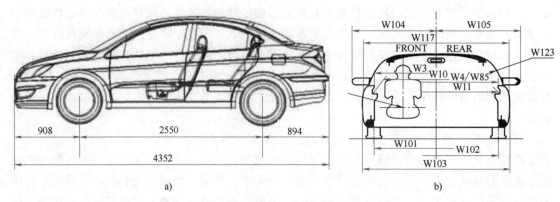

图 2-44　汽车设计的外观尺寸

a）侧视投影　b）后视投影

行驶稳定性非常关键。在汽车的气动六分力中，气动阻力的构成和影响因素最为复杂，对汽车的行驶性能的影响较为明显，是汽车空气动力学研究的重点。

2.2.3　汽车的色彩

随着汽车工业的发展和汽车数量的不断增加，汽车的色彩能美化城市和道路，甚至能影响驾驶人的舒适性和操作环境。

1. 汽车色彩的概述

（1）汽车颜色的含义　汽车车身颜色，不论对使用者还是对外界，或对车辆的视觉感，都非常重要。汽车的不同颜色代表不同含义。

1）银色。银色最能反映汽车本质的颜色。看见银色可以使人联想到金属材料，这种颜色给人的整体感很强。美国杜邦（Dupont）公司的调查结果显示，银色汽车最具人气，同时也最具运动感。

2）白色。白色给人以明快、活泼、大方的感觉。白色是中间色，给人以清洁朴实的感觉，容易与外界环境相吻合从而看上去很协调。另外，白色是膨胀色，容易使车显大。在20世纪80年代的日本车中，有白色代表高级的说法，白色车的销量曾经占到过总销量的70%。另外，白色车相对中性，无论是男性驾驶还是女性驾驶都不显突兀。

3）黑色。黑色是一种矛盾的颜色，既代表保守和自尊，又代表新潮和性感，给人以庄重、尊贵、严肃的感觉。黑色也是中间色，容易与外界环境相吻合，但黑色车身反而不耐脏，有一点灰尘就能看出来。黑色一直是公务车最受青睐的颜色，高档车黑色气派十足，但低档车最好不要选用黑色，除非标新立异。

4）红色。红色是放大色，同样可以使车显大。红色包括大红、枣红，给人以跳跃、兴奋、欢乐的感觉。红色是别致又理想的颜色，非常适合跑车或运动型车。

5）蓝色。蓝色是安静的色调，给人以非常收敛，个性不张扬的感觉。蓝色车身与黑色车身一样也不耐脏。

6）黄色。黄色给人以欢快、温暖、活泼的感觉。黄色是扩大色，在环境视野中很显眼，跑车非常适合选用黄色，小型车也非常适合用黄色。出租车和工程抢险车的黄色，一是便于管理；二是便于人们及早地发现，可与其他汽车区别。但私家车选用黄色的不多。

7）绿色。绿色有较好的可视性，小车选绿色很有个性，但豪华型车一般不会选绿色。

（2）汽车颜色的命名　汽车色彩的名称起得都很悦耳，通常以著名地名、形似色进行命名，如宝石蓝、富贵黄、皓白、蔷薇红、反射银、元黑等。常见颜色命名见表2-14。

表 2-14　常见颜色命名

颜色	名称
红色	波尔多红、法拉利红、庞贝红、火焰红、印第安红、瑞丽红、卡罗拉红
绿色	威尼斯绿、云杉绿、碧玺绿、典雅绿
白色	极地白、钻石白、塔夫绸白、糖果白
黄色	香槟金、伊莫拉黄、丰收金、未来黄
银色	水晶银、金属银、丝缎银
灰色	宇宙灰、金属灰
蓝色	勒芒蓝、领袖蓝、太空蓝、永恒蓝、温莎蓝、峡湾蓝
黑色	魔力黑、元黑

2. 汽车色彩的设计

汽车色彩的设计一般要经过色彩研究、想象设计、色彩构成、用户评议、信息反馈、色彩初步确定、环境试验、色彩最终确定等一系列程序。很多世界汽车巨头都非常重视汽车色彩，在设计汽车色彩时，主要从汽车的使用功能、安全性和流行趋势等方面考虑。

（1）汽车的使用功能　轿车大多采用单色，但级别不同，其色彩会有差别。高级轿车一般采用较稳重的色彩（明度较低），如黑色、深蓝色、深灰色；中级及小排量轿车则可采用较活泼的浅色（明度较高），如淡蓝、淡绿、淡黄、灰白色等。深色的车身光学效果特别明显，如果车身表面不顺光，则会损害汽车的外观，浅色的车身却可以缓和高光点的对比，而且太阳不会把车身晒得过热。单色汽车也会添加一些装饰色，如在浅色车身上采用面积较小的饱和色彩会产生活跃的效果，在深色车身上采用镀金或镀铬的装饰件增加华美的感觉。

客车由于体面转折比较简单，大平面较多，因而更注意比例划分，采用双色较多。喷涂双色也符合大客车小批量生产的特点。两种色彩在色相上不应该采取过强的对比，而在明度、纯度和面积等方面可以差别较大以便分清主次。

货车和越野汽车因为用途较广，不宜采用太浅的色彩，在装饰上也力求简洁朴素。但是，利用车身覆盖件的分块和装配等工艺特点，可采用双色。专用汽车在使用过程中，已经形成惯用色彩，见表2-15。

表 2-15　专用汽车常用颜色

种类	常用颜色	含义
消防车	红色	红色亮度高、醒目容易发觉;红色与火灾颜色相近
医疗救护车	白色	白色代表洁白、神圣的含义
邮政车	绿色	绿色给人以和平、安全的感觉
军用车辆	深绿色	深绿色与草木、沥青路面颜色相近，达到隐蔽安全的目的
工程车辆	黄黑相间	黄色亮度高、醒目,能引起行人和其他车辆的注意

此外，还有汽车在底色上采用有功能标志的图案，例如白色救护车上的红十字标志，冷藏车上的雪花、企鹅等图案。

（2）汽车颜色与安全　汽车的行驶安全与汽车的制动性、操纵稳定性等直接相关，但与汽车色彩也有一定关系。

在视觉上，颜色具有收缩性和膨胀性。如果有红色、黄色、蓝色、绿色4辆车与观察者保持相同的距离，红色车和黄色车看上去要离观察者近一些，而蓝色和绿色的轿车看上去离观察者较远。不同的颜色，会产生体积大小不同的感觉。黄色感觉大一些，有膨胀性，称为膨胀色；而同样体积的蓝色、绿色感觉小一些，有收缩性，称为收缩色。

此外，汽车颜色的深浅在不同光强条件下的反射效果也有很大的差异。清华大学和大陆汽车俱乐部曾经对黑、蓝、绿、银灰、白5种不同颜色轿车的视认性和安全性进行过试验研究。研究表明，深颜色的黑色车在清晨和傍晚时段光线不好的情况下，最难被肉眼所识别，而浅颜色的白色和银灰色则容易辨识，所以黑色车的颜色安全性较白色和银灰色车辆差，而绿色和蓝色车的颜色安全性居中。

根据大陆汽车俱乐部针对5158起交通事故的统计数据得出结论：黑色故障率最高，白色故障率最低。其他颜色故障率由高到低依次是：绿色、棕色、红色、蓝色和银灰色。由此可知，从安全的角度考虑，汽车色彩最好选择浅颜色或膨胀色。白色是安全色较佳的选择。银灰色车子不但看上去有品位，而且遭遇车祸的概率也比其他颜色的车子低得多，银灰色是浅颜色中最能避免车祸的，特别是在晚上，因为这种颜色可以反射灯光，更容易令其他驾驶人注意到。

汽车内饰的颜色也同样影响着行车安全，因为不同的内饰颜色对驾驶人的情绪具有一定的影响。内饰采用明快的配色，能给人以宽敞、舒适的感觉。夏天最好采用冷色，冬天最好采用暖色，可以调节冷暖感觉。暗色给人以重的感觉，明色给人以轻的感觉。红色内饰容易引起视觉疲劳，浅绿色内饰可放松视觉神经。

（3）汽车的流行色彩　流行色彩是指在一定的时期内被人们广泛采用的颜色。新鲜感是流行色彩的原动力，如果总是感受同样的色彩，人们就需要新的刺激。汽车流行色彩有其自身的发展规律，大量的资料表明，汽车的流行色彩呈现周期性的变化，其新鲜感周期大约为1.5年，交替周期大约是3.5年。1965年以前，明亮的灰色汽车较为流行；1965年盛行蓝色、灰色和银色汽车；1968年黄色汽车迅速增多；1970年黄色汽车又急剧减少，而橄榄色和褐色汽车逐渐增多；1977年褐色汽车最受欢迎；1982年白色汽车占到汽车总数的50.9%；1985年—1986年白色汽车数量达到最高峰，每4辆汽车就有3辆是白色的；1989年的最畅销汽车色彩是白色和红色。而20世纪90年代，黑色汽车销量增多。进入21世纪后的前10年里，银色汽车成为主色调。从2011年开始连续10年，白色又成为全球最受欢迎的汽车颜色。

2.3　汽车电气改装理论基础

2.3.1　汽车电气概述

随着汽车技术的发展，汽车已经不再是单纯的机械产品，电气设备成为汽车的重要组成

部分，其性能的好坏直接影响汽车的动力性、经济性、可靠性、舒适性及环保性的优劣。

汽车电气设备的发展概况大致可分为4个阶段。

1）第一阶段（1974年以前）：初级阶段。汽车电气设备发展独立性的零部件。

2）第二阶段（1974年—1982年）：迅速发展阶段。广泛应用集成电路和16位以下微处理器。

3）第三阶段（1983年—1990年）：微机在汽车上应用日益成熟，并向智能化方向发展。

4）第四阶段（1990年以后）：向智能化方向发展的高级阶段，开发了各种车辆整体的电子控制系统，进入汽车电子时代。

现代汽车电气设备种类繁多，大致可以分为三大部分：电源系统、用电设备和汽车电气线路。

1. 电源系统

电源系统又称为充电系统，由蓄电池、发电机、调节器及充电指示装置组成，如图2-45所示。发动机不工作时由蓄电池供电，发动机起动后，转由发电机供电。当发电机端电压高于蓄电池端电压时，在向用电设备供电的同时，又向蓄电池充电。调节器的作用是在发电机工作时，保持其输出电压的稳定。

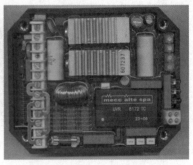

a)   b)   c)

图 2-45　电源系统

a) 蓄电池　b) 发电机　c) 调节器

当改装汽车的专用工作装置驱动系统或控制系统需要电源时，可直接接上底盘电路，但此时应该校核底盘所装用的发电机、蓄电池的功率和容量是否足够，必要时应相应地增大。例如，栏板起重运输车采用电动起动栏板时，需选用功率较大的发电机和容量较大的蓄电池，有时还要附加专用蓄电池。

2. 用电设备

（1）起动系统　起动系统主要包括起动机及控制电路（起动继电器等），用来起动发动机。

起动机电机（图2-46）是一种用于旋转（曲柄）内燃机以在其自身动力下起动发动机运行的电气设备。发动机一开始运转，它就与发动机断开连接，而发动机现在依赖于燃烧过程。该部件安装在发动机的变速箱外壳上，起动电机的齿轮与飞轮的齿相接。

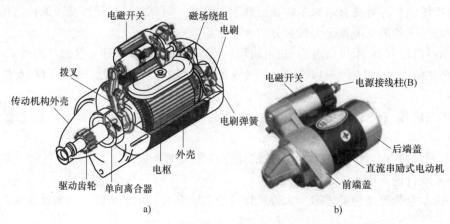

图 2-46　起动机电机

a）减速型起动机　b）行星齿轮型起动机

（2）点火系统　点火系统的作用是产生电火花，适时可靠地点燃气缸中可燃混合气（仅用于汽油机汽车），其主要包括点火线圈、分电器总成（点火信号发生器）、点火器、火花塞等，如图 2-47 所示。

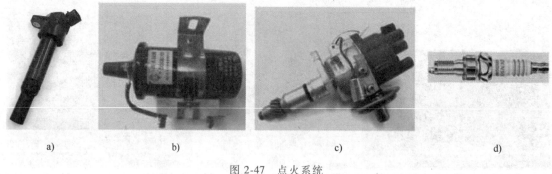

图 2-47　点火系统

a）点火线圈　b）分电器总成　c）点火器　d）火花塞

（3）照明系统及信号系统　照明系统包括车外和车内的照明灯具，其作用是确保车辆内外一定范围内合适的照度，提供车辆夜间安全行驶必要的照明。

信号系统包括音响信号和灯光信号两类，用来提供安全可靠行车所必需的信号。

（4）仪表、报警及显示装置　仪表、报警及显示装置用来监测汽车的工作情况，使驾驶人能够及时发现发动机及汽车的各种参数及异常情况，确保汽车正常运行。此装置主要包括电流表（电压表）、水温表、燃油表、机油压力表、车速里程表、发动机转速表、气压表、各种警告灯等。

（5）辅助电气系统　辅助电气系统用来为驾驶人和乘客提供良好的工作条件和舒适的乘坐环境。此系统主要包括风窗玻璃洗涤设备及电动刮水器、电动车窗、电动座椅、电动后视镜、空调装置、音响设备、卫星导航和定位系统及防盗装置。

3. 汽车电气线路

现代汽车电气线路主要包括中央控制盒、保险装置、继电器、电线束及插接件、电路开

关等，这些装置与电路构成一个统一的整体。

随着现代汽车技术的发展，电子控制系统所占的比例日益加大。各电控系统由独立变成了相互联系，构成了汽车局域网络。

2.3.2　汽车电气系统的特点

现代汽车电气设备虽然种类繁多、功能各异，但其线路都应遵循一定的原则。汽车电气系统的主要特点如下。

（1）**低压**　汽车电气系统的额定电压主要有 12V 和 24V 两种。汽油车普遍采用 12V 电源，柴油车多采用 24V 电源（由两个 12V 蓄电池串联而成）。

（2）**直流**　现代汽车发动机是靠电力起动机起动的，起动机由蓄电池供电，而蓄电池充电又必须用直流电源，所以汽车电气系统为直流系统。

（3）**单线制**　单线制是汽车线路的特殊方式，如图 2-48 所示。汽车上所有用电设备的正极均采用导线相互连接，而所有的负极则直接或间接通过导线与车架或车身金属部分相连，即"搭铁"。任何一个电路中的电流都是从电源的正极出发经导线流入用电设备后，再由设备自身或负极导线"搭铁"，通过车架或车身流回电源负极而形成回路。由于单线制导线用量少，线路清晰，接线方便，因此广泛用于现代汽车中。

（4）**并联连接**　各用电设备均采用并联连接，汽车上的两个电源（蓄电池与发电机）之间以及所有用电设备之间，都是正极接正极，负极接负极，并联连接，如图 2-49 所示。

由于采用并联连接，所以汽车在使用中，当某一支路用电设备损坏时，并不影响其他支路用电设备的正常工作。

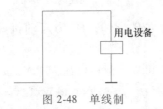

图 2-48　单线制

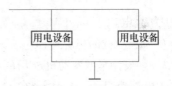

图 2-49　用电设备并联

（5）**负极"搭铁"**　采用单线制时，蓄电池一个电极需接至车架或车身上，俗称"搭铁"。蓄电池的负极接车架或车身称为负极"搭铁"，如图 2-50 所示；蓄电池的正极接车架或车身称为正极"搭铁"。负极"搭铁"对车架或车身金属的化学腐蚀较轻，对无线电干扰小。我国标准规定汽车线路统一采用负极"搭铁"。

对于特种改装汽车，还有其他特殊要求。如对于负责加油或运油的油罐车，要有疏导静电措施。在加油或供油的专用工作装置（油罐、管路、附件等）与

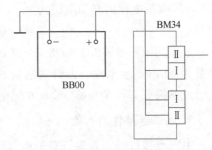

图 2-50　负极"搭铁"

车架及地面管道之间都要有导线或导体相连，并通过金属链条或专用导电橡胶板条接地。

（6）**设有保护装置**　为了防止因短路或"搭铁"而烧坏线束，电路中一般设有保护装置，如熔断器、易熔线。当导线穿过车架纵横梁时，也应有保护装置。导线的固定管夹的间距应该在 200~800mm。

2.3.3 汽车电气系统设计

1. 整车用电量计算

电气系统负荷与用电设备的使用和工作状态相关，用电设备的工作状态取决于季节、环境、交通状态和个人的使用爱好。复杂的使用条件使电气系统负荷计算变得困难，为了分析计算的方便，引入了用电设备使用频度（或者负荷计算权值），用μ来表示，即加权求和。

根据用电设备使用频度计算电气设备的用电量，即

$$I_{dx} = \mu_i I_i \qquad (2-82)$$

式中，I_{dx}为等效电流；μ_i为第i个用电设备所对应的权值系数；I_i为第i个用电设备的电流。

整车用电设备用电量如图2-51所示。

2. 蓄电池容量的确定

蓄电池是供电系统的辅助电源，它担负着发动机起动时向起动机供电及发电机不工作或低速运转时向用电设备供电的任务。当用电设备所需的功率超过发电机所发出的功率时，蓄电池与发电机联合向用电设备供电。但蓄电池原则上只担负起动机的负荷，其容量计算经验公式为

$$Q = \mu P_n / U \qquad (2-83)$$

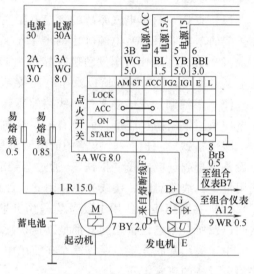

图2-51 整车用电设备用电量

式中，Q为蓄电池容量（Ah）；μ为经验系数，范围为630~810；P_n为起动机额定功率（kW）；U为起动机的标称电压（V）。

例如，某设计车型发动机配用的起动机额定功率为1.0kW，标称电压为12V，μ取630~810，则蓄电池容量为：$Q_{min} = 630 \times 1.0kW/12V = 52.5Ah$；$Q_{max} = 810 \times 1.0kW/12V = 67.5Ah$。再通过下面的公式演算，选择蓄电池的容量。起动机功率为$P = 1.0kW$，标称电压为$U = 12V$，所需蓄电池的起动电流为

$$I_a = P/U = 2 \times 1000 \times 1.0/12 = 167A$$

根据国家标准GB/T 5008.2—2013列出的蓄电池规格，考虑冷起动特性，本应选用额定容量为60Ah的蓄电池。但有些浪费，加之空间无法满足60Ah蓄电池布置尺寸，最终选用了已成熟搭载其他车型的55Ah非标电池。

3. 电气连接件的布置

电气连接件的布置为所有的电气连接、功能实现、造型、结构等服务。在整车设计的内部造型定下来后，经过油泥和扫描工作，由总布置确定各电气连接件在整车坐标中的具体坐标位置，同时要求满足人机工程学、装配工艺性以及各电气连接件自身的特性等原则。

4. 线束布线设计

（1）布线结构原则

1）凡穿越金属件孔或金属棱角时，线束必须用弹性护套管保护。

2）金属孔设计时，必须有橡胶护套。

3）线束布线应沿边、沿槽，防止线束直接承受压力。

4）线束必须在车身上可靠固定，不允许有大于300mm的悬空布线。

5）电线束尺寸应符合QC/T 29106—2014的规定。电线束基本尺寸极限偏差见表2-16。

表2-16　电线束基本尺寸极限偏差　　　　　　　（单位：mm）

电线束基本尺寸 L	极限偏差		
	干线	支线	保护套管
$L \leq 200$	+20 −10	+20 −10	+10 −5
$200 < L \leq 500$	+25 −10	+30 −10	+10 −5
$500 < L \leq 1000$	+25 −10	+40 −10	+20 −10
$1000 < L \leq 2000$	+30 −10	+45 −10	+20 −10
$2000 < L \leq 5000$	+40 −10	+55 −20	±30
$L > 5000$	+50 −20	+75 −20	±30

6）线束走向应尽量远离高温发热物体，避免传导热和辐射热的伤害。

7）运动件、开闭件间的线束要留足最大开度长度，并考虑最小开度时的堆积空间和固定方式。

8）需要在外面连接电气连接件插接件且需再塞回固定的线束，要留足拉出操作时需要的长度，并考虑固定后的堆积空间和固定方式。

9）线束布线要考虑工艺装配顺序和方便性。

10）要考虑插接件的占用空间和对接操作空间。

11）无法实现双手操作空间的部位，应将插接件一侧进行固定安装，以便于单手操作。

12）较长距离穿过狭窄孔洞，应要求结构件中间加开便于中转线束的沉孔。

13）尽可能考虑大总成模块化装配，提高生产线装配速度。

（2）布线的工艺性要求

1）线束的固定孔要尽可能开在结构件的平面区域。曲面上固定时，最好在结构件上做出小平面。

2）线束过孔的密封保护要考虑橡胶扩大处在应力变形下的状态及装配方向。

3）钣金结构件不允许开孔时，可考虑熔焊卡条或焊接凸起支架及凸焊螺栓（卡柱）。

4）线束与钣金凸起或棱角过渡时，可将钣金件做出凹槽，以保护线束免于挤压损坏。

5）线束及电气连接件的固定安装能采用卡接等徒手操作的，尽量避免使用工具。

6）布线结束后，应该测出线束上各个卡扣、胶套、电气连接件间的线束长度，作为二维线束图上的线长标注的依据，测量精度达到±5mm即可。电气连接件布置和线束设计不仅是线束长度的模拟和线束包扎方式的依据，同时也是对衍生标准件的确定依据。

5. 电线束设计

电线束是电气原理图的产品反映，是电气系统电源信号或数据信号进行传递或交换，实现电气部件功能，满足车辆行驶安全、可靠、娱乐实时控制的载体。随着电气配置在汽车研发中投入比例的不断增加，电线束的稳定性和安全性将尤为重要。

（1）导线规格参数的确定　在确定导线截面积时要考虑电压降和发热。用电设备的电流强度为

$$I = P/U_n = U_n R_0 \qquad (2\text{-}84)$$

式中，P 为用电设备的功率；U_n 为用电设备的电压；R_0 为用电设备的电阻。

在绝缘导线允许的电压降下，导线的截面积可由表 2-17 查出。实际的电压降 U_v 由下式算出

$$U_v = I\rho L/A \qquad (2\text{-}85)$$

式中，ρ 为电阻材料的电阻率；L 为绕制成电阻的导线长度；A 为导线截面积。

表 2-17　标准 PVC 导线熔断丝安全值及电线电压降典型数据

导线截面积 /mm²	额定安全电流 /A	最大持续电流 /A	电压降 /mV	导线截面积 /mm²	额定安全电流 /A	最大持续电流 /A	电压降 /mV
0.5	7.5	6	3	10.0	70	56	25
0.75	10	8	5	16.0	100	80	15
1	15	12	8	25	125	100	18
1.5	20	16	11	35	150	120	20
2.5	30	24	16	50	200	160	23
4.0	40	32	18	70	250	200	25
6.0	50	40	20				

在汽车上，大多数的用电设备都有保护装置。然而起动机电缆由于其起动电流特性，故不采用常规的熔断丝保护。起动机电缆要么不保护，要么采用高温分离元件，在临界安全点时切断电流。除起动机外，其他用电设备大都采用熔断丝保护，或者在电控系统中采用电子保护装置。设计标准供电导线的尺寸时就应考虑保护方式。采用熔断丝保护方式时，用电设备的最大持续电流应小于熔断丝额定电流的 80%。

为便于汽车电气系统的连接和维修，汽车用低压线的颜色必须符合国家的有关标准。单色线和双色线的颜色规定可以参考 QC/T 414—2016《汽车电线（电缆）的颜色规定和型号编制方法》。各系统设计规定主色和辅助色的搭配，尽量做到辅助色服从主色，注意同一插接件同一线径问题。汽车电气系统一般分为 9 个系统，各系统主色见表 2-18。

表 2-18　汽车电气系统的各系统主色

系统名称	电线主色	代号
电源系统	红	RD
点火和起动系统	白	WH
前照灯、雾灯及外部灯光照明系统	蓝	BU
灯光信号系统	绿	GN

（续）

系统名称	电线主色	代号
车身内部照明系统	黄	YE
仪表、报警指示及扬声器系统	棕	BN
音响、电钟、点烟器等辅助装置	紫	VT
各种辅助电机及电气操纵系统	灰	GY
电气装置"搭铁"线	黑	BK

（2）插接连接 电气插接连接必须保证各系统部件间的可靠连接，以保证系统在各种使用条件下的可靠工作。选择电气插接时有以下注意事项。

1）导电部分的接触电阻很小。

2）不同电压的导电部分之间的高绝缘性。

3）防水、防湿气、防盐雾。

4）特殊工作环境下的选择，如振动加速度、湿度和浸水、高温和低温、侵蚀性液体和有害气体等。

5）根据线束布置情况，便于装配，满足空间要求。

6）安全的极性保护。

7）安全的、可感觉到的闭锁紧装置，并易于释放。

2.4 汽车人机工程学设计

人机工程学是一门建立在人类科学、工程科学和社会科学之上的综合性交叉学科，通过揭示人、机、环境之间相互关系的规律，以达到确保人-机-环境系统总体性能的最优化。

2.4.1 汽车人机工程学基本概念

1. 人体百分位

人体百分位表示某一人体尺寸和小于该尺寸的人占统计对象总人数的百分比，如图 2-52 所示。将抽取的样本实测尺寸值由小到大排列于数轴上，再将这一尺寸段均分成 100 份，则将第 n 份点上的数值作为该百分位数。百分位数是一个位置指标。例如：将一群人的身高统计在数轴上，第 95 份点上的数值为 1.8m，则称第 95 百分位数为 1.8m，表示该人群中95%的个体尺寸小于此值，5%的个体尺寸大于此值，一般写为 $P_{95} = $ 1.8m。最常用的是 5th、50th 和 95th 这 3 个百分位人体尺寸，分别表示小、中等和大尺寸。

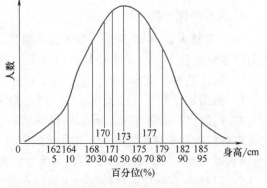

图 2-52　人体百分位

2. H 点

H 点（H Piont）是人体身躯与大腿的铰接点。H 点人体模型是一种用来确定汽车车身

的实际 H 点位置的人体模型，它由背板部、座板部、小腿部及足部等构成，如图 2-53 所示。用 H 点来确定人体乘坐位置是比较准确的，因为它是操作方便性、乘坐舒适性及眼椭圆在车身中定位尺寸的基准点，同时该点还影响到驾驶人的手伸及界面。因此，国内外车身设计时都广泛使用 H 点。

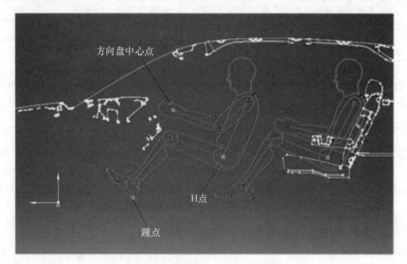

方向盘中心点

H点

踵点

图 2-53　人体模型的 H 点位置

3. 眼椭圆

眼椭圆是指不同身材的乘员以正常姿势坐在车内时，其眼睛位置的统计分布图形，左右各一，分别表示左眼和右眼的分布图形。由于其呈椭球形，故称为眼椭圆，如图 2-54 所示。

2.4.2　汽车人机工程学设计

1. 汽车内部布置设计

（1）驾驶人的 H 点布置　驾驶人乘坐位置设计的关键参数见表 2-19。驾驶人 H 点的确定步骤如下。

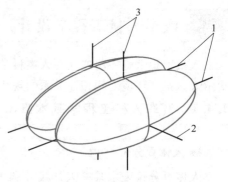

图 2-54　眼椭圆
1—长轴轴线 *AX*　2—短轴轴线 *AY*
3—竖轴轴线 *AZ*

1）选择适宜的人体样板，包括百分位和比例等。

2）画出加速踏板位置和地板线，确定出踵点位置。

3）以踵点为人体布置基准，分别将 95th、50th 和 5th 百分位的人体样板按选定的人体驾驶姿势摆放在车身布置图上，使人体的躯干和上下肢处于最佳的活动范围和角度关系。

4）以 H95 和 H5 点的水平距离和垂直距离选定座椅的水平及垂直调节量。

5）以 95th 百分位人体样板画出人体布置的轮廓形状曲线，考虑座椅靠背的压缩量与厚度等因素，确定出前座舱的最后设计界限。

6）比较 3 种百分位人体布置和各关节角度变化和坐姿位置变化的情况，确定各 H 点位置和座椅调节行程是否合适。

7）分析在加速踏板的全程运动中，人体姿势的变化情况。

8）画出 3 种百分位人体布置的腿部轮廓线，供设计伸腿空间。

表 2-19　驾驶人乘坐位置设计的关键参数

参数定义	数值	参数定义	数值
驾驶人座椅高度	600mm	驾驶人座倾角	6°~7°
H 点离座垫最右（左）端最大距离（Y 方向）	240mm	H 点与座垫基准面的距离	97mm
H 点离座垫上表面最前端距离（X 方向最大距离）	336mm	H 点与靠背基准面的距离	135mm

（2）转向盘布置　转向盘布置包括确定中心位置、倾角和轮缘直径。合理地布置转向盘对于改善驾驶人操纵姿势、减小操舵力以及降低疲劳程度有重要意义。

（3）踏板布置　驾驶人的脚要操控的踏板有加速踏板、离合器踏板和制动踏板，这些踏板都必须布置在驾驶人的脚操纵范围内，并使驾驶人有舒适的驾驶姿势。

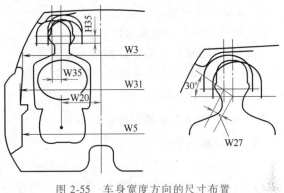

图 2-55　车身宽度方向的尺寸布置

（4）车身宽度方向布置　车身宽度方向的尺寸要保证乘员头部与侧窗、肩部与车门以及肘部与车门之间的间隙，如图 2-55 所示。

（5）安全带固定点布置　对于前后方向可调节的座椅，且固定点设置在车体上时，应按照图 2-56a 所示来确定安全带固定点的位置。

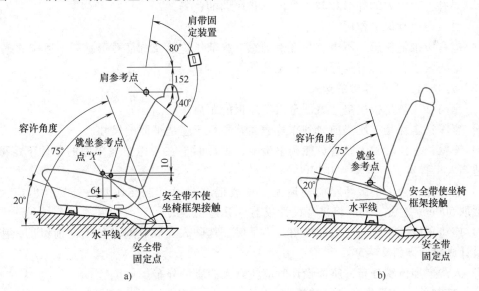

图 2-56　安全带固定点

a）座椅前后可调节式　b）座椅前后不可调节式

2. 驾驶人视野校核

（1）驾驶人视野和盲区　在保持上身不动的情况下，人眼所看到的空间范围被称为视野。阻碍驾驶人视线的物体称为视野障碍。被视野障碍挡住而驾驶人看不见的区域，称为盲

区，如图 2-57 所示。

（2）视野校核中眼点的选取　在进行视野校核之前，必须先选取合适的眼点，眼点根据眼椭圆来选定。眼点选取的原则是选取眼椭圆轮廓上，视野性能最差的眼点。

（3）前方视野校核

1）A 柱盲区校核。

2）前刮水器刮扫区域校核。

（4）后视野校核　后视野的校核主要是利用眼椭圆校核车内、外后视镜的安装位置、旋转角度以及水平和垂直后视角。

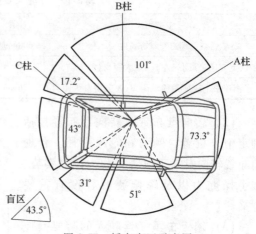

图 2-57　轿车盲区示意图

3. 人机工程学在座椅设计中的应用

（1）座椅设计要求

1）其安装位置、尺寸与外形以方便驾驶人驾驶为准则，并满足有关标准的规定。

2）其位置与外形应能使人体有良好的坐姿与合理的体压分布，以减轻驾驶人与乘员的疲劳，同时还应保证驾驶人有良好的视野和侧向稳定感，以提高其安全性。

3）应有良好的静态与动态特性，以隔离或减弱由道路经车身传到人体的振动与冲击，其固有频率与整车频率匹配良好。

4）应有足够的强度与刚度。

5）要有美观大方的外形和与车身内饰相协调的色彩。

6）对乘员要有保护作用。

7）应有腰椎依托感，不得有臀部滑动感、腹部压迫感及背部弓形感等不适应的感觉。

8）结构紧凑，并且有良好的结构工艺性。

（2）座椅有关几何参数的选择

1）座高：座高是指座垫上表面至汽车地板的距离。

2）座深：座深是指座垫前缘到靠背表面并平行于座垫平面的尺寸。

3）座宽：为使驾驶人或乘员能调整坐姿，设计时，在考虑车宽限制的条件下，可以使座宽适当大于臀宽，一般取 450~500mm。

4）靠背宽：为了不破坏座椅的造型，一般把靠背设计成与座垫一样宽，但应大于臀宽，常取 500mm 左右，同时将靠背设计成上窄下宽的形状。

5）座垫角度及靠背与座垫的夹角：为了保证驾驶人在驾驶时身体不向前滑动，座垫表面应设计成向后倾斜 2°~5°。

6）人体坐姿体压分布：座椅设计时应注意人的质量分布。

（3）座垫的弹性元件和弹性特性

1）将座垫的设计频率避开人体对振动最敏感的 4~8Hz 区域，但如果座垫设计频率高于 8Hz，将会导致弹性元件刚度过大，不仅达不到合理的体压分布，而且冲击频率过高，容易使驾驶人疲劳。

2）为了避免与车身固有频率 1.2~2Hz 相重合，如果取低于 1Hz 的弹性元件，运行中振幅将增大，座垫的静挠度将超过 25mm，导致布置上的困难，而且要求匹配较大的阻尼。

2.5 汽车改装总体设计

2.5.1 汽车改装总体设计概述

汽车改装的主要内容，是在选定的底盘上，改装具有专门功能的上装部分，用以完成某些特殊的运输和作业任务。

1. 改装汽车的特点和要求

（1）改装汽车的特点

1）能保持运输货物的物理状态和质量。

2）能提高运输生产率，降低运输成本，减少劳动消耗，缩短装卸时间，实现最佳经济效益。

3）具有专门的防护设备。

（2）改装汽车的要求

1）选用定型的基本型汽车底盘进行改装设计。对于不能直接采用二类底盘或三类底盘进行改装的专用汽车，也应尽量选用定型的汽车总成和部件进行设计，以缩短产品的开发周期和提高产品的可靠性。

2）改装汽车设计的主要工作是总体布置和专用工作装置匹配。设计时既要保证专用功能满足其性能要求，也要考虑汽车底盘的基本性能不受到影响。

3）针对改装汽车品种多、批量少的生产特点，改装汽车设计应考虑产品的系列化和标准化，以便根据不同用户的需要而能很快地进行产品变型。

4）合理选择专用装置的配套件。对改装汽车工作装置中的某些核心部件和总成，如各种水泵、油泵、气泵、空压机及各种阀等，要从专业生产厂家中优选。改装汽车专项作业性能的好坏，主要取决于这些部件的性能和可靠性。

5）改装汽车设计应满足有关机动车辆公路交通安全法规的要求。对于某些特殊车辆，如重型半挂车、油田修井车、机场宽体客车等，应作为特定作业环境的特种车辆来处理。

6）在普通汽车底盘上改装的专用汽车，底盘受载情况可能与原设计不同，因此要对一些重要的总成结构件进行强度校核。

2. 改装汽车的设计流程

设计流程一般经过以下几个阶段。

（1）可行性分析

1）了解新产品的使用条件，用户对新产品的性能要求、使用要求以及需求量。

2）收集国内外同类或相近专用汽车的技术资料进行分析比较。

3）整理出新型专用汽车开发的可行性报告。

4）分析新产品开发的目的意义。

5）国内外现状及发展趋势。

6）市场预测及技术经济分析。

7）产品开发的关键技术及其实施方案等内容。

（2）技术设计

1）确定主要性能指标。改装汽车的性能指标分为基本性能和专用性能指标两大类。

基本性能指标包括动力性、燃油经济性、制动性、操纵稳定性、通过性等指标；专用性能指标由改装车辆的专用功能确定，可通过现有技术资料或社会调查来进行分析比较，从而确定专用性能指标。

2）选择汽车底盘。改装车辆是在汽车底盘上安装专用工作装置，用于承担专门运输任务或专项作业的车辆。应根据改装车辆的功能和性能需求，合理选择汽车底盘。

3）总布置图的绘制及性能参数计算。改装车辆的设计实质上是在汽车底盘上进行改装设计的一种过程，根据专用功能设计安装各类型的专用装置。确定总体方案后，要计算一些主要性能参数，如动力性指标、燃油经济性指标、轴载质量分配等。

4）总成及零部件设计。以总布置图为依据，进行各总成及零部件的设计计算，各总成及零件的尺寸确定以后还应在总布置图上作进一步的布置及运动校核，使各部件之间相互协调。

① 工艺人员根据产品设计图样与本厂的生产实际，编制工艺流程卡片及工艺路线，用于产品的试生产。

② 通过试生产或装配进一步暴露技术设计中的问题，以便于改进设计。

③ 完成技术设计和试生产后的改装车辆产品必须经过严格的定型试验，全面考核其结构、性能、使用可靠性等是否达到设计任务书的要求。

④ 定型试验的主要项目有改装车辆的基本性能试验、专用性能试验、可靠性试验。

⑤ 最后进行新产品的技术鉴定，由主管部门组织同行专家、技术人员对设计的图样、工艺文件、试验报告等有关鉴定文件进行审查鉴定。

⑥ 通过鉴定后完善各种上报手续，即可投入批量生产。

⑦ 新产品投入市场后，还应进一步收集用户意见及在实际使用中所暴露的诸如设计、制造、材料等问题。

2.5.2　汽车改装总体布置

1. 总体布置任务和原则

（1）**总体布置任务**　汽车改装总体布置任务如下。

1）正确选定整车参数。

2）合理布置工作装置和附件。

3）使取力装置、专用工作装置、其他附件与所选定的汽车底盘构成相互协调和匹配的整体。

4）获得较好的整车基本性能和专用性能的要求。

（2）**总体布置原则**　总体布置原则如下。

1）应满足专用工作装置性能的要求，使专用功能得到充分发挥。

2）应满足汽车底盘性能的要求。轴载质量分配对改装汽车的行驶性能有很大影响，而改装汽车总体布置时应决定轴载质量分配的关键因素。在总布置初步完成后，应对装载质量、轴载质量分配等参数进行估算和校核。

3）应符合有关法规的要求。例如对整车的长、宽、高和最大轴载质量等都有明确的规定，要满足有关法规的要求。

4）尽量避免对汽车底盘各总成位置的改动。

5）应避免专用工作装置的布置对车架造成集中载荷。

6）应尽量减少改装汽车的整车整备质量，提高装载质量。

2. 改装汽车的底盘

（1）改装汽车底盘的型式及选型 改装汽车底盘的选择或设计主要根据专用汽车的类型、用途、装载质量、使用条件、专用汽车的性能指标、专用设备或装置的外形尺寸、动力匹配等来决定。

改装汽车采用的基本底盘按结构组成可分为二类底盘、三类底盘和四类底盘。

1）二类底盘。二类底盘是在基本型整车的基础上，去掉货厢。常规的厢式车、罐式车、自卸车等通常采用二类底盘改装设计。

采用二类底盘进行改装设计工作的重点是货厢和专用工作装置的设计，对底盘仅进行性能适应性分析和必要的强度校核。

设计时若严格控制整车总质量、轴载质量分配、质心高度位置等，则基本上能保持原车型的主要性能。

2）三类底盘。三类底盘是在基本型整车的基础上，去掉货厢和驾驶室。对大、中、小型客车、客货两用车、厢式货车等则通常采用三类底盘改装设计。

专用客车底盘的基本特点是利用基本型总成，按客车性能要求重新进行整车布置，重新设计悬架系统。

3）四类底盘。四类底盘是指在三类底盘的基础上，去掉车架总成剩下的散件。

对承担特种作业的、具有特殊结构的改装汽车通常采用四类底盘改装设计。

（2）底盘改装部件的布置 在图纸上进行底盘改装部件（如发动机、传动轴、制动系、其他附件等）布置之前，要确定基准线。一般以底盘车架的上平面线作为高度基准；以前轮中心线作为纵向基准；以汽车中心线（纵向对称平面）作为横向基准。

1）发动机的布置。以三类底盘改装专用汽车时，有更换发动机的可能，这时要对发动机进行重新布置，其布置原则如下。

① 应使整车质心在横向尽量落在纵向对称垂直平面内。

② 尽量降低发动机的位置，以便于布置传动系和降低整车的质心高度。但要注意保证适当的地隙和转向拉杆等杆件间的运动间隙。

③ 曲轴中心线与车架上平面必要时可有一定的倾角，一般取 $1°\sim4°$，以减少万向节传动的夹角。

④ 应使重新布置的发动机维修保养方便。

2）传动轴的布置。对于需要变动轴距的车辆，要对传动轴进行重新布置，在布置时要特别注意以下两点。

① 满载静止时，两传动轴的夹角$\leqslant3°$。过大的传动轴夹角，会使传动效率降低，联接部分磨损加快。

② 若轴距加大后，传动轴要加长。此时要计算传动轴的临界转速 n_{cr}，即

$$n_{cr} = 1.2 \times 10^8 \frac{\sqrt{D^2 + d^2}}{L^2} \qquad (2-86)$$

式中，L 为两个万向节的中心距（mm）；D、d 分别为传动轴的外径和内径（mm）。

传动轴设计的实际最高安全工作转速 n_{max} 为

$$n_{max} \leqslant 0.7 n_{cr} \qquad (2-87)$$

3）制动系统的布置。制动系统对专用汽车的安全性有重大影响。因此在对汽车底盘的行车制动、驻车制动和辅助制动系统进行某些改装时，应注意以下事项。

① 管路的布置。在增加制动管路时，应采用与底盘相同的制动管或软管、管夹、管螺纹等连接件。

制动管与其他运动件之间应留有足够的自由空间，避免造成干涉，避免制动软管与金属件的相互摩擦造成的损坏，必要时应增加防护装置。

② 储气筒的布置。储气筒的布置必须便于检查和排水。

在某些厢式专用汽车上，储气筒排水开关上需要多装一个操纵杆，如图2-58所示，操纵杆尽可能安装成水平位置，以利于排水开关的操作。

③ 附加耗气装置的布置。当专用工作装置或其操纵控制机构需要气源时，可从底盘制动系统的储气筒或气路中直接取气，但需进行耗气量计算。

一般允许一次取 $1 \sim 1.5L$ 的压缩空气，若附加耗气装置是在汽车非行驶状态下使用，则可允许耗气量提高到2L。

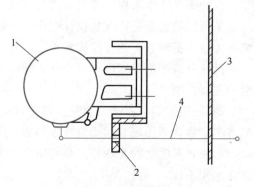

图 2-58　储气筒的操作机构
1—储气筒　2—中间支承　3—车身裙部　4—操纵杆

对于耗气量大，工作压力又高的耗气装置，必须附加辅助储气筒，其容量视需要而定。

4）其他附件的布置。

① 燃油箱。燃油箱是底盘改装中经常被移动位置或改装的部件之一。

当需加装副油箱时，应尽量使用车架上已有的安装孔位。布置时应使主、副油箱的底部处于同一水平面，并且安装位置尽可能靠近主油箱，同时还要注意避免偏载。

燃油箱和燃油管的布置尽可能避开排气管，距排气管的距离应在300mm以上。若布置困难，则应在燃油箱和排气管之间加装隔热板。

② 消声器。对消声器进行重新布置时要考虑其安全性。

例如，油罐车禁止将消声器及排气口安放到车厢下部，必须安放在前保险杠的下面。此时还要注意消声器对车辆接近角的影响。

③ 后保险杠。对某些专用汽车，如油罐车、液化气罐车等，一定要设置后保险杠。在布置后保险杠时应满足以下要求。

a. 后保险杠以车辆中心对称平面对称安装，其长度略小于车辆总宽，但不得小于罐体的外径，一般取后保险杠的长度 b（在车辆的宽度方向）为

$$b \geqslant (0.80 \sim 0.85) B \qquad (2-88)$$

式中，B 为车辆总宽（mm）。

b. 后保险杠伸出罐体后端的水平距离应≥100mm；在车辆空载状态下，后保险杠下缘的离地高度应≤700mm；不影响灯光及牌照显示，并应尽量保证车辆最大离去角。

在对后保险杆的强度或其断面的几何尺寸进行计算时，其计算载荷 F（N）按有关推荐的经验公式计算，即

$$F = 5m_a g \tag{2-89}$$

式中，g 为重力加速度（m/s^2）；m_a 为汽车总质量（kg）。

④ 防护装置。防护装置又称护栏，有侧护栏和后护栏，它属于一种人身安全防护装置，防止人摔倒在车辆前后轮之间，以及防止小型车辆从后部嵌入大车的下方。护栏一般都用圆形管材制作，在安装时，要注意排气管口不要对准侧护栏管口。

3. 取力器

1）绝大多数专用汽车上的专用设备都是以汽车底盘自身的发动机为动力源，经过取力器，用来驱动齿轮油泵、真空泵、柱塞泵、轻质油油泵、自吸油泵、水泵、空气压缩机等，从而为自卸车、加油车、牛奶车、垃圾车、吸污车、随车起重运输车、高空作业车、散装水泥车、栏板起重运输车等诸多专用汽车配套使用。

2）少量专用汽车的工作装置因考虑工作可靠和特殊的要求而配备专门动力驱动（例如部分冷藏汽车的机械制冷系统）。

3）取力器实质上是一种单级变速器，其基本参数有总速比（发动机转速与取力器输出转速之比）、额定输出转矩、输出轴旋向和结构质量等。

4）根据取力器相对于汽车底盘变速器的位置，取力器的取力方式可分为前置、中置和后置3种基本型式。

（1）前置式

1）发动机前端取力。发动机前端取力是一种常用型式，一般都是由正时齿轮室或由风扇、水泵的带轮输出，例如气刹制动系统中的气泵，某些专用工作装置所用的液压马达等。发动机前端取力布置方案如图2-59所示。

由于该方式的取力器到专用装置的距离较长，且需要转换传动方向，若采用机械传动其结构就很复杂，因此一般采用液压传动。

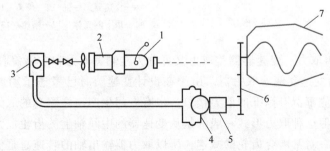

图2-59　发动机前端取力布置方案

1—变速器　2—发动机　3—油泵　4—液压马达　5—减速器　6—链传动　7—滚筒

2）发动机后端取力。发动机后端取力一般都是在飞轮处。图2-60所示是飞轮后端取力布置方案，在飞轮前端的齿轮，通过中间轴齿轮传动取力器齿轮，从而驱动取力器的输出轴。

该取力方式的优点是不受主离合器控制，但因改变了曲轴末端的结构，对于平衡会有一些影响。这种布置在机场消防车上有所应用。

（2）中置式

1）变速器上盖取力。这种布置方案是改动原变速器的上盖，将取力器叠置于变速器之上，用一个惰轮和变速器的第一轴输入齿轮常啮合，再由该惰轮将动力传给取力器的输出轴。

图2-61所示为变速器上盖取力器，这种取力器同样有与发动机同转速输出的特点，因此适合于需要有高转速输入的工作装置。

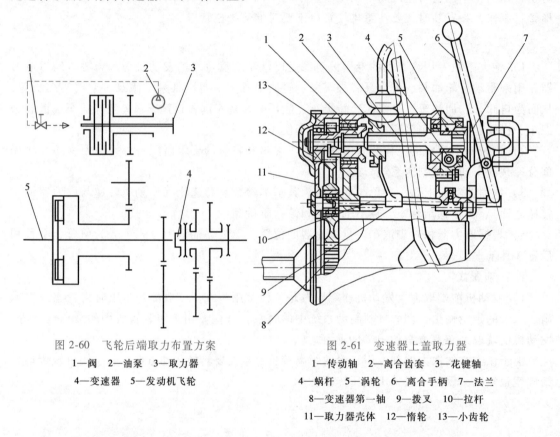

图 2-60　飞轮后端取力布置方案
1—阀　2—油泵　3—取力器
4—变速器　5—发动机飞轮

图 2-61　变速器上盖取力器
1—传动轴　2—离合齿套　3—花键轴
4—蜗杆　5—涡轮　6—离合手柄　7—法兰
8—变速器第一轴　9—拨叉　10—拉杆
11—取力器壳体　12—惰轮　13—小齿轮

2）变速器侧盖取力。变速器侧盖取力又可分为左侧盖取力和右侧盖取力。

图2-62所示为变速器侧盖取力器。由于在设计变速器时已考虑了动力输出，因此一般在变速器左侧和右侧都留有标准的取力接口，也有专门生产与之配套的取力器厂家，因此这种取力器较常用。但这种取力形式一般都是从变速器的中间轴上的齿轮取力，因而在传动路线上经过了变速器一对常啮合齿轮的减速，所以取力器输出轴的转速总是低于发动机转速。

3）变速器取力的其他布置方案。其他布置方案包括从离合器中间轴末端取力和变速器倒档齿轮取力方案，如图2-63、图2-64所示。

（3）后置式

1）传动轴取力。传动轴取力是指将取力器做成独立总成，设置于变速器输出轴和万向传动轴之间，如图2-65所示。

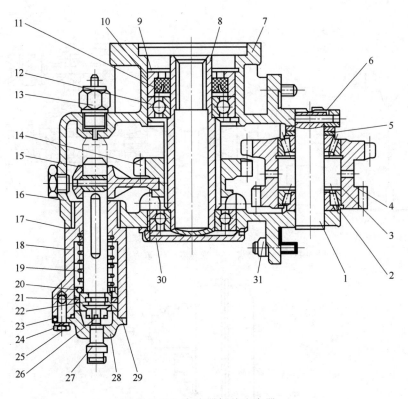

图 2-62 变速器侧盖取力器

1—主动齿轮轴 2、12—轴承 3—轴承挡圈 4—主动齿轮 5—调整垫 6—弹性销 7—取力器壳体 8—输出轴
9—油封挡圈 10—油封座 11—油封 13—指示开关 14—从动齿轮 15—拨叉 16—拨叉轴 17—密封垫
18—气缸 19—复位弹簧 20—活塞 21、22、29—O 形橡胶圈 23—密封垫圈 24—弹簧垫圈
25—紧固螺钉 26—螺母 27—管接头 28—气缸垫 30—端盖 31—螺栓

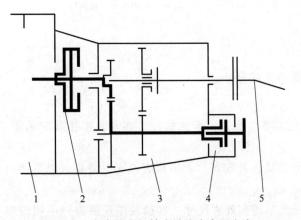

图 2-63 离合器中间轴末端取力布置方案
1—发动机 2—离合齿 3—变速器
4—取力器 5—传动轴

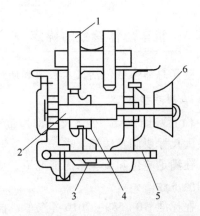

图 2-64 变速器倒档齿轮取力布置方案
1—变速器倒档 2—取力器 3—拨义
4—取力齿轮 5—拨叉轴 6—输出凸缘

2）分动器取力。对于有分动器的汽车底盘，可用图 2-66 所示的分动器取力方案，如全轮驱动的牵引车、汽车起重机和混凝土搅拌运输车。

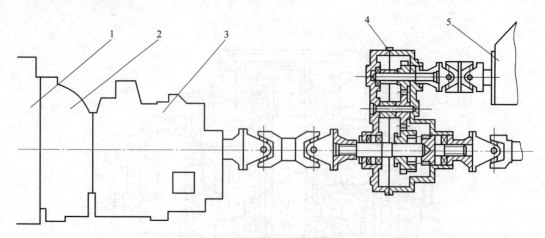

图 2-65　传动轴取力布置方案

1—发动机　2—离合齿　3—变速器　4—取力器　5—水泵

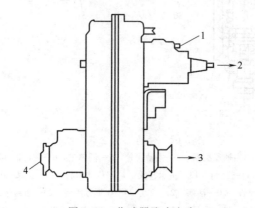

图 2-66　分动器取力方案

1—取力操纵杆　2—取力输出轴　3—分动器输出轴（接后桥）　4—液分动器输出轴（接前桥）

2.5.3　整车总体参数的确定

整车总体参数包括尺寸参数和质量参数两大部分。

1. 尺寸参数

（1）外廓尺寸　外廓尺寸即指整车的长、宽、高，由所选的汽车底盘及工作装置确定，但最大尺寸要满足法规要求。

在满足吨位和载客量的情况下，应该力求减小外廓尺寸，以减轻汽车的自重，提高动力性和经济性。

在标准 GB 1589—2016《汽车、挂车及汽车列车外廓尺寸、轴荷及质量限值》中明确规定，对于公路行驶车辆有如下规定。

1）高不超过 4m。

2）宽（不包括后视镜）不超过 2.55m。

3）外开窗、后视镜等突出部分距车身不超过 250mm。

4）长：货车不超过 12m，半挂车不超过 13.75m，货车列车不超过 20m。

对于超重型或其他一些特种车辆，属于非公路运输车辆，不在此标准规定的限制之内。

（2）轴距 轴距对车辆的影响参数如下。

1）车辆总长。

2）轴荷分配。

3）装载质量。

4）最小转弯直径。

5）纵向通过半径。

6）车辆的操纵稳定性。

同普通货车相比，自卸车要求轴距变短，轻泡货物运输车则要求轴距加长。

（3）轮距 轮距对车辆的影响参数如下。

1）车辆总宽。

2）车辆总重。

3）横向通过半径。

4）车身横摆角。

5）车辆的横向稳定性。

轮距要与车宽相适应。对汽车列车，要求挂车轮距和牵引车轮距一致。

（4）前、后悬 汽车的前、后悬直接涉及汽车的接近角和离去角，一般要求都在 25°以上，最小应≥20°。

1）前悬应满足车辆接近角和轴荷分配的要求。

2）前悬与驾驶室、发动机、转向器、前保险杠等总成布置有关。

3）后悬应满足车辆离去角和轴荷分配的要求。

4）后悬还要满足有关标准的规定，即对于客车和全封闭厢式车辆，后悬不得超出轴距的 0.65 倍；对于其他车辆，后悬不得超出轴距的 0.55 倍，且最长不得超出 3.5m。

5）在实际改装过程中，后悬变动比较多。例如，对于自卸车，一般要将所选的普通汽车底盘的后悬变短，而对于有些罐式和厢式汽车，则要将后悬加长。

2. 质量参数

（1）装载质量 对装载质量，要考虑以下两方面。

1）用途和使用条件。对于货流大，运输距离长的运输，宜采用大吨位车辆，以便于提高生产率、降低运输成本；对于货流多变、运输距离短的运输，则宜采用中、小吨位车辆。

2）合理分级。在装载吨位级别上，要分布合理，以利于专用汽车产品的系列化、通用化和标准化。对于同一底盘，在设计时应尽量提高装载质量。

（2）整备质量 整备质量是指专用汽车带有全部工作装置及底盘所有的附属设备，加满油和水的空车质量。整备质量是一个重要设计参数，对运输型专用汽车的动力性和经济性有很大影响。

从设计原则上讲，应减少整备质量，尽量采用轻质金属材料和非金属材料，减少原材料消耗，降低制造成本。

（3）总质量 总质量（m_a）是指专用汽车装备齐全，满载（规定值）货物及乘员时的质量。其计算式为

$$m_a = m_0 + m_e + m_p \tag{2-90}$$

式中，m_0 为整车整备质量（kg）；m_e 为装载质量（kg）；m_p 为乘员质量（kg），按座位计算，65kg/人。

（4）轴载质量　最大轴载质量是指汽车单轴所承载的最大总质量，与道路通过性有关。它是专用汽车在公路行驶时使用受限制的一个技术参数，也是公路和桥梁设计载荷标准的依据。

1）轴载质量的计算。某罐式汽车的轴载质量及质心位置计算示意图如图 2-67 所示。

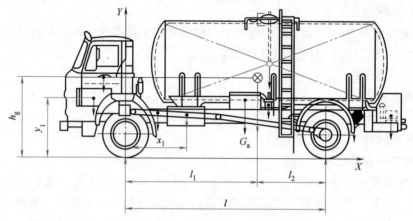

图 2-67　某罐式汽车的轴载质量及质心位置计算示意图

2）轴载质量的分配原则。轴载质量分配是指车辆某一轴的承载质量占整车总质量的百分比。在确定轴载质量分配时，还应考虑以下原则。

① 轮胎磨损均匀。例如，对于 4×2 型后轴单胎车辆，前、后轴应各占 1/2，对于 4×2 型后轴双胎车辆，前轴应占 1/3，而后轴应占 2/3。

② 允许轴载质量的限制。如前所述，允许轴载质量有相应的限值及系列标准。

③ 轮胎负荷系数。轮胎负荷系数是指轮胎所受到的静负荷与轮胎额定负荷之比，一般取 0.9~1。

思考题 ●

2-1　影响汽车外形的因素有哪些？

2-2　简述汽车电气系统的特点？

2-3　如何基于人机工程学进行汽车内部布置设计？

2-4　汽车改装时，遵循的总体布置原则有哪些？

第3章 汽车改装法规与标准

3.1 机动车改装的法律法规

我国现行机动车注册登记相关政策主要包括国家层级的法律、条例，公安部的规定以及相关技术标准、工作规范等。我国目前基本禁止登记后的汽车进行改装。《中华人民共和国道路交通安全法》规定，"任何单位或者个人不得拼装机动车或者擅自改变机动车已登记的结构、构造或者特征"，这实际上是明确了非法改装的含义。

在 GA 802—2019《道路交通管理 机动车类型》中，明确了拼装车、非法改装车的定义以及处置规定。

（1）拼装车 拼装车是指未经国家机动车产品主管部门许可生产的机动车；或者使用了报废、走私、事故后整车理赔机动车的发动机（驱动电机）、方向机（转向器）、变速器、前后桥、车架（车身）等五大总成之一组装的机动车。

按《中华人民共和国道路交通安全法》第一百条的规定，驾驶拼装的机动车或者已达到报废标准的机动车上道路行驶的，公安机关交通管理部门应当予以收缴，强制报废。对驾驶拼装的机动车或者已达到报废标准的机动车上道路行驶的驾驶人，处二百元以上二千元以下罚款，并吊销机动车驾驶证。

（2）非法改装车 非法改装车是指未经国家有关部门批准，改变了已认证或者已登记的结构、构造或者特征的机动车；或者使用了查封、抵押、盗抢骗机动车的发动机（驱动电机）、方向机（转向器）、变速器、前后桥、车架（车身）等五大总成之一组装的机动车。

非法改装车的处置按《机动车登记规定》（中华人民共和国公安部令第 164 号）第七十九条的规定执行，即由公安机关交通管理部门责令恢复原状，并处警告或者五百元以下罚款。

根据 2022 年 5 月 1 日起施行的《机动车登记规定》，与汽车改装相关的规定如下。

1）小型、微型载客汽车加装出入口踏步件；货运机动车加装防风罩、水箱、工具箱、备胎架等；增加机动车车内装饰，在不影响安全和识别号牌的情况下，机动车所有人不需要办理变更登记。

2）已注册登记的机动车改变车身颜色、更换发动机、更换车身或者车架，机动车所有

人应当在变更后十日内向车辆管理所申请变更登记。属于更换发动机、车身或者车架的，机动车所有人应当填写申请表，交验机动车，还应当提交机动车安全技术检验合格证明。未按照规定时限办理变更登记的，由公安机关交通管理部门处警告或者二百元以下罚款。

3）重型、中型货车及挂车的车身或者车厢后部未按照规定喷涂放大的牌号或者放大的牌号不清晰的；机动车喷涂、粘贴标识或者车身广告，影响安全驾驶的；货车、挂车未按照规定安装侧面及后下部防护装置、粘贴车身反光标识的，由公安机关交通管理部门处警告或者二百元以下罚款。

除了上述规定之外，其他改装一般是不允许的。《机动车登记规定》第十五条规定，机动车的型号或者有关技术参数与国务院机动车产品主管部门公告不符的，机动车的车辆识别代号或者有关技术参数不符合国家安全技术标准的，不予办理注册登记。此外，第七十九条规定，擅自改变机动车外形和已登记的有关技术参数的，由公安机关交通管理部门责令恢复原状，并处警告或者五百元以下罚款。此外，GB 38900—2020《机动车安全技术检验项目和方法》中规定如下。

1）在对机动车安全检验时，送检机动车的车身颜色和外形应与机动车行驶证上的车辆照片一致（目视不应有明显区别），且不应出现更改车身颜色、改变车厢形状、改变车辆结构等情形。

2）车辆不应有加装或改装强制性标准以外的外部照明和信号装置，不应有后射灯。

GB 7258—2017《机动车运行安全技术条件》中明确要求，汽车装备以及加装的所有电气设备不应影响本标准规定的制动、转向、照明和信号装置等运行安全要求；不准许用户改动或加装燃料箱，不准许用户改动燃料管路和燃料种类；对气体燃料的供给系统，不准许用户改动或加装气瓶。

但是实际上政策并未完全禁止而是为汽车改装留有余地。《机动车登记规定》第二十一条规定，改变机动车的品牌、型号和发动机型号的，不予办理变更登记，但经国务院机动车产品主管部门许可选装的发动机除外。改变已登记的机动车外形和有关技术参数的，不予办理变更登记，但法律、法规和国家强制性标准另有规定的除外。

3.2 主要尺寸

3.2.1 外廓尺寸

1. 外廓尺寸的参数确定

汽车的长、宽、高称为汽车的外廓尺寸。在公路和市区内行驶的汽车的最大外廓尺寸受到有关法规限制，因此不能随意更改，而有些非公路用车辆可以不受法规限制。除法规和汽车的用途以外，还有载客量或装置质量及涵洞和桥梁等道路尺寸条件。汽车长度小一些不仅可以减小行驶期间需要占用的道路长度，还可以增加车流密度，在停车时占用的停车场地面积也小。除此之外，汽车的整备质量也相应减小，这对提高比功率、比转矩和燃油经济性有利。

乘用车的总长 L_a 是轴距 L、前悬 L_F 和后悬 L_R 之和。总长与轴距的关系为

$$L_a = \frac{L}{C} \tag{3-1}$$

式中，C 为比例系数，$C = 0.52 \sim 0.66$，对发动机前置前轮驱动汽车，$C = 0.62 \sim 0.66$；对发动机后置后轮驱动汽车 $C = 0.52 \sim 0.56$。

乘用车宽度由乘员空间和车门等装置来决定，同时必须保证发动机、车架、悬架、转向系统和车轮的布置要求。乘用车总宽度 B_a 与车辆总长 L_a 的关系为 $B_a = (L_a/3) + 195(\mathrm{mm}) \pm 60(\mathrm{mm})$，后座乘 3 人的乘用车，$B_a$ 不应小于 1410mm。

影响乘用车总高 H_a 的因素主要有轴间底部离地高度 h_m、地板及下部零件高度 h_p、室内高度 h_B 和车顶造型高度 h_t 等。

轴间底部离地高度 h_m 应大于最小离地间隙 h_{min}。由座位高、乘员上身长和头部及头上部空间构成的室内高度 h_B 一般为 1120 ~ 1380mm。车顶造型高度 h_t 为 20 ~ 40mm。

GB 1589—2016《汽车、挂车及汽车列车外廓尺寸、轴荷及质量限值》对栏板式、仓栅式、平板式、自卸式货车及其半挂车外廓尺寸的最大限值进行了规定，见表3-1。其他汽车、挂车及汽车列车外廓尺寸的最大限值见表3-2。

表 3-1　栏板式、仓栅式、平板式、自卸式货车及其半挂车外廓尺寸的最大限值

（单位：mm）

车辆类型			长度	宽度	高度
栏板式货车、仓栅式货车、平板式货车、自卸式货车	二轴	最大设计总质量≤3500kg	6000	2550	4000
		最大设计总质量>3500kg，且≤8000kg	7000		
		最大设计总质量>8000kg，且≤12000kg	8000		
		最大设计总质量>12000kg	9000		
	三轴	最大设计总质量≤20000kg	11000		
		最大设计总质量>20000kg	12000		
	双转向轴的四轴汽车		12000		
栏板式半挂车、仓栅式半挂车、平板式半挂车、自卸式半挂车	一轴		8600		
	二轴		10000		
	三轴		13000		

表 3-2　其他汽车、挂车及汽车列车外廓尺寸的最大限值　　（单位：mm）

车辆类型			长度	宽度	高度
汽车	三轮汽车[1]		4600	1600	2000
	低速货车		6000	2000	2500
	货车及半挂牵引车		12000[2]	2550[3]	4000
	乘用车及客车	乘用车及二轴客车	12000	2550	4000[4]
		三轴客车	13700		
		单铰接客车	18000		
挂车	半挂车		13750[5]	2550[3]	4000
	中置轴、牵引杆挂车		12000[6]		

（续）

车辆类型		长度	宽度	高度
汽车列车	乘用车列车	14500	2550③	4000
	铰接列车	17100⑦		
	货车列车	20000⑧		

① 当采用转向盘转向，由传动轴传递动力，具有驾驶室且驾驶人座椅后设计有物品放置空间时，长度、宽度、高度的限值分别为5200mm、1800mm、2200mm。

② 专用作业车车辆长度限值要求不适用，但应符合相关标准要求。

③ 冷藏车宽度最大限值为2600mm。

④ 定线行驶的双层城市客车高度最大限值为4200mm。

⑤ 运送45ft集装箱的半挂车长度最大限值为13950mm。

⑥ 车厢长度限值为8000mm（中置轴车辆运输挂车除外）。

⑦ 长头铰接列车长度限值为18100mm。

⑧ 中置轴车辆运输列车长度最大限值为22000mm。

此外，GB 1589—2016对外廓尺寸的其他要求如下。

1）车辆间接视野装置单侧外伸量不应超出车辆宽度250mm。

2）车辆的顶窗、换气装置等处于开启状态时不应超出车辆高度300mm。

3）汽车的后轴与牵引杆挂车的前轴之间的距离不应小于3000mm。

GB 1589—2016对半挂牵引车和半挂车也进行了相关要求。消防车、清障车、混凝土泵车、油田专用作业车、汽车起重机的宽度和高度最大限值见表3-3。

表3-3 消防车、清障车、混凝土泵车、油田专用作业车、汽车起重机的宽度和高度最大限值

（单位：mm）

车辆类型	宽度	高度
消防车、清障车、混凝土泵车、油田专用作业车	2550	4000
汽车起重机	3000	4000

2. 改装汽车外廓尺寸的相关规定

注册登记查验时，车辆的长、宽、高应与机动车整车出厂合格证明等相关凭证上记载的数值相符，属于《工信部联产业〔2014〕453号》文件规定的小微型面包车的车长应小于或等于4500mm、车宽应小于或等于1680mm；其他情况下，应与"机动车行驶证"上记载的数值相符。外廓尺寸参数公差的允许范围：注册登记查验时，对汽车（三轮汽车除外）、挂车为±1%或±50mm，对其他机动车为±3%或±50mm；其他情况查验时，对汽车（低速汽车除外）、挂车为±2%或±100mm，对其他机动车为±3%或±100mm；2014年12月1日之前注册登记的挂车，外廓尺寸参数公差为±3%或±100mm的，不应视为不符合要求。

测量外廓尺寸参数时，应考虑允许自行加装的部件及变更使用性质拆除标志灯具对测量结果的影响。判定车辆外廓尺寸参数是否在公差允许范围内时，应考虑测量误差。

发现安全技术检验合格证明（或测试报告）记载的测试结果与实车外廓尺寸等参数明显不一致的，不予采信测试结果，应按规定予以处罚并通报相关行业主管部门。

3.2.2　轴距 L

1. 轴距 L 参数确定

轴距对整备质量、汽车总长、最小转弯直径、传动轴长度及纵向通过半径等都有影响。当轴距短时，上述各指标相应减小。此外，轴距还对轴荷分配、传动轴夹角等有影响，轴距必须在合适的范围内选取。轴距过短会使车厢长度不足或后悬过长；上坡或制动时轴荷转移过大，汽车制动性能和操纵稳定性变差；车身纵向角振动增大，对平顺性不利；万向节传动轴的夹角增大。

原则上，发动机排量大的乘用车以及装载质量较大的货车或载客量较多的客车，轴距取得长；对机动性能要求高的汽车，轴距应该取短些。为了满足市场需求，汽车厂商在标准轴距货车的基础上，生产出轴距不同的变型车，其轴距变化推荐为 $0.4 \sim 0.6$ m。各类汽车的轴距和轮距见表3-4，可供设计人员初选轴距时参考。

表 3-4　各类汽车的轴距和轮距

车型	类型			轴距 L/mm	轮距 B/mm
乘用车	发动机排量 V/L	$V \leqslant 1.0$		$2000 \sim 2200$	$1100 \sim 1380$
		$1.0 < V \leqslant 1.6$		$2100 \sim 2540$	$1150 \sim 1500$
		$1.6 < V \leqslant 2.5$		$2500 \sim 2860$	$1300 \sim 1500$
		$2.5 < V \leqslant 4.0$		$2850 \sim 3400$	$1400 \sim 1580$
		$V > 4.0$		$2900 \sim 3900$	$1560 \sim 1620$
商用车	客车	城市客车		$4500 \sim 5000$	$1740 \sim 2050$
		长途客车		$5000 \sim 6500$	
	4×2货车	汽车总质量 m_a/t	$m_a \leqslant 1.8$	$1700 \sim 2900$	$1150 \sim 1350$
			$1.8 < m_a \leqslant 6.0$	$2300 \sim 3600$	$1300 \sim 1650$
			$6.0 < m_a \leqslant 14.0$	$3600 \sim 5500$	$1700 \sim 2000$
			$m_a > 14.0$	$4500 \sim 5600$	$1840 \sim 2000$

2. 改装汽车轴距 L 的相关规定

注册登记查验时，轴数、轴距应与《道路机动车辆生产企业及产品公告》、机动车整车出厂合格证明等相关凭证上记载的数据相符；其他情况下，轴数应与"机动车行驶证"上机动车照片记载的轴数一致。注意，轴距的公差允许范围按车辆外廓尺寸的规定执行。

3.2.3　前轮距 B_1 和后轮距 B_2

改变汽车轮距 B 会影响车厢的驾驶室内宽度、汽车总宽、总质量、侧倾刚度、最小转弯直径等。增大前轮距，可以增加驾驶室内宽度，有利于增加侧倾角，但汽车总宽度和总质量会有所增加，同时会影响到最小转弯直径。

我国国家标准规定汽车总宽不得超过 2.55 m，这就要求轮距不宜过大。但在取定的前轮距 B_1 范围内，应能布置相应总成，如发动机、车架、前悬架和前轮等，并保证前轮有足够的转向空间，同时转向杆系与车架、车轮之间有足够的运动间隙。在确定后轮距 B_2 时应考

虑两纵梁之间的宽度、悬架宽度和轮胎宽度及它们之间应留有必要的间隙。各类汽车的轮距可参考表 3-4 提供的数据进行初选。

3.2.4 前悬 L_F 和后悬 L_R

1. 前悬 L_F 和后悬 L_R 参数确定

汽车的前悬和后悬尺寸是根据总布置要求最后确定的。前悬尺寸对汽车通过性、碰撞安全性、驾驶人视野、前钢板弹簧长度、上车和下车的方便性以及汽车造型等均有影响。增大前悬尺寸，将减小汽车的接近角，使通过性降低，并使驾驶人视野变差。对于平头汽车，前悬还会影响从前门上、下车的方便性。对于长头车，前悬主要受到前保险杠、散热器、风扇、发动机等部件的影响，长头货车前悬一般为 1100~1300mm。

后悬尺寸对汽车通过性、汽车追尾时的安全性、货箱长度或行李舱长度以及汽车造型等都有影响，并取决于轴距和轴荷分配的要求。后悬变长，则汽车离去角减小，使通过性降低；而后悬短的乘用车行李舱尺寸较小。

2. 改装后前悬 L_F 和后悬 L_R 的相关规定

客车及封闭式车厢（或罐体）的汽车及挂车后悬应小于或等于轴距的 65%。专用作业车在保证安全的情况下，后悬可按客车后悬要求核算，其他车辆后悬应小于或等于轴距的 55%。车辆长度小于 16000mm 的发动机后置的铰接客车，在保证安全的情况下，后悬可不超过轴距的 70%。汽车及挂车的后悬均应小于或等于 3500mm（中置轴车辆运输挂车除外）。

3.3 质量参数

汽车质量参数包括汽车的载客量和装载质量 m_e、整车整备质量 m_0、汽车总质量 m_a、质量系数 η_{m0} 和轴荷分配等。

3.3.1 汽车载客量和装载质量

1. 汽车的载客量

GB 7258—2017 对乘用车、旅居车乘坐人数核定要求如下。

1）前排座位按乘客舱内部宽度大于或等于 1200mm 时核定 2 人，大于或等于 1650mm 时核定 3 人，但每名前排乘员的座垫宽和座垫深均应大于或等于 400mm，且不应作为学生座位核定乘坐人数。

2）除前排座位外的其他排座位，在能保证与前一排座位的间距大于或等于 600mm 且座垫深度大于或等于 400mm（对第二排以后的可折叠座椅座间距大于或等于 570mm 且座垫深度大于或等于 350mm）时，按座垫宽每 400mm 核定 1 人；但作为学生座位使用时，对幼儿校车按每 280mm 核定 1 人，对小学生校车按每 350mm 核定 1 人，对中小学生校车按 380mm 核定 1 人。单人座椅座垫宽大于或等于 400mm 时核定 1 人。

GB 7258—2017 中规定：专项作业车核定承载人数应小于或等于 9 人。

注册登记查验时，按照 GB 7258—2017 的 4.4.2~4.4.6 及 11.6 核定载客人数/驾驶室乘

坐人数。对实行《道路机动车辆生产企业及产品公告》管理的国产机动车，货车和专项作业车核定的驾驶室乘坐人数、载客汽车核定的乘坐人数与机动车整车出厂合格证明标明的数值应一致且符合《道路机动车辆生产企业及产品公告》管理的相关规定；对进口机动车，核定的乘坐人数应与进口机动车辆随车检验单证及其他经主管部门认可的技术资料（如车辆产品一致性证书）一致。其他情况下，座位/铺位数应与"机动车行驶证"记载的内容一致。

2. 汽车的装载质量

汽车的装载质量是指在硬质良好路面上行驶时所允许的额定装载量。汽车在碎石路面上行驶时，装载质量为好路面的 75% ~ 85%。越野汽车的装载质量是指越野行驶时或在土路上行驶时的额定装载量。

货车装载质量的确定，首先应与企业商品规划相符，其次要考虑到汽车的用途和使用条件。原则上，货流大、运距长或矿用自卸车应采用大吨位货车；货源变化频繁、运距短的市内运输车采用中、小吨位的货车比较经济。

3.3.2　整车整备质量

1. 整车整备质量参数确定

整车整备质量是指车上带有全部装备（包括随车工具、备胎等），加满燃料和水，但没有装货且未载人时的整车质量。

整车整备质量对汽车的成本和使用经济性都有影响。目前，尽可能减小整车整备质量是为了通过降低整备质量增加装载量或载客量，抵消因满足安全标准、排气净化标准和噪声标准所带来的整备质量的增加，节约燃料。减小整车整备质量的措施包括用计算机优化设计；增加铝与复合材料在汽车上的应用比例；改善汽车各总成乃至零件的结构，使强度充分发挥，减小结构尺寸和用料量；采用承载式车身；提高轮胎的可靠性，去掉备胎等。减小整车整备质量，是汽车设计工作中必须遵守的一项重要原则。

估算整车整备质量时，主要考虑的是既要保持先进性又要保持可行性。在总体设计阶段，往往需要预先估算这一数值，其方法如下。

1）对同级构造的相似样车及其部件的质量进行测定和分析，在此基础上初步估计出整车整备质量。

2）在没有样车参考时，首先为新车选择一个适当的质量系数 η_{m0}，此系数定义为汽车装载质量 m_e 与整车整备质量 m_0 之比，即

$$\eta_{m0} = \frac{m_e}{m_0} \tag{3-2}$$

该系数反映了汽车的设计水平和工艺水平，η_{m0} 值越大，说明该汽车的结构和制造工艺越先进。要达到较高的质量系数，就需要努力减小零部件的自身质量，为达到这种目的，在材料、制造以及设计方面都要采用有效措施。

在参考同类型汽车选定 η_{m0}（表3-5）以后，可根据给定的 m_e，计算整车整备质量 m_0。

表 3-5　货车的质量系数 η_{m0}

车型	参数	
	总质量 m_a/t	η_{m0}
货车	$1.8 < m_a \leqslant 6.0$	$0.80 \sim 1.10$
	$6.0 < m_a \leqslant 14.0$	$1.2 \sim 1.35$
	$m_a > 14.0$	$1.3 \sim 1.70$

乘用车和商用客车的整车整备质量,也可按每人所占汽车整车整备质量的统计平均值估算。乘用车和商用客车人均整车整备质量值见表 3-6。

表 3-6　乘用车和商用客车人均整车整备质量值　　　　　　　　　　（单位:t/人）

微型乘用车	轻型乘用车	中级乘用车	高级乘用车	30座以下客车	30座以上客车
$0.15 \sim 0.16$	$0.17 \sim 0.24$	$0.21 \sim 0.29$	$0.29 \sim 0.34$	$0.096 \sim 0.16$	$0.06 \sim 0.13$

2. 整车整备质量的相关规定

对所有货车、货车底盘改装的专项作业车和总质量大于 750kg 的挂车,以及带驾驶室的正三轮摩托车,需比对机动车安全技术检验合格证明或其他具备资质的机构出具的测试报告上记载的测试结果,实车整备质量与《道路机动车辆生产企业及产品公告》、机动车整车出厂合格证明等凭证、技术资料记载的整备质量的误差应符合管理规定(注册登记查验时按 GB 38900—2020 规定执行);总质量也符合 GB 1589—2016 的管理规定,按照相关凭证、技术资料核定载质量。判定整备质量误差是否符合管理规定时,应考虑测量误差。辖区内转移登记查验时,确认车辆无非法改装情形且最近一次安全技术检验的轴荷等相关数据正常的,视为合格。发现安全技术检验合格证明(或测试报告)记载的测试结果与实车整备质量明显不一致的,不予采信测试结果,按规定予以处罚并通报相关行业主管部门。

3.3.3　汽车总质量

1. 汽车总质量参数确定

汽车总质量是指装备齐全,并按规定载满客、货时的整车质量。

乘用车和商用客车的总质量由整车整备质量 m_0、乘员和驾驶人质量以及乘员的行李质量 3 部分构成,其中乘员和驾驶人每人以 65kg 计,即

$$m_a = m_0 + 65n + \alpha n \tag{3-3}$$

式中,n 为包括驾驶人在内的载客数;α 为行李系数,见表 3-7。

表 3-7　行李系数

车辆类型		α
乘用车	发动机排量<2.5L	5
	发动机排量≥2.5L	10
商用客车	城市客车	0
	长途客车	$10 \sim 15$

商用客车的总质量 m_a，由整备质量 m_0、装载质量 m_e 以及驾驶人及随行人员质量 3 部分组成，即

$$m_a = m_0 + m_e + 65n_1 \qquad (3\text{-}4)$$

式中，n_1 为包括驾驶人及随行人员在内的人数，应等于座位数。

2. 汽车总质量的相关规定

标准 GB 1589—2016 对汽车、挂车及汽车列车最大允许总质量限值进行了规定，见表 3-8。

表 3-8　汽车、挂车及汽车列车最大允许总质量限值　　　　　（单位：kg）

车辆类型			最大允许总质量限值
汽车		三轮汽车	2000[①]
		乘用车	4500
		二轴客车、货车及半挂牵引车	18000[②]
		三轴客车、货车及半挂牵引车	25000[③]
		单铰接客车	28000
		双转向轴四轴货车	31000
挂车	半挂车	一轴半挂车	18000
		二轴半挂车	35000
		三轴半挂车	40000
	牵引杆挂车	二轴牵引杆挂车，每轴每侧为单轮胎	12000[④]
		二轴牵引杆挂车，一轴每侧为单轮胎、另一轴每侧为双轮胎	16000
		二轴，每轴每侧为双轮胎	18000
	中置轴挂车	一轴挂车	10000
		二轴挂车	18000
		三轴挂车	24000
汽车列车		具有三轴的汽车列车	27000
		具有四轴的汽车列车	36000[⑤]
		具有五轴的汽车列车	43000
		具有六轴的汽车列车	49000

① 当采用转向盘转向、由传动轴传递动力、具有驾驶室且驾驶人座椅后设计有物品放置空间时，最大允许总质量限值为 3000kg。

② 低速货车最大允许总质量限值为 4500kg。

③ 当驱动轴为每轴每侧双轮胎且装备空气悬架时，最大允许总质量限值增加 1000kg。

④ 安装名义断面宽度不小于 425mm 轮胎，最大允许总质量限值为 18000kg。

⑤ 驱动轴为每轴每侧双轮胎并装备空气悬架，且半挂车的两轴之间的距离大于或等于 1800mm 的铰接列车，最大允许总质量限值为 37000kg。

消防车、清障车、混凝土泵车、油田专用作业车、汽车起重机的最大允许总质量不应超过 55000kg。

3.3.4　轴荷分配与质心计算

1. 轴荷分配与质心计算过程

汽车的轴荷分配是指汽车在空载或满载静止状态下，各车轴对支承平面的垂直负荷，也可以用占空载或满载总质量的百分比来表示。

轴荷分配是汽车的重要质量参数，它对汽车的轮胎寿命和汽车的许多使用性能都有影响。对轴荷分配有如下要求：从使各轮胎磨损均匀和寿命相近的角度考虑，各个车轮的负荷应相差不大；为了保证汽车有良好的动力性和通过性，驱动桥应有足够大的负荷，而从动轴上的负荷可以适当减小，以利于减小从动轮滚动阻力和提高在坏路面上的通过性；为了保证汽车有良好的操纵稳定性，转向轴的负荷不应过小。

综上所述，各使用性能对轴荷分配参数的要求是相互矛盾的，这就要求设计时应根据对整车的性能要求、使用条件等，合理地选取轴荷分配。

汽车的驱动形式与发动机位置、汽车结构特点、车头形式和使用条件等均对轴荷分配有显著影响。如发动机前置前轮驱动乘用车和平头式商用货车的前轴负荷较大，而长头式货车的前轴负荷较小。常在坏路面上行驶的越野汽车，前轴负荷应该小些。

当总体布置进行轴荷分配计算不能满足预定要求时，可通过重新布置某些总成、部件（如油箱、备胎、蓄电池等）的位置来调整。必要时，改变轴距也是可行的方法之一。

（1）空车状态下整车整备质量、轴荷分配和质心高度的计算　空车整车整备质量 m_0 为

$$m_0 = \sum_{i=1}^{N_0} m_i \tag{3-5}$$

式中，m_i 为各总成质量（kg）；N_0 为总成数量。

空车后轴荷 m_{0r} 为

$$m_{0r} = \frac{\sum\limits_{i=1}^{N_0} m_i x_i}{L} \tag{3-6}$$

式中，L 为轴距（mm）；x_i 为各总成质心至前轴的距离（mm）。

空车前轴荷 m_{0f} 为

$$m_{0f} = m_0 - m_{0r} \tag{3-7}$$

空车质心高度 h_{g0} 为

$$h_{g0} = \frac{\sum\limits_{i=1}^{N_0} m_i z_i}{m_0} \tag{3-8}$$

式中，h_{g0} 为空车质心高度（mm）；z_i 为各总成质心至地面高度（mm）。

（2）满载状态下整车质量、轴荷分配和质心高度的计算　整车最大总质量 m_a 为

$$m_a = \sum_{i=1}^{N_1} m_i \tag{3-9}$$

式中，N_1 为用于估算整车最大总质量的全部总成和负载的数量。

满载后轴荷 m_{ar} 为

$$m_{ar} = \frac{\sum\limits_{i=1}^{N_1} m_i x_i}{L} \tag{3-10}$$

满载前轴荷 m_{af} 为

$$m_{af} = m_a - m_{ar} \tag{3-11}$$

满载质心高度 h_{g1} 为

$$h_{g1} = \frac{\sum\limits_{i=1}^{N_1} m_i z_{hi}}{m_a} \tag{3-12}$$

式中，h_{g1} 为满载质心高度（mm）；z_{hi} 为满载各总成质心至地面高度（mm）。

各类汽车的轴荷分配见表3-9。

表3-9　各类汽车的轴荷分配

汽车类型		空载		满载	
		前轴	后轴	前轴	后轴
乘用车	发动机前置前轮驱动	56%~66%	34%~44%	47%~60%	40%~53%
	发动机前置后轮驱动	51%~56%	44%~49%	45%~50%	50%~55%
	发动机后置后轮驱动	38%~50%	50%~62%	40%~46%	54%~60%
商用货车	4×2 后轮单胎	50%~59%	41%~50%	32%~40%	60%~68%
	4×2 后轮双胎（长、短头式）	44%~49%	51%~56%	25%~27%	73%~75%
	4×2 后轮双胎（平头式）	48%~54%	46%~52%	30%~35%	65%~70%
	4×2 后轮双胎	31%~37%	63%~69%	19%~25%	75%~81%

2. 最大允许轴荷的相关规定

标准GB 1589—2016规定：汽车或汽车列车驱动轴的轴荷不应小于汽车或汽车列车最大总质量的25%，消防车、清障车、混凝土泵车、油田专用作业车、汽车起重机驱动轴的轴荷也应满足该要求。此外，该标准对汽车及挂车的单轴、二轴组及三轴组的最大允许轴荷限值进行了规定，见表3-10。

表3-10　汽车及挂车的单轴、二轴组及三轴组的最大允许轴荷限值　（单位：kg）

类型			最大允许轴荷限值
单轴	每侧单轮胎		7000[1]
	每侧双轮胎	非驱动轴	10000[2]
		驱动轴	11500
二轴组	二轴的轴距<1000mm		11500[3]
	二轴的轴距≥1000mm，且<1300mm		16000
	二轴的轴距≥1300mm，且<1800mm		18000[4]
	二轴的轴距≥1800mm（仅挂车）		18000
三轴组	相邻两轴之间距离≤1300mm		21000
	相邻两轴之间距离>1300mm，且≤1400mm		24000

① 安装名义断面宽度不小于425mm轮胎的车轴，最大允许轴荷限值为10000kg；驱动轴安装名义断面宽度不小于
　445mm轮胎，则最大允许轴荷限值为11500kg。

② 装备空气悬架时最大允许轴荷的最大限值为11500kg。

③ 二轴挂车的轴小于1000mm时，最大允许轴荷限值为11000kg。

④ 汽车驱动轴为每轴每侧双轮胎且装备空气悬架时，最大允许轴荷的最大限值为19000kg。

对于其他类型的车轴，其最大允许轴荷不应超过该轴轮胎数乘以 3000kg。对消防车、清障车、混凝土泵车、油田专用作业车、汽车起重机，各轴最大允许轴荷不超过 13000kg。

3.4 性能参数

3.4.1 动力性参数

汽车动力性参数主要有最高车速 u_{amax}、加速时间 t、爬坡能力、比功率 P_b 和比转矩 T_b 等。

（1）最高车速 u_{amax} 随着汽车性能特别是主动安全性能的提高以及道路条件的改善和高速公路的发展，汽车的最高车速普遍有所提高，但设计的 u_{amax} 不应太高，否则不仅费油，还不安全。表 3-11 引出了不同车型的最高车速 u_{amax}、比功率及比转矩的范围。GB/T 12544—2012《汽车最高车速试验方法》给出了汽车最高车速试验方法。

表 3-11　不同车型的最高车速 u_{amax}、比功率及比转矩的范围

汽车类别		最高车速 $u_{amax}/(km/h)$	比功率 $P_b/(km/t)$	比转矩 $T_b/[(N \cdot m)/t]$
乘用车	发动机排量 V/L			
	$V \leqslant 1.0$	$110 \sim 150$	$30 \sim 60$	$50 \sim 110$
	$1.0 < V \leqslant 1.6$	$120 \sim 170$	$35 \sim 65$	$80 \sim 110$
	$1.6 < V \leqslant 2.5$	$130 \sim 190$	$40 \sim 70$	$90 \sim 130$
	$2.5 < V \leqslant 4.0$	$140 \sim 230$	$50 \sim 80$	$120 \sim 140$
	$V > 4.0$	$160 \sim 180$	$60 \sim 110$	$100 \sim 180$
货车	最大总质量 m_a/t			
	$m_a \leqslant 1.8$	$80 \sim 135$	$16 \sim 28$	$30 \sim 44$
	$1.8 < m_a \leqslant 6.0$		$15 \sim 25$	$38 \sim 44$
	$6.0 < m_a \leqslant 14.0$	$75 \sim 120$	$10 \sim 20$	$33 \sim 47$
	$m_a > 14.0$		$6 \sim 20$	$29 \sim 50$
客车	车辆总长 L_a/m			
	$L_a \leqslant 3.5$	$85 \sim 120$	—	—
	$3.5 < L_a \leqslant 7.0$	$100 \sim 160$	—	—
	$7.0 < L_a \leqslant 10.0$	$95 \sim 140$	—	—
	$L_a > 10.0$	$85 \sim 120$	—	—

此外，根据国家标准 GB 24545—2019 的规定：公路客车、旅游客车、旅居车和车长大于 9m 的其他客车的设定速度不超过 100km/h。危险货物运输车、专用校车的设定速度不超过 80km/h。

（2）加速时间 t 汽车在平直良好的路面上，从原地起步开始以最大的加速度加速到一定车速所用的时间称为加速时间。汽车的加速时间对平均行驶车速有着很大的影响。对于最高车速 $u_{amax} > 100km/h$ 的汽车，常用加速到车速 100km/h 所需的时间来评价；对于 $u_{amax} < 100km/h$ 的汽车，可用加速到车速 60km/h 所需的时间来评价。

（3）爬坡能力   汽车的爬坡能力用汽车满载时在良好路面上能爬上的最大坡度 i_{max} 来表示。乘用车、货车、越野汽车的使用条件不同，所要求的爬坡能力也不同。通常要求货车

和大客车能克服 30% 坡度，越野汽车的最大爬坡度要求在 60% 左右。

（4）比功率 P_b 和比转矩 T_b　比功率是汽车所装发动机的标定最大功率与汽车最大总质量之比，可作为评价汽车动力性的综合指标。乘用车的比功率大于货车和客车的比功率。发动机排量大的乘用车的比功率要大于排量小的乘用车的比功率，而货车的比功率则随总质量的增大而减小。为保证路上行驶车辆的动力性不低于一定水平，防止某些动力性能差的车辆阻碍交通，要对车辆的最小比功率给出规定。国家标准 GB 7258—2017 中规定：低速汽车及拖拉机运输机组的比功率应 ≥4.0kW/t，除无轨电车、纯电动汽车外的其他机动车的比功率应 ≥5.0kW/t。比转矩是发动机的最大转矩与汽车总质量之比，反映了汽车的牵引能力。不同车型的比功率和比转矩的范围见表 3-11。

3.4.2　燃油经济性参数

汽车的燃油经济性指标是用汽车在水平的水泥或沥青路面上，以经济车速或多工况满载行驶的百公里燃油消耗量［L/（100km）］来评价的，其数值越大，经济性越差。

国家标准 GB 19578—2021《乘用车燃料消耗量限值》，对国内乘用车的燃料消耗量提出了具体的限制指标，见表 3-12，用以提高国产汽车的燃油经济性水平。

表 3-12　乘用车燃料消耗量限值

机动车类型	整车整备质量 CM/kg	FC_L/［L/（100km）］
装有手动档变速器且具有三排以下座椅的车辆	$CM \le 750$	5.82
	$750 < CM \le 2510$	$0.0041 \times (CM-1415)+8.55$
	$CM > 2510$	13.04
其他车辆	$CM \le 750$	6.27
	$750 < CM \le 2510$	$0.0042 \times (CM-1415)+9.06$
	$CM > 2510$	13.66

对燃用汽油或柴油燃料、最大设计车速大于或等于 50km/h 的 N_1 类和最大设计总质量不超过 3500kg 的 M_2 类车辆，GB 20997—2015 规定对于具有下列一种或多种结构的车辆，其燃料消耗量限值是表 3-13 中的限值乘以 1.05，求得的数值圆整（四舍五入）至小数点后一位。

1）N_1 类全封闭厢式车辆。

2）N_1 类罐式车辆。

3）全轮驱动的车辆。

表 3-13　N_1 类和 M_2 类车辆燃料消耗限值

整车整备质量（CM）/kg	N_1 类车辆燃料消耗限值/［L/（100km）］		最大设计总质量不大于 3500kg 的 M_2 类车辆燃料消耗限值/［L/（100km）］	
	汽油车	柴油车	汽油车	柴油车
$CM \le 750$	5.5	5.0	5.0	4.7
$750 < CM \le 865$	5.8	5.2	5.4	5.0
$865 < CM \le 980$	6.1	5.5	5.8	5.3
$980 < CM \le 1090$	6.4	5.8	6.2	5.6

（续）

整车整备质量（CM）/kg	N$_1$类车辆燃料消耗限值/[L/（100km）]		最大设计总质量不大于3500kg的M$_2$类车辆燃料消耗限值/[L/（100km）]	
	汽油车	柴油车	汽油车	柴油车
1090<CM≤1205	6.7	6.1	6.6	5.9
1205<CM≤1320	7.1	6.4	7.0	6.2
1320<CM≤1430	7.5	6.7	7.4	6.5
1430<CM≤1540	7.9	7.0	7.8	6.8
1540<CM≤1660	8.3	7.3	8.2	7.1
1660<CM≤1770	8.7	7.6	8.6	7.4
1770<CM≤1880	9.1	7.9	9.0	7.7
1880<CM≤2000	9.6	8.3	9.5	8.0
2000<CM≤2110	10.1	8.7	10.0	8.4
2110<CM≤2280	10.6	9.1	10.5	8.8
2280<CM≤2510	11.1	9.5	11.0	9.2
2510<CM	11.7	10.0	11.5	9.6

对最大设计总质量大于3500kg的燃用汽油和柴油的商用车辆，包括货车、半挂牵引车、客车、自卸汽车和城市客车，GB 30510—2018规定其燃料消耗量限值见表3-14。

表3-14　重型商用车辆燃料消耗限值　　　　　　　　[单位：L/（100km）]

最大设计总质量（GVW）[1]/kg	机动车类型				
	货车	半挂牵引车	客车	自卸汽车	城市客车
3500<GVW≤4500	11.5[2]		10.6[2]	13.0	11.5
4500<GVW≤5500	12.2[2]		11.5[2]	13.5	13.0
5500<GVW≤7000	13.8[2]		13.3[2]	15.0	14.7
7000<GVW≤8500	16.3[2]		14.5	17.5	16.7
8500<GVW≤10500	18.3[2]	28.0	16.0	19.5	19.4
10500<GVW≤12500	21.3[2]		17.7	22.0	22.3
12500<GVW≤14500	24.0		19.1	25.0	25.5
14500<GVW≤16000	24.0		20.1		28.0
16000<GVW≤16500					
16500<GVW≤18000	27.0		21.3	29.5	31.0
18000<GVW≤20000			22.3		34.5
20000<GVW≤22000	32.5	30.5		37.5	
22000<GVW≤25000			24.0		38.5
25000<GVW≤27000	37.5			41.0	
27000<GVW≤31000	38.5	30.5	25.0		41.5
31000<GVW≤35000				41.5	

（续）

最大设计总质量（GVW）[1]/kg	机动车类型				
	货车	半挂牵引车	客车	自卸汽车	城市客车
35000<GVW≤40000		34.0			
40000<GVW≤43000		35.5			
43000<GVW≤46000	38.5	38.0	25.0	41.5	41.5
46000<GVW≤49000		40.0			
GVW>49000		40.5			

[1] 半挂牵引车的最大设计总质量应为组合质量，缩写为 GCW。此处为方便表示，只标注了 GVW，特此说明。

[2] 对于汽油车，其限值是表中相应值乘以 1.2，求得的数值圆整（四舍五入）至小数点后一位。

目前，节能仍是汽车设计的重大课题，一些主要汽车生产国家对燃油消耗有严格的规定。许多国家竞相开发低油耗汽车，对在研的超经济型乘用车而言，其燃油消耗量的目标值为 3.0L/(100km)。

3.4.3　制动性参数

汽车制动性是指汽车在制动时，能在尽可能短的距离内停车且保持方向稳定，下长坡时能维持较低的安全车速并有在一定坡道上长期驻车的能力。与总体设计有关的制动性参数包括制动距离、平均减速度 $MFDD$、行车制动踏板力或制动气压要求。

1. 制动距离

表 3-15 列出了 GB 7258—2017《机动车运行安全技术条件》中规定的制动距离和制动稳定性要求，可以用来参考选择制动性参数。

表 3-15　制动距离和制动稳定性要求

机动车类型	制动初速度/(km/h)	空载检验制动距离要求/m	满载检验制动距离要求/m	试验通道宽度/m
三轮汽车	20	≤5.0		2.5
乘用车	50	≤19.0	≤20.0	2.5
总质量小于等于 3500kg 的低速货车	30	≤8.0	≤9.0	2.5
其他总质量小于等于 3500kg 的汽车	50	≤21.0	≤22.0	2.5
铰接客车、铰接式无轨电车、汽车列车（乘用车列车除外）	30	≤9.5	≤10.5	3.0[1]
其他汽车、乘用车列车	30	≤9.0	≤10.0	3.0[1]
两轮普通摩托车	30	≤7.0		—
边三轮摩托车	30	≤8.0		2.5
正三轮摩托车	30	≤7.5		2.3
轻便摩托车	20	≤4.0		—
轮式拖拉机运输机组	20	≤6.0	≤6.5	3.0
手扶变型运输机	20	≤6.5		2.3

[1] 对车宽大于 2.55m 的汽车和汽车列车，其试验通道宽度（m）为"车宽（m）+0.5m"。

2. 平均减速度 MFDD

GB 7258—2017 要求汽车、汽车列车在规定的初速度下急踩制动踏板时充分发出的平均减速度及制动稳定性应符合规定，见表 3-16 且制动协调时间对液压制动的汽车应小于或等于 0.35s，对气压制动的汽车应小于或等于 0.60s，对汽车列车、铰接客车和铰接式无轨电车应小于或等于 0.80s。对空载检验的充分发出的平均减速度有质疑时，可采用表 3-16 规定的满载检验充分发出的平均减速度。

充分发出的平均减速度 MFDD 为

$$MFDD = \frac{v_b^2 - v_e^2}{25.92(S_e - S_b)} \tag{3-13}$$

式中，$MFDD$ 为充分发出的平均减速度（m/s^2）；v_b 为试验车速（km/h），等于 $0.8v_0$；v_e 为试验车速（km/h），等于 $0.1v_0$；S_b 为试验车速从 v_0 到 v_b 之间车辆行驶的距离（m）；S_e 为试验车速从 v_0 到 v_e 之间车辆行驶的距离（m）。v_0 为试验车制动初速度（km/h）。

制动协调时间是指在急踩制动踏板时，从脚接触制动踏板（或手触动制动手柄）时起至机动车减速度（或制动力）达到表 3-16 规定的机动车充分发出的平均减速度（或台试检验所规定的制动力）的 75% 时所需的时间。

表 3-16 制动减速度和制动稳定性要求

机动车类型	制动初速度 /(km/h)	空载检验充分发出的平均减速度/(m/s²)	满载检验充分发出的平均减速度/(m/s²)	试验通道宽度 /m
三轮汽车	20	≥3.8		2.5
乘用车	50	≥6.2	≥5.9	2.5
总质量小于或等于 3500kg 的低速货车	30	≥5.6	≥5.2	2.5
其他总质量小于或等于 3500kg 的汽车	50	≥5.8	≥5.4	2.5
铰接客车、铰接式无轨电车、汽车列车（乘用车列车除外）	30	≥5.0	≥4.5	3.0①
其他汽车、乘用车列车	30	≥5.4	≥5.0	3.0①

① 对车宽大于 2.55m 的汽车和汽车列车，其试验通道宽度（m）为"车宽（m）+0.5m"。

3. 制动踏板力或制动气压要求

汽车的制动系一般为液压制动系，带储气罐的汽车一般会安装气压制动系，市面上乘用车不会安装气压制动。气压制动系用气压表的指示气压衡量是否达到要求，液压制动系则用踏板力量衡量是否达到要求。在进行制动性能检验时，制动踏板力或制动气压应符合表 3-17 中的要求。

表 3-17 制动性能检验时制动踏板力或制动气压的要求

机动车类型	检测项目	空载检验	满载检验
乘用车	踏板力	≤400N	≤500N
其他机动车	气压表指示气压	≤750MPa	≤额定工作气压
	踏板力	≤450N	≤700N

3.4.4 操纵稳定性参数

1. 操纵稳定性参数的确定

汽车操纵稳定性的评价参数较多，与总体设计有关并能作为设计指标的参数如下。

（1）不足转向特性参数 为了保证有良好的操纵稳定性，汽车应具有一定程度的不足转向。

通常在总体设计时做到前、后轮的侧偏角之差大于零。常用汽车以 0.4g 的向心加速度沿定圆转向时，前、后轮侧偏角之差（$\delta_1 - \delta_2$）可以作为评价参数。此参数的值取 1°～3° 为宜。

（2）车身侧倾角 为保持较好的侧向稳定性，汽车以 0.4g 的向心加速度沿定圆等速行驶时，车身侧倾角控制在 3° 以内较好，最大不允许超过 7°。

（3）制动点头角 为了使汽车具有较好的乘坐舒适性，要求汽车以 0.4g 的减速度制动时，车身的点头角不大于 1.5°。

2. 改装汽车操纵稳定性参数的相关规定

GB 7258—2017 中对侧倾稳定性及驻车稳定角进行了如下规定。

1）按 GB/T 14172—2021 规定的方法，客车、发动机中置且宽高比小于或等于 0.9 的乘用车在乘客区满载、行李舱空载的情况下测试时，向左侧和右侧倾斜的侧倾稳定角均应大于或等于 28°（对专用校车均应大于或等于 32°）；且除设有乘客站立区的客车外，在空载、静态条件下，向左侧和右侧倾斜的侧倾稳定角均应大于或等于 35°。（注：铰接客车和铰接式无轨电车按前车考核。发动机中置是指发动机缸体整体位于汽车前后轴之间的布置形式。）

2）罐式汽车和罐式挂车在满载、静态状态下，向左侧和右侧倾斜的侧倾稳定角应大于或等于 23°。

3）除消防车外的其他机动车在空载、静态状态下，向左侧和右侧倾斜的侧倾稳定角应大于或等于：

① 三轮机动车（包括三轮汽车和三轮摩托车，但不包括前轮距小于或等于 460mm 的正三轮摩托车，下同）：25°。

② 总质量为整备质量的 1.2 倍以下的机动车：28°。

③ 总质量不小于整备质量的 1.2 倍的专项作业车和轮式专用机械车：32°。

④ 其他机动车（特型机动车、两轮普通摩托车及轻便摩托车除外）：35°。

4）消防车的侧倾稳定性要求应符合 GB 7956.1—2014 的规定，即消防车满载质量时质心高度和侧倾稳定角应符合表 3-18 的规定。

表 3-18 质心高度和侧倾稳定角

消防车功能分类	质心高度/mm	侧倾稳定角/(°)
灭火类、专勤类、保障类	≤1800	≥23
举高类	≤2100 或后轮距的 80%，二者取大值	≥15

5）两轮普通摩托车、两轮轻便摩托车和前轮距小于或等于 460mm 的正三轮摩托车在用撑杆支承时，向左、向右、向前的驻车稳定角应分别大于或等于 9°、5°、6°；在用停车架支承时，向左、向右、向前的驻车稳定角均应大于或等于 8°。

3.4.5 舒适性参数

汽车应为乘员提供舒适的乘坐环境和方便的操作条件，称为汽车的舒适性。舒适性应包括平顺性、空气调节性能（温度、湿度等）、车内噪声、乘坐环境（活动空间、车门及通道宽度、内部设施等）及驾驶人的操作性能。

1. 平顺性要求

汽车的行驶平顺性常用垂直振动参数评价，包括频率和振动加速度等，此外，悬架动挠度也用来作为评价参数之一。部分车型的悬架静挠度、动挠度和偏频见表 3-19。

表 3-19　部分车型的悬架的静挠度 f_c、动挠度 f_d 和偏频 n

车型	参数		
	静挠度 f_c/mm	动挠度 f_d/mm	偏频 n/Hz
乘用车	100～300	70～90	0.9～1.6
客车	70～150	50～80	1.3～1.8
货车	50～110	60～90	1.5～2.2
越野车	60～130	70～130	1.4～2.0

2. 车内噪声

车内的噪声主要是由发动机等机械构件噪声（发动机噪声）、轮胎与地面的摩擦声（路噪）、汽车冲破空气幕产生的碰撞及摩擦声（风噪）、外环境传入车内的声音（如货车呼啸而过的声音）、驾驶室内饰板等部件发生振动产生的内部噪声等组成的。

GB 7258—2017 中对驾驶人耳旁噪声提出了以下要求。

1）汽车（纯电动汽车、燃料电池汽车和低速汽车除外）驾驶人耳旁噪声声级应小于或等于 90dB（A）。

2）测量驾驶人耳旁噪声时：

① 汽车空载，处于静止状态且置变速器于空档，发动机应处于额定转速状态（当发动机正常工作状态下无法达到额定转速时，则采用可达到的最大转速进行测量，并对测量转速进行记录说明），门窗紧闭。

② 测量位置应符合 GB/T 18697 的规定。

③ 环境噪声应低于被测噪声值至少 10dB（A）。

④ 声级计置于"A"计权、"快"档。

GB 1495—2002《汽车加速行驶车外噪声限值及测量方法》明确规定了新生产汽车加速行驶车外噪声的限值以及测量方法。该标准适用于按 GB/T 15089—2001 分类的 M 和 N 类汽车。汽车加速行驶时，其车外最大噪声级不应超过表 3-20 规定的限值。

表 3-20 汽车加速行驶车外噪声限值　　　　　　　　　　［单位：dB（A）］

汽车分类		第一阶段	第二阶段
		2002 年 10 月 1 日—2004 年 12 月 30 日期间生产的汽车	2005 年 1 月 1 日及以后生产的汽车
M_1		77	74
M_2（GVM≤3.5t）或 N_1（GVM≤3.5t）	GVM≤2t	78	76
	2t≤GVM≤3.5t	79	77
M_2（3.5t<GVM≤5t）或 M_3（GVM>5t）	P<150kW	82	80
	P≥150kW	85	83
N_2（3.5t<GVM≤12t）或 N_3（GVM>12t）	P<75kW	83	81
	75kW≤P<150kW	86	83
	P≥150kW	88	84

注：1. M_1、M_2（GVM≤3.5t）和 N_1 类汽车装用直喷式柴油机时，其限值增加 1dB（A）。

2. 对于越野汽车，其 GVM>2t 时：如果 P<150kW，其限值增加 1dB（A）；如果 P≥150kW，其限值增加 2dB（A）。

3. M_1 类汽车，若其变速器前进档多于四个，P>140kW，P/GVM 之比大于 75kW/t，并且用第三档测试时其尾端出线的速度大于 61km/h，则其限值增加 1dB（A）。

4. GVM—最大总质量（t）；P—发动机额定功率（kW）。

GB 16170—1996《汽车定置噪声限值》对城市道路允许行驶的在用汽车，规定了汽车定置噪声的限值，见表 3-21。

表 3-21 汽车定置噪声限值　　　　　　　　　　［单位：dB（A）］

车辆种类	燃料种类	车辆出厂日期	
		1998 年 1 月 1 日前	1998 年 1 月 1 日起
轿车	汽油	87	85
微型客车、货车	汽油	90	88
轻型客车、货车、越野车	汽油 n≤4300r/min	94	92
	汽油 n>4300r/min	97	95
	柴油	100	98
中型客车、货车、大型客车	汽油	97	95
	柴油	103	101
重型货车	N≤147kW	101	99
	N>147kW	105	103

注：N——按生产厂家规定的额定功率（kW）。

3.4.6 通过性参数

1. 通过性参数确定

通过性参数有最小离地间隙 h_{min}、接近角 γ_1、离去角 γ_2、纵向通过半径 ρ_1 和汽车最小转弯直径 D_{min} 等。

表 3-22 给出了最小离地间隙 h_{min}、接近角 γ_1、离去角 γ_2 和纵向通过半径 ρ_1 的选取范围。

表 3-22 汽车的通过性参数的选取范围

汽车类型	h_{min}/m	$\gamma_1/(°)$	$\gamma_2/(°)$	ρ_1/m
4×2 乘用车	150~220	20~30	15~22	3.0~8.3
4×4 乘用车	210~250	45~50	35~40	1.7~3.6
4×2 货车	180~250	40~60	25~45	2.3~6.0
4×4 货车、6×6 货车	260~350	45~60	35~45	1.9~3.6
4×2 客车、6×4 客车	220~370	10~40	6~20	4.0~9.0

汽车最小转弯直径 D_{min} 是指转向盘转至极限位置时,汽车前外转向轮轮辙中心在支承平面上的轨迹圆的直径。D_{min} 用来描述汽车转向机动性,是汽车转向能力和转向安全性能的一项重要指标。

影响汽车 D_{min} 的因素有两类,即与汽车本身有关的因素和法规及使用条件对 D_{min} 的限定。汽车本身因素包括汽车转向轮最大转角、汽车轴距和轮距以及转向轮数(如全轮转向)等。除此之外,有关的国家法规规定和汽车的使用道路条件对 D_{min} 的确定也有重要的影响。转向轮最大转角越大,轴距越短,轮距越小,参与转向的车轮数越多。汽车的最小转弯直径越小,表明汽车在停车场掉头和通过弯道半径较小路段的能力越强。对机动性要求高的汽车,D_{min} 应取小些。通常,机动车的最小转弯直径不得大于 24m。当最小转弯直径为 24m 时,前转向轴和末轴的内轮差(以两内轮轨迹中心计)不得大于 3.5m。各类汽车的最小转弯直径见表 3-23。

表 3-23 各类汽车的最小转弯直径

车型	级别		D_{min}/m	车型	级别		D_{min}/m
乘用车	发动机排量 V/L	$V \leqslant 1.0$	7~10	商用货车	总质量 m_a/t	$m_a \leqslant 1.8$	8~12
		$1.0 < V \leqslant 1.6$	9~12			$1.8 < m_a \leqslant 6.0$	10~19
		$1.6 < V \leqslant 2.5$	10~14			$6.0 < m_a \leqslant 14.0$	112~20
		$2.5 < V \leqslant 4.0$	10~14			$m_a > 14.0$	113~21
		$V > 4.0$	11~15				
商用客车	车辆总长 L_a/m	$L_a \leqslant 3.5$	8~11	矿用自卸车	装载质量 m_e/t	$m_e \leqslant 45$	15~19
		$3.5 < L_a \leqslant 7.0$	10~13				
		$7.0 < L_a \leqslant 10.0$	14~20			$m_e > 45$	18~24
		$L_a > 10.0$	17~22				

2. 改装汽车通过性参数的相关规定

GB 1589—2016 对车辆通过性的要求如下。

1)汽车和汽车列车应在一个车辆通道圆内通过,车辆通道圆的外圆直径为 25000mm,内圆直径为 10600mm,车辆最外侧任何部位不应超出车辆通道圆的外圆垂直空间,车辆最内侧任何部位不应超出车辆通道圆的内圆垂直空间。

2)汽车和汽车列车由直线行驶过渡到上述圆周运动时,车辆外摆值 T 不应大于 800mm

（客车的车辆外摆值 T 不应大于 600mm）。

3）如果半挂车销轴距小于或等于式（3-14）计算得出的长度 L，则可免做车辆通道圆与外摆值的试验；如大于 L，则应挂接半挂牵引车进行车辆通道圆与外摆值试验，试验结果应满足 1）和 2）的要求。

$$L=\sqrt{(12500-2040)^2-(5300+W/2)^2} \qquad\qquad (3\text{-}14)$$

式中，W 表示半挂车宽度（mm）。

📝 思考题 ∙∙∙∙∙∙∙∙∙∙∙∙∙∙∙∙∙∙∙∙∙∙∙∙∙∙∙∙∙∙∙∙∙∙∙∙

3-1 我国法律是如何定义非法改装车的？

3-2 《机动车登记规定》明确了哪些汽车改装项目的要求？

3-3 国家标准对汽车装备以及加装的所有电气设备有哪些规定？

3-4 国家标准对机动车哪些参数进行了规定？各参数是如何要求的？

第 2 篇

乘用车改装篇

第4章　乘用车性能改装

乘用车性能改装是在兼顾车辆的安全性、经济性、舒适性的基础上，利用一些改装件的加装或更换原车的零部件，将车辆的性能提高到一个更高的层次。有时为了达到改装的目标，在改装后还需要进行适当地调校，并配合一些其他相应的改装。

4.1　发动机性能改装

4.1.1　发动机进、排气系统

在各种提高汽车动力输出的改装方法中，更换更高性能的进、排气系统（图 4-1），令发动机"进得多，排得快"是最简单而效果最明显的方法。

1. 进气系统

进气系统包括空气滤清器、进气管、进气歧管及二次进气装置等。进气系统的改装基础是要提高发动机的容积效率。要达到这个目的通常可以采用以下几种改装方式。

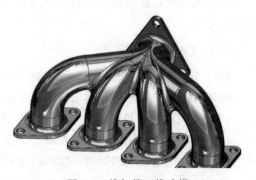

图 4-1　排气管三维建模

（1）空气滤清器　进气系统改装的入门工作就是换用高效率、高流量的空气滤清器。换装高流量的空气滤清器滤芯可减小发动机进气时的阻力，同时提高发动机运转时单位时间的进气量和容积效率，而由供油系统中的空气流量计测量出进气量的增加后，将信号送至发动机电子控制单元（Electronic Control Unit，ECU），ECU 便会控制喷油器喷出更多的燃油与之配合，让更多（不是更浓）的油气混合气进入气缸，从而达到增大动力输出的目的。

如果换装了空气滤清器滤芯仍不能满足动力输出的需求，可将整个空气滤清器总成换成俗称"香菇头"的滤芯外露式空气滤清器，进一步减小进气阻力，增大发动机的"肺活量"。

（2）进气管　进气管的改装可分成形状及材质两方面的改装，改变进气管形状的目的在于进气蓄压（以供急加速时节气门突然全开之需）及增加进气的流速。但这类产品通常有特殊性的限制，也就是说，用于 A 型车的进气管若装在 B 型车上并不一定能发挥出最佳的效果。

　　目前最常用的进气管材质为碳纤维，它的隔热特性能让进气的温度不受发动机室的高温所影响，使进气密度增加，即单位体积的氧含量增加，从而提高发动机的输出动力，唯一缺点是价格比较高。一般的进气管改装是形状和材质同时改，以求实现最佳的改装效果。

　　（3）进气歧管　在赛车发动机上需要的是牺牲低转速时的动力输出，获得高转速时的动力表现，因此将进气歧管尽量缩短并取消空气滤清器，充分消除进气阻力，以求得最佳的高速表现。传统式后方进气、前方排气布置形式的发动机，在换装直喷式进气歧管后，所面临的最大问题是如何由车外导入足够的新鲜空气。直喷式进气歧管与经过空气动力学设计的碳纤维进气管是最佳的组合。尤其是在将发动机高度降低后，利用发动机上方所空出的空间，安装一个较大的进气管，让空气能够更有效地经过后面的进气歧管。

　　（4）二次进气装置　目前有许多利用二次进气装置原理制成的产品。之所以称它为"二次进气"，是因为除了原有从空气滤清器吸入的空气，另外再利用进气歧管的真空压力差，从发动机曲轴箱强制通风（PCV）管路外接另一个进气装置（图4-2），导入适量的新鲜空气，从而达到提高容积效率的目的。二次进气装置所能得到的动力提升效果最主要的是在发动机低转速阶段，因为在节气门全开、空气大量进入、真空度降低时，二次进气装置所能导入的空气量就变得微不足道了。

图 4-2　进气系统示意图

2. 排气系统

　　在进气和排气系统改装中，车主更青睐排气系统的改装，因为后者使车主不仅可以看到小钢炮形状的尾管露在车身后面，而且更有一些听觉的刺激感。

　　（1）排气歧管　排气歧管一般是排气系统中改装最昂贵的部分，由于它对长度、弯度和口径的要求严格，从而让开发和制造成本很高。但排气歧管的设计优良与否对整个排气系统的效果有着举足轻重的影响。以四缸发动机为例，传统的设计都是4根排气歧管直接汇总成一根排气管，这样有助于提升高转速时的动力输出。而每两根排气歧管先汇总成一根排气管的设计，则有利于低转速时的转矩输出，较适合日常行车使用。但现在很多新设计的排气歧管都能同时改善发动机的中、高转速表现。排气管汇总型式如图4-3所示。

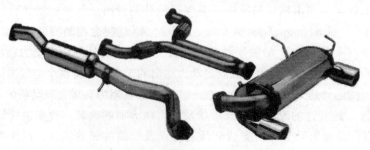

图 4-3　排气管汇总型式

（2）三效催化转化器　三效催化转化器的主要作用是净化发动机废气中的碳氢化合物、一氧化碳和氮氧化合物。新款的三效催化转化器并不会对排气流速产生多少阻碍，但现在很多改装车都把它拆掉了，这样不但会让排放超标，还可能令部分有自我诊断功能汽车的 ECU 发出错误信号，从而影响正常行车，所以建议改装排气系统时保留三效催化转换器。

（3）排气管　仅仅换装消声器不会让车辆的动力增加很多，但如果把整段排气管更换成高性能排气管，则会对动力的提升有不少帮助（特别是发动机经过改装后）。高性能排气管比原装的排气管粗壮，内壁较光滑，弯曲度较小，这些设计令发动机在高转速时产生的大量废气能顺畅、高速通过，明显地提高了排气效率。但要注意，直径过大的排气管会影响回压效果并使废气降温太快，减慢流速之余更减小了排气管的离地间隙。一般来说，如果发动机没有经过大幅度改装，那么排量在2L以下的自然进气发动机的排气管直径就不应该超过50mm，而2L涡轮增压发动机的也应该在 70~80mm。中段排气管一般不会单独更换，往往和消声器一起换。中段排气管是系统中最便宜的部分，但加上三效催化转化器就不一样了。

（4）消声器　大部分的排气改装都是从消声器改装开始的，高档的消声器（图4-4）采用不锈钢，甚至采用钛合金制造。改装后的消声器除了比原装铸铁消声器更轻、更耐用，也是整个排气系统中最吸引人的部分，它不仅可以从车外看到，而且还能发出特有的声响。消声器大致可分成两类：

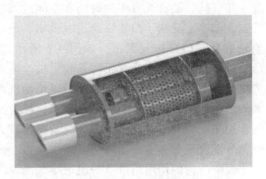

图 4-4　汽车消声器示意图

1）利用交错隔板形成的反射波来降低音量，原厂消声器几乎都是这种类型，它的优点是成本低且消声效果好，缺点是排气阻力大而笨重。

2）用玻璃棉等吸声材料来消声的高性能消声器，它的优点是限流少、质量小，缺点是消声效果差，因此一般都会有较大的排气声，但排气声的大小和发动机的性能并没有直接关系。另外，消声器末端的排气管口径也要配合前端排气管的直径，太大并不会有实际的效果。

3. 发动机气门

目前的改装用气门（图4-5）通常以钛合金作为材料，以求满足强度和轻量化的要求，但是一套钛合金的气门价格并不低。而有的是将气门的背部切削或用中空的设计达到轻量化的目的，有时又会把气门表面做成旋涡状，以利于在气门开启时能形成气体的流动。气门的热量与气门座接触时由气门座传出，达到散热的目的，这是气门最重要的散热途径。因此，气门座的配置必须非常谨慎，假如太靠近气门的边缘或是气门边缘太薄了就可能造成密封不良。此外，气门套管和气门间的精密度都必须严格要求，否则在高转速时将会导致严重的损害。

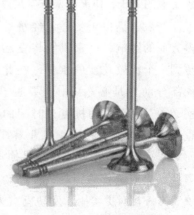

图 4-5　气门实物图

气门弹簧的刚度设定必须恰到好处，要兼顾气门的密封又不能造成开启时的困难。如果弹簧刚度过大，会使凸轮轴开启气门时负荷过重，这对动力的输出是非常不利的。气门的固定座也是个潜在的问题，这个装置是用夹子把弹簧固定在气门上的，这对急加速或在扬程大的发动机上会造成固定座扭曲或断裂，因此也必须配合进行改变。原厂的气门摇臂在发动机转速上限提高及气门正时改变时就无法满足需求，对改装过的发动机来说，强化的气门摇臂是必需的，扬程太大的凸轮轴会造成气门摇臂的扭曲，因此强度的提高和轻量化都是必需的。对一般的气门来说，滚筒式的摇臂能减少与气门座接触表面的压力，也能承受较大的压力。通常气门摇臂若有圆滑的表面和滚动的轴承，会使运转时的摩擦阻力变小，摩擦阻力越小所消耗的动力就越少。

4. 凸轮轴

凸轮轴（图 4-6）上的凸轮负责开关进、排气门。混合气有多少时间和空间进入气缸，基本上受制于凸轮轴的正时设定、凸轮轮廓和气门进排气面积，如图 4-6 所示。凸轮轴的正时设定和凸轮轮廓是较常被改装

图 4-6　凸轮轴实物图

的对象，虽然这两种改装方法都可以增加混合气体的进入量，但进气效果不同。例如，以较大的凸轮作用角配合较小气门升程量，混合气体进入气缸时便比较缓慢和有序。相反，较小的作用角配较大气门升程量，进气情况便较为激烈。如果用法得当，两者都可以营造适当涡流，令混合气分布得更加均匀。用法不当，便会产生爆燃等问题。

改变凸轮的作用角以及每组进排气凸轮之间的作用角重叠量，凸轮轴便可以产生不同的气门重叠量。按常理，进、排气门应该是一开一闭，不会重叠。但如果排气门关闭之前，进气门便开始打开，流入气缸的气体就可以帮助排掉残余废气，令燃烧效率更加理想。这正是气门叠开的优点之一。不过在发动机不同的转速域上，重叠量也要进行相应调整才能发挥最佳效果。

4.1.2　发动机点火系统

发动机点火系统的作用是在任何发动机转速及不同的发动机负荷下，均能在适当的时机提供足够的电压，使火花塞产生足以点燃气缸内混合气的火花，让发动机得到最佳的燃烧效率。

一般车辆由于受燃油经济性、排放性能等多方面的影响，厂家只能将发动机点火时间调整到一个比较均衡的水平，在此过程中牺牲车辆部分动力是必然的。想要提升这部分动力，就必须对控制发动机点火时间的电子控制单元重新进行调整，这正是专业赛车改装的重点。而对于一般车友来说，通过更换点火系统部件，降低点火能量传输损耗，提高动力性能，这种改装方法相对更实用。发动机点火系统如图 4-7 所示。

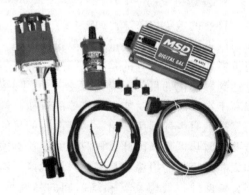

图 4-7　发动机点火系统

1. 火花塞

火花塞的作用是强迫点火线圈产生的高压电流通过一个电极间隙，从而产生火花来点燃燃烧室内的混合气，因此对火花塞性能的要求是产生的高压电流越强、越稳定越好。常见的火花塞都是以电极的材料来区分种类的，如普通火花塞、铂金火花塞、铱金火花塞。普通火花塞的电极材料一般由镍锰合金制成，价格便宜，被汽车生产厂家广泛应用。铂金和铱金材料的熔点接近2000℃，其稳定性和抗烧蚀性比镍合金好，在极高转速的高温、高压下，依然能提供准时、强劲的火花，这两种材料制成的火花塞可实现10万公里内免换检查更换，给用车带来极大的方便，因此受到众多改装车友的青睐。不过铂金、铱金火花塞售价都比较贵，普通镍锰合金火花塞也就是几十元一支，而原厂的铂金火花塞则要上百元，铱金火花塞更贵。改装时具体选择哪种火花塞，要综合考虑车况和开车习惯，没有必要盲目跟风。

2. 高压缸线

一般原厂高压缸线（点火线）在控制电磁干扰时，由于成本关系会使用电阻值较大的包覆材料，但这却会降低导线的传输效率，造成电流的损耗。若改用硅树脂等高品质材料来包覆，粗壮的高性能高压缸线可在控制电磁干扰之余改善电阻阻力，降低电流损耗。

3. 点火线圈

点火用的高压电流由点火线圈（图4-8）产生。原厂使用的大多是感应线圈放电系统，原理是以一定的电流向线圈充电，形成高压电后在分电器触点接触的瞬间击穿相应气缸内火花塞电极之间的气体产生火花。这种设计的缺点是储存电能需要一段较长时间，在高转速时系统会因充电时间不足而致使火花能量变弱，从而让车辆损失动力。针对这一点最根本的改善方法是换成电容放电式点火系统，即CDI（Capacitor Discharge Ignition）。它是利用每次的点火间隔，将点火能量储存于电容器中，点火时再一次释放，因此比起传统的点火系统能

图4-8　点火线圈

产生更大的点火能量。CDI的产品知名度较高的有ULTRA、MSD（多重火花放电）等，其中MSD在一次点火放电的过程中可产生多次连续的高压放电，点火能量可达一般点火系统的10倍。不过，CDI涉及的技术比较复杂，而且对日常生活中最常用的中低转矩下的帮助不是很大，所以只适合在重度改装车和赛车中应用。

对于一般车友来说，把原厂的开磁式线圈改为E形铁心的闭磁式线圈的特点是磁力线封闭在铁心内，能减少漏磁并产生更高的电压，令火花塞产生更强的火花。这类线圈的体积小，在改装时容易在发动机室内找地方安置，是一项难度不大但具实效的改装。

4.1.3　发动机的燃油供给系统

发动机的燃油供给系统的主要作用是根据发动机的工作状况适时地供给适当比例的燃油，以满足发动机在不同工况下的工作需求。燃油供给系统的工作状况会直接影响发动机整

体的工作效率，对发动机的燃烧效率、燃油消耗、动力性能产生很大的影响。

由于原车的燃油供给系统设计时考虑了废气控制、油耗经济性、运转稳定性、发动机材料耐用性以及生产成本等，所以在动力的输出表现上，往往无法达到那些注重性能的使用者的需求，这时就需要对燃油供给系统进行改装。发动机燃油供给系统的改装主要包括以下几项。

1. 燃油增压

这种方式主要是通过加装燃油增压器来调节喷油的内压，改善汽油喷射的雾化程度，汽油的雾化程度决定了它和空气的混合效果。因此，汽油雾化得越好，就越有利于与空气混合并充分燃烧。

燃油压力调节器的作用是控制油路的压力，使其保持一定压力并将多余的燃油通过回油管重新导回燃油箱。通常原厂会把油压控制在 0.22~0.27MPa，通过加装燃油增压器可以使喷油压力增加 0.1~0.3MPa，使喷油器喷出的燃油雾化率（燃油分辨率）得到提高，让喷出的燃油粒子更细，与空气混合更加均匀，从而提高燃烧效率，改善动力输出。

现在市场上常见的燃油增压器大致分为可调式和物理式两种。

（1）可调式燃油增压器 可调式燃油增压器具有压力调节的功能，可根据不同的改装程度对供油压力进行适时调节，但其调校及维护都要由专业人员来完成，否则会造成发动机损坏或火烧车的危险，因此一般常用于赛车或重度的改装中。

（2）物理式燃油增压器 物理式燃油增压器安装简单，免维护，而且这种燃油增压器不需要调校，其压力事先就核定好，喷油器的汽油雾化效果更好，如图 4-9 所示。一体式的设计更可避免漏油的危险，所以在对油路的诸多改装方式中，加装物理式燃油增压器是一个行之有效的方法，更适用于民用车型的性能改装。

图 4-9　物理式燃油增压器

2. 燃油追加

燃油追加主要是通过改变燃油供给量，提高气缸内燃油比例，从而获得更大的爆发力，使汽车拥有更强的动力。

发动机要爆发出更大的动力就需要燃烧更多燃油，因此，提升动力的另一个方法就是对发动机内注入更多燃油。追加燃油的方法可分为软件的改装和硬件的改装。

1）软件的改装主要通过更改车载计算机的供油程序或加装附加的控制仪器来达成。

2）硬件的改装主要通过更换油泵或喷油器，甚至增加喷油器等方法来完成。

但不管哪种方式都是以牺牲油耗量来达成的，并且价格不菲，所以一般多用于重度的改装中。当然，其中的取舍还是要靠自己的衡量。作为非竞技车主都不希望以牺牲油耗来提升动力，尤其是燃油作为不可再生能源，其价格也不断攀升。而且使用燃油追加方式通常需要更改车载计算机，不仅需要较高水准的技术，对汽车稳定性有可能会留下后遗症，从各方面考虑，不适合民用。

3. 氮气加速

氮气加速系统的工作原理是把高压的液态 N_2O 装入钢瓶中，然后在发动机内和空气一起充当助燃剂与燃料混合燃烧。N_2O 高温时可以分解产生两个氮原子和一个氧原子，氧原子助燃，氮原子给气缸降温，这样可以让燃料更加充分地燃烧，从而提高发动机的动力。

由于氮气加速系统提供了额外的助燃氧气，所以安装氮气加速系统后还要相应增加喷油量与之配合，这样发动机的动力才能得到进一步的提升。氮气加速系统与涡轮增压系统和机械增压系统一样，都是为了增加混合气中的氧气含量，提升燃烧效率从而增加功率输出。不同的是氮气加速系统是直接利用氧化物，而增压系统则是通过外力增加空气密度来达到目的的。不直接使用氧气而采用氮气加速系统是因为用氧气难以控制发动机的稳定性（高温和爆发力）。

（1）氮气加速系统主要结构 改装氮气加速系统时必须包含以下几个部件，分别是气瓶、喷嘴、电磁阀以及起动开关。

1）气瓶。气瓶是填充 N_2O 的钢制容器，除了外观尺寸上的区别，也有空重、总重以及瓶内压力等规格。

2）喷嘴。喷嘴如同发动机供油系统中的喷油器，喷嘴口径越大，喷出的气体量就越多，对于动力的提升也相对越大。

3）电磁阀。电磁阀是控制喷嘴动作的重要组件，因为氮气加速系统的喷射原理是利用瓶内压力将气体灌入发动机，因此在气瓶和喷嘴之间必须装设一个控制器，以控制气体的喷射速度。

4）起动开关。起动开关则是提供指令让电磁阀动作的重要部件，一般装设在加速踏板正下方，或是节气门拉索的末端位置，此外也可利用节气门电压以感测节气门开度，让驾驶人在节气门全开之际一并起动氮气加速系统。

（2）氮气加速系统的改装形式 氮气加速系统的改装形式，基本上可以分为"干式"与"湿式"两种。干式是指单纯喷射气体，湿式则是除了气体还包含了燃油，因此湿式系统所使用的喷嘴通常为"Y"字形设计，也就是将 N_2O 与燃油同时喷入燃烧室，如图4-10所示。就改装效果来说，湿式系统比干式系统能更精准地控制油气混合比，因此也可以使用大流量喷嘴，动力的提升幅度也更大。

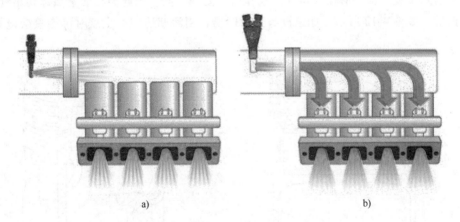

图4-10 氮气加速系统
a）干式 b）湿式

除了干式和湿式，依照喷嘴装设的位置，氮气加速系统还可以分成单点与多点两种喷射形式。单点喷射是指喷嘴装设在节气门前方的进气管路上，国内改装店家多半采取这种方式，单点喷射氮气加速装置如图4-11所示。多点喷射则是由几个喷嘴所构成，位置大多装

设在进气歧管上，也就是针对每只歧管分别加装独立的喷嘴，改装效果也比单点喷射形式更为优异，不过由于歧管需要钻孔加工，而且工作时发动机会承受极大负荷，也更容易造成缸内部件的伤害，因此较少用在一般的氮气加速系统改装中。

图 4-11　单点喷射氮气加速装置

4.1.4　活塞、活塞环

现代的活塞主要有铸造和锻造两种加工方式，虽然铸造活塞比锻造活塞制造成本低，但却无法承受较大的热度和压力。通常改装厂在设计锻造活塞时，都会同时利用改变活塞顶部的形状来达到提高压缩比的目的，但问题是如何在锻造活塞时选择适当的压缩比。以汽油发动机来说，压缩比超过 12.5∶1 时燃烧效率就不容易再提升。利用活塞顶部的形状改变来提高压缩比时，随着压缩比的提高会使气缸顶部燃烧室的空间变小，可能导致爆燃的发生。对高压缩比活塞来说，由于必须保留气门动作所需要的空间，因此会在活塞顶部切出气门边缘形状的凹槽，如图 4-12 所示，如果没有这个凹槽，当活塞达到上止点时可能就会碰到气门，

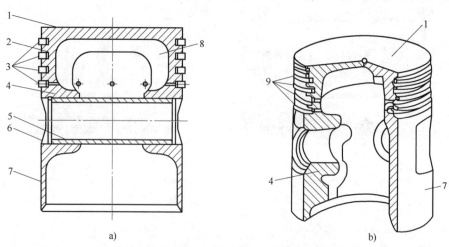

图 4-12　活塞顶部切出气门边缘形状的凹槽
a）全剖　b）部分剖

1—活塞顶　2—活塞头　3—活塞环　4—活塞销座　5—活塞销　6—活塞销锁环　7—活塞裙　8—加强筋　9—环槽

因此改装了高压缩比活塞后对气门动作精确度的要求就必须非常严格。凹槽的大小也必须配合凸轮轴及气门摇臂的改装而改变。不锈钢及特殊设计的合金活塞环已广泛应用在赛车和改装车市场，特殊设计的合金活塞环可以在活塞上行时释放压力，但在往下做功时却能保持密闭的状态以维持压力。这种活塞环虽然价格贵，但是能有效地提高发动机效率。

4.1.5　发动机电子控制单元

发动机电子控制单元（图 4-13）专门管理供油、点火、增压器等工作。发动机经过改装之后是否需要更换 ECU，需要看改装幅度有多大。如果改装程度不大，通常只需要修改原有 ECU 的设定便能够满足。改装程度大的话，则需要安装升级的 ECU。这类升级后的 ECU 除了应对发动机改装的能力较强，还可解除车速限制，也可调校转速限制器。由于 ECU 决定了发动机能否正常运作，

图 4-13　发动机电子控制单元

少许偏差便足以令发动机反应不良或受损，因而重新编程时必须由专家指导。

现在一般的发动机都是电控喷射发动机，因此全车各种电子系统的运作，都需交由 ECU 掌控，如控制 ABS、电子节气门、防盗器、空调系统等。所以，除了发动机硬件，ECU 也必然是影响动力输出的关键。

原厂车在设计发动机的硬件时，除了动力输出，还考虑到经济性、实用性、油耗以及更加严格的排放标准，因此在 ECU 的调校和设定上趋于平衡。这时，为了使汽车的动力更强，最直接最有效的方法莫过于改装 ECU 了。近年来，这种方法大受改装车车友的欢迎，原因是这种方法除了直接有效，更重要的是性价比极高，并且从外观上根本无法察觉。

市场上有不少品牌的 ECU 改装方法：一种是通过换装芯片或直接更新为由专业工程师测试编写的对应某一车型的套餐程序；还有一种就是加装外挂车载计算机硬件，按需要自行编写和设定程序。相对于第一种软件改装，外挂 ECU 的最大优点便是可针对需求，随时调整高速供油、点火时间等。其多样化的功能，使它成为重度改装车车友的首选。

现在有能力为客户量身定做设定 ECU 程序的改装店不多。主要原因是这些改装店无法像专业 ECU 厂商或专业赛车队一样，通过测功机等专业仪器进行测试调整，而只能在路边"边跑边改"，在实际测试中调整。

4.1.6　涡轮增压器

安装涡轮增压器的目的是为了增加进气量。涡轮增压器由一整套系统组成的，最关键的器件是涡轮本体，涡轮结构示意图如图 4-14 所示。涡轮本体安装在排气歧管上，靠发动机燃烧后的废气来推动叶片转动，排气侧的叶片转动带动吸气侧的叶片转动，压缩从进气端吸入的空气并送入气缸中。发动机转速越高，排出废气的速度越快，涡轮转动的速度也越快，同理，压缩的新鲜空气也就越多。涡轮增压器在工作时转速非常高，温度也很高，进入涡轮

的空气被压缩温度也会上升，温度高时空气密度就会变小，不利于燃烧，这时就需要涡轮的附属套件，尤其是中冷器。

增强发动机动力的方法有许多种，以相同功率来说，基于纯自然吸气发动机改装的难度和成本一般是基于增加系统的数倍，且发动机功率越大，在低转速区的转矩损失越多，转速也势必要向上升高。此外，自然吸气发动机可达到的功率限值也不会明显低于涡轮增压发动机，因此，增压系统可以说是功率提升的最佳方案。

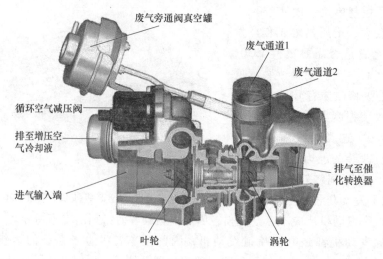

图 4-14　涡轮结构示意图

在加装涡轮增压器前，要看发动机室内的空间是否足够大，如果空间太小连涡轮本体都无法安放的话，那就更别提中冷器和管路的布置了。如果空间足够大的话，接下来就要查找大的改装厂商是否有适合车型的整套涡轮套件。一般像 GReddy、HKS 等厂家都会针对不同车型推出涡轮套件，这些套件的管路布置、涡轮本体的选择都会更加适合相应的车型，在安装和调校上方便很多。如果没有合适的套件，需要自己联系改装店来制作，包括"排气芭蕉"的焊接和弯管等步骤都需要改装店来自行设计和制造。不过，现在安装涡轮已经是很普通的事了，很多改装店都可以制作，整套系统中最复杂的问题是 ECU 的调校。涡轮增压器的实物图如图 4-15 所示。

图 4-15　涡轮增压器的实物图

由于安装了涡轮，原车的 ECU 就无法实现控制。所以需要用改装的 ECU 来接管整套系统的运行，现在比较流行的有 AEM 和 GReddy 的 e-Manage 等外挂 ECU，这些 ECU 可以支持喷油、点火、进气等调整功能。只要有经验的技术人员调校好 ECU，那么安装上涡轮的车，开起来与原厂涡轮车没有什么区别。但需要注意的是，没有经过发动机内强化的车，涡轮压力不可以设定得太高，因为一旦压力过高，就会损伤发动机内的部件，切莫因过分追求动力而得到适得其反的结果。

4.2 底盘性能改装

4.2.1 悬架

普通乘用车在设计过程中，制造商基于取得更多市场份额和成本的考虑，底盘悬架往往会采用折中的设计，不仅降低成本，而且使底盘在日常驾驶时表现出偏向中性，这样的设计无法满足追求驾驶乐趣的驾驶人的要求。底盘的改装首先就是减振器的改装，所谓减振器的改装实际上是换上阻尼较硬、品质较好并且能和弹簧充分配合的减振器。部分乘用车减振器如图 4-16 所示。选择一组适当的减振器是最重要的，但要在舒适性和操控性之间取得平衡比较困难。如果以操控性为主就会牺牲舒适性，若用在一般道路上就可以互相妥协，这时采用一组阻尼可调式减振器就可提高实用性。

在改装悬架系统时弹簧是主角，即应先决定弹簧的强度和长度，其他的配件如减振器等都是用来配合的。另外，前后弹簧的个别强度对汽车的动态平衡（推头/甩尾）有极大的影响，改装时要特别留意。总体而言，悬架是追求匹配的系统。不同品牌、型号的改装件的调校均有所不同，要搭配选用及调校一套适合自己要求的改装悬架是非常困难的事。因此最佳的选择是匹配性能较高的套装件，合适的悬架改装最终还是以车友喜好而定的。

"绞牙"减振器经常被车友视为最高级的悬架装置，因为其既可以调校离地间距，又可以调校缓冲度，但专家一致认为，街道乘用车无须使用这类产品。首先是这类产品虽然可以降低离地间距和车身重心，但街道乘用车的悬架结构受悬架支点所限，降低离地间距后悬架连杆形成的侧倾点可能移至比原装更差的位置，盲目降低车身则会弊大于利，如车身倾侧、滚动倾向不减反增，操控性反而比原装的还差。事实上，只有小部分改装者需要及懂得如何利用"绞牙"减振器上的多段调校功能。

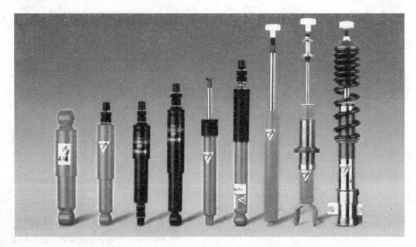

图 4-16 部分乘用车减振器

4.2.2 防倾杆

先换防倾杆还是先换减振器及弹簧常常是有争议的，其实这是因为大家对于防倾杆的作

用不太了解导致的。防倾杆只有在左右悬动作不同时才会产生作用，也就是说，防倾杆的主要功能在于抑制侧倾，对于改善平路上高速前进时的漂浮感并没有帮助。如果你的车直线前进时的稳定度已符合你的要求，但转弯或变换车道时的侧倾却让你不能接受，那么你应该先换防倾杆，防倾杆安装示意图如图4-17所示。如果连直线前进时都会有令人不悦的漂浮感，那么你应该先从减振器和弹簧下手。高性能减振器和短弹簧虽然也会改善侧倾，但绝不可以用加硬减振器和弹簧的方式来抑制侧倾，这会使行驶舒适性和行经不平路面时的循迹性严重劣化，需要配合防倾杆的改装才能获得最大的效益。

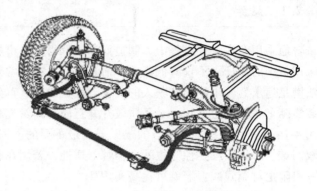

图 4-17　防倾杆安装示意图

想要转弯时车身平稳一点，弯道表现好一点，加装或使用比原装抗扭性高的防倾杆是最有效的，并且是对行车舒适性影响最低的方法。此外，使用前后不同抗扭性的防倾杆更可以改善原装车的转向不足或转向过度问题。需要留意的地方是，防倾杆直径并不直接反映其抗扭性能。还有一点是，部分原装不设防倾杆的乘用车不能加装防倾杆。车辆安装防倾杆前后悬架受力示意图如图4-18所示。

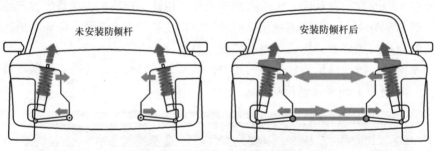

图 4-18　车辆安装防倾杆前后悬架受力示意图

4.2.3　绞盘

有时，当汽车深陷泥潭时，四轮驱动也无能为力，此时需要用到绞盘，如图4-19所示。

越野车的绞盘一般都安装在车的前或后保险杠的中间，与车架相连。同级别的绞盘其安装尺寸是一样的，托盘等附件可以通用。绞盘的安装形式一般有直接安装式、隐藏式和快装式3种。

（1）直接安装式绞盘　像吉普牧马人和路虎卫士这样的纯越野车，由于前保险杠凸出车身，所以有较自由的安装空间，只要把托盘固定在保险杠上，即可在托盘上直接固定绞盘。

图 4-19　绞盘及其附属零件

直接安装方式让绞盘暴露，但车子看起来充满了阳刚之气，如图 4-20 所示。

图 4-20 大多数越野车会在车前安装绞盘装置

（2）隐藏式绞盘 隐藏式绞盘安装在车前端下或包在特大号保险杠内的预留位置上。隐藏式绞盘看上去整齐，但也存在一些问题，在使用绞盘时不能看见绞盘线是如何缠绕的。绞盘线在一边堆积会缠住轮毂，绞盘就会停止工作。在绞盘线绕到轮毂上时缠住或磨损会削弱绞盘线的强度，绞盘线有可能在使用中绷断而导致灾难性后果。同时隐藏式绞盘安装在前保险杠之后，限制了接近角并降低了车的前端通过性。安装位置较低而接近地面的绞盘很可能在车陷在沼泽中时被埋在泥浆里，那样就只能在泥浆中摸索着将绞盘线拉出来，把绞盘遥控线插到被泥浆糊住的插孔内——这恰恰是最需要使用绞盘的时候。假如希望自己的车看上去显得更酷一点，可以装隐藏式的绞盘；而如果打算真的去越野，最好将绞盘装在外面能看见的地方。

（3）快装式绞盘 一般车队长途越野旅行时，队内起码要有 3 辆车装有绞盘，因为在恶劣的自然环境下最少要有 3 个绞盘才可以运作自如。如果达不到这个要求，可以事先在车队的每辆车的前后保险杠都安装一个方形接口，这是国际上越野车通用的口径。只要把绞盘插到这个接口上，就能够完成救援，这就是很多车队中常见的快装式绞盘。采用快装式绞盘不但可以节约使用成本，而且对于那些平时并不需要安装绞盘的车辆来说还可以降低不少油耗。另外，通用接口还可以插接拖车。

选购绞盘时，一般需要选一个力量大的，但是单凭这一条来挑选，绞盘可能就会太重，从而影响汽车的驾驶性和稳定性。选择绞盘要根据车身自重，并了解每一个绞盘的特点，可以参照下面的公式，选择与车相般配的绞盘：绞盘最大负重≥满载质量×1.5。如满载质量约为 2700kg，那么至少需要一个 4000kg 的绞盘。

安装绞盘时，需要特别注意以下两点。

1）现在大多数四驱车都装备有安全气囊，在安装绞盘时很容易损坏安全气囊的感应器。安装绞盘时，安装者应该了解潜在的安全气囊问题。

2）要确定车辆的蓄电池能否足以应付新装的绞盘。大绞盘需要耗费很多电量，在只有一个蓄电池的情况下，较长时间使用绞盘很容易会将电耗尽，应该安装更大的发电机或双蓄电池系统，或者两者同时安装。

4.3 制动性能改装

4.3.1 制动系统

制动系统的首要工作任务是减速，因此改装制动系统的目的，就是要缩短制动距离。人力液压制动系统示意图如图 4-21 所示。

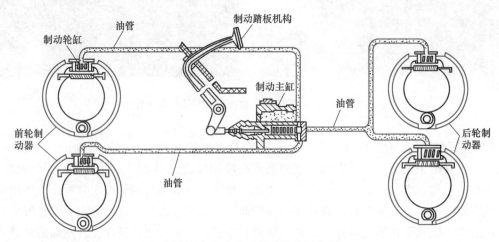

图 4-21　人力液压制动系统示意图

图 4-22 所示为盘式制动器结构示意图。升级制动的方法有 3 种，分别是更换高性能制动摩擦片，改用大型卡钳，增加制动盘直径。一般的制动系统改装只要换装高性能制动摩擦片即可，如果想进一步增大制动力，则可以考虑原装直径改装用制动盘或大型卡钳。原装直径改装用制动盘的优点是规格跟原装件相同，可以配合原装卡钳、制动摩擦片使用，改装工序也比较简单。通常这种类型的制动盘表面摩擦力与原装件没有差异，而且制动盘刚度较大，较为耐热，或表面设有防止制动片屑积聚的坑纹，令这类制动盘的性能比原装件更好，特别是连续制动后表现更好。大型卡钳配用的制动摩擦片通常比原装大，能够产生的摩擦

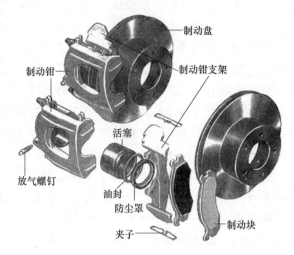

图 4-22　盘式制动器结构示意图

力及制动力自然较大。采用多活塞设计跟制动力没有直接关系，因此挑选时应比较配用的制动摩擦片面积而非活塞的数目。

使用直径较大的制动盘能够产生较好的制动表现，主要原因是增加了卡钳和车轴轴心之间的力矩，还因为它通常是套装形式，与对应的大型卡钳及配件一起出售，使制动摩擦片摩

擦面积比原装大。尽管这类套装制动升级件的售价并不便宜，但因配件齐全，组件之间的匹配性也高，选择它比自行组合更加安全科学。

虽说上述任何一种升级都能提高制动力，但改装制动更重要的目的是如何达到适合自己的制动"控制感"。因为不同人有不同的驾驶习惯，对踏板"脚感"也有不同的喜好，有的喜欢初级制动反应敏感，有些则希望全程渐进。因此，若要达到一个满意的制动"控制感"，除了需要通过不同的制动摩擦片、制动盘及卡钳搭配，还需要更换制动主缸或俗称"大力鼓"的制动助力器来调校"脚感"。改装过程中，不同产品的选择主要依据反复测试进行。

4.3.2　轮胎

轮胎是汽车性能的终端输出，再好的性能都必须靠轮胎才能表现。轮胎的改装不外乎加宽、降低扁平比、改变胎质。除非动力大幅度提升，否则为了提高循迹性加宽 10~20mm 就足以应付一般道路上较激烈的驾驶方式，而且不会造成转向特性及悬架负荷的改变。随着汽车动力性能的普遍提升，轮胎扁平比的降低已是时势之所趋，通常也是配合着轮胎加宽、轮毂加大所进行的调整。轮胎结构示意图如图 4-23 所示。

增加乘用车轮胎宽度是为了增加轮胎与路面的接触面，这样抓地力自然会增大。虽然轮胎宽度可以升级 10~20mm，但实际上要视车款而定。例如，一辆原装使用 215mm 宽度轮胎的乘用车，理论上可以更换一套 235mm 的轮胎来换取较大的抓地力，但结果可能会导致轮胎碰到轮拱或车身而产生危险，所以可以提前利用仿真软件进行车轮设计，如图 4-24 所示。此外，轮胎宽了，滚动阻力也随之增加，会或多或少地降低加速反应。过强的抓地力也会使转弯中车身动态变得比原装"钝"，结果可能得不偿失，尤以动力不大的乘用车最明显。

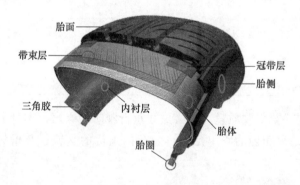

图 4-23　轮胎结构示意图

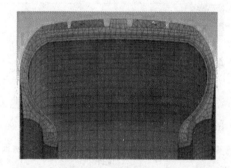

图 4-24　利用仿真软件进行车轮设计

因此轮胎升级之前，首先换上性能比原装好的相同尺码的轮胎，看能否达到希望得到的效果。若确定更换轮胎，比原装宽 10mm 其实已适用于大部分或进行过基本改装的乘用车。如果用宽 20mm 的轮胎仍然觉得抓地力不够强，原因其实只有两个：一是选用了一套性能不够好的轮胎；二是悬架未能发挥轮胎的表现，这与轮胎宽度无关。

4.3.3　轮毂

轮毂的加大必须与轮胎配合着改变。超过半数以上的车主改装大尺寸的铝合金轮毂是为了美观。其实除了美观的因素，轮毂的改装是为了散热更好，质量更小。用铝合金或镁合金所制成的轮毂散热效果要比铁质的轮毂要好很多，若配合轮毂的特殊造型更能达到冷却效

果。在这要提醒的是，轮毂的质量才是改装时要考虑的因素。在赛车场上，轮毂改装的另一个重要目的是要争取更大的空间，以便容纳更大的制动盘及卡钳。

许多人更换大轮毂的目的一是为了美观，二是为了配合较宽的轮胎或体积较大的制动盘。其实，增加轮毂直径的主要目的是为了降低扁平率，因为胎壁越薄，变形幅度便会越小，车辆的高速稳定性便会越高。例如，由 16in 升级至 17in 轮毂后，胎壁薄了 0.5in，变形幅度自然比原来小，但同时吸振效果及舒适性也会变差，小尺寸高扁平比轮毂与大尺寸低扁平比轮毂对比如图 4-25 所示。

a)   b)

图 4-25 小尺寸高扁平比轮毂与大尺寸低扁平比轮毂对比

a）小尺寸高扁平比轮毂 b）大尺寸低扁平比轮毂

4.4 其他改装

4.4.1 车身隔声改装

随着汽车逐渐进入家庭，车主越来越注重驾驶质量，也会更注重行驶时的噪声，车身上的主要噪声来源如图 4-26 所示。事实上，车厢内的噪声足以影响车内乘员的交谈、音乐的

图 4-26 车身上的主要噪声来源

聆听，甚至驾乘的心情。因此，多数车主会选择通过改装来达到隔声降噪的效果，通常采用以下两种方法来处理。

1. 减振隔声材料的使用

在车门、底盘等处粘贴减振隔声材料后，会起到加固车体结构和控制车体与外界噪声的共振的作用。这是因为粘贴减振隔声材料后会改变车体的固有频率，控制车外噪声与车体产生的共振和共鸣，从而有效地隔离、消除噪声。图 4-27 所示为车内地板正在铺设安装隔声材料。

2. 吸声材料的使用

在发动机盖或车门夹层中使用吸声材料后发动机的噪声明显降低。这是因为吸声材料是声学泡沫材料，其内部结构中分布着许多开口腔与闭口腔，能有效地将噪声（即声

图 4-27 车内地板正在铺设安装隔声材料

能）转化为机械能和热能消耗掉，从而达到吸收噪声的目的。车门隔振结构及吸声材料如图 4-28 所示。

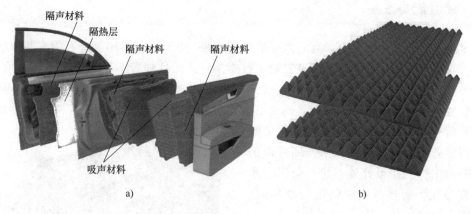

隔声材料
隔热层
隔声材料
隔声材料
吸声材料

a)   b)

图 4-28 车门隔振结构及吸声材料
a）车门隔振结构　b）吸声材料

3. 隔声工程的施工方法

车内噪声主要来自发动机、底盘、风噪以及车身共鸣等。目前国内流行的汽车隔声技术都是根据这几个噪声源进行防止的，以隔绝噪声进入车厢，营造一个安静的车内空间。具体步骤如下。

1）在发动机盖处粘贴防火吸声毯，吸声毯能大量吸收发动机运转时的噪声，并且还具有隔热功能，能有效保护发动机盖的面漆，避免长时间高温使面漆变色。

2）在车厢内底盘上加装减振隔声垫及防潮吸声地毯，其主要作用是缓解车厢下底盘、行李舱下底盘件在高速行驶时由于钣金结构件的振动而引起的共鸣，减少由于轮胎转动所产生的路面噪声传递，降低由排气声传入后车厢的共鸣声压等。

3）在车门内饰板贴上专用吸声毯，可降低行车时因车门钣金结构件较薄而产生的共振，减少车门内饰板及零件的松脱，降低因车龄较长或长期在崎岖路面行驶情况下，因金属疲劳与车身扭动时产生的杂声。

4）在车门内饰件的内面贴上一层丝绒质吸声毯，在门板的内侧贴附一种特殊的减振垫，加装车门隔声条以加强车门与车门框的密封性。经过这样的施工，不仅能加强车门的刚度和减小共鸣声，而且能有效降低汽车高速行驶的风噪声。

5）前后轮翼子板是底盘噪声传入车厢的一个主要地方，在前后轮翼子板处喷吸声材料，可减少行驶时减振器传入的杂声，并抑制轮胎与路面，钣金结构件之间所产生的撞击杂声。

6）在发动机防火墙加装隔声垫以及在仪表板下部加消声垫，减少发动机噪声的传入。发动机是最主要的噪声源，也是离驾驶人最近的噪声源，在增加仪表板下部消声垫及发动机防火墙隔声垫的厚度后，能抑制发动机运转时传入车厢内的高频声压，这是隔声工程效果最明显的部位。

7）最后，给车厢内车顶粘上一层隔热吸声棉，除了能有效阻隔太阳暴晒，防止车厢内温度快速上升，还能强化车顶钢板的刚度，有效减少雨天时因雨滴撞击车顶而传入车内的声音。

4.4.2　装载能力改装

为了提高汽车的装载能力，有时需要给汽车加装行李架。但并不是所有的车型都适合装行李架，有些车在出厂的时候就已经安装了行李架，当然这种行李架只是非常简单的款式，还有一种情况是出厂的时候没有直接配装行李架，但却在车顶上为车主后期加装行李架预留了安装位置，一般上面都已经预留了螺纹孔。已经安装好的行李架如图4-29所示。对于那些没有预留安装位置的汽车，建议车主最好不要自行钻孔安装，因为钻孔牵涉到后期的防漏、防锈工作，如果处理不好，会影响车辆的后期使用，而且后期在使用行李架时，也没有安全保障。

图4-29　已经安装好的行李架

行李架的主体支承部位一般可选择铝合金和高强度塑料（聚酰胺与混合玻璃纤维）两种材料。其中铝合金材料的行李架具有强度高、质量小的优点，应用最为广泛，而高强度塑料制成的行李架由于塑料易热胀冷缩的特性，有时会造成装配紧密度较差的情况，且比较容易老化。行李架的支架（侧杆与横杆）部分一般采用铝锌合金制成，尽管成本较高，但其具有高强度、寿命长的优点，装配质量较好。

图4-30所示为车顶加装的行李架、行李篮和行李箱，在安装使用行李架方面，车主需要注意在安装后定期对螺栓紧固做检查，检查间隔根据不同的路况和载重情况而定，一般最好7天检查一次；货物要绑紧或固定在行李架上，所有的货物要放均匀，重心尽可能降低；采用绳索固定时，最好使用没有伸缩性的绳索。

a)

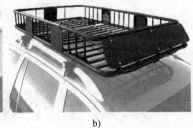
b)

c)

图 4-30 车顶加装的行李架、行李篮和行李箱
a）行李架 b）行李篮 c）行李箱

思考题

4-1 什么是乘用车的性能改装？改装方案主要包括哪些内容？

4-2 发动机改装时注意事项是什么？

4-3 简要说明车辆加装防倾杆后对车身姿态的影响和作用。

4-4 简述常见的几种升级制动系统的改装方案。

4-5 简述汽车隔声工程的施工方法及步骤。

第5章　乘用车外观改装

汽车外观改装是指通过对车身外形的改变，达到美观以及性能提升的目的。升级方式包括安装车身大包围、尾翼等空气动力学套件，以及车身改色、贴膜等。

5.1　空气动力学改装

5.1.1　车身空气动力学套件

汽车为了改变外观和减小汽车行驶时所产生的逆向气流，安装了汽车前保险杠、后保险杠、侧裙等，这些称为汽车空气动力学套件，俗称大包围，如图5-1所示。汽车大包围对于减小逆向气流来说是一个非常强大的汽车配件，可以实现诸多功能，如提升车辆外观运动感、减小气流阻力等。如果车型比较旧，可以尝试加装汽车大包围。但需注意加装大包围应该到有经验的改装店进行加装，因为这些改装店有制作各种包围的能力，大都会免费为车主修复不慎碰坏的包围，车主不必为包围的一点小损伤就再花钱去换一个新的。

图 5-1　汽车空气动力学套件（大包围）

首先，在加装大包围时，由于包围所用的材料抗撞击能力较差，所以最好不要选用需要拆掉原车保险杠才能安装的大包围，而且将原保险杠包裹其中的大包围并不会影响车辆的牢固性。如果一定要选用拆杠包围，可将原杠中的缓冲区移植到新包围中，以起到保护作用。

其次，应选用质量有保障的产品。安装大包围后，其与车成为一个整体，日常的磕碰在所难免，如果包围材质脆弱，刚度过大，很容易碎裂，增加了维修及更换成本。

目前，国内改装用大包围套件的材料主要包括 ABS 塑料、PU 塑料和树脂纤维材料 3 类。其中，ABS 塑料以真空吸塑成型，厚度较薄、韧性一般；PU 塑料由于是在低温下注塑成型的，所以有极高的韧性与强度，同时与车身的密合度也是最佳的，寿命期也较长，是 3 种材料中最好的一种；树脂纤维类产品的价格较为便宜，款式较多，因此也成为多数车主的首选，但选购时应注意以下几点。

1）韧性要好，有抗扭能力。

2）受热不变形。

3）表面要平滑、质量要小。

4）与车身密合度要高。

5.1.2　尾翼

汽车尾翼也称尾部扰流板，一般分为单层和双层两种，有铝合金、玻璃纤维、碳纤维等多种材质，其工作方式也有手动可调和自动调节之分。尾翼不仅是为了满足视觉需要，更多的是为车辆在高速行驶时提供更大的下压力，如图 5-2 所示。

图 5-2　汽车尾翼常用于赛车比赛中增大下压力

汽车在正常行驶过程中的阻力可分为纵向、侧向和上升 3 方面的阻力，而且随着车速的提升，阻力也就更为明显。在高速驾驶时，车辆更容易出现转向不足、轮胎抓地力不足等问题。而扰流板的安装能大大避免这种现象，这也是为什么所有竞赛车辆的尾部都会安装有扰流板。我们经常能看到 F1 比赛中的赛车风驰电掣地通过弯道，除了优异的底盘结构，车身的扰流板也有很大功劳。不过，想得到这份额外的下压力也不容易，赛车的工程师每场比赛都要根据不同的赛道不断调整尾翼和其他扰流板的角度和方向，以获得最佳的空气动力学效果，如图 5-3 所示。另外，在设计汽车尾翼时也可以借助计算流体力学（CFD）仿真软件进行空气动力学分析，如图 5-4 所示，从而选出最佳设计方案。

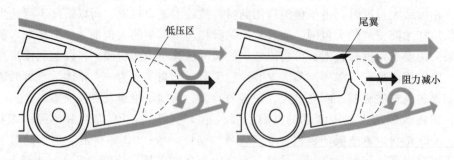

图 5-3　汽车安装尾翼后有助于减小车尾部空气阻力

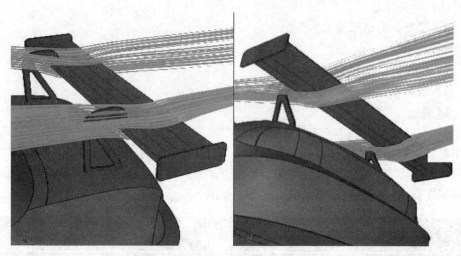

图 5-4　汽车尾翼设计可以借助 CFD 仿真软件进行空气动力学分析

　　而对于民用车来说，尾翼更多的只是起到强化视觉效果的作用。一方面，城市行驶时的车速还不足以用到尾翼来提供额外的下压力。因为当车辆的行驶速度低于 100km/h 时，车体表面的凸出物越少，车身的线条越流畅，风阻系数才会越小，而增加的尾翼这时只会添乱。只有当车速高于 120km/h 时，尾翼的优势才能显现出来。另一方面，要想获得合理的下压力，尾翼的材质、角度还有调整的范围都必须经过严格测试后才能得出，而这种调校别说是一般的改装店，就算是专业的汽车公司也要费巨资才能完成。

5.2　汽车色彩学改装

5.2.1　汽车贴纸

　　汽车贴纸源于赛车运动，早期汽车贴纸一般都是赞助厂商的商标和车队的队标等，如图 5-5 所示。随着汽车工业的飞速发展，汽车在我们的生活中不仅作为代步工具，还越来越多地扮演起玩具的角色。在这个性化生存的年代，汽车贴纸逐渐成为车主演绎自己个性和品位的一种方式。

　　汽车贴纸基本可以分为运动贴纸，改装贴纸和个性贴纸 3 类。

图 5-5　赛车车身贴纸

1. 运动贴纸

运动贴纸主要指赛车运动贴纸，场地赛与拉力赛所用车型和赛道各有不同，汽车贴纸也有相应区别。拉力赛汽车贴纸图案重点突出的是车队的标志及主要赞助商的标志，如图 5-6 所示，色彩上配该车队的整体设计风格，以便更好地达到宣传效果。场地赛汽车贴纸常常会见到火焰、赛旗、波浪等动感十足的图案，为赛车运动增色不少。

图 5-6　拉力赛汽车贴纸

2. 改装贴纸

改装贴纸是指各个改装厂商为在车展上参展或推广新产品，或者为配合某款车型或产品而专门设计的主题贴纸，其绚丽多彩、引人注目。还有很多图案是改装厂的标志和一些改装品的标志，经过一番精心设计和搭配，与改装过的展车相得益彰。

3. 个性贴纸

个性贴纸是指依照车主个人喜好和品位，量车定做的个性化贴纸。运动化、艺术化、实用化的各种风格只要看起来和谐美观，车主便可以自由选择搭配，自行设计，打造出自己的风格。

运动风格汽车贴纸以模仿赛场上出现过的赛车图案为主，图案简洁动感，利用简单的贴纸就可以从普通汽车上找到一些赛车的感觉，很多人都乐此不疲。艺术风格汽车贴纸常采用流线、几何图形或者动漫人物、卡通动物，也有一些车主喜欢我国传统风格，如水墨丹青、书法篆刻、图腾脸谱等图案。车身就是车主通过个性贴纸表达自己生活方式的舞台，如图 5-7 所示。

汽车贴纸主要采用 PVC 材质，可以较好地适应户外环境，相比普通的广告用贴纸具有更加耐磨、防紫外线等优点，其材质和色彩也有普通、夜光、金属反光、激光反

图 5-7　车身上的个性贴纸

光、金属拉丝等多种选择。贴纸的张贴位置也呈现多样化发展的趋势，几乎可以覆盖全车上下，例如车身两侧、发动机舱盖、灯眉、裙边、轮毂等，只要在现行法规允许的范围内进行合理改装，都可以尽情创作，展现车主的个性。

5.2.2 汽车彩绘

首先我们需要将汽车彩绘和汽车贴纸区分开，很多人将汽车彩绘与汽车贴纸混淆，认为汽车贴纸能够达到和汽车彩绘同样的效果，其实它们是不同的。首先，汽车彩绘与传统的汽车贴纸有着本质上的区别。汽车贴纸是附着于汽车表面的粘贴物，而汽车彩绘是将图案喷绘在车身上，达到浑然一体的效果。其次，因为汽车贴纸制作、加工时受到材质的限制，不能完全实现车主的要求，而汽车彩绘完全以车身表面为载体，可通过对油彩的运用将车主的个性想法发挥到极致。

许多欧美国家在20世纪七八十年代就已经开始流行汽车彩绘，几乎所有改装车的车身都涂有个性十足的彩绘。如今，汽车彩绘已经在全球范围内得到广泛的推广，技术水平和艺术水准都有了较大的提升，彩绘内容也更加丰富多元化。

汽车彩绘按照有效时间可分为永久性和临时性彩绘。

1. 永久性彩绘

汽车车身彩绘如图5-8所示。为了让彩绘作品能够长期驻留车身，进行彩绘时需要先将车身表面的清漆保护打磨掉，使用遮蔽物将无须喷绘的地方进行保护，并使用专用清洁剂对将要进行彩绘的车身表面进行清洗。完成以上准备工作后，就可以开始进行喷绘了。喷绘完成后，需要在彩绘作品表面再次喷涂一层漆，并进行烤漆，以保证彩绘作品可以在车身表面维持较长的时间，时间一般在5年以上。

图 5-8 汽车车身彩绘

2. 临时性彩绘

临时性彩绘是指在不破坏汽车的漆面的前提下，利用特殊的颜料直接在车身表面进行喷绘。这种彩绘颜料色彩艳丽、立体突出，并且色彩过渡自然丰富，还能够防雨水。在无人为破坏、磕碰的情况下，彩绘效果可保持1~3个月，并且清洗容易，可随时更换图案。这种汽车彩绘方法比较适用于新车展示、婚车彩绘及广告彩绘等，如图5-9所示。

图 5-9 某车企举办的车身彩绘活动

若按照技术的地域性分类，汽车彩绘又可以分为欧美模板彩绘技术、日本直喷彩绘技术、俄罗斯复杂彩绘技术。

（1）欧美模板彩绘技术　模板彩绘是彩绘的初级技术，在欧美地区兴起较早，经过几十年的发展已自成体系，但模板技术存在边缘生硬、过渡不均匀以及容易漏色、跑漆等缺点，并且技术人员如果没有一定美术基础或不经长期训练很难掌握。

（2）日本直喷彩绘技术　直喷彩绘技术作为日本彩绘的代表技法，在世界彩绘业内享有很高的声誉，采用该技术喷绘的作品色彩细腻、过渡均匀且造型逼真。该技术不仅可以作为一项独立的彩绘技术进行实际绘制整车，也可以弥补模板彩绘技术在绘制图案时的不足。

（3）俄罗斯复杂彩绘技术　汽车彩绘起源于南美，发展于欧美，但目前极具影响力、绘制效果极为精细复杂的彩绘技术却来自俄罗斯。俄罗斯是传统的艺术大国，绘画也是俄罗斯的强项。彩绘作为一种新的艺术形式在俄罗斯得到了更大规模的发展。俄罗斯复杂彩绘工艺的特点是可以通过简单易学的工艺流程，绘制出层次感和空间感强烈、造型逼真细腻以及构图严谨复杂的超写实图案。因此，俄式彩绘工艺属于彩绘艺术中的极高境界。

思考题

5-1　什么是车身空气动力学套件？有什么作用？

5-2　汽车改装用的车身大包围套件有哪些材质可以选择？选购时有哪些注意事项？

5-3　汽车改装的尾翼通常分为几种？有何作用？

第6章 乘用车电气设备改装

6.1 汽车仪表改装

汽车仪表的改装主要是根据车辆的情况对车辆的显示系统进行改装，改装的目的：一是增加仪表显示信息的全面性；二是改变仪表显示系统的风格，使之更符合车主的要求。

1. 仪表信息全面性的改装

仪表是全面反映车辆信息的装置，在有些型号的车辆上，仪表系统反映的信息比较模糊甚至没有，需要对车辆的仪表系统进行改装。例如，有的车型没有转速表、电流表、功率表等，需要在原有的仪表系统中直接加装，或者可以在仪表外合适的位置加装。

在原有仪表上进行加装，应考虑在不影响原有仪表的前提下进行。一些仪表是整体安装的，需要对仪表板解体。有些仪表板的信号是由传感器传输来的，需要加装的仪表部分可能会在仪表的同一处取信号，由于加装的仪表会有自身的电阻和需要的电压，在加装的时候可能会使节点处的电压或电流发生变化，可能会对其他采样信号的精度有影响。另外，近年来随着科技的发展，仪表的屏幕逐渐增大，而且分辨率也越来越高，部分主机厂家甚至推出了全液晶屏显示的仪表，如图 6-1 所示，使用这种仪表，车辆信息将更加直观地被显示出来，

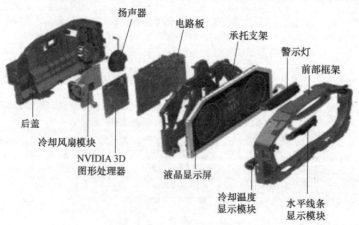

图 6-1　奥迪 TT 全液晶显示仪表盘结构图

仪表风格也能随意切换，因此被越来越多的消费者认可。

2. 仪表显示风格的改装

原车的仪表显示的颜色、风格和亮度等若与车主喜欢的有差距，则车主可根据需要进行改装。原车仪表的改装可以整体更换，也可以对仪表的指示部分和照明部分进行改变。整体更换仪表盘要求新的仪表盘对原车的信号能够转换并且精度能够满足要求。更换的仪表盘应该能够装在原车的仪表盘框体内，显示的信息不能少于原有信息。对仪表的指示部分和照明部分的改变可以对仪表的指示和照明的颜色进行变换。

而对于全液晶显示仪表来说，背景颜色、指针式样、信息显示的种类和布局等都可以在同一块显示屏上随意切换，部分仪表甚至支持导航投屏显示功能，在增加了科技感的同时，也提高了行车安全。机械指针式仪表和全液晶显示仪表如图6-2所示。

a)　　　　　　　　　　　　　　　　　　　　　b)

图 6-2　机械指针式仪表和全液晶显示仪表

a）机械指针式仪表　b）全液晶显示仪表

6.2　汽车车灯改装

6.2.1　汽车车灯种类

汽车车灯按照用途分为照明灯和信号灯两大类。

照明灯又分为外照明灯和内照明灯，外照明灯指前照灯、前雾灯、牌照灯；内照明灯有篷顶灯、仪表灯等。

信号灯也分为外信号灯和内信号灯，外信号灯指转向指示灯、制动灯、尾灯、示宽灯、倒车灯；内信号灯泛指仪表板的指示灯，主要有转向、机油压力、充电、制动、关门提示等仪表指示灯。

汽车照明灯光系统的重点是前照灯，各汽车生产大国都对其有严格的标准。目前车速普遍提高，要求改善前照灯的亮度和色温，由于氙气灯的功率小，只有35W左右，亮度却比普通卤素灯高50%，色温达到6000K，接近日光的光色，寿命又远比卤素灯长，因此已经有不少中高级轿车用氙气灯代替卤素灯。

通常所说的氙气灯是指高压气体放电（High Intensity Discharge，HID）灯，其原理是在充有高压惰性气体（氙气）的灯管内，利用高压电击发管内金属离子产生电弧来发光。真

正的氙气灯应包括3部分，即作为光源的氙气灯泡、高压电子控制起动装置（整流器）以及专门为氙气灯设计的灯具，3部分合称一个总成，缺一不可。市场上一些经销商为了迎合部分消费者追求时髦又不愿多花钱的心理，将只改灯泡称为改装氙气灯，故意误导消费者，这是相当危险的。因为氙气灯有着与卤素灯不同的输出功率，如果采用原先线路，可能无法承受大功率输出。再者，氙气灯的灯罩也是经过特殊处理的，可使其亮度和穿透力达到较好比例，采用普通灯的灯罩，就会使灯光晃眼。

近年来，随着汽车领域科技的发展，在部分豪华汽车上出现了 LED 前照灯和激光前照灯，作为氙气前照灯的升级产品，这些车灯在进一步提高照明亮度的同时，拥有更高的寿命和更低的能耗，但由于成本高昂，目前并未大规模普及。因此，日常普通汽车的车灯改装仍以氙气前照灯为主。氙气前照灯、LED 前照灯和激光前照灯如图 6-3 所示。

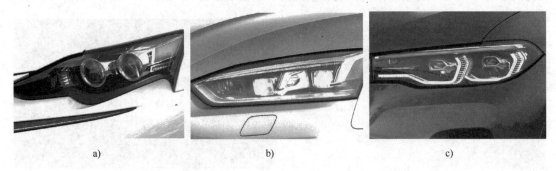

图 6-3　氙气前照灯（左）、LED 前照灯（中）和激光前照灯（右）

a）氙气前照灯　b）LED 前照灯　c）激光前照灯

6.2.2　氙气灯改装前准备

1. 根据车辆情况进行改装

在改装之前首先需要了解一下自己的车型是否适合改装。最直接的方法就是看原卤素灯总成是否使用投射式前照灯，即表面是凸透镜，从外表上看是一个玻璃球面。

如果原车使用的是投射式前照灯，因为总成里带透镜，所以改装效果会相对比较好，但还需要技术人员调校聚光焦距等，因为氙气灯灯管长度和卤素灯的不同，而且氙气灯总成的透镜和卤素灯透镜也是不一样的，真正做工良好的氙气灯透镜（如德系车采用的海拉和博世的总成），除了聚光性能好，色彩变换也相当漂亮，随着路面起伏，远看色彩会闪现紫色和蓝色，近看就是和日光一样色温的纯白光。

如果原车使用的是反射式灯具，或者是那些用了远近光一体的 H4 灯光总成的车，因为总成中没有带透镜，那最好不要去改氙气灯，因为传统卤素灯的灯罩完全不能起到聚光的作用，改装后出来的光会发散。要想改装的话，只能改装氙气灯总成，那样价格比较昂贵。

2. 挑选合适的氙气灯

改装氙气灯前，需要先挑选一款合适的氙气灯。目前，市场上的氙气灯质量参差不齐，进口的、国产的、贴牌的，有数十种。氙气灯是个工艺和技术十分复杂的零配件，不好的氙气灯往往寿命很短，灯泡很容易烧坏，而且色温、亮度和散射角度往往也不符合要求，所以最好选择有一定知名度的大厂产品。在过去，全球具有实力的汽车氙气灯制造商屈指可数，

在技术上一直以欧洲品牌为代表，如飞利浦、欧司朗、博世、海拉等。近年来，国内的氙气灯开始起步，经过一段时间的优胜劣汰，越来越多的国产品牌开始被广大车主认可，如新光阳、海迪、嘉斯蒙、金华达等。

3. 选择合适的色温

挑选完品牌后再选择氙气灯的色温。氙气灯最佳色温应该是 4300～4500K，这个范围灯的亮度与光线穿透力比较适中，尤其在阴雨天气，这个范围的灯更能保障行车安全。

氙气灯并非越亮越好，实际上原厂的氙气灯色温只有 4000K 左右，且不如传统卤素灯刺眼，效果也要好得多。市面上出售的氙气灯，色温范围从 300～2000K 都有，许多车主认为色温越高效果越好，其实不然。当色温低时，光线的颜色呈黄色，就如普通暖光灯的颜色，而当色温升高时，颜色就会发白，而色温超过 10000K 时，光线颜色会由白变蓝、变紫。色温与光线穿透率并非成正比，黄光在雨、雪、雾天气条件下穿透能力最强，而色温超过 6000K 后，穿透力就将逐渐减弱，白色或蓝色的光线在雾天能见度极差。而当色温高于 10000K 时，实际照明度与卤素灯差不多，甚至效果更差。

4. 氙气灯要由专业技术人员改装

由于氙气灯管在出厂时都做了严格的焦距调校，所以灯管在安装时如果安装不到位就有可能出现焦距不准、光线发散等问题。安装时如果密封不好，容易造成灯罩进水、进灰。安装不当容易造成干扰收音机信号。某些车型由于原车带有自检设备，改装时如果不由专业技术人员安装，会出现故障灯报警、频繁烧毁保险、行进中突然熄灭等现象。某些车型由于前照灯线路的特殊性，安装不当会造成无法变光或变光熄灭的现象。某些车型在打开远光灯时近光灯会熄灭，对于这些车型可以将其近光灯改为常亮，这样就大大增加了远光灯的亮度，但它要求的技术精度更高，必须到专业店由专业技术人员改装。

6.2.3　氙气灯安装注意事项

安装 HID 氙气灯（汽车前照灯）的注意事项如下。

1）氙气灯泡安装前不要拆下安全筒和用手接触灯泡。

2）整流器输出瞬间电压为 23kV，注意不要剪接高压线。

3）整流器不要装在车内过热的地方，因为整流器内部的电子组件最佳的工作环境温度为 -20～70℃，而汽车发动机室的工作温度通常都在 90℃ 以上。

4）整流器不要安装在离水源较近的地方，如水箱附近。过度的潮湿会导致整流器的漏电和老化。

5）整流器应安放于透气性较好的位置，以便让空气流动来降低整流器的温度。

6）整流器与灯泡的摆放距离不宜过远，以避免由于线路分压而造成的灯泡不亮现象。

7）整流器的高压线部分不宜缠绕，以免产生过大的磁场，而影响汽车电气设备的使用。

8）将原车的前照灯 10A 的熔丝换为 15～20A，以避免起动时过大的电流将原车熔丝熔断。

9）灯泡点燃后，不能用手调校灯泡，以免灼伤和触电。

10）每个氙气灯起动时电流有 8.5A，可能对敏感电器造成短暂保护。

11）灯泡点燃后不要直视灯光，以免造成眼睛疼痛及视力障碍。

6.2.4 日间行车灯改装

日间行车灯是指使车辆在白天行驶时更容易被识别的灯具，装在车身前部。也就是说这个灯具不是照明灯，不是为了使驾驶人能看清路面，而是为了让别人知道有一辆车开过来了，日间行车灯属于信号灯的范畴。

日间行车灯的最大功效，不是在于美观，而是在于提供车辆的被辨识性，在国外行车时开启日间行车灯，可降低12.4%的车辆意外，同时也可降低26.4%的车祸死亡概率。为提高行车安全性，欧盟规定自2011年起，欧盟境内所有新车必须安装日间行车灯。日间行车灯不同于普通的近光灯，它是专门为白天行车而设计。使用了LED技术的日间行车灯，节能效果得到进一步提升，能耗仅为普通近光灯的1/1000。当汽车发动机一起动，日间行车灯则自动开启，以引起路上其他机动车、非机动车以及行人的注意。当夜晚降临，驾驶人手动打开近光灯后，日间行车灯则自动熄灭。

1. 日间行车灯的安装方法

1）安装数量为2个。

2）安装位置选在车头处的合适位置（由车型而定）并且尽可能避开高温和易于积水的地方。根据日间行车灯安装说明书，在车上用钻头开日间行车灯固定孔。开好后将日间行车灯用螺钉固定在车上。

3）当起动汽车时，日间行车灯能自动打开，当汽车前照灯工作时，日间行车灯能自动关闭。

4）检查日间行车灯的线束，分别找出黑色、棕色、灰色线3根线，将黑色线接于车的点火开关输出端，棕色线接电源负极，灰色线接于前照灯开关的输出端，接好后对过长的线束整理并固定在车上，车内走线应避免线束扎在高温的地方（如发动机）。

2. 安装注意事项

1）选择安装位置时，日间行车灯应安装在温度不高于80℃且不易积水的地方。

2）线路安装时，注意线束的接口与日间行车灯接口的方向（参考日间行车的说明书）及线束中各颜色线安接在汽车线路中的位置（参考线路安装说明书）。

3）汽车蓄电池电压为10~30V。

4）两灯间距一般要>600mm，如车宽<1300mm，间距可减小到400mm；离地距离为250~1500mm。

3. 日间行车灯常见问题及解决方法

（1）日间行车灯常亮　汽车点火开关未打开，日间行车灯就开启的情况下应检查：线束的黑色线是否接对（将线束的黑色线接于点火开关的输出端）。

（2）开启近光灯开关，日间行车灯不能关闭

1）打开近光灯开关后，检查日间行车灯及其线束，进行更换。

2）打开近光灯开关后，如其中一个日间行车灯内有2个或3个LED灯不能关闭，则需更换。

3）近光灯开启且近光灯不亮，日间行车灯不能关闭。用万用表检查近光灯开关输出端是否有10~30V的供电电压输出。有电压输出且正常，需重新接线并安装牢固，没有电压输出，应检查近光灯开关和近光灯供电电路是否正常。

4）近光灯开启且常亮，日间行车灯不能关闭。取下灰色线，将灰色线接于汽车蓄电池的正极，查看日间行车灯是否关闭。日间行车灯能关闭，则灰色线未接牢固，应重新安装；日间行车灯不能关闭，则更换日间行车灯线束。

（3）日间行车灯不能开启　打开汽车点火开关，在近光灯开关关闭的情况下，日间行车灯不能正常工作，应检查以下几项。

1）将灰色线悬空（不接）后，重新打开汽车点火开关，检查日间行车灯是否常亮。如果常亮，则灰色线接法错误，重新检查灰色线是否正确接于近光灯的输出端。

2）检查日间行车灯线束接线是否安装正确，黑色线应接于点火开关输出端，棕色线应接于汽车蓄电池负极，灰色线应接于近光灯开关的输出端。

3）检查汽车点火开关输出端的供电电压是否正常（10～30V）。

4）以上检查均无误后，将黑色线接于汽车蓄电池正极，棕色线接于蓄电池负极，灰色线悬空，检查日间行车灯是否正常点亮。日间行车灯能点亮，则重新检查安装线路（参考线路安装进行），日间行车灯不能点亮，则须更换线束或日间行车灯。

4. 日间行车灯改装实例

日间行车灯在改装时，要根据实际车型具体考虑安装位置、测距、打孔等问题，如安装不正确会产生漏电、密封不严等后果，带来不必要的麻烦。某车型的日间行车灯改装过程如图6-4所示。

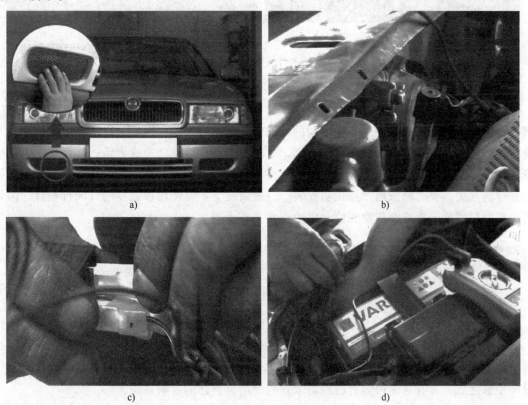

a)　　　　　　　　　　　　　　　　b)

c)　　　　　　　　　　　　　　　　d)

图6-4　某车型的日间行车灯改装过程

a）根据车型确定安装位置　b）从进气栅格后确定走线　c）将线与模块相连　d）用万用表找出正极

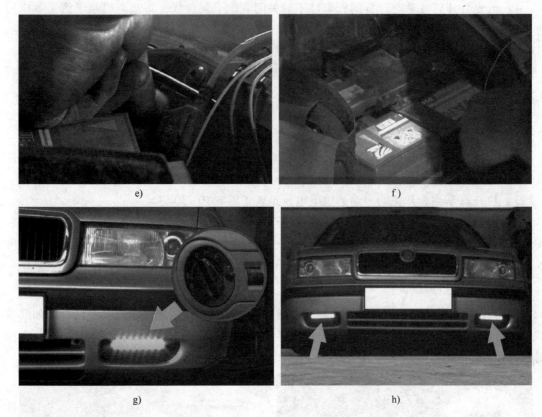

图 6-4　某车型的日间行车灯改装过程（续）

e）确定控制盒放置位置　f）正极连到蓄电池正极上　g）测试日间行车灯　h）改装完成效果

确定安装位置时，要根据具体车型前保险杠结构而定，同时考虑是否需要拆下保险杠。部分日间行车灯是用胶粘到进气栅格后的，此时，要在背面加装螺钉进行固定引线，注意不要将线靠近发动机或其他发热部件，否则，电线皮会受热熔化而造成短路。连接模块时要注意将模块置于通风处，因为模块会发热。一些带转向、爆闪、减光功能的日间行车灯一定要注意接线方法，要严格按照产品说明安装。一般情况下不要使用带遥控的日间行车灯，因为无线遥控很可能干扰安全气囊和收音机的正常工作。

6.3　音响改装

6.3.1　汽车音响改装种类

很多车主以为只要拆下旧音响，换上新的就完成了改装。事实上。改装汽车音响并不是拆了就装那么简单。一般来讲，改装汽车音响分为展示、比赛、实用3种类型。对这些分类有所了解之后，才有可能根据自己的需求，选择适合自己的音响系统。

1. 展示型

展示型音响改装是为了宣传厂商的音响产品。其特点是使用改装器材品种多，造型夸

张。这种车辆是厂家或代理商用来做广告和宣传的，改装时将好的产品器材都安装上去，音响系统做得很大，造型夸张，有许多功率放大器和扬声器。这类音响无声场和定位感，也不讲什么音质，总之是用来展示产品的，而不能用来欣赏音乐，如图6-5所示。

图 6-5　展示型音响改装

2. 比赛型

比赛型音响改装就是大规模地修改汽车内饰，并且加装超量的扬声器，从而产生超过人体承受极限的声音。改装目的是参赛获奖而不是为了欣赏音乐。图6-6所示为某音响改装大赛的参赛车照片。比赛型音响改装与展示型音响改装一样，并不具备实用价值。

图 6-6　某音响改装大赛的参赛车照片

3. 实用型

实用型音响改装是以日常使用的音响系统为主，经过简单的车内改造达到提升音质的目的。可将原车单碟CD主机改装成DAB收音单碟CD主机，将原车前门小功率纸盆扬声器，更换成6.5in分体扬声器，加装分体高音，并且在储物盒内安装6碟MD驱动器。车上常见的实用型音响改装位置如图6-7所示。

大多数车主都会选择实用型音响改装。实用型音响改装就是尽量使用原车位置，少改动原车的内饰风格，少占用车内空间。而且实用型音响改装不会减少原车的重要工具，如备胎、灭火器等。在这种情况下尽可能将音响的音质提高到最佳状态。

根据以上汽车音响改装类型决定所需音响系统类型后，就可以按照车内的空间和安装位置设计和画出音响系统图。再根据音响系统类型的特点，来选择合适的器材。选择器材时要

a)　　　　　　　　　　　　　　　　　b)

c)　　　　　　　　　　　　　　　　　d)

图 6-7　车上常见的实用型音响改装位置

a) A 柱　b) 门板下方　c) 后排座椅　d) 仪表台

根据音响系统总的造价，来决定每部分器材的投资比例。音响安装在汽车上，要考虑到汽车的使用环境恶劣、线路复杂、干扰源多、扬声器的位置不够理想、门板的固定、消除共振、消除杂音、线材的选用等诸多因素，所以安装技术及工艺非常重要，这将直接影响音响效果，一定要找专业技术人员安装音响，才能达到理想的效果。汽车音响改装示意图如图 6-8所示。

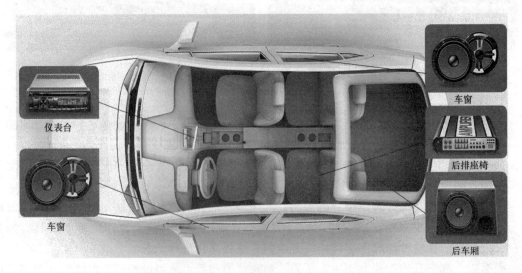

仪表台

车窗

车窗

后排座椅

后车厢

图 6-8　汽车音响改装示意图

6.3.2 汽车音响改装实用方案

对于一部普通的家用轿车来说，动辄上万元的改装费用并不是每位车主都乐于接受的，因此简单实用的音响改进方案就变得更加可行了。

目前市场上主流的经济型车内音响改进方法，主要集中在更换 CD 主机、加装 MP3 播放器、更换 MD 机头、外挂 MP3 转换器、改进扬声器等。

1. 更换 CD 主机

现在越来越多的汽车在出厂时就已配置了 CD 主机，如果汽车的扬声器效果还不错，可以考虑换装一套品质好的主机。

优点：能彻底改变汽车的音响效果，主机的显示面板做工精细，性价比高。

缺点：除了播放 CD 外，没有其他任何功能。

2. 加装 MP3 播放器

眼下最流行的音乐播放装备非小巧灵活的 MP3 播放器莫属。它具有体积小、内存容量大，还可以按自己的习惯播放、编辑歌曲等优点。其实，要想让兜里的 MP3 走进汽车并不难，目前国内已经有许多汽车音响制造商推出了可以直接接驳 MP3 的汽车 CD 主机，只需到专业的音响改装店去置换一套新型的音响就可让汽车播放 MP3 格式的音乐。

优点：大幅提升了汽车的音响便利度。

缺点：功能多了，音质自然差了不少，而且线路改装比较麻烦，需要到有专业资质的音响店进行改装。

3. 更换 MD 机头

对于那些喜欢自己动手制造些动静的车主来说，没有什么比一套车载 MD 更适合他们了。MD 是一种数码录音格式的光盘，享有高质的反复录音性，极大程度地方便了编制个人音乐等特殊用途。

优点：可将录制的音乐、会议、课堂记录、现场音乐等及时在车内播放出来，还能编辑歌曲于一张 MD 碟并达到数码音质效果。

缺点：价格高昂，只适合少数"发烧"车友。

4. 外挂 MP3 转换器

对于既有 MP3 播放器，又已经安装好 CD 主机的车主来说，要两者"联通"算是车主最大的愿望了，利用 MP3 的车内音响转换器就可以实现此愿望。虽不及 MP3 播放的音质好，但可避免改装车内的线路。

优点：投入小，仅需几十元就可以解决从 MP3 到车内音响的转换。

缺点：音质差，和听收音机的效果差不多。

5. 改进扬声器

对于那些原车已有不错匹配的音响系统来说，车主大可不必再折腾电子设备了。如果只想有针对性地改进一下音质，那么可以选择更换车内的部分扬声器，或加装功率放大器。不过这就需要到专业音响店按车的不同量身搭配了。

优点：投入低，见效明显。

缺点：毕竟没有经过系统地匹配，所以车主在使用稳定性上会有顾虑。

6.3.3 汽车音响改装相关事宜

1. 汽车音响配置原则

汽车音响系统的好坏，关键在于如何组合和搭配。不同品牌的主机、扬声器的组合选配得好，往往会收到比全套服务高出 20%～30% 的效果。由于车内空间狭小，同时存在各种噪声以及由驻波引起的共鸣，这就形成了一个相对较差的音响环境。配置汽车音响时需要考虑以下几点。

（1）系统的平衡性 系统的平衡性包括价格的平衡性，即整个汽车音响系统的档次要和汽车的听音环境相配合；以及搭配的平衡性，即搭配汽车音响时一定要考虑一套音响各个组成部分的平衡，主机、功率放大器、扬声器和线材等都要进行恰当选择，合理使用。

（2）大功率输出原则 大功率输出原则是指在一套音响系统中，主机或功率放大器的输出功率一定要大。输出功率越大，表明能够控制的音频线性范围越大，也就意味着其驱动扬声器的能力越强。而小功率的功率放大器不仅容易引起声音上的失真，更会导致烧毁功率放大器或者扬声器的线圈。

（3）音质自然重放原则 评判音响的优劣时，会将频响曲线的平滑性作为评价的主要客观参数。例如，阿尔派的汽车音响无论是主机、功率放大器还是扬声器都具有非常平滑的频响曲线。

诸多的技术参数不能完全说明音响系统的好坏，只能表明该音响系统的技术特性、指标。衡量一套音响系统好坏的最直接有效的方法就是亲耳试听，即以个人听感为主、技术为辅。在听感方面，一是临场效果要好；二是音乐整体平衡感要强；三是对于移动的声响，有较好的表现，要有层次感。

2. 汽车音响常见的几种配置形式

（1）主机+4 扬声器 这种配置的目的是加大内置功率放大器的功率。由于主机内空间的限制，内置放大器的效果还无法达到外置放大器的强劲及高清晰的分辨率。

（2）主机+功率放大器+4 扬声器 这是一套标准的搭配方式，最适合欣赏传统音乐、流行歌曲及交响乐等。

（3）主机+功率放大器+4 扬声器+超低音扬声器 有些 4 声道功率放大器具有无衰减的前级输出，使系统扩展超低音显得轻而易举。装有超低音的系统最适合播放爵士乐、摇滚乐、重金属乐。中档次的车型，为了达到提高低音部分声压级的目的，也可以采用这种搭配。

3. 汽车音响设计、安装流程

汽车音响设计、安装的流程首先要根据车主的要求和车型进行方案配置及个性化设计。经车主认可后，再对汽车内饰进行拆卸并进行隔声处理。对音频信号线和电源线、扬声器线分别布线，对功率放大器、扬声器进行连线，安装扬声器，最后调试。

4. 汽车音响改装前的准备

1）查看外观有无擦伤、划痕，打开车门查看要拆的部位有无撬痕和其他损伤。查看仪表及各电器是否正常。查看车内饰是否有损伤等。

2）检查准备安装的产品。根据销售清单清点所需安装的产品以确定其完好无损，配件齐全并集中存放、保管。

3）了解安装的部位及走线部位。制订一个总体计划，绘出配置安全图由车主确认。

4）做好各项记录，并让车主在汽车音响施工检查表上签字确认。

5. 汽车音响改装前原音响的拆除

安装汽车音响一般需拆除的部分有中控台音源主机位、车门内饰板、两侧脚踏板边条、后座平台饰板、中央通道、座椅、A柱等。

（1）中控台音源主机位　车型不同拆除的方法也不同。有些车型配备拆主机的工具，将工具塞入主机为拆除留下的缝隙中，感到工具卡上后用力拉出，主机就跟着出来了。有些车型的主机是用螺钉直接固定在中控台上的，外部用装饰件盖住。拆下带有卡扣的装饰件就可以卸下主机。

在拆除高档车的原车主机时应注意多数都有防盗密码，一旦断电主机就会被锁住，解决的办法有以下几种。

1）找到密码输入即可解锁，密码一般在车杂物箱内或行李舱放置备胎处。

2）通电1h以上，有些车可以自动解码，但必须是原车。

3）用车钥匙反复开启、关闭车门。

4）咨询经销商，获得密码。

5）到专门的主机维修点，移除机器密码记忆组件或CPU。

（2）车门内饰板　如果要在车门上加装或换装扬声器，就要拆除车门内饰板。车门内饰板一般是一块有蒙皮或人造革的纤维板，结构简单，只要把摇窗器把手和门把手拆除，其余的基本上都是塑料卡扣，只要小心拆开即可。若是高档车型，一般是先拆除装有中控开关、电动窗开关等控制件的面板，拆下面板后可以看到主要的固定螺钉，再用软布包上扁平的螺丝刀，沿边缘插入，找到扣件后依次在靠近扣件的地方撬起。要先了解扣件的结构后，再小心拆开。

（3）两侧脚踏板边条　拆除脚踏板边条的目的是布线，大多数布线都这样走。也有从A柱上到顶篷走线，布线会较长。有的车型有侧向的安全气囊，走线时会有影响，同时也不易固定。大部分的脚踏板边条都是由卡扣固定的。拆卸的方法是由车的内侧向外侧撬动，若是由外侧向内侧撬动，可能会导致损坏。

（4）后座平台饰板　有些车的扬声器是安装在后座的平台饰板上的。拆除后座后，如果平台上有高位制动灯的，先拆高位制动灯。高位制动灯的安装方法有两种：一种是卡子固定，只要用力向后推即可拆下；另一种是用螺钉固定，到行李舱中找到螺钉拧下就可以拆下来了。拆下高位制动灯后，将平台上的扬声器拆下，再将平台饰板向内拉出。

（5）中央通道　如果对音响系统有较高要求，可将RCA（Radio Corporation of America）信号线从中央通道走线，使其不受布线的干扰。中央通道一般是由螺钉固定的，左右对称，大多数由2~3节组成，应注意拆除顺序。驻车制动和变速杆尽量不要动。

（6）座椅　前排座椅一般是不用拆的，如果是要在前座头枕上加装显示器，就需要拆除。前座的拆除一般有3种方法：

1）第一种是针对大众车系的，前面有一止推螺钉，后面是滑槽，只要将后面滑槽上的

饰块拆下，再将前面的止推螺钉拧开，拉起滑动扳手，将整个座椅向后推出即可。

2）第二种是用4颗螺钉固定的，只要拆开螺钉即可。

3）第三种是将一头的螺钉固定，另一头是用钩子钩住的。只要拆下一头的螺钉，将另一头的两个钩子抬出即可。

后座的座椅和靠背是分开的。座椅有些是由两颗螺钉固定的，有些是由卡扣固定的。卡扣固定的座椅只要抓住卡扣附近用力向上提即可脱出，当不可以直接提出时，看一下卡扣上是否有一小拉环，或有可向内按的卡子，若有，则应拉出拉环或按下卡子再向上提。靠背是由下面一两颗螺钉或铁皮钩子固定的，将其松开后即可向上提出。

（7）A柱　A柱主要用来安装高音部分。A柱基本全由扣件固定，要小心撬动。

以上各种拆除件应在专门的地方有序放置，有条件的应分类放置，以免因不必要的碰触造成损伤和遗失。

6. 汽车音响的布线

（1）电源线的布线原则

1）所选用电源线的电流容量值应大于或等于功率放大器相接的熔丝的熔断电流值。若采用低于标准的线材作电源线，会产生交流噪声并严重破坏音质。

2）当用一根电源线分开向多个功率放大器供电时，从分开点到各个功率放大器布线的长度和结构应该相同。

3）当电源线桥接时，各个功率放大器之间将出现电位差，这个电位差会导致交流噪声，破坏音质。

4）当存在脏污或没有拧紧插头时，会使插头处产生接触电阻，从而导致交流噪声破坏音质。

5）当在汽车动力系统内布线时，应避免在发动机和点火装置附近走线。因为发动机和点火的干扰信号会辐射入电源线，破坏音质。

在车体内电源线和音频线的布线原则是一致的。

需要注意，当电源线超长时，电源线不能卷起，而是要折叠起来，否则会产生电磁波，对音响系统产生干扰。

（2）音频信号线的布线原则

1）用绝缘胶带将音频信号线插头处缠紧以保证绝缘。

2）保持音频信号线尽可能短。

3）音频信号线的布线要离开车载计算机单元和功率放大器的电源线至少200mm，如布线太近，音频信号会受干扰而产生感应噪声。可以考虑将电源线和音频信号线分开布置在驾驶室的两侧。如它们需要交叉时，最好以垂直交叉形式布置，如图6-9所示。

（3）接地的方法及注意事项

1）用砂纸将车体接地点处的油漆去除干净，将接地线固定紧。

2）将音响系统中各个模块的接地线集中于一处，否则存在的电位差会导致噪声的产生。

3）当系统消耗电流很大时，蓄电池接地端一定要牢固。

4）不要靠近车载计算机布线。尤其要注意的是主机和功率放大器应该分别接地。

5）主机的接地点要远离车载计算机的接地点或固定点。

7. 汽车扬声器的安装

（1）扬声器固定的作用　安装扬声器时应注意使扬声器和固定部分牢固地固定，与安

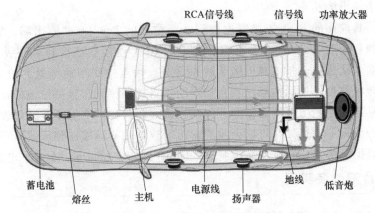

RCA信号线　　信号线　　功率放大器

蓄电池　　　主机　　电源线　扬声器　地线　低音炮
　　熔丝

图 6-9　汽车音响改装布线示意图

装部分之间不留空隙，并且减少安装扬声器部位周围的振动。如果扬声器本身产生振动，则与其相连的钢板也将产生振动，钢板振动而发出的声音，将会影响整体音质。

（2）前门部分的安装　先用挡板对扬声器安装的位置进行加固，加固后再把扬声器固定在车门的内侧，减少由于车门内侧钢板的振动带来的噪声。挡板应和车门内钢板接触良好，车门钢板和挡板之间没有空隙。

车门内的内侧钢板一般都预留了大小不等的维修孔，以方便对相应的部件进行检修。为防止扬声器后面声音的漏出对扬声器前面的声音产生影响，在维修孔上可以覆盖铝板或铅板，或者使用其他吸声材料来遮挡。

车门钢板的刚度较小，需要对其进行制振。制振是指减少钢板的振动产生的噪声。一般的方法是在钢板上贴减振材料，以防止振动对音质的影响。

（3）后车窗台部分的安装　加装的挡板与后车窗台的形状基本相同，在安装扬声器的位置预留出安装孔，用螺钉把挡板和后车窗台固定在一起，以抑制挡板的共鸣。螺钉固定的位置应保证能牢固地固定两端，在挡板中间部分的螺钉的紧固数量要增加一些，使得挡板和后车窗台的钢板紧密地连接在一起，这可以使得安装在此位置的低音扬声器不漏声音，低音域将向下延伸，在低频域不会产生低鸣声。

若挡板与后车窗台的钢板之间的缝隙大，就可能产生共鸣。处理的办法一般是调整挡板和后车窗台钢板之间的缝隙，并且在缝隙中填充减振垫。这可以使音响在中频域声音的清晰度得到提高。

8. 功率放大器的安装

一般主机的供电电压多为 12V，音源内置的功率放大器在低电压状态下工作，信号动态范围小，输出功率受到限制。功率放大器可将 12V 电压逆变到 ±（35~40）V，这样信号的动态范围加大，从而增加了输出功率；可以将由共享电源而引起的干扰降到最低，从而保证再现完美的音质。选用外置的功率放大器的功率和阻抗应与扬声器相匹配，两者的灵敏度也要相对应，否则效果会不理想。

合理的固定，对延长功率放大器的使用寿命十分重要。安装位置应有足够的空间，并能保持空气流通和防止潮湿，以延长功率放大器的寿命。功率放大器禁止正面朝下固定安装，因为这样会影响功率放大器的散热，还会启动热保护电路，过多的热量会缩短功率放大器的

寿命，还会减小输出的功率。

连接线路：将前面的 RCA 连接器连接到音源前面的 Low Level 输出端。将后面 RCA 连接器连接到音源后面的 Low Level 输出端。把这些 RCA 连接器连接到下一级放大器的 RCA 输入端。地线输入是通过一条电源电缆从放大器上直接连接到车辆底盘上的。+12V 输入必须通过一条电源电缆再经过同轴熔丝或自动熔断器直接连接到车辆蓄电池的正极。

远端输入是远端控制功率放大器的开关。当接通时，12V 电压即可加到放大器上，它可以从音源后面的面板上找到，并可以天线的输出端或远端接通端两种形式出现。如果没有提供该输入，可以把线接到自适应巡航控制（Adaptive Cruise Control，ACC）电源线的位置上。

6.3.4　汽车音响改装实例

来自以色列的 Morel（摩雷）汽车音响（图 6-10）是全世界知名的汽车音响生产商，该生产商拥有 30 多年汽车音响单元的研发经验。其产品的高、中、低频单元的音圈全部采用新型钛铂合金材料制作而成，具有强度高、韧性好、动感性能强、材质轻等优点，被认为是"规范化设计和顶佳之作"，引领同业，因此成为汽车音响爱好者们的改装首选。

a)　　　　　　　　　　　　　　　　b)

图 6-10　摩雷汽车音响

a）意蕾型　b）听宝型

由于大众老款高尔夫汽车的原车扬声器比较单薄，用料相对简单，导致原车音响效果非常普通，因此很多车主都选择进行音响升级来提升车内的音响效果。

在本改装实例中，具体配置如下。

1）音源：采用日本阿尔派 105CD 主机。

2）前声场扬声器：采用以色列摩雷-意蕾两分频套装扬声器。

3）后声场扬声器：采用以色列摩雷-听宝两分频套装扬声器。

4）功率放大器：采用哈磊 SA-804 功率放大器。

5）隔声：采用荣茂四门隔声材料，外加尾厢隔声、发动机舱盖隔声。

其中，意蕾音响的高音单元 MT-23 采用双软磁铁和阿克佛勒涂层软球顶构造。直径 28mm 六角技术铝制音圈，支持更大的功率，强劲的双磁铁驱动，结合低的谐振点，使得 MT-23 成为一种极佳的瞬态高频单元，可重现宽阔的音场；而意蕾的中低音单元采用新型的单向流铝合金压轴底盘架，潜沉气动设计，最大限度地减小声音返响失真。大直径 75mm 六角技术音圈支承着整片数字高音控制（Digital Pitch Control，DPC）潜沉音盘，既能发挥最

好的低频延伸，又能避免高声压时纸盘爆裂和失真。

　　听宝音响的高音单元为全新的内磁式设计 28mm 丝膜球顶高音，具有宽广的频率范围、柔顺稳定的演绎和精确的立体声定位。新的高音单元有 4 种不同的安装配件，使得安装更加方便灵活；听宝的中低音单元采用独特的全新高强度粉磁，能增加磁通量，承受更大功率。同时，它的体积比减小了 35%，而精心设计的低音盆能保证在中低频段音圈保持线性运动，既可消除音圈变形，又能增强低频动态。

　　老款高尔夫整车音响改装过程如下：在拆下原车音响后，进行车门等部位的隔声处理，然后确定前、后车门扬声器的安装位置（一般都是按原车位置安装），最后根据车辆具体情况安装主机和功率放大器，其改装如图 6-11 所示。

图 6-11　老款高尔夫整车音响改装

a) 车门内部结构及隔声处理　b) 发动机舱盖和行李舱进行隔声处理　c) 前门高音扬声器安装　d) 后门
高音扬声器安装　e) 在杂物箱下安装 CD 主机　f) 在后排座椅靠背上安装功率放大器

6.4.1 倒车雷达

倒车雷达，即倒车防撞雷达，也叫泊车辅助装置，它能以声音或更为直观的显示告知驾驶人车辆周围是否有障碍物，解除了驾驶人泊车或起动车时，车辆前后左右探视所引起的困扰，帮助驾驶人扫除视野死角和弥补视线模糊的缺陷，提高驾驶的安全性，其主要作用是倒车时，利用超声波原理，由装置在车尾保险杠上的探头发送超声波撞击障碍物后反射此声波，计算出车体与障碍物间的实际距离，然后提示给驾驶人，使泊车或倒车更容易、更安全。因此，安装倒车雷达对于安全驾驶有十分重要的意义。倒车雷达安装示意图如图 6-12 所示。

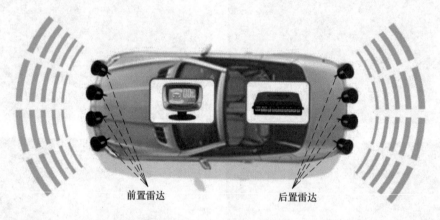

前置雷达　　　　　　后置雷达

图 6-12　倒车雷达安装示意图（前四后四布局）

安装倒车雷达时，要选购优质的产品，现在市场上的倒车雷达很多，探头有单个的，也有多个的，有单用声音缓急提示的，也有声音加数字显示距离的。总之，此类产品类型很多，令人眼花缭乱。所以，在选购时应注意以下几个问题。

1. 质量

倒车雷达作为一种汽车产品，同其他商品一样，选购时，最重要的是看其质量是否过硬。优质产品提供的服务较好，承诺的保修期较长，建议选购保修期在 2 年以上的产品。

2. 功能

一个功能齐全的倒车雷达应具备距离显示、声音提示报警、方位指示、语音提示、探头自动检测等功能。

3. 性能

性能主要从探测范围、准确性、显示稳定性和捕捉目标速度来考证。①探测范围至少在 0.4~1.5m。②准确性主要看两个方面，首先看显示分辨率，一般为 10cm，好的能达到 1cm，其次看探测误差，即显示距离与实际距离之间的误差，好产品的探测误差低于 3cm。③显示稳定性指在障碍物反射面不好的情况下，能否捕捉到并稳定显示出障碍物的距离。

④捕捉目标速度可反映倒车雷达对移动物体的捕捉能力。倒车雷达性能方面的要求是测得准、测得稳、范围宽和捕捉速度快。

4. 外观工艺

作为汽车的内外装饰件，显示器和传感器安装后应美观大方，与汽车相协调，还有探头的颜色，一定要与汽车的颜色相协调，差异不可过大，以免影响美观。

由于不同品牌倒车雷达的结构不同，其安装方法也不同，主要的安装方法有以下两种。

（1）**粘附式安装**　粘附式安装仅限于具有粘贴性探头的报警器，这种方法无须在车体上开孔，只将报警器粘贴在适当位置即可，这种报警器一般安装在尾灯附近或行李舱门边。具体的安装方法如下。

1）将附带橡胶圈套在感应器（探头）上，引线向下并与地面垂直。

2）确定感应器（探头）安装位置。

3）将感应器（探头）沿垂直方向贴合。

4）用电吹风将双面贴加热，然后撕开面纸，贴到确定部位。

5）将报警器的闪光指示灯安装在易被驾驶人视线捕捉的仪表板上。

6）将控制盒安装在不热、不潮和无水的行李舱侧面。

7）将蜂鸣器安装在后窗玻璃前的平台上。

8）将感应器（探头）屏蔽线隐蔽铺设，以防压扁、刺穿，并应起到美观的效果。

（2）**开孔式安装**　开孔式安装适用于具有开孔式探头的报警器，探头安装在汽车尾部或保险杠上，其他部件的安装方式与粘附式安装相同。

6.4.2　倒车影像

倒车雷达以声音的形式告知驾驶人周围障碍物的情况，解决了驾驶人泊车、倒车和起动车辆时前后视野盲区等问题，提高了驾驶的安全性。而倒车影像则是在倒车雷达的基础上通过高清摄像头将车后状况清晰地显示在液晶显示屏上，提高倒车时的安全性。

倒车影像又称泊车辅助系统，或倒车可视系统、车载监控系统等。倒车影像技术被广泛地应用到各种车型上，如货车、大巴、校车、客车、工程机械等大型车辆。目前使用较多的是数码显示、荧屏显示和多功能倒车镜显示3类。

当挂倒车档时，该系统会自动接通位于车尾的高清倒车摄像头，显示车后状况。专业车载探头防磁、防振、防水、防尘性能有进一步提升。车载显示器采用薄膜晶体管液晶屏，经过防磁处理，无信号干扰、无频闪，可同时接收两个视频，能够播放 VCD、DVD，不用解码器；同时具有倒车可视自动水平转换、自动开关功能。仪表台、内视镜式显示器通过车后的车载摄像头可将后面的信息清晰显示。可同时安装两个倒车后视摄像头，达到倒车时无盲区的目的。

经过多年的发展，倒车影像技术也在不断升级，例如，360°全景可视系统的出现弥补了国内只能通过雷达或者单一的后视摄像头提供的影像。全景可视系统可以有 4 路视频输出，即前、后、左、右，如图 6-13 所示。将摄像头安装在车前，车尾以及后视镜的下面，由遥控控制，能自动切换画面，视频可以由 4 个视频组成也可以由单一的视频组成。驾驶人可以将车身四周的状况一次看清楚，不仅方便倒车，而且在开车出入狭窄的地方时更安全。

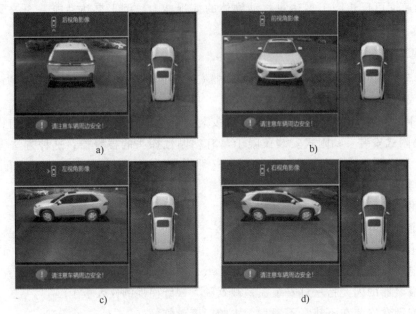

图 6-13　全景可视系统监测图

a) 后摄像头　b) 前摄像头　c) 左摄像头　d) 右摄像头

目前市场上的倒车影像种类繁多，功能各异，如何选择适合自己的倒车影像是不少人关注的问题，其实无论是原装还是加装，都应当符合以下几个标准。

1）摄像头成像清晰，而且要有一定的夜视能力。这与摄像头的感光元件有关，很多摄像头在光线良好的环境下成像正常，但在晚上或偏暗的环境中会出现有些障碍物分辨不清的状况，影响倒车判断。

2）摄像头安装位置合理。目前大部分倒车影像的摄像头，都是安装在尾厢盖上，可以看到小部分的车尾保险杠。但有些后装的倒车影像，摄像头却被安装在后保险杠上，导致使用者在判断与障碍物之间的距离时失准。

3）挂倒档后，屏幕切换显示图像反应迅速。有一些原厂装备，因为使用的是自动伸缩的屏幕，挂上倒档后，屏幕缓缓升起造成一定的延时，降低了用户体验。

4）影像带有倒车辅助线。部分倒车影像系统可以随着转向盘的转动实时显示转弯辅助线，来提示用户按照当前转向盘角度能否避开障碍，相比那些缺少辅助线显示功能或只能显示固定的直线方向辅助线的倒车影像来说，设计更加人性化。

5）摄像头视野范围广。广角的摄像头，例如全景式的倒车影像，使驾驶人更容易观察到后方远处的行人和来车，在倒车出车位或路口时能够提高行车安全。

6.4.3　车道偏离预警系统

车道偏离预警系统（Lane Departure Warning System，LDWS），是一种通过报警的方式辅助驾驶人减少汽车因车道偏离而发生交通事故的汽车驾驶安全辅助系统，如图 6-14 所示。当感测元件侦测到车辆无意识（驾驶人未打转向灯）偏离车道时，会及时发出警报、振动转向盘，甚至能够主动施力拉回转向盘以提醒驾驶人返回车道，此外，使用 LDWS 还能纠正驾驶人不打转向灯的习惯，改善因疲劳驾驶或长时间单调驾驶引发的注意力不集中等情况。

图 6-14　车道偏离预警系统示意图

车道偏离预警系统主要由摄像头、控制器以及传感器组成，当车道偏离系统开启时，摄像头（一般安置在车身侧面或后视镜位置）会时刻采集行驶车道的标识线，通过图像处理获得汽车在当前车道中的位置参数，当检测到汽车偏离车道时，传感器会及时收集车辆数据和驾驶人的操作状态，之后由控制器发出警报信号，整个过程大约在 0.5s 内完成，为驾驶人提供更多的反应时间，减少了因车道偏离引发的碰撞事故。而如果驾驶人打开转向灯，正常进行变线行驶，那么车道偏离预警系统不会进行提示。

车道偏离预警系统已经商业化使用的产品都是基于视觉系统的，根据摄像头安装位置不同，可以将系统分为：

①侧视系统——摄像头安装在车辆侧面，斜指向车道；②前视系统——摄像头安装在车辆前部，斜指向前方的车道。

考虑到汽车在雨雪天气或能见度不高的路面行驶时，采集车道标识线的准确度会下降。为了解决这个问题，技术工程师开发了红外线传感器的采集方式，其一般安置在前保险杠两侧，并通过红外线收集信号来分析路面状况，即使在环境恶劣的路面，也能识别车道标识线，便于在任何环境的路况下均能及时提醒驾驶人汽车道路偏离状态。

当前我国在车道偏离预警系统方面也取得了一定的进展，例如由吉林大学开发的 JLU-VA-1 系统和东南大学开发的基于数字信号处理（Digital Signal Processing，DSP）技术的嵌入式车道偏离预警系统，两者都是基于单目视觉的前视系统。

JLUVA-1 系统主要由车载电源、嵌入式微机、显示设备、黑白电荷耦合元件（Charge Coupled Device，CCD）摄像机、数据线、音箱以及图像采集卡等组成。利用安装在汽车后视镜位置处的 CCD 摄像机采集汽车前方的道路图像，通过图像处理获得汽车在当前车道中的位置参数，一旦检测到汽车距离自身车道白线过近，有可能偏入邻近车道而且驾驶人并没有打转向灯时，该系统就会发出警告信息提醒驾驶人注意纠正这种无意识的车道偏离，从而尽可能地减少车道偏离事故的发生。

基于 DSP 技术的嵌入式车道偏离预警系统由模/数转化及解码电路模块、缓冲电路模块、媒体处理器 DSP 电路模块、编码及数/模转换电路模块等模块组成。该系统通过车载摄像头采集被跟踪车道线的模拟视频信号，经解码生成数字信号码流缓冲后送到高速媒体处理器 DSP 的视频接口，然后再由视频处理模块对数字视频信号进行车道特征值的提取，最后将处理后的视频信号送至编码及数/模转换电路输出显示。

6.4.4 盲点监测/并线辅助系统

汽车在行驶时存在多处视野盲区（如前方盲区、后方盲区、A柱盲区、左右两侧后视镜盲区等）。虽然加装倒车雷达和摄像头能够监测车辆前方及后方的盲区，然而对于左右两侧后视镜的盲区（图6-15）却无法同时顾及。尤其在驾驶车辆变道或并线时，如果左右两侧后视镜盲区内有超车车辆，此时变道就有可能会发生碰撞事故。在大雨、大雾或夜间等视野模糊的环境下，驾驶人更加难以看清后方车辆，此时变道就面临着更大的危险。盲点监测系统就是为了解决这一问题而产生的。

盲点监测系统又称并线辅助系统（Blind Spot Information System，BLIS），是现代汽车上的一款主动安全类的高科技配置，主要功能是扫除后视镜盲区，通过毫米波雷达监测车辆两侧后视镜盲区中的超车车辆，对驾驶人进行提醒，从而避免在变道过程中由于后视镜盲区而发生事故。BLIS工作示意图如图6-16所示。

图6-15 汽车行驶时左右两侧后视镜的盲区

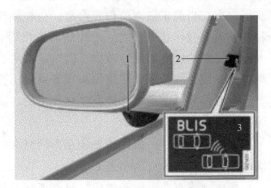

图6-16 BLIS工作示意图

1—摄像头 2—指示灯 3—显示图标

通常盲点监测系统的形式是在汽车尾部安装两个隐藏式的感应器，并在后视镜片（部分车型在后视镜外壳内侧或者三角窗上）亮灯提醒驾驶人后方有来车，部分产品会采用声光结合的形式。通过两个安装在后保险杠的一发双收毫米波雷达（图6-17），对相邻车道进

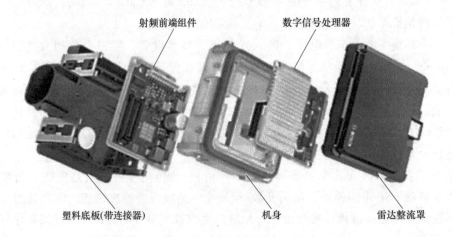

射频前端组件　　　　数字信号处理器

塑料底板(带连接器)　　　机身　　　雷达整流罩

图6-17 毫米波雷达结构示意图

行监测，监测到有来车靠近时，把信号传输到控制器上，由控制器经过处理后转化为光信号传输到后视镜，点亮盲点灯进行预警。当一侧雷达监测到有来车，光信号会传输到同一侧的后视镜上。假如某一侧的灯光为点亮状态（即该侧有来车时），如果此时驾驶人拨动该侧转向灯，此时后视镜上的警示灯改为闪烁，同时蜂鸣器会警报，提醒驾驶人此时变道会有危险。通过整个行车过程中，不间断地监测和提醒，防止行车过程中因恶劣天气、驾驶人疏忽、后视镜盲区和新手上路等潜在危险而造成交通安全事故，进一步提高行车安全。

传统的超声波雷达监测距离近，而且不能区分静止和移动，而激光雷达成本高昂，所以目前的并线辅助主要采用毫米波雷达作为探测器。大部分毫米波雷达的频段为 24GHz 和 77GHz，在车辆行驶速度>10km/h 时自动起动，实时向左右 3m、后方 8m 范围内发出探测微波信号，系统对反射回的微波信号进行分析处理，即可获取后方车辆的距离、速度和运动方向等信息，通过系统算法，排除固定物体和远离的物体。另外，也有部分厂家采用摄像头方案，但是摄像头受天气影响比较大，遇到能见度低的环境，会影响正常工作。

6.4.5　主动制动

数据统计表明，75%的追尾事故都发生在大约 30km/h 的速度下，而主动制动作为主动安全系统的一项驾驶辅助技术，能够有效帮助驾驶人避免城市交通常见的低速行驶时的追尾事故。

目前，具有代表性的主动制动技术包括斯巴鲁的 Eye Sight、沃尔沃的 City Safety、奔驰的 Pre-safe System、雷克萨斯的 Pre-Collision System（PCS）、大众的 Adaptive Cruise Control（ACC）以及英菲尼迪的 Distance Control Assist（DCA）等。其中最为典型的就是沃尔沃的 City Safety 城市安全自动制动系统，如图 6-18 所示。当车辆的速度达到 30km/h 时，沃尔沃的这套系统就会自动起动，通过前风窗玻璃上的光学雷达系统监视交通状况，尤其是监视车头前 6m 内的情况。当遇到前车制动、停止或者有其他障碍物的时候，这套系统首先会自动在制动系统上加力，以帮助驾驶人在做出动

图 6-18　沃尔沃 City Safety 城市安全自动制动系统

作前缩短制动距离。此外，它还可以通过调整转向盘，来改变车辆的行驶路径，以避开障碍物。当距离障碍物很近时，这套系统会自动紧急制动而无须驾驶人的任何操作，如图 6-19 所示。

当然，随着科技的发展，用于汽车的主动安全系统正在被逐步完善，人们驾车的安全系数也正在逐步上升。若汽车搭配上主动安全系统，在大数据、5G 网络的加持下，全世界的车祸发生率应该会有显著的下降。

a)   b)

图 6-19 主动制动应用场景

a）躲避行人及非机动车辆   b）预防紧急制动追尾

思考题 •

6-1 列举汽车电气设备加装项目有哪些？根据掌握的知识分析未来汽车电气设备加装改装的方向。

6-2 简述汽车音响的改装步骤。

6-3 简述汽车车灯的种类及发展过程。

6-4 简述汽车车灯的改装步骤及改装过程中需要注意的事项。

6-5 什么是盲点监测/并线辅助系统？简述其工作原理。

第7章　特殊改装案例

残障人士专用汽车改装

提到无障碍设施，人们首先会想到无障碍通道、无障碍卫生间、无障碍公交车等公共设施，其实在乘坐或驾驶私家车时，身体不便的人士同样需要照顾。美国、日本等发达国家对无障碍汽车的关注比较早，在 20 世纪 50 年代就已经开始研制针对残障人士乘坐汽车的便利性装置。20 世纪 80 年代，日本在无障碍环境建设方面得到了长足的发展，由于人口老龄化不断加重，除了特定的残障人群外，越来越多行动不便的老人同样需要便利的无障碍环境。

如今，随着社会人道主义关怀的不断加深，无障碍汽车（图 7-1）的设计制造也在不断地发展与完善。经过合法改装后的车辆可以同普通车辆一样正常上路行驶，帮助残障人士更好地参与社会生活和就业，同时也方便了高龄老人的出行。

图 7-1　无障碍汽车

7.1.1　车辆操控改装

1. 辅助操纵杆

对于下肢残疾或者腿脚不便的人群来说，使用标准的踏板实现车辆的加速和制动存在一定的困难，此时，可以通过对现有的踏板进行改装来解决这一问题，如图 7-2 所示。下肢残疾可进一步分为单下肢残疾和双下肢残疾，针对单下肢残疾（主要指右下肢残疾）的改装

相对简单，加装一个辅助踏板，让驾驶人的左脚可以踩到加速踏板即可；而针对双下肢残疾的改装相对复杂，需要加装辅助操纵杆，以此来控制加速和制动踏板。早期机械式的辅助操纵杆如图 7-3 所示。

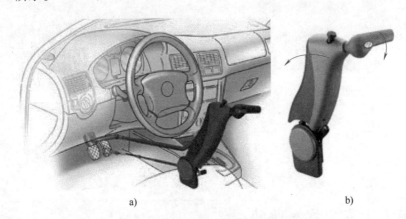

a)   b)

图 7-2 车辆加装辅助操纵杆示意图

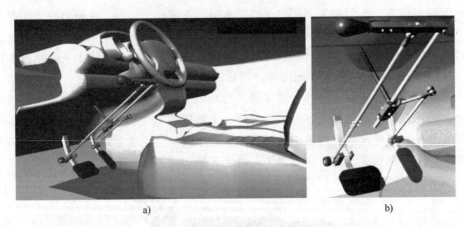

a)   b)

图 7-3 早期机械式的辅助操纵杆

辅助操纵杆从最初的机械式，到气压式，再到电动操纵杆的逐渐发展，尽管它们形状不同、造型各异，但能实现的功能和工作原理基本上都是相同的。以图 7-4 中所示的操纵杆为例，当驾驶人将操纵杆的把手向身体一侧提拉时即可完成对车辆的加速；反之，如果向反方向推动操纵杆则可以对车辆进行制动。另外，此类操纵杆上通常都会集成前照灯、转向灯等开关，方便驾驶人在驾驶车辆时对灯光进行控制。

2. 转向盘加速环

当驾驶人使用操纵杆仍觉费力时，可以选择加装转向盘加速环等装置来实现对车辆的控制。加速

图 7-4 辅助操纵杆示意图

环的安装位置可以选择在转向盘的上面或者后方。使用中根据不同的安装方式，通过向下按

图 7-5　转向盘加速环装置

a）模型图　b）实物图

压或往上提拉加速环等动作来实现车辆的加速或减速。

汽车制造商通常会在车辆的加速踏板模块中安装两个传感器，这是为了避免产生非人为加速的情况。转向盘加速环也会采用类似的设计，在转向盘内安装两个传感器，以确保符合原汽车制造商的安全标准，杜绝非人为加速情况的产生。

此外，加速环的控制方式与原电子节气门的控制系统完全相同。加速环自动获取车辆的实时速度，并基于车速来调节加速环的阻尼。例如，在低速行驶时，驾驶人需要对加速环施加一个平稳且渐进的力；而在高速行驶时，使用加速环会变得更加顺畅。

3. 踏板改装

（1）左脚加速踏板　针对单下肢残疾（主要指右下肢残疾）的驾驶人，由于无法正常使用标准的加速踏板，因此，需要对现有的踏板进行改装。例如，安装左脚加速踏板。安装后（此时原本的标准踏板会被移除）驾驶人能够使用左脚来实现车辆的加速。常见的左脚加速踏板改装包括地面安装式和翻转式两类，如图 7-6 所示。

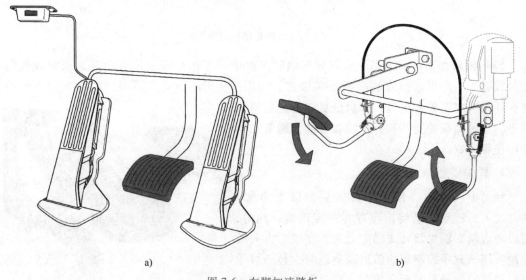

a）　　　　　　　　　　　　　　　　　b）

图 7-6　左脚加速踏板

a）地面安装式　b）翻转式

地面安装式的加速踏板通常安装在制动踏板的左侧，方便驾驶人使用左脚进行加速，同时会在原加速踏板的前方加装保护装置（图7-7）防止误操作。翻转式的加速踏板同样安装在制动踏板的左侧，当驾驶人需要使用左脚加速踏板时，只需将其翻下（此时原加速踏板会自动上翻收起），便可使用左脚实现对车辆的控制。

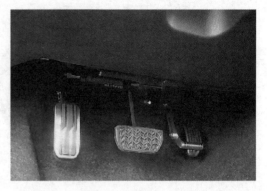

图 7-7　在原加速踏板前方加装保护装置

（2）可折叠踏板　当下肢不便的驾驶人在驾驶车辆时，有时会出现脚部滑入踏板下方或者脚部痉挛等情况，此时可以考虑安装可折叠踏板，这种踏板采用铰接的形式，可以向上折叠，如图7-8所示。对于右脚装有假肢或者腿脚不便的驾驶人来说，还可以提供额外的腿部空间，保证更加舒适的驾驶姿态，消除误踩踏板的风险，提高行车的安全性。

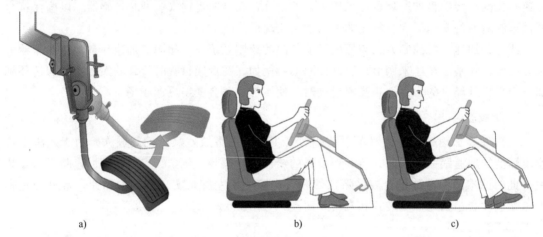

a)　　　　　　　　　b)　　　　　　　　　c)

图 7-8　可折叠踏板示意图

（3）踏板加高　对于那些在驾驶车辆时，由于原车踏板安装位置距离远而造成使用困难的驾驶人，可以选择安装踏板加高装置，如图7-9所示。安装后可以减少 5~10cm 的距离，让踏板离驾驶人更近，来保证更加舒适的驾驶姿态，这种踏板的安装和拆除也很方便，通常在几秒内便可完成。

4. 转向辅助

针对上肢不便（例如手臂或肩膀缺乏力量）的驾驶人，转动标准转向盘存在一定困难。此时，可以考虑给车辆加装转向辅助装置来实现对方向的控制。用一只手控制车辆前进或后退时，另一只手可以通过转向辅助装置来控制方向。常见的转向辅助装置包括转向球、转向握把。汽车改装中常见的

图 7-9　踏板加高装置

转向辅助装置及对应的手部握姿示意图如图 7-10 所示。

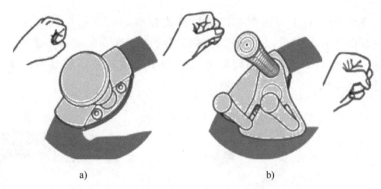

图 7-10　汽车改装中常见的转向辅助装置及对应的手部握姿示意图

a）转向球　b）转向握把

转向球是改装中常见的转向辅助装置，如图 7-11 所示。它通常被安装在转向盘轮辐与轮圈的交界处，且大多数支持快拆功能。使用时，驾驶人用单手握住球头带动转向盘转动从而控制方向。

除转向球外，转向握把在改装案例中也经常出现，如图 7-12 所示。其固定方式与转向球类似，使用此类握把时，需要驾驶人将手腕放在两个副柄之间（副柄之间的距离可调节），再用手握紧主柄从而带动转向盘转动进行控制。

5. 遥控装置

遥控装置改装是指将普通汽车上常见的指示灯、刮水器、扬声器、前照灯等功能按键经过改装集成在一块控制面板上并通过遥控按键来实现，这将使得残障驾驶人在驾驶车辆时更加从容便捷。如图 7-13 所

图 7-11　转向球及固定底座

示，遥控装置通常被固定在转向盘上（例如集成到转向球上），以便驾驶人在单手控制方向的同时能实现其他的功能，如转向时亮起转向指示灯、鸣笛示警、夜间开启前照灯以及雨天使用刮水器等。

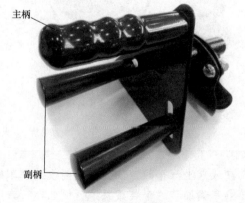

主柄

副柄

图 7-12　转向握把

图 7-13　安装在转向盘上的遥控装置

6. 其他改装

（1）**轻便驻车制动**　对于那些配备传统机械式驻车制动器的车辆来说，上肢不便的驾驶人往往很难进行操作，此时可以对原本的驻车制动进行改装来减少操纵驻车制动时所需的力，如图 7-14 所示。针对下肢不便的驾驶人以及采用踏板式驻车制动器的车辆，可以选择加装操纵杆来进行驻车制动，如图 7-15 所示。

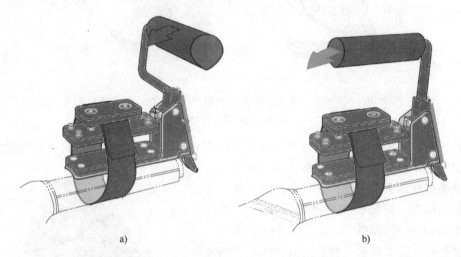

a)   b)

图 7-14　常见的轻便驻车制动装置安装示意图
a）标准版　b）轴向版

（2）**便捷换档**　对于手部不便的驾驶人来说，往往很难进行换档操作，此时可以选择加装方便换档的装置来减少移动变速杆或按压档位锁止按钮所需的力。针对部分采用旋钮式换档机构的车辆，可以选择加装换档球头来选择所需的档位。便捷换档装置如图 7-16 所示。

a)   b)

图 7-15　加装操纵杆后的踏板式驻车制动器

图 7-16　便捷换档装置
a）旋钮式　b）加装换档球头

7.1.2　车辆装载改装

对于那些手动或电动轮椅的使用者来说，在驾驶或乘坐汽车时，如何将轮椅收纳进车厢一直是需要面对的问题。为了解决这一问题，需要给车辆加装一个装载系统，例如在行李舱

安装举升装置或者在车顶加装收纳装置。经改装后的车辆，只需按下按键，举升装置便能辅助操作者将轮椅等重物从车外牵引至车厢内（行李舱或车顶储物箱）的指定位置并固定好，如图 7-17 所示。

图 7-17　汽车行李舱自动化举升装置

1. 行李舱举升装置

根据使用者轮椅的类型和所需空间，可以选择不同的行李舱举升装置。常见的举升装置有多向升降机和双向升降机两类，如图 7-18 所示。

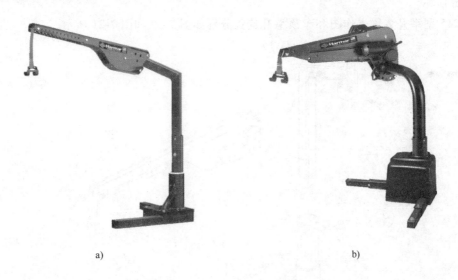

a)　　　　　　　　　　　　　　　　　　b)

图 7-18　行李舱举升装置
a）多向升降机　b）双向升降机

多向升降机主要用于运输体积与质量较大的轮椅。使用时，先将轮椅通过绑带固定在举升装置的挂钩上，按下按钮，举升装置将轮椅向上提升，当轮椅高度与车辆行李舱地板平齐时，再通过人为手动引导将轮椅放进行李舱内，用绑带固定，整个操作过程如图 7-19 所示。此外，在多数情况下，运输较大的轮椅时，需要将车辆后排的座椅折叠。而双向升降机适用于运输质量较小的轮椅，操作时，轮椅在升降机的牵引下只能在垂直方向运动。

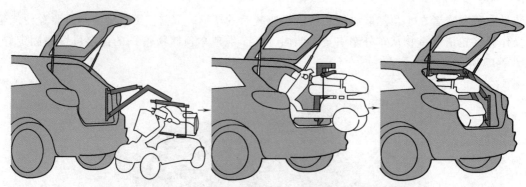

图 7-19　多向升降机收纳轮椅的操作过程

2. 车顶举升装置

如果汽车的行李舱空间被其他物品占用或行李舱较小，空间不足时，可以选择安装车顶举升装置将轮椅放置在车顶的储物箱内。车顶举升装置的原理同行李舱举升装置类似，电动升降机将折叠轮椅从地面吊起来，然后将其送入车顶的储物箱中放置。储物箱的开口位置也可以根据不同的需求安装在驾驶人一侧或乘客一侧。

当驾驶安装有车顶举升装置的车辆时，应特别考虑在泊车时，车辆外界环境所允许的最大高度（如有高度限制的地下停车场、立体停车场等），以防由于限高对车顶举升装置或储物箱造成损坏。

AL215 型举升装置爆炸图和车顶举升装置分别如图 7-20 和图 7-21 所示。

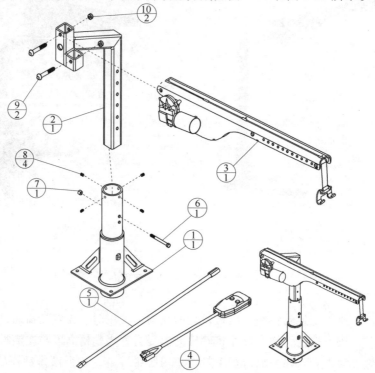

图 7-20　AL215 型举升装置爆炸图

1—底座　2—方柱　3—机械臂　4—双按键摇控装置　5—线束　6—六角头螺栓　7、10—尼龙自锁螺母　8—固定螺钉　9—螺栓

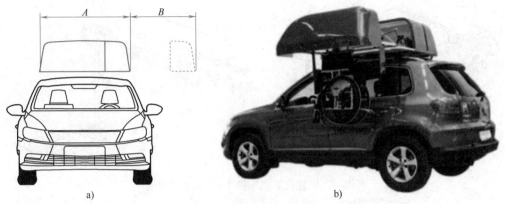

a)　　　　　　　　　　　b)

图 7-21　车顶举升装置

a）设计图　b）实物图

A—举升装置闭合宽度　*B*—举升装置打开最大宽度

3. 平台式升降装置

　　当需要运输的轮椅体积和质量较大时，可以为车辆加装平台式的升降装置，如图 7-22 所示。由于这种装置自带升降平台，轮椅在平台上停放时比采用挂绳的升降机更加平稳牢固，从而帮助残障人士将轮椅等代步工具更加顺畅、高效、安全地转移至车内。使用平台式升降装置时，可以直接将电动轮椅行驶到升降平台上，停放稳定后，在升降机的作用下，将有人坐或无人坐的轮椅牵引至车内。考虑到平台本身的尺寸较大，平台式升降装置通常适用于较大型的车辆改装，如商务车、小货车、皮卡等。

图 7-22　安装平台式升降装置的无障碍汽车

　　根据在车上的安装位置，可以将平台式升降装置分为车内安装型和车外安装型。选择车外安装时，可以通过车辆尾部的拖车挂钩与升降机的底座相连接，车辆行驶时，平台通常会向上翻折收起贴紧车厢尾部，如图 7-23 所示。选择车内安装时，先根据轮椅进入车内的位置（如车尾或车侧），再将升降机的底座固定在车内地板的相应位置上，如图 7-24 所示。

　　在使用平台式升降装置时，根据不同的轮椅类型，其固定方式也有所不同。常见的固定方式包括多点式固定、"Y"形固定、锁止轮固定、限位杆固定等，如图 7-25 所示。

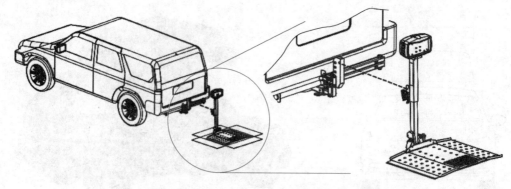

图 7-23　安装在车身外部的平台式升降装置

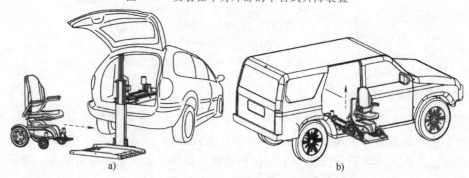

图 7-24　安装在车厢内的平台式升降装置

a）从后尾门进入车内　b）从车侧门进入车内

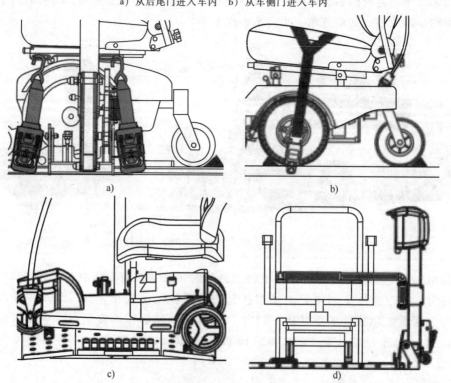

图 7-25　轮椅在平台上常见的固定方式

a）多点式固定　b）"Y"形固定　c）锁止轮固定　d）限位杆固定

7.1.3　车辆进出改装

当轮椅使用者驾驶车辆时，首先应当考虑如何让其方便地进出车辆，除了残障人士专用汽车（Wheelchair Accessible Vehicle）外，还有很多基于普通汽车的改装，经过改装的车辆同样可以满足使用要求。

1. 转换面板

转换面板通常被安装在汽车座椅的外侧，可以选择手动或电动形式。使用时，如图 7-26 所示，先将转换面板从固定角度（如 45°）插入事先安装在车门框处（如 B 柱底部）的基座上，再旋转面板将其放平，在轮椅和汽车座椅之间形成支承平面以帮助轮椅使用者从轮椅转移至车内座椅或者从车内座椅转移至轮椅上。在操作时要求使用者需要具备一定的上肢力量以保证能在轮椅和转换面板之间正常切换。

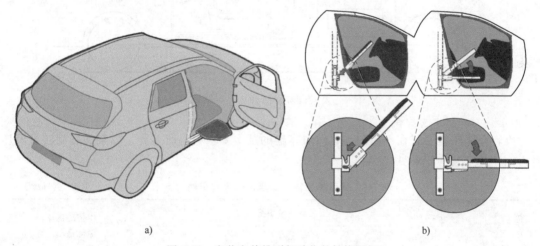

a)　　　　　　　　　　　　　　　　　　b)

图 7-26　安装在前排副驾驶位的转换面板

2. 旋转升降座椅

旋转升降座椅是为了方便下肢不便的残障或高龄人士进出车辆而特别设计的装置，如图 7-27 所示。座椅可旋转而出，驾驶人或者乘客可在车外坐到座椅上，然后装置平稳地提

a)　　　　　　　　　　　　　　　　　　b)

图 7-27　电动旋转座椅

a）安装示意图　b）实物图

升并旋转进入车内安全位置。此座椅完全伸出车外后，离地高度可根据车辆情况及使用需求进行调节。同时，可以与轮椅对接，将乘客直接从轮椅的座椅上转接进入车内。

旋转升降座椅可分为左旋式（通常用于驾驶人座椅改装）和右旋式（通常用于副驾座椅、中门座椅改装），在安装时，只需满足基本的尺寸限制要求即可，如图 7-28 所示。对车型没有特殊要求，大多数的车型都支持改装。

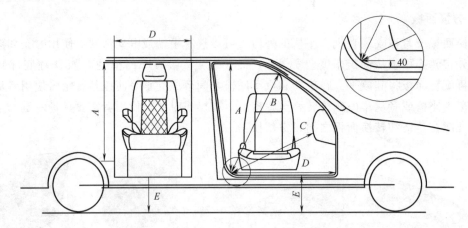

图 7-28　旋转升降座椅安装对车辆的要求

旋转升降座椅安装在不同的位置时对车辆的基本要求会有所差异，以某品牌旋转升降座椅为例，其安装的要求见表 7-1。

表 7-1　某品牌旋转升降座椅安装对车辆的要求　　　　　（单位：mm）

安装位置	安装空间最小要求					中控距离车门内饰最小尺寸
	A	B	C	D	E	
驾驶位	900	900	720	700	≤350	550
	990	960	720	680	≤600	
副驾驶位	950	950	830	800	≤300	630
	1040	1010	830	780	≤550	
中门	990	—	—	680	≤600	—
	1040	—	—	680	≤550	

在旋转升降座椅的基础上，轮椅车提供了一个可在车辆座椅机构与轮椅底座间移动的装置，车辆上的座椅可以转换为轮椅的座椅，如图 7-29 所示。当坐在汽车座椅上的乘客被转出车外时，只需将汽车座椅连同乘客轻轻滑入轮椅底座，便能成为一个舒适的正常轮椅。反向操作，则可进入车内。从轮椅转换进入车辆的过程中，乘客可全程坐在座椅上，无须离开座椅。此外，这种轮椅还具有防后倾、高度可调等功能，轮椅的轮圈、脚踏板、支架、制动等部件均支持快速拆卸，减少占用车内收纳空间。

以某品牌 S-L 型号的轮椅车为例，在工程设计阶段，需要提前确定轮椅车的外形尺寸。轮椅车外形设计图如图 7-30 所示，具体设计参数见表 7-2。

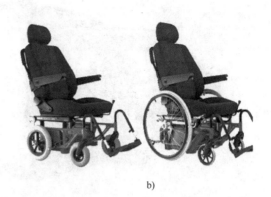

a)

b)

图 7-29 轮椅车

a）安装示意图 b）实物图

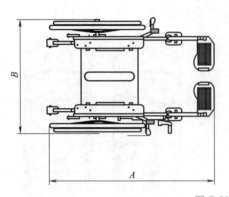

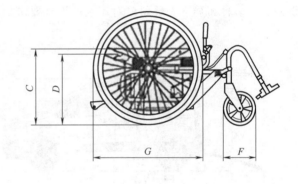

图 7-30 轮椅车外形设计图

表 7-2 轮椅车的设计参数

符号	设计参数	符号	设计参数
A	轮椅车外形总长	D	轮椅车锁止高度
B	轮椅车外形总宽	F	轮椅车前轮直径
C	轮椅车高度	G	轮椅车后轮直径

3. 斜坡装置

斜坡在无障碍环境中比较常见，例如，在公共场所为下肢残障人士设置的轮椅坡道，以及公交车上为方便残障人士上下车而设计的坡道式轮椅上下车装置。在车停稳后，公交车车门处将自动伸出一块与车门同等宽度的防滑板，搭在车辆与路面之间，形成一个坡道方便轮椅使用者进入车内，车厢内还设有残障人士和老年人专门座椅，并留有专门放置轮椅的空间。其实除了公交车外，目前在很多乘用车上也可以通过加装类似的装置来实现无障碍通行，方便轮椅使用者上下车，如图 7-31 所示。

在设计斜坡装置时，应当考虑斜坡的倾斜角度，坡道的长度及宽度，尾门开启高度，以及当轮椅使用者通过斜坡进入车内后，轮椅在车厢内的摆放位置，与固定座椅的间距等参数。斜坡整体设计需要符合相应的国家标准，并考虑人机工程学优化，从而为轮椅使用者提

图 7-31　乘用车加装斜坡示意图

供便利。多种布局下安装斜坡对车辆的设计要求如图 7-32 所示。

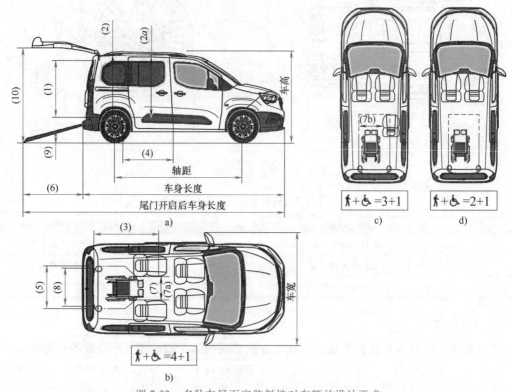

图 7-32　多种布局下安装斜坡对车辆的设计要求

1—入口高度　2—内部可用高度　3—轮椅固定装置间的距离　4—轮椅区长度　5—轮椅区高度
6—斜坡长度　7—后排座椅最小间距　7a—后排座椅最大间距　7b—3+1 布局时轮椅区宽度
8—斜坡宽度　9—斜坡倾斜度　10—尾门开启后高度　2a—车门高度

　　在实际改装案例中，除了可以在行李舱尾门处加装斜坡外，对于商务车、小货车等装有侧滑门的车辆来说，在中门处加装斜坡也很常见，如图 7-33 所示。但无论选择哪种方式，都需要对车厢内原本的座椅布局进行调整，使用可折叠座椅或者对部分座椅进行移除，为轮

图7-33 在中门处加装斜坡的车辆车内布局透视图

椅提供充裕的摆放空间。

7.2 赛车改装

赛车比赛早在19世纪末期便已出现，1895年6月在法国举办的巴黎—波尔多折返赛被认为是世界上首届汽车比赛。经过一百多年的发展，赛车运动已经成为全球最受关注的运动之一，其中著名的国际性巡回赛车比赛包括世界一级方程式锦标赛（Formula One，F1）、世界拉力锦标赛（World Rally Championship，WRC）、世界房车锦标赛（World Touring Car Championship，WTCC）、世界耐力锦标赛等。此外，随着赛车运动的普及和新能源汽车的迅猛发展，近年来涌现出了一批全新的赛事，如大学生方程式（Formula Student）以及电动方程式锦标赛（Formula E）等，完全颠覆了以往人们对于赛车的印象。

目前，全球范围内的四轮（或多轮）赛车比赛由国际汽车联合会（Fédération Internationale del′ Automobile，FIA）统一负责管理，每年FIA会依据上一年的比赛，制定最新的赛车改装标准，并向参赛选手提出相应的规定。赛车改装涉及面广，内容复杂。不同的车型往往改法不同；同一车型，根据比赛形式、场地等限制，改法也有所区别；即便是相同比赛使用同一车型，也存在不同组别的改法。可以说，一辆经过全面改装的赛车，其背后的工作难度和技术含量不亚于制造一台新车。

赛车运动属于极限运动，其本身具有一定的危险性，为了保护参赛者的人身安全，FIA针对不同的赛车制定了各种安全标准，赛前会有专业的技术人员对比赛车辆进行严格的安全检验，只有赛车达到规定的最低安全标准才有资格参赛。

经过一百多年的发展，赛车的安全性也在不断完善，现代赛车运动有着严格的安全规范和先进的安全装备，赛车的发展甚至推动了民用汽车安全性的发展，像安全带、无内胎轮胎、轿车的四轮驱动系统、陶瓷制动盘等安全装备的出现都与赛车有关。

1. 车架及防滚架

（1）车架 翻车是赛车比赛中最为常见的事故之一，一副坚固的车架能在车辆发生翻滚事故时有效地保护车内人员，提供生存空间，不会轻易变形压伤赛车手。对于某些特殊的赛事，如环境恶劣的拉力赛中，车手驾驶赛车需要时刻应对高低不平的路面，甚至有时需要

进行连续跳跃，通常此类赛车的车架会被加固，防止出现车架因被牵扯而造成断裂的情况。赛车车架三维设计图如图7-34所示。

图 7-34　赛车车架三维设计图

（2）防滚架　为了进一步保护车内乘员的人身安全，FIA还规定了在车身内必须安装符合安全标准的防滚架。防滚架的主体通常由数根冷拔无缝碳素钢管组成，并根据车身框架的轮廓走势进行拼接或焊接，形成一个整体，并对车内前、中、后各面进行支承，部分管路相互交叉，形成多个三角形结构来增加稳固性，如图7-35所示。即使车身外壳在发生碰撞或翻滚过程中严重损坏，防滚架也能够很好地保护驾驶室不变形，最大限度地为乘员提供生存空间。此外，防滚架还能增加车身刚性，在激烈驾驶时能够有效抑制车身形变，增加行驶稳定性。

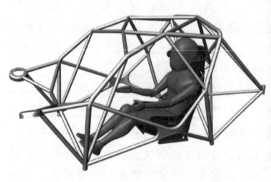

a)　　　　　　　　　　　　　　　　　　b)

图 7-35　赛车防滚架

a）三维设计图　b）实物图

2. 座椅和安全带

（1）座椅　当车手驾驶赛车在赛道上急转弯时，高速过弯产生的巨大离心力对车手来说是一个挑战。一套缺乏有效支承的座椅会在短时间内使车手的身体感到疲劳，进而妨碍车手对车辆及赛道的感知能力。在这种情况下，赛车座椅应运而生，它能够为车手提供强有力的支承来抵抗离心力，同时配合安全带将车手的身体固定在适当的位置，从而提高对车辆的控制水平。常见的赛车座椅以桶型居多，从人机工程学的角度来看，这样设计是为了更好地将车手紧紧地"包裹"住（图7-36），再配合安全带的使用，车手在激烈驾驶时就不会出现到处乱晃的情况。

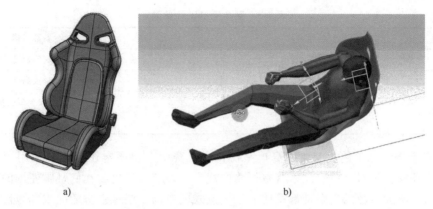

a)   b)

图 7-36 利用三维软件进行座椅设计

    赛车座椅通常由工程塑料或碳纤维通过一次成型制成，结实不易变形，厚度大概只有几厘米，质量要比原车座椅轻很多；与车手接触的座椅表面覆盖着具有很大摩擦系数的织物，而外表面通常包裹着一层防火面料。赛车座椅的安装位置比原车座椅低很多，车手几乎等同于坐在地板上开车（图 7-37），虽然牺牲了一定的舒适性，但能为车手带来更加明显的路感，以便更加精准地操控赛车。此外，设计赛车座椅时，座椅通常要比车手的头部还要高出一截，这主要是从安全角度考虑，当车辆发生翻滚时，能和防滚架一起为车手的头部提供保护。

图 7-37 F1 比赛中赛车手的坐姿

赛车座椅设计图如图 7-38 所示。赛车座椅设计参数见表 7-3。

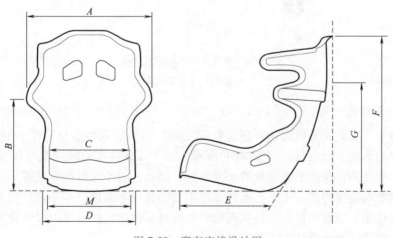

图 7-38 赛车座椅设计图

表 7-3　赛车座椅设计参数

符号	参数名称	符号	参数名称
A	肩部总宽度	E	底座长度
B	底座至肩部高度	F	最大高度
C	臀部宽度	G	底座至安全带孔高度
D	座椅前端宽度	M	安装宽度

（2）安全带　除了使用专业的赛车座椅，在比赛中车手通常还会配合使用专业的赛车安全带。这种安全带对材质、尺寸有着严格的规定，安装方式也与我们日常使用的安全带有较大的差别。绝大多数的安全带都采用斜拉三点式的布局，绕过乘员的前胸和腹部将其固定在座位上。正常行驶时，卷收器并不工作，安全带呈松弛状态，避免对乘员的身体造成不适。只有在遇到紧急制动或碰撞时，才会自动拉紧，将乘员固定在座位上，防止乘员由于惯性离开座位撞到前风窗玻璃造成二次伤害。

在正规的比赛中，出于安全考虑，要求赛车必须使用多点式安全带（至少5点以上），通常采用双肩式固定，与我们日常旅游时背的双肩登山包类似。赛车上的多点式安全带如图7-39所示，此类安全带没有卷收器，其长短会事先根据车手的身材调节好，系好后基本上也不再调节。此外，一般赛车安全带都有快拆装置，车手只需扳动安全带上的解锁钮，原本固定在身上的几根安全带便会瞬间散开，便于在事故中车手迅速松开安全带逃离赛车。

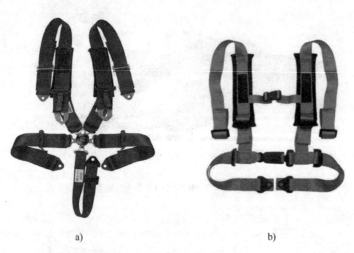

a)　　　　　　　　　　　　　　　b)

图 7-39　赛车上的多点式安全带
a）五点式　b）四点式

3. 转向盘及踏板

赛车比赛中，无论是直线加速，还是转弯变向，车手的双手始终离不开转向盘，F1 比赛中使用的转向盘也不断发展，如图7-40所示。一个布局良好的转向盘可以使各类功能更加直接地被车手使用，从而节约宝贵的比赛时间。因此，对于分秒必争的赛车运动来说，转向盘的设计和布局就显得尤为重要。不同于赛车上的其他零部件，车手在转向盘的设计布局上起到了关键作用，通常他们会在转向盘的开发阶段提供决定性意见，以便将来在比赛中使用时能够得心应手，达到最佳的人体工程学效果。

图 7-40　F1 比赛中使用的转向盘不断发展

从 2000 年起，赛车转向盘便呈现出了跨越式的发展，从一个皮革包覆的轮盘发展成为一个集成了诸多功能的控制器，如图 7-41 所示。例如，在最新款的 911RSR 赛车上，转向盘上共有 30 种功能可供车手使用，当以特定的组合方式激活时，还可以开启更多其他功能。得益于铝和碳纤维等新型轻质材料的应用，现代赛车转向盘的整体质量也减轻了不少，此外大多数转向盘还支持快拆功能，方便车手快速安全地进出驾驶室，而转向盘和赛车电子设备之间的连接则是通过控制器局域网络（Controller Area Network，CAN）接口来实现数据在单线上的双向流动。

a)　　　　　　　　　　　　　　　　　　b)

图 7-41　赛车转向盘

a）正面　b）背面

在赛车比赛中，车手需要频繁地完成加速、换档、制动等一系列操作，因此车手的双脚需要经常踩踏加速踏板、离合器踏板和制动踏板，为了防止脚部打滑造成误操作，必须使用表面具有防滑齿纹的踏板。F1 赛车上的专用踏板如图 7-42 所示，这种踏板通常由金属或特

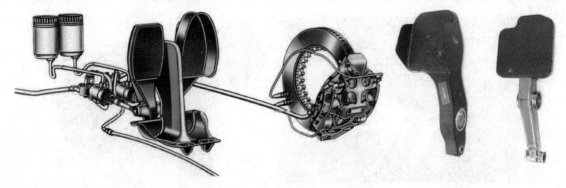

图 7-42　F1 赛车上的专用踏板

殊的橡胶制成，其表面的金属或橡胶防滑齿纹，除了可以提高车手操作的准确性以外，在下雨天，还可以增加车手脚底与踏板之间的摩擦力。此外，赛车上的制动踏板都比较宽，从而缩小了与加速踏板的间隙，这样有利于车手做"脚尖踩制动踏板、脚后跟踩加速踏板"的瞬间减档降速的技术动作。

4. 动力性能改装

自 1886 年德国人卡尔·本茨发明了世界上第一辆汽车以来，人类便一直在寻求速度上的突破。其中以竞速为目的的赛车运动随之兴起，逐渐成为人类追求速度的极致表现。随着汽车工业的进步，赛车性能也在不断提高，如今赛车比赛中推出的每一款新赛车，都代表着一个车队、一家车企甚至一个国家在汽车领域的新技术水平，同时赛车的发展也推动了民用汽车的发展。

赛车性能方面的改装涉及范围很广，主要包括赛车的动力性能提升、车身稳定性提升、轻量化以及空气动力学优化等方面，而这些方面的改进往往都是互相关联的。

（1）进排气系统 F1 赛车上的进排气系统如图 7-43 所示。对赛车的进气系统进行改装，目的是提高发动机的容积效率，通常可从以下几个方面入手。

图 7-43 F1 赛车上的进排气系统

1）空气滤清器。换用高效率、高流量的空气滤清器，可降低发动机的进气阻力，同时提高发动机单位时间内的进气量及容积效率，伴随着进气量的增加，供油系统会喷出更多的汽油与之配合，让较多的混合油气进入气缸，达到增大输出功率的目的。此外，也有不少改装案例安装了滤芯外露式滤清器（俗称"冬菇头"，图 7-44），能够进一步降低进气阻力，

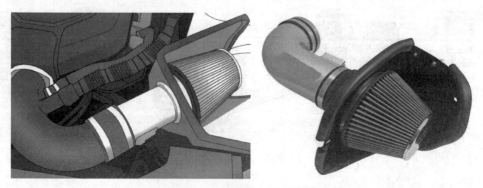

图 7-44 滤芯外露式滤清器

增大进气量。

2）进气道与进气歧管。为了能使赛车在急加速时获得充沛的动力，常常会改变进气管的形状，这样做的目的是能够形成进气蓄压以便在节气阀全部打开之后仍能保证充足的进气量，同时增加进气的流速。赛车上的进气系统与排气系统如图 7-45 所示。赛车中使用的进气管大多由碳纤维材质制成，在减小质量的同时，能让进气的温度不受发动机舱内的高温所影响，维持较高的密度，从而提升单位体积的含氧量，提高输出功率。

由于在赛车比赛中，发动机在高转速区间的动力表现更加被看重，因此，在改装时常常会忽略低转速时的转矩输出，将进气歧管尽量缩短甚至直接取消空气滤清器，充分消除进气阻力，以此来取得最佳的高速表现。换装直喷式的进气歧管与经过空气动力学设计的碳纤维进气道成为目前多数车队的最佳选择。

a)　　　　　　　　　　　　b)

图 7-45　赛车上的进气系统与排气系统

a）进气系统　b）排气系统

3）排气系统。试想如果给赛车的发动机配上民用车的排气系统，废气由发动机排出后，要经过排气歧管、一节、两节甚至三节消声器才能排到大气中，这样遇到的阻碍较多，容易造成排气不畅、真空度差，使得进气量减少，导致发动机的爆发力降低。因此，在赛车上，通常会拆除排气管后段的消声器，减少排气阻力以增加进气量，提高排气系统顺畅性，从而提高动力。而经过改装后的排气系统，由于消声器的缺失，会爆发出振奋人心的爆燃声，这也是吸引许多车迷成为后来的赛车手的原因之一。改装排气系统时，还要注意避免产生"背压"现象，否则会造成气门及活塞等内部零件的损坏。

（2）ECU 升级　无论是民用车还是赛车，对于绝大多数使用的发动机而言，基本上都是由发动机电子控制单元（ECU）来控制的，ECU 控制着喷入气缸内的汽油量，以及何时点燃油气混合物（即点火时间），而这两个参数都会影响发动机的运行状况和输出功率。通常 ECU 的设定是为了在燃油效率、驾驶性能和耐久性之间达到平衡。例如，民用车为了延长发动机的使用寿命，一般在转速达到 6500r/min 的时候，ECU 就会发出断油指令。然而赛车是专门用于比赛的，强调在短时间内达到极限，不用考虑使用寿命的问题。因此，可以将 ECU 进行重新设定。例如，将断油转速提高到 7000~8000r/min 甚至更高，以保证赛车在高速时仍然具有源源不断的动力。赛车专用的电子控制单元（ECU）如图 7-46 所示。

5. 车身稳定性提升

（1）轮胎　轮胎作为车辆唯一与地面接触的部件，承担了车体和乘员所有的质量，还

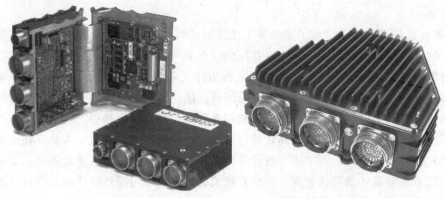

图 7-46　赛车专用的电子控制单元（ECU）

要应对各种不同路面上的起步、制动和侧滑等剧烈磨损，其重要性不言而喻。赛车用轮胎主要分为场地赛轮胎和拉力赛轮胎。其中每种轮胎又可进一步分为干地胎和湿地胎。例如，在场地赛中，如果赛道平整，天气良好的时候会选用花纹较少甚至没有花纹的轮胎（俗称"光头胎"，图 7-47a），目的是增加轮胎与地面的接触面积，在高速行车时提供强大的附着力，降低因轮胎打滑而造成赛车失控的概率。

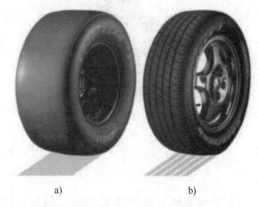

　　a)　　　　　　　　　b)

图 7-47　F1 赛车专用轮胎与普通汽车轮胎

　　（2）制动系统　与民用车类似，赛车的制动管路要求必须是双管路设计的，确保一路失效的时候，另一路仍能够有效控制至少两个车轮，提高行车安全性。民用车上所用的制动油管和制动泵、盘式制动系统的制动盘和摩擦片、鼓式制动系统的制动鼓和蹄片等，在赛车上都有对应的专用替代品，以防出现管路泄漏的现象，以及在频繁制动后由于高温而产生的制动力衰减现象。制动系统示意图如图 7-48 所示。

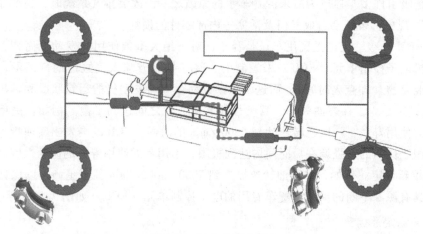

图 7-48　制动系统示意图

以 F1 比赛为例，在比赛中，赛车制动盘的温度最高可达 1200℃，而车手踩下制动踏板需要施加的制动力高达近 200kg（民用车施加的制动力大约为 40kg），制动时最大制动加速度可达 6g，无论是车手还是制动系统都面临着严峻的考验。F1 赛车的制动系统通常由制动踏板、制动主缸、液压管路、制动片、制动盘、制动能量回收系统、制动泵等核心部件组成，如图 7-49 所示。赛车前轮制动系统相对简单，与民用车上的液压制动系统类似。而赛车后轮制动系统由于制动能量回收系统的加入，结构相对复杂。当车手踩下制动踏板时，并不会直接通过制动管路中的制动液推动制动活塞来实现制动，而是将由后制动主缸传递来的信号传递给ECU，通过计算能量回收系统中储存的能量、电池电量、制动压力、制动温度等数据后，再通过后制动管路中的制动泵给后轮施加某一制动力。

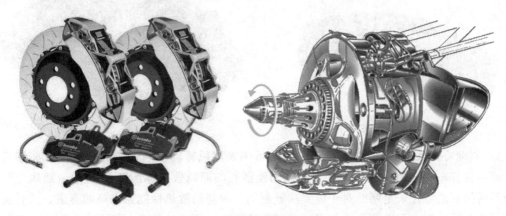

图 7-49　F1 赛车的制动系统

1）制动盘。现代 F1 赛车上使用的制动盘（图 7-50）是一种通过碳素晶格和碳纤维复合而成的材料，其优点是质量小、耐高温、导热性能好、抗热冲击能力强、摩擦系数大，几乎满足高级别赛车的一切需求。现阶段 FIA 对赛车制动盘的规格也有明确要求（制动盘直径不能超过 278mm，厚度不能超过 32mm），制动盘上的打孔数量随着对制动性能的逐渐提升而呈现逐年增多的趋势。每场比赛，各个车队都会根据不同的赛道类型，选用不同的制动方案。

图 7-50　制动盘

2）制动片。F1 赛车上的专用制动片（图 7-51），质量只有民用车的四分之一，与制动盘之间产生的摩擦系数却高达 0.9，并且能够为整场比赛提供基本一致的制动力，如图 7-53

所示。其工作温度与制动盘类似，能够承受1000℃以上的高温，但是寿命也相对较短，一般在汽车行驶500~800km后就需要更换。而此类制动片的制作材料则属于各个生产厂商的技术保密范畴。

3）制动卡钳。F1赛车使用的制动卡钳（图7-52）是由铝合金一体锻造而成的，其单个制动卡钳的质量大约为1.2kg，相当于普通民用活塞制动卡钳的五分之一，活塞数量为6个（3对），大小各不一样。相比于制动盘和制动片来说，制动卡钳的耐高温性能不用太强，一般在200℃以内，使用寿命一般为10000km。

图 7-51　F1赛车制动片

图 7-52　F1赛车制动卡钳

4）制动冷却系统。通常F1赛车的制动系统采用风冷降温。通风导管的设计能够极大地影响一台赛车的性能。F1赛车上给制动系统散热的通风管道如图7-53所示。通风导管要根据不同的赛道特性来定制，对于需要频繁制动，对制动散热性能要求高的赛道，适合使用大开口的通风导管；而遇到直道偏多，对制动性能要求不高的赛道，则适合使用小开口的通风导管，以便获得更小的空气阻力。同时，制动产生的热量还可以用来给轮胎升温，比如奔驰车队专门为制动暖胎设计了一个按键，这样可以将前轮的制动力分配调到80%甚至更高，以此来获得更多的制动热量，使前轮尽快达到所需的工作温度。

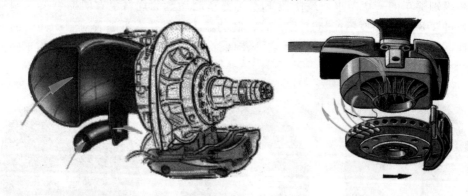

图 7-53　F1赛车上给制动系统散热的通风管道

（3）悬架系统　通常赛车的减振系统中弹簧都比较硬，减振筒的阻力也较大。高速过弯时车身侧倾不大，左右轮胎附着力均匀，即使车速很快，也能安全地过弯。在拉力赛中，赛车经常会遇到跳跃，一副较硬的弹簧能在赛车落地后有力地托住车身，避免车辆的油底壳碰地，而阻力较大的减振筒在车辆落地之后，也会大力地拉住车身，不再发生反弹。因此在比赛中我们常常见到拉力赛车，飞身落地后加油便走。

为了使赛车的前后悬架在过弯时具有良好的横向稳定性，避免出现悬架左右摆动的情况，通常会在左右减振器的顶部增加一根金属拉杆。F1赛车上使用的多连杆悬架如图7-54所示，让左右减振器互相支承，来降低横向移动的程度。同理，在左右减振器的底部也可以加装一根有一定刚性的防侧倾拉杆。此外，车手会利用赛前试车的机会，去仔细感受减振系统的软硬程度以及减振调校后的效果，再反馈给工程师，以便找到最适合自身驾驶习惯的调校方式。

a)　　　　　　　　　　　　　　　b)

图7-54　F1赛车上使用的多连杆悬架

a）前悬架　b）后悬架

6. 车身轻量化

在赛车领域，"轻量化"是一个非常重要的概念，在动力输出不改变的条件下，车身越轻，就意味着推重比越大，能够直接提升赛车的加速性能。一般的做法多为尽量拆除不用的东西，如扬声器、伸缩天线、空调装置、转向助力泵、后排座椅、前座靠背后的内饰、遮阳板、地毯等，还可将电动升降车窗改为手摇式车窗等。此外，3D打印技术的成熟应用，使得车身质量进一步减轻。减重后的车内座舱和3D打印的赛车踏板如图7-55所示。

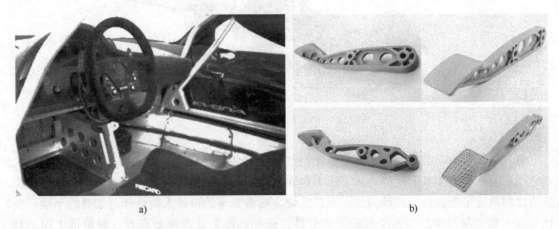

a)　　　　　　　　　　　　　　　b)

图7-55　减重后的车内座舱和3D打印的赛车踏板

a）减重后的车内座舱　b）3D打印的赛车踏板

随着复合材料的引入，碳纤维单体壳车身的诞生，让赛车轻量化趋向成熟。碳纤维的强度是钢材的两倍，但质量只有其五分之一，使用碳纤维单体壳车身的赛车不仅能从根本上降

低车重，还能够进一步提升赛车的安全性，例如，在 F1 赛车上的碳纤维单体壳座舱中使用了蜂窝状结构，以增加结构强度，让车身可承受更大的撞击力度，如图 7-56 所示。当然，赛车不可能无节制地轻量化，在绝大部分汽车赛事中，对参赛车辆的最低车重都有明确的限制，通常使用轻量化材料打造的赛车都会小于这一最低标准，此时工程师会在车内加装压舱物来达到规则允许的最小质量，这些压舱物被装在赛车内的特定位置，用来改变赛车的负载分配，带来更好的平衡，以提升赛车的操控性能。这种做法在赛车上非常普遍。

图 7-56　碳纤维单体壳座舱

7. 空气动力学优化

汽车领域的空气动力学研究的是汽车在空气中运动时产生的各种力对车辆的影响。在民用车上，工程师利用空气动力学让车辆更安全和节能；而在赛车场上，空气动力学则被用来进一步提升赛车的性能。赛车的空气动力学性能 CFD 仿真如图 7-57 所示。

图 7-57　赛车的空气动力学性能 CFD 仿真

研究空气动力学的主要目的在于减小空气阻力和增大下压力。对赛车而言，总的来说，低空气阻力在直道上具有优势，大下压力则在弯道的表现更加优秀。因此，如何在阻力和下压力之间取得平衡，是空气动力学研究的关键。通常赛车的设计人员会针对参赛的车辆，设计开发一套"量身定制"的空气动力学套件，例如，车头处的前分离器，前轮拱上用于释放流压的"鲨鱼腮"开口，车尾处的散热器流出口、尾部扩散器、后轮部扩散器以及大尾翼等，如图 7-58 所示，这些空气动力学套件在赛车高速行驶时发挥作用，能够为赛车带来优秀的空气动力学性能，例如，在过弯时产生几倍于自身车重的下压力，以便赛车能以更高的速度入弯，跑出更快的圈速。

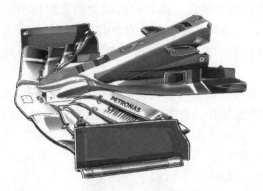
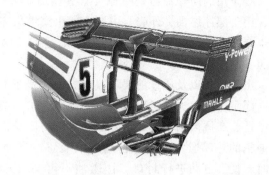

图 7-58　赛车上的空气动力学套件

8. 其他改装

（1）驻车制动拉杆　在拉力赛中赛车经常会遇到角度接近 180°的窄弯，由于其形状酷似女性用的发卡，因此也被称为"发卡弯"。通过这种弯道时，为了保持车速，车手通常会采用不减速而拉驻车制动拉杆的方法，在拉下驻车制动拉杆的瞬间，所有的制动力都作用在后轮，人为地破坏后轮的抓地状态，使得后轮短暂锁死，出现侧滑，从而造成车辆甩尾、原地掉头（俗称"漂移"），在拉力赛中这是一种很常见的调整车身姿态的手法。

当比赛中遇到的"发卡弯"较多时，车手需要频繁地拉、放驻车制动拉杆，若使用民用车上的驻车制动拉杆，往往会因为松开驻车制动拉杆不及时而造成甩尾过度。因此，拉力赛车的驻车制动拉杆都要经过重新设计，其锁止棘轮的安装位置与民用车正好相反，车手在拉起驻车制动拉杆造成甩尾后可以直接放手，无须再按动释放按钮。此外，驻车制动拉杆的位置通常也被摆放得很高，接近转向盘，目的是为了让车手能够随时顺手地拉到驻车制动拉杆。赛车上改装的各类驻车制动拉杆如图 7-59 所示。

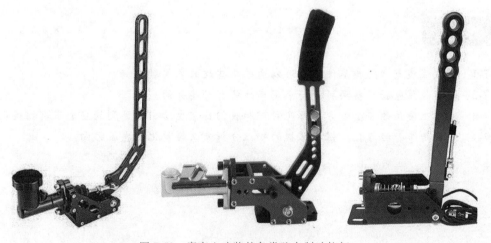

图 7-59　赛车上改装的各类驻车制动拉杆

（2）防爆油箱　近年来，随着国内赛车运动的发展，一些有实力的车队也开始与国际标准接轨，采用赛车专用的"防爆油箱"，其主要目的是避免车辆发生碰撞时引起燃油泄漏进而引发火灾。

赛车用的防爆油箱是一种具有方型金属外壳的密封油箱，油箱的内胆使用橡胶材料制成，用于储存燃油，外壳与内胆之间由海绵填充。当金属外壳受到外力冲击变形时，橡胶内胆也会跟着变形，而中间的海绵层则起到了缓冲的作用，能有效地避免变形的金属刺破内胆。

出于形状以及质量的要求，在方程式赛车上使用的油箱与其他赛车的油箱又有所不同，其内部主体由凯夫拉材质制成，外部覆盖了一层橡胶材质。由于凯夫拉材质具有永久的耐热阻燃性、高抗撕韧性，即使外部的橡胶材质受损，也能确保油箱内部主体不会发生破裂。赛车油箱的外部通常都设有自动断油装置，当油管意外断裂时，便会自动进行封口，让燃油不再溢出，保证人身安全。此外，按照规定在驾驶室和放置油箱的行李舱之间，必须使用金属板制成防火隔离层，确保万一油箱着火不至于蔓延到驾驶室内，进一步保障了乘员的安全。F1赛车专用防爆油箱如图7-60所示。

（3）自动灭火装置 为了预防火灾隐患，每台赛车都必须配备自动灭火装置。灭火装置的主体是一个固定不动的高压储液钢瓶，按照规定其质量不得低于4kg，且必须带有压力显示功能。从瓶口阀门引出数根带有喷嘴的金属细管，分别安装在发动机舱、油路和驾驶室等车辆易起火区域。当赛车意外着火，车手可以按动开关激

图7-60　F1赛车专用防爆油箱

活灭火装置，喷嘴就会从高压储液罐中喷射出灭火剂。与普通灭火器相比，这种赛车用灭火器的压力更大，通常在30s内就会将瓶内95%的液体喷出，能在最短的时间内将火源熄灭，为车手创造逃生时间。此外，除了自动灭火系统以外，每台赛车还必须随车携带一个3kg的带有压力显示装置的手提式灭火器。

✏ **思考题** ···

7-1 下肢残疾或者腿脚不便的人可以通过哪些改装来驾驶车辆？

7-2 赛车改装包括哪些项目？与乘用车改装有哪些异同？

7-3 赛车上使用的安全带分为哪几种？和我们日常生活中常见到的安全带有何区别？

7-4 什么是车身轻量化？根据掌握的知识分析未来轻量化的发展方向。

第3篇

旅居车改装篇

第8章 旅居车概述

近年来，随着旅游业的迅速发展以及人民生活水平的不断提高，旅游消费者越来越追求个性化、休闲化的旅游方式，旅游项目也在不断创新升级。因此，集自由、灵活、舒适于一体的房车旅游日益受到消费者们的青睐。房车旅游是以房车这一工具为载体的旅游活动，在欧美国家已经有近百年的发展历史。但直到 20 世纪 90 年代，房车旅游才开始被我国国民所关注。房车可以帮助人们实现冒险和游历的愿望，"每晚睡在不同的地方，每天拥有不同的风景"，已成为人们心中一种理想的生活方式。

"房车"是一种通俗的叫法，顾名思义，它兼具"房"与"车"两大功能，集住宿、餐饮、运输、娱乐等功能为一体。房车的英文名称为 Recreational Vehicle，简称 RV，在欧洲也被译为 Caravan。国内一般把房车称为旅居车（Motor Caravan），定义是车厢装有隔热层，车内设有桌椅、睡具（可由坐具转变而来）、炊事、储藏（包括食品和日用品）、卫生设施及必要的照明和空气调节等设施，用于旅游和野外工作人员宿营的专用汽车。

8.1 旅居车发展历史

8.1.1 早期的旅居车

我国古代就已出现了旅居车的雏形，自秦朝开始，皇帝出门巡视，必乘龙辇（图8-1）。龙辇车身镶嵌有金银玉器，雕刻有龙凤图案。龙辇内部宽敞温暖，可以满足皇帝和皇后的休息和出行的需要，有时皇帝还会在龙辇里会见大臣，以示恩宠。秦始皇就曾乘坐龙辇（图 8-1），进行了 5 次远途巡游。

根据《隋书》记载，隋炀帝杨广为了方便出远门，命人设计了一种可以移动的宫殿，可容纳百余人，名为"观风行殿"，如图 8-2 所示。"观风行殿"是木质结构，底

图 8-1 龙辇

部装有轮轴，可以任意移动。据说它还可以自由组合，分开是一辆大平板车，组合起来是一座宫殿。闲时置于洛阳皇宫内，用时则行驶各地。

明朝万历年间，内阁首辅张居正曾命人制作了一顶独特的轿子，十分豪华，想象复原图如图 8-3 所示。轿子空间很宽阔，面积有 $50m^2$ 左右，内部分为会客室、卧室以及厕所，另外还有观景走廊，可供旅途中的办公和休息需要。这顶轿子行走时需要 32 个人抬，俨然一个行走的小别墅。据说张大人曾坐着这顶轿子从北京回到荆州老家，走了 1000 多公里。

图 8-2　隋炀帝命人建造的"观风行殿"　　　　图 8-3　张居正所乘轿子的想象复原图

19 世纪初期，法国人造出了可居住的带篷的马车，随后被四处迁徙的马戏团采用。从此，这种大篷车便成为居无定所、到处流浪的人的居所。19 世纪中叶，吉卜赛人开始以四轮大篷车为家，如图 8-4 所示。为了方便迁徙，他们把四轮马车改装成可以行走的房子，再用马拖着走。尽管大篷车空间看起来有点小，但里面床铺、碗柜等各种生活必需品应有尽有。吉卜赛人的大篷车各式各样、大小不一，通常外观华丽、色彩缤纷，车壁金光熠熠、雕龙画凤。

图 8-4　吉卜赛人的大篷车

这些早期的旅居车主要以马或人拉为动力，人们只是简单地把生活家当放在马车上，与固定居所相比，"旅居"的舒适度较差。对于大多数普通人而言，住在马车上流徙，并非浪漫的美好生活，而是一种生活所迫。尽管如此，早期的旅居车仍然为现代旅居车的出现提供了萌芽的基础。

8.1.2　现代旅居车

直到内燃机的出现、汽车的发明，现代意义上的旅居车才开始了它真正的发展。从 20 世纪初至今，现代旅居车发展大致经历了雏形、快速发展和成熟 3 个阶段。

1. 雏形阶段

北美是现代旅居车文化的发源地之一，早在 20 世纪初，新出现的露营装备造就了早期的美国公路一族，帐篷、睡袋、汽油炉和罐头食品让他们在风餐露宿时，不至于像早期西部移民一样带着沉重的辎重。在壮阔的美国西部疆土，搭载帐篷的汽车可以自由驰骋，摆脱铁路线的束缚，穿越大片无人居住的原野。早在美国国家公路网建立之前，最初的旅居车就诞生于人们对露营的需要。

与其让汽车搭载帐篷到处跑，不如把汽车本身改造成一个家，于是旅居车就顺理成章地诞生了。不过，一开始是以一些汽车发烧友自己动手改装为主流的。

1910 年，第一辆可以自行移动的旅居车出现了。最早的旅居车是 Pierce Arrow 公司生产的 Touring Laundau，价格昂贵，而且车内的生活空间也非常有限，车顶有明显的加高，车尾有向外凸起的后备箱设计，从体型看起来更像一辆 SUV，如图 8-5 所示。

福特 T 型车作为当时产量最大也最便宜的汽车，得到汽车发烧友的青睐，他们开始对它进行改装，用来探险，福特 T 型车的后备箱被改装成可以向后伸展的床铺，还用支架固定住，一些生活用品被放在有抽拉设计的储物格内。

随着汽车技术的快速发展，旅居车有能力做得更大。旅行式旅居车出现了，上面能坐满一个家庭，人们自己动手制作木

图 8-5　Pierce Arrow 公司生产的最早的旅居车

结构的简易房屋，然后把它安装在福特 T 型车的底盘上，大大地扩展了旅居车空间。

1917 年，Adams Motor 公司推出了 Bungalo 型旅居挂车，这是最早的旅居挂车，一辆轿车拖着一个装着两轮的旅居车，从这个时候开始，人们有了更加灵活的选择方式。

1920 年，公交旅居车横空出世，这是利用公交巴士底盘改造的，长车身的公交车，提供了更充足的纵向空间，空间变大，能容纳下更多床铺。这时的公交旅居车已经具备自行式 A 型旅居车的特点了。

1920 年—1930 年间，在旅居车旅行开始流行以后，最早的旅居车营地开始出现，为旅居车提供基本的补给，并给志趣相投的旅行者提供一个娱乐社交的场所。

在这个阶段，虽然自行式旅居车已经出现，但由于其高昂的价格，即使是相对富裕的早期旅居车旅行者也不会轻易购买，一般使用的还是帐篷式的拖车。总体而言，处于这一阶段的旅居车车身尺寸较小、车内安装的设备也相对简陋。

2. 快速发展阶段

到了 20 世纪 30 年代，在技术设计方面，旅居车制造商开始借鉴航天器的结构外形，旅居车的操作性能也更加成熟。同时，在旅居车内安装卧室、厨房、水电系统、卫浴等，让旅

居车的生活功能更加完善。内部的所有设备都被固定在车板上，即使在行驶过程中出现颠簸，也不会发生物品坠落现象，稳定性有了很大提高。这一时期的旅居车具有功能齐全、布局科学等特点。

在 20 世纪 30 年代，旅居挂车的外形也开始趋于流线型，出现了水滴形的拖车，其空间只能容纳两个人睡觉和储藏一些旅行用品，这种旅居车作为商品首次进入消费市场时，市场反响很好。

20 世纪 30 年代中期，密歇根州底特律地区的一家工厂，每 8h 可以生产 40~50 辆拖挂车。到 20 世纪 30 年代后期，美国已经有超过 100 家的拖挂车制造商以及更多的车身制造商、零配件供应商和分销商。1936 年组织的 Tin Can Tourist of the World（世界锡罐游客）集会和零售展会活动上，有 1000 多辆拖挂车展出，近 3000 人参观。

第二次世界大战中，由于严格的材料供应配给，以及许多工人和潜在客户被征招入伍的原因，旅居车制造商都停止了生产，一些制造商转为生产各种战争相关物品。旅居车用作军工生产的工人和军事基地人员的临时住所。

3. 成熟阶段

第二次世界大战以后，美国发达的公路系统使得旅居车工业迅猛发展。航空技术在旅居车设计上得到了进一步的应用，旅居车制造技术日益完善。另外，技术的巨大进步，也应用于旅居车中，包括用便携式丙烷、丁烷气瓶替代液化燃料的燃气灶，车载冰箱替代冰盒用于食品保鲜等。所有这些改进促进了设施齐全的家庭旅行生活方式的普及。新一代旅居车迅速涌现，更大、更舒适，还更便宜。同时，一些国家开始建立旅居车协会，专门负责旅居车的设计、制造、销售以及旅居车旅游活动的组织，例如美国的旅居车工业协会、澳大利亚的旅居车和露营行业协会等。

20 世纪 50 年代，老式的帐篷式拖车（Tent Trailer）被改良为弹出型拖车（Pop-up Trailer）。同时，针对皮卡造型设计的 truck camper 也出现了，与拖车不同，它们没有轮子，质量完全架在皮卡车身之上。20 世纪 50 年代后期，现代式 fifth wheel 拖车出现。因为旅居车的前部伸到皮卡后斗的上方，可以减少行驶时的总长，改善了操控性和安全性。这一阶段，从小型的 DIY（Do it Yourself）式到豪华的 30ft（1ft = 0.3048m）长的型号，旅居挂车出现了成套的产品。自行式旅居车从 20 世纪 50 年代开始，慢慢进入中产阶层家庭。

1950 年，德国的大众汽车公司推出了著名的 Type 2 面包车，可以说是现代小型巴士和多用途汽车（Multi-Purpose Vehicles，MPV）的鼻祖，这款车因为其灵活的内空间和低廉的价格，在德国从 1960 年开始就被改装为旅居车销售，奠定了自行式 B 型旅居车的基础。在这款车改装的过程中，出现了最早的升顶式结构，通过升高主结构之外的车顶钢板来拓展车内空间。

旅居挂车市场在 20 世纪 50 年代出现了分化，由于内燃机动力越来越强劲，一部分旅居车可以造得非常大，以至于可以真正当作房子来居住，它们被称为 Mobile Home（移动房屋），很多人开始利用这种拖车长期度假而不是旅行。另一部分依然服务于旅行者的拖挂式旅居车，则被称为 Travel Trailer（旅行拖车），其体积比 20 世纪 30 年代的水滴形拖车更大，空间刚好满足一家人的生活，同时也可以被家用车拖动。

在 1950 年—1960 年间，许多旅居车制造商开始创业。随着航空动力学在旅居车技术上

的运用，大大增加了旅居车内部舒适性，加速了旅居车进化的进程，一些新型的豪华旅居车使用的是涡轮柴油发动机加上豪华的家居用品。

20 世纪 60 年代，出现了最早的基于重型皮卡的 C 型旅居车，旅居车的前部部分探到皮卡的车头上方，放置一张双人床，这是这种设计的最大特点。后来，这种车型因为具有空间宽大、价格低廉，相对于 A 型旅居车易于操控的特性，而取代了传统的 MotorHome，成为美国最流行的自行式旅居车。20 世纪 60 年代后期，美国旅居车工业开始使用"RV"这个专用词来表示旅居车。在这一阶段，旅居车旅游发展逐步进入产业化时期。

20 世纪 70 年代，"人人都负担得起的旅居车"成为旅居车业界热议的话题，许多旅居车拥有者都将旅居车改造成露营旅居车。传统的自行式旅居车朝两个方向发展：基于大巴的 A 型旅居车开始定型，主打大空间和豪华装修，如图 8-6 所示；基于面包车的底盘，加长了车身，后轴变为 4 个轮子，这种车型到了 20 世纪 90 年代以后慢慢消失。后来又被今天的 B 型旅居车取代，它们更容易操控，外形更低调，而且相对省油，整体价格则一般介于 A 型和 C 型之间。

20 世纪 80 年代后期，人们对旅居车旅行的热情日渐强烈，旅居车销售量开始加速上升，日益发达且免费的道路系统，使更多人加入旅居车旅行行列。Winnebago 是 20 世纪 80 年代美国旅居车界的翘楚，它是当时最大的旅居车生产商，累计产量超过 10 万台，1984 年年产量总额达到 4.11 亿美元。

20 世纪 90 年代以后，旅居车无论从外形上还是功能上都已经非常现代化了，其外形时尚、内饰配置丰富，可满足家庭的各种出行需求。这一阶段水滴形拖车又重新开始流行，轿车也可以拖动，其尾部是一个开放式的厨房，内部只有一张床。还出现了越野型的弹出式拖车（Pop-up trailer），而另一些拖挂式旅居车变得更大，尾部有专门可以装摩托和高尔夫车的车库。

图 8-6 20 世纪 70 年代的旅居车

从 1930 年到 1960 年，旅居车最常见的长度是 12~15ft（3.65~4.57m）。1960 年之后，大多数自行式和拖挂式旅居车的长度也都不超过 25ft（7.62m）。随着车辆和高速路的进步与改善，旅居车的长度也有增长。如今，30~40ft（9.14~12.2m）长度的旅居车很常见。长度的增加使得现代旅居车具有了更多的家居特征。如今，旅居车"家族"出现了两种分支，其中一支按照原有发展轨道，进化成今天一般意义上的旅居车；另外一支则发展为加重、加大、加固的移动别墅。

从古代的"龙辇"到现代旅居车，变化的是动力技术的不断进步，不变的是人们对于大千世界的渴望，以及对于行走中的安定的追寻。进入 21 世纪，旅居车旅行已成为流行的

休闲方式之一，也是很多家庭生活方式的一个重要内容。"行在途中，乐在生活"的旅居车旅行也越来越多地被欧美以外地区的人们所接受。

旅居车除了可以供家庭旅行之外，还可作为一个可以移动的平台，它可以实现更多的功能。各行各业和各种人群可以根据需要将这个平台改造或设置为自己想要的状态来满足自己的需求，如演员片场的休息室、移动的商店、工地的餐车、警务驻扎用车、医疗献血车、野外探险考察车、自然保护区基站等。随着人们对旅居车认知的不断加深，旅居车不仅可以为旅游爱好者提供一种自由洒脱的生活方式，而且以旅居车为基础的平台在各个领域的应用也会越来越广泛。

8.2 旅居车分类

旅居车有多种分类方法，根据车辆长度的不同，旅居车可分为小型旅居车（车辆长度≤6m）和大型旅居车（车辆长度>6m）。小型旅居车车厢内最大乘员数不得超过 6 人，大型旅居车车厢内最大乘员数不得超过 9 人，乘员质量按照 68kg/人计算。根据旅居车是否配置动力系统，旅居车可分为自行式旅居车和旅居挂车，具体细分见表 8-1。

表 8-1　旅居车的分类

类型	细分	外形简图
自行式旅居车	自行式 A 型旅居车	
	自行式 B 型旅居车	
	自行式 C 型旅居车	
旅居挂车	A 型旅居挂车	
	B 型旅居挂车	
	C 型旅居挂车	
	D 型旅居挂车	

（续）

类型	细分	外形简图
旅居挂车	移动别墅	

8.2.1　自行式旅居车

自行式旅居车是在有限的空间将动力性能优良的底盘和居家休息的卧具、休闲娱乐的设施、烹饪美食的厨具等集成于一体，解决了人们的出行、休息和用餐所需。自行式旅居车一般由客车、皮卡等改装而成，自身配备了动力系统，在没有外力牵引下可以独立行驶，包括自行式 A 型、B 型、C 型 3 种。在欧美国家，把自行式旅居车称为 MotorHome。

1. 自行式 A 型旅居车

自行式 A 型旅居车一般由大巴车的底盘改装而成，车身长 6～12m，面积可达 40m^2，座位能容纳 10 人左右。车内宽敞且豪华，几乎囊括了所有的家庭必需设备，除了有的配备微波炉、冰箱和抽油烟机等外，有的还配备消毒柜、洗衣机、烘干机、视听娱乐设备，可供人们长期独立自主在车上生活旅行。在装修选材方面也十分考究，内部装饰普遍较为豪华。

自行式 A 型旅居车是自行式旅居车家族中最大的一种，其特点是宽敞、豪华，可满足大家庭的长途旅行，价格也是自行式旅居车中最昂贵的，适合经济富裕、有长期长途旅行需求的人群。

EleMMent Palazzo 作为世界上最昂贵的旅居车之一，售价约 300 万美元，由奥地利的 Marchi Mobile 公司专为中东富豪打造，如图 8-7 所示。车身造型科幻，车长 12m，停泊并伸展后，室内面积能扩展到 40m^2，有套房、露天休憩露台、酒吧、壁炉、地暖等，堪称"车轮上的宫殿"。

德国 Vario 公司的 Alkoven 1200 自行式 A 型旅居车，是由奔驰 Actros 2542 底盘改装而成的，内部空间相当奢华，桌椅沙发、家用电器、视听娱乐设备、豪华浴室、舒适双人大床等设施/用品应有尽有，售价 100 万英镑，在旅居车里面还能够容纳一辆跑车，如图 8-8 所示。

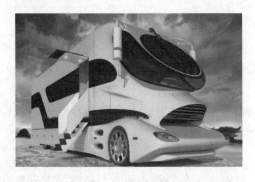

图 8-7　自行式 A 型旅居车——EleMMent Palazzo

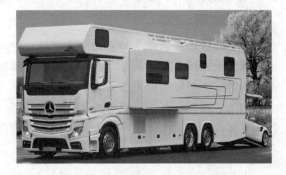

图 8-8　自行式 A 型旅居车——Alkoven 1200

2. 自行式 B 型旅居车

自行式 B 型旅居车又称为厢式露营车，是在中小型厢式车的基础上改装而成的。它的特点是结构紧凑，设施比较精简，尽量做到小型化，但仍保留了厨房、浴室、卧室的功能，可以满足最基本的生活需求，价格也是比较便宜的，适用于短途旅行。自行式 B 型旅居车——清风 interstate 如图 8-9 所示。

自行式 B 型旅居车可供人们在旅途中临时休息、饮食、洗浴等，是经济实用型户外旅行的首选产品。

3. 自行式 C 型旅居车

自行式 C 型旅居车，是在厢式货车的基础上改装的，空间比自行式 B 型旅居车略大，尺寸介于自行式 A 型旅居车和自行式 B 型旅居车之间。其特点是在驾驶室上方有一个"额头空间"，可用于睡眠或储藏物品，自行式 C 型旅居车如图 8-10 所示。自行式 C 型旅居车可以说是自行式 A 型旅居车和自行式 B 型旅居车的结合，是空间紧凑、功能齐全的经济实用性旅居车，用户接受程度高，受众面广，是目前国内旅居车市场中数量最多的一种。

图 8-9　自行式 B 型旅居车——清风 interstate

图 8-10　自行式 C 型旅居车

8.2.2　旅居挂车

旅居挂车自身不具备动力系统，需要牵引车拖挂行驶。根据外形、功能设置不同，旅居挂车可分为 A 型旅居挂车、B 型旅居挂车、C 型旅居挂车、D 型旅居挂车和移动别墅。旅居挂车英文名为 travel trailer。

1. A 型旅居挂车

A 型旅居挂车如图 8-11 所示，车长 6~10m，通过挂钩连接在牵引车后面，牵引车不承担或者只承担挂车很少的垂向载荷。有些车型需要动力比较大的牵引车才能拖走，在营地或不用的情况下可以与牵引车分开。

车上的睡眠、淋浴、烹饪、用餐设备齐全，而且没有驾驶室。大多数都有空间扩展设计，车体两侧可以向外扩，用来加大用餐、睡眠、烹饪区域。

2. B 型旅居挂车

B 型旅居挂车如图 8-12 所示，车长 6~12m，车轴位于车辆重心后方，连接装置安放在牵引车的车厢里，通过连接装置使牵引车承担挂车的一部分垂向载荷。其独特的错层设计使

图 8-11　A 型旅居挂车

图 8-12　B 型旅居挂车

得牵引车车厢上方的空间可以作为卧室，这样使得车身内部空间更加宽阔，提供更多的家庭活动的空间。这类车的许多型号在车后方装有全景观景窗。B 型旅居挂车体积较大，适合度假或长期居住。

3. C 型旅居挂车

C 型旅居挂车如图 8-13 所示，车长 4~7m，通过挂钩连接在牵引车后面，牵引车不承担或者只承担挂车很少的垂向载荷。该类车型价格较低、行驶方便、型号众多，比较适合短途旅行；质量较小，很容易被大多数汽车牵引；由于规格较小、设计巧妙，使用或离开营地时可以快速打开和合上。

车内设施较为简单，主要可为人们提供舒适的睡眠区域，还会配有简单的炉具、桌椅、洗浴装置等小型设备。为了节省空间，车内小家具常常被设计成折叠式。有些型号的旅居挂车可以向两侧扩展空间，增加睡眠区域和其他使用空间。

4. D 型旅居挂车

D 型旅居挂车又称为旅居挂车，原

图 8-13　C 型旅居挂车

因是挂车被整体安装在牵引车的底盘或车厢上，如图 8-14 所示。其最大的特点是挂车没有车轮、造型紧凑，由牵引车承担挂车的全部负重。

5. 移动别墅

移动别墅型建造在一个带轮底盘上，由于体积庞大，需要特殊的牵引车提供动力（如搬运车、卡车），牵引车不承担挂车的负重荷载，如图 8-15 所示。

移动别墅外形看起来就像是"扎"在地上的普通房屋一样，有一些还有阳台和迷你走廊，内部设施基本就和普通住所差不多，因而非常舒适。不过移动别墅必须配合营地设施，因为它必须有外接水管接入供水、排放污水，供电也需要在营地进行。再者由于移动别墅体积大而重，不适合在马路上拖车驾驶。

移动别墅空间大，设施豪华，专门为长时间度假休闲的旅行爱好者而设计。移动别墅一般是被一些公园露营地购入，然后出租给到营地想住 RV 的游客。

图 8-14　D 型旅居挂车

图 8-15　移动别墅

8.3　国内外旅居车发展现状

8.3.1　旅居车市场

国外旅居车的生产和销售主要集中在美国、欧洲、加拿大、澳大利亚这几个国家和地区。在美国、欧洲，旅居车早已经是人们休闲旅游甚至生活中的一部分。目前全球旅居车市场主要由北美市场（美国、加拿大）、欧洲市场、亚太旅居车市场（澳大利亚、日本、中国）3 部分构成。北美旅居车销量占全球旅居车销量的一半以上，欧洲市场次之，占比约30%，而我国的旅居车销量占比仅为约 0.1%。

1. 欧美

旅居车工业起源于欧美，经过近百年的发展，欧美国家的旅居车制造工艺日趋成熟，向着舒适豪华方向发展，价位也从十几万元到上千万元不等，主打家庭休闲或商务奢华，产品的涵盖面广泛，能满足不同阶层消费者的需求。

美国是目前世界上旅居车销售量最多的国家。根据美国旅居车工业协会统计，2021 年美国共售出 60.2 万辆旅居车，主要以旅居挂车为主。旅居挂车以其价格低、尺寸小、易于拖挂在私家车后、后期保养费用以及旅行中产生的费用（比如油费、停车费等）更低占得优势。自行式旅居车中，C 型旅居车以其性价比最高而深获旅居车爱好者的喜爱。它既没有 A 型旅居车那般庞然大物和昂贵奢华，也没有 B 型旅居车的狭小局促，在驾驶难易程度和舒适程度的综合评比中最优，也是美国旅居车租赁市场上最流行的车型。截至 2021 年，美国旅居车保有量达 1350 万辆。有研究表明，51~69 岁的人群在未来仍然是旅居车购买主力，35~50 岁和 18~34 岁的人群将成为未来发展迅速的消费群体。截至 2018 年，加拿大旅居车保有量约 140 万辆，露营地保有量约 4000 个。

欧洲是旅居车销售的第二大市场。根据欧洲旅居车工业协会公布，2021 年欧洲旅居车总销量为 25.94 万辆，其中自行式旅居车销售 18.13 万辆，旅居挂车销售 7.81 万辆。德国、法国和英国占据了欧洲旅居车市场销量前 3 的位置。2021 年欧洲各国旅居车销售数量如图 8-16 所示。截至 2021 年，欧洲旅居车保有量为 723 万。2021 年，欧洲旅居车露营地保有量约为 25000 个。

据统计，在 2022 年进入澳大利亚房车市场的新车数量创下历史新高，接近 4.9 万辆；其中，来自澳大利亚本地的房车产量超过了 2.8 万吨，较上年同比增长了 17.1%；而来自海外进口的房车数量超过 2.0 万辆，较上年同比增长 8.4%，且从中国进口的房车数量占比约为 50%。

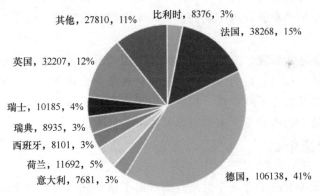

图 8-16　2021 年欧洲各国旅居车销售数量

2. 中国

我国旅居车自 2000 年开始起步，发展 20 余年，旅居车行业初步形成了一定规模，旅居车销售以企业自主营销为主，形成了生产→销售→运营→露营地→俱乐部→会员为一体的完整产业链。我国的旅居车生产、销售和保有量近年来保持高速稳定增长。

我国旅居车露营地数、营位数、保有量的变化如图 8-17 所示。2021 年，我国房车市场迎来了一波"激进式"高增长，销量达 1.6 万辆，自行式房车占据市场主导地位，销售占比达 78%。我国房车出口近 6 万台，年均增长率约为 50%。2021 年，我国房车保有量达到 28.87 万辆。据统计，截至 2020 年我国房车露营地营位数为 5.21 万个，旅居车营地数为 1063 个。

在旅居车制造业迅速发展的同时，旅居车租赁行业也得到了蓬勃发展。目前国内共有

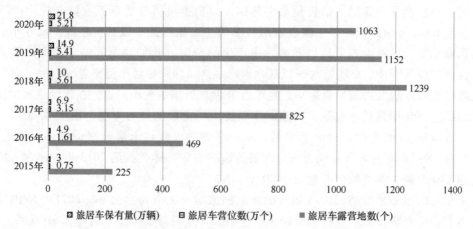

图 8-17　我国旅居车露营地数、营位数、保有量的变化

500 多家旅居车租赁公司俱乐部、3700 多台租赁旅居车。2018 年，各大旅居车企业也逐渐重视旅居车租赁市场，纷纷推出了租赁版旅居车，如上汽大通旅居车公司计划生产 2000 辆旅居车、华晨旅居车公司也计划生产 1000 辆旅居车用于旅游市场的租赁。

诸多旅居车租赁公司如港中旅等也将针对旅居车租赁旅游市场计划大批量采购租赁版旅居车，多个大型线上旅行社（Online Travel Angency，OTA）平台纷纷看好旅居车租赁市场，如携程、驴妈妈、同程、马蜂窝等均有大力推进旅居车旅游发展的市场计划。一些互联网企业的加入，为旅居车租赁业务注入了新的活力，未来将成为推动旅居车租赁市场高速发展的生力军。

我国旅居车市场起步较晚、发展较慢，但国内消费者对待旅居车的消费观念正在发生转变，这让目前的旅居车市场显得更为火爆。国家对旅游业、露营地不断出台支持政策。消费者对旅居车出行的接受度也不断提高，旅居车市场也迎来发展的春天。总之，我国旅居车市场和旅居车旅游正处于起步阶段，未来市场发展潜力巨大。

8.3.2　旅居车制造企业

旅居车产业在欧美发展了近一个世纪，涌现出了很多知名的旅居车制造企业，如美国的 Thor Industries、Forest River、Winnebago Industries，德国的 Hymer AG，法国的 Rapido Group，英国的 Swift Group，荷兰的 Knaus Tabbert Group 等。

1. 美国

Thor Industries 在收购旅居车著名品牌 Airstream（清风）后，于 1980 年成立，如今发展为北美最大的旅居车制造商。Thor 的发展史就是不断收购合并史。1982 年该集团收购生产旅居挂车的加拿大旅居车企业 General Coach；1991 年收购 Dutchmen 旅居车公司，奠定了其旅居挂车品牌领先地位的基础；1982 年收购了生产自行式旅居车的企业 Four Winds International；Thor 还收购了 Keystone RV、Crossroads RV、Jayco 等旅居车制造企业。Thor 生产各式的自行式和旅居挂车，现旗下的品牌包括著名的 Airstream、Dutchmen 等。

Forest River 企业成立于 1996 年，总部位于印第安纳州，是美国第二大旅居车制造企业。Forest River 旗下拥有多个制造工厂和分支机构，分布在美国各地，旅居车产品涵盖了从帐篷房车到移动别墅以及其中的各种类型。Forest River 旗下主要的旅居车制造商有 Coachment、DY-NAMAX、FOREST RIVER、PALOMINO、PRIME TIME、Shasta、EAST TO WEST 等。

美国 Jayco 公司于 1968 年成立于美国印第安纳州，是一家私人旅居车制造公司。旗下有 15 个不同的品牌，员工超过 4000 人。在 50 多年的发展中，制造了近百万辆旅居车，该公司在美国和加拿大拥有超过 300 个经销商，建成了一个庞大而又有效的营销网络。Jayco 公司目前生产各式自行式旅居车和旅居挂车，旗下品牌包括 JayFlight、Eagle、Baja、Select、Designer、Octane ZX、Recon ZX、Melbourne、Greyhawk、Seneca 等。2016 年 7 月，Jayco 被 Thor 集团以 5.76 亿美元收购。

美国具有代表性的旅居车制造品牌见表 8-2。

表 8-2　美国具有代表性的旅居车制造品牌

代表性品牌	成立时间	代 表 车 型
Winnebago	1961 年	Winnebago、Grand Design RV 等
Coachmen	1964 年	Pursuit、Mirada 等，2008 年并入 Forest River
Jayco	1968 年	JayFlight、Eagle、Starcraft RV、EntegraCoach 等，2016 年并入 Thor Industries
Thor	1980 年	Airstream、Dutchmen 等
Forest River	1996 年	Alpha Wolf、Arctic Wolf、Berkshire 等

2. 欧洲

Knaus Tabbert 是德国最大的旅居车生产企业，其历史可追溯至 1912 年，目前是欧洲三大顶尖旅居车制造商之一，在德国和匈牙利有 4 个生产基地，有员工约 4000 名，其中超过 80% 的员工从事生产工作。Knaus Tabbert 生产各式自行式旅居车、旅居挂车和露营车，旗下拥有 KNAUS、TABBERT、WEINSBERG、T@ B、MORELO 等旅居车品牌。著名的水滴型旅居车就是由 T@ B 制造。

Hymer Group 于 1923 年创立，经过百余年的积累和发展，逐步成为世界顶级旅居车制造商。公司专门建有旅居车博物馆，旗下拥有四大系列 9 个品牌，包括 Hymer、Bürstner、Carado、Dethleffs、Eriba、Laika 等。Hymer Group 年生产销售 5 万辆各类旅居车，销售额近 20 亿欧元，在欧洲市场的占有率为 25%，在德国市场的占有率为 32%。

Hobby 公司于 1967 年在德国成立，其旅居车生产基地占地约 26 万平方米，拥有员工 1250 名，年生产 15000 辆以上各型旅居车，是欧洲最大的旅居挂车生产商。Hobby 旅居车公司还在欧洲范围内拥有 300 家经过认证的旅居车经销商，旗下旅居车型号系列包括 ON-TOUR、DE LUXE、EXCELLENT、PRESTIGE、MAXIA、BEACHY 等。

欧洲具有代表性的旅居车制造品牌见表 8-3。

表 8-3　欧洲具有代表性的旅居车制造品牌

代表性品牌	属地	成立时间	代 表 车 型
Knaus Tabbert	德国	1912	KNAUS、TABBERT、WEINSBERG
Hymer	德国	1923	Exsis、SupremeLine、DuoMobile
Burstner	德国	1924	Ixeo time、Grand Panorama、Premio

（续）

代表性品牌	属地	成立时间	代表车型
Hobby	德国	1967	Optima、Vantana、DELUXE
Trigano	法国	1945	CHAUSSON、Trio Sport、Auto-Trail、Autostar、Arca、Challenger
Seift	英国	1964	Swift Elegance、Elegance Grande

3. 中国

20 世纪 90 年代，旅居车开始进入国人的视野。2000 年—2005 年，我国旅居车制造业得到迅速发展，许多车辆改装企业纷纷涉足旅居车制造业。2001 年，中天高科首次在国内完成旅居车的工业化生产制造，结束了我国本土无旅居车产业的历史。2003 年，华晨、长城、宇通、江铃等公司开始涉足旅居车，一些旅居车俱乐部开始涌现。随着旅居车制造技术日益成熟，旅居车消费市场不断扩大，与此同时，政府部门也开始出台一系列政策促进旅居车旅游的发展。

目前国内从事旅居车制造和改装的企业有上百家。2021 年，中国旅居车厂商销量前十企业为：上汽大通、郑州宇通客车、湖北合力、湖北程力、浙江戴德隆翠汽车、江苏卫航、河北览众专用车、江苏旌航汽车、安徽奇瑞弗特、河南新飞。上汽大通 MAXUS 宽体轻客 B 型旅居车、宽体轻客 C 型旅居车分别以 20%、10% 的市占率位居细分市场第一、第二。

据统计，2021 年，工信部共发布了 12 批旅居车公告，全年共有 182 家旅居车生产企业申报 567 款旅居车，包括 449 款自行式旅居车（占比 79.2%）与 118 款旅居挂车（占比 20.8%）。旅居车生产企业主要分布在华东（山东、江苏、上海、浙江、安徽）和华中（湖北、河北、河南）两大区域。

国内部分知名旅居车制造商见表 8-4。

表 8-4 国内部分知名旅居车制造商

代表性品牌	属地	成立时间	代表车型
中天	天津	2001	季风/越风/地平线/蒙特卡洛、轻风
览众	保定	2003	源自长城，风骏 C3/C5/C6/C7/B5、塞拉维
顺旅	上海	2003	底盘有全顺、大通、奔驰系列
中欧	上海	2005	维莱德、麦坦威、福特 B/C 型、东风御风
江铃	南昌	2010	源自江铃，新全顺、途睿欧
上海大通	上海	2011	RV80、RG10
宇通	郑州	2009	雍和、鲲鹏、星迈、威迈
亚特	唐山	2012	芳语之韵、YATE-Plasy 系列
戴德	嘉兴	2016	E 途系列、URV、自由风

8.3.3 旅居车贸易展

世界旅居车产业历经上百年的发展，如今已形成专门的旅居车贸易展览会，如美国国家旅居车贸易展（National RV Trade Show）、德国的杜塞尔多夫旅居车展（Caravan Salon Düsseldorf）等。

美国国家旅居车贸易展由美国房车行业协会主办，是北美洲知名度最高的旅居车展，也是北美洲规格最大的业内展会。该展会首届于 1963 年举办，一年一届。2016 年全美 95% 以上的旅居车制造商携其最新款产品亮相展会，超过 200 家厂商（旅居车制造商、经销商、配件商、露营地和旅游线路租赁机构等）参与展会。在 11 万余平方米的场地里，各著名旅居车品牌的最新款自行式旅居车、旅居挂车，具备最新科研特色的旅居车底盘、悬架、扩展功能设施等零配件产品均有亮相，很多最新款旅居车、概念旅居车会在这里举行首发仪式。

美国印第安纳州北部的艾尔哈特（Elkhart），是美国最大的房车制造中心之一。该市拥有全球最大的"RV 博物馆"，在博物馆中可以看到各种各样的旅居车，包括历史悠久的老式旅居车和最新的现代旅居车。此外还展示了与旅居车相关的其他移动住宅，以及与之相关的技术和产业的发展历程。另外，艾尔哈特集中了众多的旅居车生产商、经销商和服务商，包括 Thor Industries、Forest River 和 Winnebago Industries 等。

德国杜塞尔多夫国际旅居车展由德国杜塞尔多夫展览集团公司主办，代表了世界旅居车发展最高水平及发展趋势。该展会首届于 1962 年举办，一年一届。2018 年 8 月，杜塞尔多夫旅居车展在德国杜塞多夫举行，为期 10 天的展会吸引了全球的 600 多个不同国家和地区的参展商，囊括了 130 多个品牌，2100 多台展车。此次展会共有 14 个展馆，展馆总面积达到 21.4 万平方米。展会产品涵盖了常见旅居车、旅居老爷车、旅居车配件、旅居车周边产品、露营装备、旅居车线路及营地介绍等。

我国旅居车产业经过近 20 年发展，已经初具规模，一些专业的旅居车展会也陆续涌现。中国（北京）国际房车（旅居车）露营展览会，是国内首个以旅居车、露营为主题的大型专业展览会，首届于 2010 年举办，如今每年举办两届，分别在春季和秋季。2021 年 3 月，中国（北京）国际房车（旅居车）露营展览会在京举办，本届展会 400 多家展商、1000 余款车型参展，参展的国产旅居车品牌近 100 个，展会规模再创新高。展会区域主要分为自行式旅居车展区、旅居挂车展区、木屋及户外用品展区、旅居车配件展区、旅居车展厅区、旅居车家族露营区六大区域，功能涵盖展览展示、观众服务、互动体验、餐饮服务等方面。此外，还有中国国际房车（旅居车）展览会，代表着我国旅居车露营产业发展的风向标。该展会首届于 2012 年举办，汇聚了国际知名品牌的自行式旅居车及旅居挂车的整车、底盘、零配件以及旅居车露营地等。2021 年 6 月，第 10 届中国国际旅居车展览会在北京举办，展览面积达 39000m²，展商 200 家，现场展车近 550 台，观众 3 日到场总计 25448 人。

思考题

8-1 现代旅居车发展经过了哪几个阶段？

8-2 自行式旅居车有哪些类型？各有何特点？

8-3 旅居挂车有哪些类型？各有何特点？

第9章　旅居车总体设计

旅居车的改装设计多指生产类型的改装，即旅居车企业应社会或行业的特殊要求而专门进行的改装，在国家鉴定合格的发动机、底盘或者车辆总成基础上，经过重新设计、加工或者增加专用部件，改成与原车型外观或使用功能不同的车辆。

目前受限于旅居车制造技术水平，我国多数旅居车企业还处在批量改装阶段。由于制造改装车或专用汽车的厂家多数不具备底盘生产能力，大多数旅居车企业是在依维柯、福特、奔驰、上汽大通等车型的二类或者三类底盘的基础上进行整车改装。

按照出厂汽车的车身和底盘的配置情况，将汽车底盘通常分为以下 4 类。

1）一类底盘：指装备齐全的整车，包括了汽车的全部系统。

2）二类底盘：只缺少车厢系统总成的汽车，有驾驶区和车前仪表、操作系统等零件，可以行驶。二类底盘广泛应用于专用汽车改装，如洒水车、垃圾车、液化气槽车的底盘等。

3）三类底盘：不装车身而安装有发动机及传动装置、前后桥、转向器、悬架装置、车轮及轮胎、制动系统等总成，不能行驶，如校车底盘、客车底盘等。

4）四类底盘：无车架的散装件和总成件，是汽车全部底盘系统的零部件。

旅居车的总体设计是要确定旅居车的总体布置方案，确定整车参数，合理布置各个部件使其和底盘的总成效果达到旅居车的使用标准。设计内容主要包括整车参数的确定、外观造型与涂装设计、整车配置与系统功能定义等。

9.1　整车参数的确定

整车参数包括尺寸参数、质量参数和性能参数，这些参数均需按照相关法律法规的要求和旅居车使用的舒适性等多方面来确定。

9.1.1　尺寸参数

尺寸参数主要包括：外廓尺寸、轴距、轮距、前悬、后悬、最小离地间隙、离去角等。

外廓尺寸主要包括旅居车的长、宽、高这 3 个参数。根据相关法规，在公路和市内道路行驶的相关车辆其车身宽度应满足相关法规要求，不得随意确定。除法规和整车用途影响确定旅居车外廓尺寸外，载客量或装载质量及涵洞和桥梁等道路尺寸条件也会影响旅居车外廓

尺寸。对于车身外廓尺寸，GB/T 1589—2016《汽车、挂车及汽车列车外廓尺寸、轴荷及质量限值》中进行了规定，见表9-1。

表9-1　其他汽车、挂车及汽车列车外廓尺寸的最大限值　　　（单位：mm）

车辆类型			长度	宽度	高度
汽车	三轮汽车		4600	1600	2000
	低速货车		6000	2000	2500
	货车及半挂牵引车		12000	2550	4000
	乘用车及客车	乘用车及二轴客车	12000	2550	4000
		三轴客车	13700		
		单铰接客车	18000		
挂车	半挂车		13750	2550	4000
	中置轴、牵引杆挂车		12000		
汽车列车	乘用车列车		14500	2550	4000
	铰接列车		17100		
	货车列车		20000		

　　轴距对整备质量、汽车总长、汽车最小转弯直径、传动轴长度、纵向通过半径等有影响，当轴距短时，上述指标减小。轮距会影响车厢内宽、汽车总宽、总质量、侧倾刚度、最小转弯直径，增大轮距有利于增加侧倾刚度，汽车横向稳定性变好，但是汽车总宽和总质量及最小转弯直径增加。受汽车总宽不得超过2.5m的限制，汽车轮距不宜过大。各类汽车的轴距和轮距可参照表9-2进行初选。

表9-2　各类汽车的轴距和轮距

车型	类别		轴距 L/mm	轮距 B/mm
乘用车	发动机排量 V/L	$V<1.0$	2000~2200	1100~1380
		$1.0<V\leqslant1.6$	2100~2540	1150~1500
		$1.6<V\leqslant2.5$	2500~2860	1300~1500
		$2.5<V\leqslant4.0$	2850~3400	1400~1580
		$V>4.0$	2900~3900	1560~1620
商用车	客车	城市客车（单车）	4500~5000	1740~2050
		长途客车（单车）	5000~6500	
	4×2货车	汽车总质量 m_a/t		
		$m_a\leqslant1.8$	1700~2900	1150~1350
		$1.8<m_a\leqslant6.0$	2300~3600	1300~1650
		$6.0<m_a\leqslant14.0$	3600~5500	1700~2000
		$m_a>14.0$	4500~5600	1840~2000

　　前悬尺寸对汽车通过性、碰撞安全性、驾驶人视野、前钢板弹簧长度、上下车的方便性以及汽车造型等均有影响。增加前悬尺寸，减小了汽车的接近角，使通过性降低，并使驾驶人视野变差，但优点是有利于布置总成、零部件，提高碰撞安全性，故前悬尺寸应在保证能布置各总成、部件的同时尽可能缩短。增加后悬尺寸，减小了汽车离去角，使通过性降低，但优点是增大行李舱尺寸，增加追尾碰撞的安全性。GB/T 1589—2016中对后悬尺寸的要求

是客车或挂车后悬长度应不超过轴距的 65%，其他车辆后悬应不超过轴距的 55%；汽车及挂车的后悬长度均不得超过 3500mm（中置轴车辆运输挂车除外）。

9.1.2 质量参数

质量参数包括整车整备质量、载客量、装载质量、质量系数、汽车总质量和轴荷分配等。旅居车厂定最大设计总质量、轴荷应符合所用底盘或整车的技术要求。

对于最大允许轴荷，GB/T 1589—2016《汽车、挂车及汽车列车外廓尺寸、轴荷及质量限值》规定：汽车及挂车的单轴、二轴组及三轴组的最大允许轴荷不应超过该轴或轴组各轮胎负荷之和，且不应超过规定的限值。汽车及挂车单轴、二轴组及三轴组的最大允许轴荷限值见表 9-3。对于其他类型的车轴，其最大允许轴荷不应超过该轴轮胎数乘以 3000kg。

表 9-3 汽车及挂车单轴、二轴组及三轴组的最大允许轴荷限值　　（单位：kg）

类型			最大允许轴荷限值
单轴	每侧单轮胎		7000
	每侧双轮胎	非驱动轴	10000
		驱动轴	11500
二轴组	轴距<1000mm		11500
	轴距≥1000mm，且<1300mm		16000
	轴距≥1300mm，且<1800mm		18000
	轴距≥1800mm（仅挂车）		18000
三轴组	相邻两轴之间距离≤1300mm		21000
	相邻两轴之间距离>1300mm，且≤1400mm		24000

对于最大允许总质量，GB/T 1589—2016《汽车、挂车及汽车列车外廓尺寸、轴荷及质量限值》规定：汽车、挂车及汽车列车的最大允许总质量不应超过各车轴最大允许轴荷之和，且不应超过规定的限值。汽车、挂车及汽车列车最大允许总质量限值见表 9-4。

表 9-4 汽车、挂车及汽车列车最大允许总质量限值　　（单位：kg）

车辆类型			最大允许总质量限值
汽车	三轮汽车		2000
	乘用车		4500
	二轴客车、货车及半挂牵引车		18000
	三轴客车、货车及半挂牵引车		25000
	单铰接客车		28000
	双转向轴四轴货车		31000
挂车	半挂车	一轴	18000
		二轴	35000
		三轴	40000
	牵引杆挂车	二轴，每轴每侧为单轮胎	12000
		二轴，一轴每侧为单轮胎，另一轴每侧为双轮胎	16000
		二轴，每轴每侧为双轮胎	18000

（续）

车辆类型			最大允许总质量限值
挂车	中置轴挂车	一轴	10000
		二轴	18000
		三轴	24000
汽车列车		三轴	27000
		四轴	36000
		五轴	43000
		六轴	49000

9.1.3 性能参数

　　旅居车市场朝着个性化方向发展，不同年龄、不同性格的用户对性能有着不同的追求。有人追求车辆的越野性能，也有人偏好车辆操纵稳定性，还有人会考虑经济实用性。在选择和定制专用底盘时，应当综合考虑车辆使用环境、布置对轴荷分配的影响，并考虑车辆的动力性能、通过性、操纵稳定性、平顺性，以及燃油经济性能。

　　车辆的动力性能主要表现在最高车速、100km/h 加速时间和最大爬坡度 3 个方面，其中发动机功率和最大转矩直接决定整车的 3 项动力性能指标，同时也影响着车辆燃油经济性，即 100km 燃油消耗量。旅居车使用工况较复杂，需要考虑到高寒、高温、高原、高湿等各种行驶环境。因此，在选择发动机功率时，需要综合考虑用户对整车的需求，对于需要进入高原地区和越野的用户，由于高海拔地区发动机功率下降，故应选用发动机后备功率较大的底盘。

　　良好的通过性和操纵稳定性会给驾驶人带来较好的驾驶感受，车辆的操纵稳定性涉及较为广泛。对于旅居车来说，底盘的性能已经决定了整车性能，在整车布置方案设计阶段，应充分考虑上装部分对底盘性能的影响，尤其是上装部分对车辆前、后轴荷的影响较大，应准确计算整车前、后轴荷，尽量选择与底盘设计轴荷相接近的底盘，避免整车质心变化过大、设计轴荷与实际轴荷相差甚远导致车辆在非直线行驶时侧倾角过大。另外，它对整车的牵引性、通过性、制动性、操纵性和稳定性等主要性能以及轮胎的使用寿命都有很大的影响。

9.2 外观造型与涂装设计

9.2.1 外观造型设计

　　人们对汽车造型的审美见解各有所异。但是，这种因人而异的审美个性又必然寓于社会的共性之中，受到社会客观条件的制约，表现为一定的倾向性和一致性，存在着一定的规律性。汽车造型的目的在于寻求一种能够适应当时社会、经济、文化，并被大多数人所认同的感觉。因此，汽车造型在不同的社会发展时期，在具有不同历史、文化背景的不同国度中，有着不同的风格。

　　旅居车造型设计主要涉及科学和艺术两大方面，要求设计师需要懂得车身结构、制造工

艺要求、空气动力学、人机工程学、工程材料学、机械制图学等知识，同时也要具备如造型的视觉规律原理、绘画、雕塑、图案学、色彩学等艺术知识。旅居车外观与平面布局草图的设计如图 9-1 所示。不同于普通汽车的外部造型设计，旅居车造型设计需要结合旅居车的款型、大小及造价等因素进行有针对性的设计。主要设计流程包括草图设计、效果图制作、三维造型、油泥模型制作等工序。

草图绘制完成后，可以使用各种绘图软件制作效果图来完善草图创意，接着借助三维立体模型，看到更加立体化的设计表现效果，然后按比例进行油泥模型制作，再进行样车试验，最终确定旅居车的造型和内部空间。旅居车效果图制作与三维造型设计如图 9-2 所示。

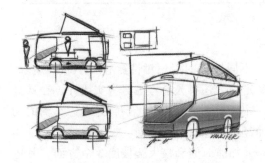
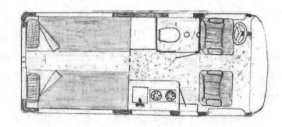

图 9-1　旅居车外观与平面布局草图的设计

图 9-2　旅居车效果图制作与三维造型设计

生活起居是旅居车十分重要的功能，因此室内空间是旅居车存在的根本价值所在，而对于宽敞的室内空间的追求将旅居车的外观基本定型为长方体，反映到产品中的具体表现是旅居车侧墙几乎无一例外地采用平面造型，且使用标准化门窗与侧墙融为一体。而旅居车的边角多以小圆角或者无圆角为主，目的都是为了将内部空间最大化。由此可以确定，对旅居车造型影响最大的要素在于头部、尾部以及四周边角处理等方面。

旅居车的头部造型直接影响到车辆迎风面积和导流效果，对车辆行驶稳定性、气动阻力、燃油经济性等有重要影响。对于自行式 C 型旅居车，驾驶室顶部的额头可用作顶部双人床或储物空间，是整车造型中必不可少的一部分，且额头在车辆正前方显著位置，直接关

系到车辆的第一印象，对整个车的造型起关键和引领作用。流线型的车身外观具有时尚感、科技感，也会给人一种柔和的美感。

旅居车的尾部包括后保险杠、尾板、顶板与尾板结合处、侧板与尾板结合处，尾板可开启舱门或后视窗。此外，尾部还有一些功能结构，如爬梯、自行车固定件等配置，也有示廓灯、高位制动灯、后尾灯组合、牌照灯等外部照明设备，还有后视摄像头、倒车雷达等信号收集设备，以及牌照固定区、备胎、滑移舱、工具箱等功能结构。因此，尾部造型不仅仅要满足单个区域的设计要求，还要将诸多部件融合起来，形成一体化的风格，车尾外观造型的设计也是功能与美学的双重结合。

对于旅居挂车，除去车轮、车架等部件，其车身外观部件包括前端、后端、车身墙、车顶、车门、车窗、轮眉、包边等，如图9-3所示，上述部件都是旅居挂车外观造型设计的主要对象。

外观造型设计时，还需将灯饰设计一起考虑。旅居车的灯饰设计包括前照灯、后尾灯、示廓灯、示高灯、高位制动灯和牌照灯等，当车辆长度超过6m时还会有侧边灯。前照灯与后尾灯组合包括制动灯、转向灯、位置灯、雾灯和倒车灯等信号灯。在设计的过程中应该充分考虑到整体车型的设计风格。

图9-3　旅居挂车的车身外观部件

9.2.2　外观涂装设计

在进行旅居车外观的色彩设计时，首先要考虑的是色彩的主调。也就是说，需要突出某一种色彩，使之占绝对优势，而其他部分的色彩则围绕这个主调进行变化，从而达到"多样统一"的装饰效果。在考虑色彩的主调时，要考虑到使用地区的气候、环境及地理条件。在寒冷的北方，宜采用暖色；在潮热的南方，宜采用冷色；特别是在炎热的地区，汽车不宜采用饱和的黄色或橙色；经常有雾的地区，汽车应用明亮的色彩；在黄土高原，沙漠或常年积雪的地方，采用绿色能给人愉快的感觉；相反地，在广阔的绿色原野上就不宜用绿色，可以用红色。

若采用双色设计时，两种色彩在色相上不应有过强的对比，但在明度、纯度和面积等方面可以相差较大，以便分清主次。双色图案的设计规律是上轻下重（稳定），前轻后重（动感），均齐平衡。色相完全相同的色彩（同种色），分成不同明度进行配合时，明度应有适当的差别。色相上不调和的色彩，在配合时应使其明度、纯度或面积相差较大，以免形成太强烈的对比。另外，也可以对车身进行装饰图案的设计，这样会使得旅居车外观造型变得更加丰富多彩，在行驶途中，显得更加灵动。在图案的设计上，应该要符合旅居车外观形态的特点，与其呼应，做到整体统一，同时局部富有变化。

外观涂装设计不仅要考虑到使用地区的气候、环境及地理条件，还要与民族文化、风土人情、周围环境等密切地联系起来。不同的民族或不同地区的人，其生活习惯是有所差别的。他们总是用自己喜爱的色彩去美化生活环境街道、建筑、服装和装饰等，从而体现出独特的民族风格。汽车的涂装必须与生活环境相适应，起到美化生活的作用。

9.3 整车配置与系统功能定义

在不考虑驾驶空间的前提下，可将旅居车内部功能区间布局划分为 6 个区域，即卧室、厨房、卫生间、起居室、户外区、跨区域，对旅居车功能设施需求进行分类整理，汇总见表 9-5。

表 9-5　旅居车功能设施需求汇总

功能区间	功能设施	功能说明
卧室	固定床	不可移动变化的床
	拓展床	升降或折叠，不用时可隐藏
	橱柜	存放被褥、衣物
	壁挂式置物架	临时放置日用品
厨房	瓦斯集成灶	烹饪用具
	微波炉	用于食物加工等
	电磁炉	烹饪工具
	抽油烟机	净化油烟
	水槽	清洗
	冰箱	食品保鲜
	储物柜	放置餐具、厨具、调料等厨房用品
	洗碗机	自动洗碗
	消毒柜	餐具、食品杀菌消毒
卫生间	淋浴器	沐浴用的热水器
	浴霸	沐浴时的取暖装置
	固定式马桶	直排式，污物排至黑水箱
	便携马桶	需定期手动清理的可移动马桶
	排风扇	通风换气设施
	盥洗手盆	自我清洁
	壁挂洗衣机	清洗、甩干衣物
	置物架	放置洗漱用清洁用品
起居室	梳妆台	化妆用家具
	桌板	用餐、玩棋牌、办公、用作茶几
	坐具	沙发、椅子
	娱乐影音设备	电视、KTV 音响等娱乐设备
	收纳柜	杂物收纳
	镜面	穿衣镜、视觉拓展
	办公用品	打印机、传真机等
户外区	遮阳棚	伸缩折叠式
	外置淋浴	户外的简单冲洗装置
	户外烹饪厨具	烧烤架、炉灶

（续）

功能区间	功能设施	功能说明
户外区	外置储物空间	物品收纳
	维修爬梯	检查、维修时用的室外爬梯
	太阳能充电板	能源供给
跨区域	空调	保持室内温度适宜
	暖风机	供暖
	换气扇	通风换气
	照明灯	主要照明设施
	氛围灯	营造车内氛围
	插座	提供电能
	WiFi	提供网络
	观光窗	旅途观光

通过问卷调研的方式，对上述功能设施进行满意度评价和权重评分。借助定量化分析方法（如 A-KANO 模型），评估旅居车各功能设施的需求层次属性，建立旅居车功能需求层级塔，如图 9-4 所示。需求层次由下至上依次为无差异型、基本型、期望型、魅力型，同一功能区间内相同属性设施的重要程度由下至上依次递减。

在旅居车功能配置设计时，应在保障基本型需求的前提下，尽量满足用户的期望型需求，进一步实现用户的魅力型需求。相同属性的功能需求之间可参考重要程度权重评分来进行优先级判断。根据上述功能需求属性分类结果，设计细分市场下的旅居车功能配置方案，其方案可分为经济版和豪华版。经济版在于保障用户旅居车旅行的基本需求并适当满足期望型需求，豪华版则在经济版的基础上，进一步满足用户的魅力型需求。

图 9-4　旅居车功能需求层级塔

　　在旅居车功能需求上，顾客和生产者所关注的要素有所不同。在产品生产的过程中，生产者对功能需求的考量除了要满足用户多样化的感性需求外，还必须要找到经济成本上的平衡点。在进行旅居车功能设计时，需要在有限的空间内合理配置功能设施，力求达到顾客和生产者两者的需求平衡。通过市场调查结合自身生产能力，选择相应的旅居车底盘、相关设备、生活设施等，从而确定整车的配置并将各个系统的功能也确定下来，包括高配、低配的定义。例如，生活区域各个设施的配备标准，是否覆盖 WiFi、是否配备空气净化设备、是否配备水净化设备；驾驶区域是否配备全球定位系统、是否安装电子节气门控制系统（E-GAS）；电源方面，是否采用太阳能发电等。

思考题

9-1　简述旅居车的总体设计的主要内容？

9-2　旅居车的外观造型涉及哪些方面？

9-3　旅居车内部功能区间一般包含哪几个区域？

第10章 旅居车内部空间设计

10.1 旅居车内部功能区间

　　旅居车在符合可移动的车的属性以外，还必须能够满足其内部空间使用者的生活、娱乐需求。这就要求旅居车设计者在设计旅居车内部空间时应充分考虑到使用者的需求。旅居车的基本功能主要包括生活功能和工作娱乐功能，其中生活功能包括生活起居、炊事餐饮和卫生洗浴等，而工作娱乐功能主要包括工作活动、休闲娱乐和小型聚会等。除此之外，旅居车内部还应具有一定的储物空间及一系列的安全设施。

　　旅居车内部空间一般可分为这样几个功能区：驾驶区、卧室区、厨房区、客厅区和卫生区。由于车内空间的限制，这些活动空间往往又不是严格区分的，而是相互交错设计的。旅居车内部空间如图 10-1 所示。

　　卧室区是旅居车最重要的功能空间之一，是供人卧躺、睡眠、休息的区域，主要包括床、吊柜等，卧室区的使用一般集中在中午和夜晚。厨房区主要包括炊具、灶具、储物具等，主要在三餐时段使用。客厅区主要包括桌椅、电视等，使用频率较高，是乘员的主要活动场所。卫生区主要包括洁具、澡具等，使用时间段不固定。

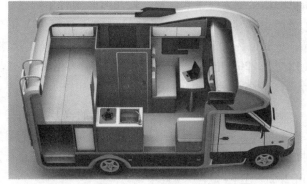

图 10-1　旅居车内部空间

　　卧室区的特点是用户在有活动时完全不使用，一旦使用又会花去大量时间，多数情况下不能够利用室外空间。厨房区的特点是设备比较固定，使用频率较高，可利用室外空间。客厅区的特点是供用户休闲娱乐，同样可以利用室外空间，功能与厨房区和卧室区的功能存在重合，即供用户"坐"。卫生区的特点是设备也较为固定，并且不能够像厨房区那样利用室外空间。设计者要将这 4 种功能布置在有限的空间内，旅居车内空间功能具有紧凑、连贯、互相利用的特点。

总体而言，除了 A 型、B 型旅居挂车以及自行式 A 型旅居车不会过多受制于空间大小，功能区块划分较为灵活外，其他类型的旅居车容易由于空间狭小、功能齐全而造成乘员有压抑感，且存在功能区块划分单一、设备设计不符合人机工程准则的问题。

10.2 旅居车内部设施设计

10.2.1 餐厨设施

1. 炊事设施和用具

旅居车应设置炊事设施和用具，常见的有瓦斯炉、微波炉、电烤箱、抽油烟机等。炊事设施和用具必须符合国家有关卫生法规的规定。烹饪器具应至少具有两个烹饪吊环或把手，炊具附近应提供一个灭火毯。瓦斯炉须附有自动点火装置以及瓦斯自动切断装置。厨房区域不仅是人们旅行中的餐饮准备区，还是污染物、油烟的聚集区。中餐的烹饪可能会产生大量油烟，所以厨房区域靠近门的位置，还要配备抽油烟机，尽量不让油烟留在旅居车中。另外，旅居车至少应分别在驾驶室、车厢门口附近各配备 2kg 的灭火器。灭火器应固定可靠，取用方便。

2. 食物存储

食物的存储采用能与外界通风且容积≥50L 的橱柜，或者安装较小容积的冰箱，或者同时采用橱柜和冰箱（其总容积应≥50L）。

在大多时候，车载冰箱几乎是旅居车旅行中不可缺少的配备。旅居车专用冰箱一般有两种，一种有压缩机，另一种无压缩机。采用压缩机的冰箱与家用冰箱原理基本相同，而无压缩机的冰箱称为对流式冰箱，使用时必须将车辆停得很平稳，否则冷却介质无法对流，也就无法产生冷却作用。对流式冰箱可使用直流 12V 的电源或交流 220V 的电源，也可使用燃气，一般也称为三用冰箱。直流 12V 电源，只是让冰箱保持温度，并无冷藏作用；只有在使用交流 220V 电源或燃气时才能产生冷藏作用。

3. 储物搁架和隔板

厨房里的储物搁架以及其他地方的高层橱柜，应有防止物品滑落的措施。长度超过 1.25m 的屋顶橱柜应装有隔板，使每个隔间长度不超过 1.25m。储物设施应保证旅居车行车时内部存储的物品不得自行滑动，锁止机构不得自行开启。

10.2.2 卫浴设施

旅居车内应设置洗涤池，池的最小内部尺寸为 250mm×200mm×120mm，若洗涤池截面为圆形，则其直径应≥200mm。洗涤池的排水口应设置阀门且有管道与排污设施连接。

旅居车应具有卫生设施，其卫生洁具应符合国家相关标准。热水器可以采用即热式或预存式。旅居车可以外带洗浴设备，也可以有独立的防水隔间，作为浴室用，其隐秘性好，防水性较好，使用中不会影响到他人。卫生间应设有通风口，通风口最小总有效固定通风面积应为 2000mm^2，通风口应安装排风装置，地面材料应防滑，设备转角应圆滑。

如遇紧急情况必须要通过危险区时，卫生间应设置紧急出口，但卫生间的门距离旅居挂

车入口门<1500mm时除外。

10.2.3　起居设施

1. 卧具

有的旅居车配置一个床位，有的旅居车配置多个床位，有的旅居车本身不设固定的床位，当需要睡眠和休息时由其他功能区域转换成睡眠区域，如餐厅、通道等空间可以变成临时休息区域。

床铺有折叠式、上下铺及横置床、纵置床等方式，具体视旅居车生活区域的空间进行安排。对床铺的尺寸要求为床铺的最小宽度应≥500mm；床铺的垂直空间要求为当地板到天花板的高度<1900mm时，最多只能安装一个上铺。

对于双层铺位，应提供通向上铺的阶梯，且沿上铺外侧头部位置应安装长度（以床头为基准）为600mm的护栏。下铺床垫上表面到上底面最小净高为500mm。净高检查时应在床垫上放置均匀分布的75kg的载荷。

对床铺的数量要求为旅居挂车的定员应与所提供卧铺（包括基本卧铺、选择性卧铺和附加卧铺）的数量一致。

2. 衣柜

旅居车应设计衣柜，防止衣物损坏。除了半刚性折叠旅居挂车以外，与挂衣杆垂直方向的水平尺寸的最小值为500mm。挂衣杆长度方向尺寸最小为200mm，其以下静高应为1100mm。对于所谓"全季节"旅居挂车，挂衣杆长度方向的尺寸最小值为390mm，3人以上时，每增加一人，应再增加长度70mm。

3. 桌子

在提供卧铺的空间应至少安放一个或多个桌子。安放桌子的每个位置允许最小宽度为450mm。

10.2.4　其他基础设施

1. 供排水系统

旅居车的供排水系统主要用于满足人们日常的用水活动，其中包括洗漱、淋浴、洗菜、冲马桶和发动机制冷等，涉及净水的注入和储存、饮用水的消毒过滤和提取、灰水的产生、收纳和再利用、污水的收集和排放等。而这些功能是由旅居车专用水箱、水泵、各种水管和五金件等的组合来实现的。供排水系统最终通过传感器和线路集中在控制面板上变成可视化的信息来供车主时刻了解水路情况，如净水箱的储存容量、污水箱的剩余容量等。

旅居车内的净水来自车内装设的净水箱，或是来自营地的接水水龙头。在供水方式上，由于车内水箱通常采用的是12V的自动加压供水水泵，当水泵开关被打开后，整个供水水管被加压至20~40PSI（约138~276kPa），使得净水流出。另一种供水方式则是通过采用外接水管，直接将车外净水导入车内供水水管。污水通常汇流到污水箱里。

旅居车应设置净水箱和污水箱，有时还可以配备灰水箱。净水箱可以是固定式或便携

式，固定式净水箱的最小容积为 10L，净水箱应采用环保材料制成并便于冲刷和清洗。固定式净水箱进水和出水接口应位于旅居车外部易于连接的部位，所有的管道、零件和密封件都应用无毒材料制造。对于便携式水箱，应保证在车辆行驶时为该容器提供稳定放置的措施。

污水箱的最小容量应大于净水箱的容量。污水箱应便于冲刷和清洁。淋浴间，水池和洗涤槽的污水出口设置应便于放置合适的、有足够容积的水箱来收集污水。污水管连接装置的最小直径为 19mm。卫生间污水应被收集到一个密闭的容器中，该容器应便于清洁，并有可连接到车外的排污系统。

洗手、洗菜、洗澡用水可收集至灰水箱，经处理后可再次利用。而马桶里的污水则排入污水箱中。3 种水箱都有独立的水位显示，便于及时补充净水和处理污水。

供排水系统各连接处不允许有渗漏、滴水现象。净水供给管道的连接装置应用蓝色（对应实际颜色）清晰地标明，排水管道的连接装置应用灰色（对应实际颜色）清晰地标明，如图 10-2 所示。

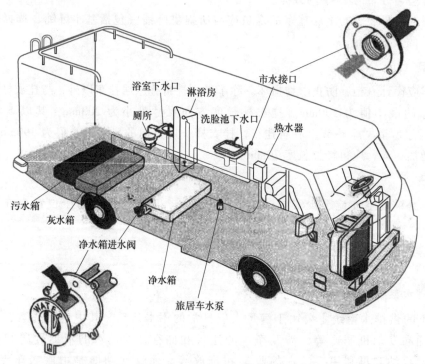

图 10-2　供排水系统示意图

净水供给连接器应位于旅居挂车外侧易接触的地方，且不应突出到设计的离地间隙或离去角内，也不应增加旅居挂车车身规定的长度和宽度。每个连接器上应安装一个密封盖，用以保护、关闭连接器。所有管道系统配件以及密封件都应采用环保材料。

连接器应刚性地安装在旅居挂车上。如果连接器连接总管道，则总管道的压力应通过调节装置调节到适用于所安装的用水设备的压力范围。

连接器应按照图 10-3 所示的尺寸制造，密封材料的硬度为 50IRHD（国际橡胶硬度标度）。连接器与管道的配合尺寸实例见表 10-1。

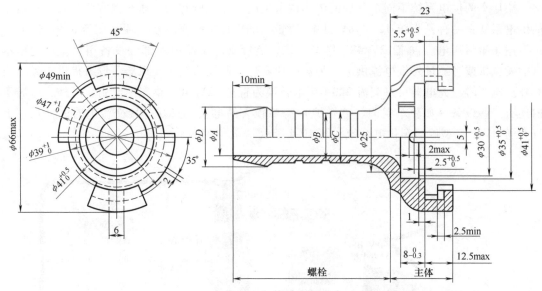

图 10-3　净水供给连接器尺寸

表 10-1　连接器与管道的配合尺寸实例　　　　　　　　（单位：mm）

管道内径	连接器直径			
	A	*B*	*C*（±0.5）	*D*（±0.15）
6.3	4	6.5	7	7.55
7	5	7.5	7.75	8.5
8	6	8.5	8.75	9.5
10	8	10.5	11	12
12.5	10	13	13.5	14.5
16	12	16.5	17	18
20	15	20.5	20	21
22	18	22.5	23	24
25	21	25.5	26	27

2. 供电系统

供电系统主要用于满足人在旅居车内的用电活动，包括各类家电、照明设施、电动踏步梯、电动遮阳篷、水泵和插座等的用电。旅居车内的用电主要来源有蓄电池储存的电量、旅居车自身发动机运转发电、外接电源输入、外置发电机发电，部分旅居车还安装有太阳能电池板，白天可以通过吸收太阳能为旅居车发电。在旅居车行进过程中发动机会带动自带发电机发电，除去供应自身电器元件工作用电，剩余的电量会被储存在蓄电池中，等需要的时候可以通过逆变器输出为合适的用电电压。等旅居车停在露营地或者任何可接外接电源的地方后，可以通过连接旅居车的外接电源输入插口为旅居车内部供电和为蓄电池充电。供电系统最终通过传感器和线路集中在控制面板上，变成可视化的信息供车主时刻了解电路的情况，如蓄电池剩余的电量、逆变器的工作温度等。

旅居车的供电系统不同于一般的汽车供电系统。几乎所有的旅居车都有两套基本且独立的供电系统：一种是直流 12V/48V 供电系统，用于车电系统；另一种是交流 220V 供电系统，用于生活用电。直流 12V/48V 供电系统，负责供应车厢内大部分设备用电。通过车本身的发电机或者通过外接电源供电，为车内照明灯、监控仪表、排风扇等设备提供能源。当有外接电源时，充电器可将交流 220V 市电转换为直流 12V/48V 供车内使用。另外，旅居车内还有一些设备（如驻车空调、电磁炉）需要较大的电量，只在外接交流电时才使用。上汽大通 RV90 C 型旅居车供电系统如图 10-4 所示。

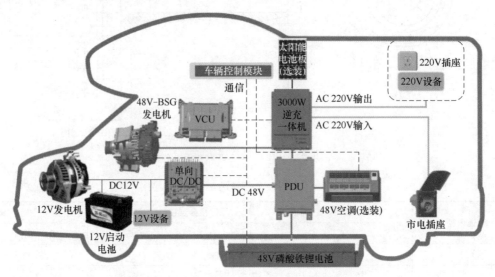

图 10-4   上汽大通 RV90 C 型旅居车供电系统

由于旅居车可采用外接市电供电，因此需要有电源转换装置与漏电保护功能。由中性点绝缘关系供电的旅居车应配备良好的接地系统，其接地电阻 ≤50Ω，车厢及用电设备均应进行接地保护，由外接电源供电的旅居车厢及用电设备均应进行接零保护。随车电源电缆线的长度应 ≥10m。

当空气相对湿度为 45%~75%，环境温度为 15~35℃时，电气系统各回路对地及相互间的冷态（指电气系统通电前，其各部分的温度与环境之差不超过 3℃时的状态）绝缘电阻值不得 <2MΩ。

电气系统各回路对地及各回路间应能承受的试验电压见表 10-2。频率为 50Hz，波形为正弦波，历时 1min 的绝缘介电强度试验无击穿或闪络现象，试验时，将不能承受高压的电器元件拆除或短接。

表 10-2   电气系统各回路对地及各回路间应能承受的试验电压

回路额定电压/V	试验电压/V
100~400	（1000+2 倍额定电压）×80%，最低为 1200
<100	750

各种电（线）路走向应合理，线束应有防护并用卡子固定，不得因车辆行驶振动造成松动或散落。

电路系统应设电源总开关，并设置漏电保护设施。导线应绝缘良好，固定牢靠，防止遭

受机械损伤或腐蚀。旅居车内除起动机、点火电路、蓄电池及其充电电路外，每项电器的电路均应设置熔断丝或电路断电器；对低耗电器可设置公用熔断丝或公用电路断电器。

旅居车车厢应设置车内与车外照明灯具，车内外照明灯具不应影响驾驶人的视线和其他机动车的正常行驶。卫生间内的照明灯具和电器元件必须防潮，电源插座必须有防水保护。

3. 暖通系统

空气循环系统主要包括新空气的进入和排出、冷热空气的输出。车内的空气可以通过顶置的排气扇排出，新空气可以通过车内预留的换气口进入车内。天气炎热或者寒冷的时候，旅居车内就需要制冷热空气来保证车内温度的舒适，冷热空气的来源主要通过车载空调和附加空调来产生，因为车辆自带的空调功率无法满足整台旅居车对冷热气的需求，所以一般需要附加空调来辅助，但是外置空调的工作耗电量很大，需要蓄电池有足够的电量或者靠便携发电机来供电。如果旅居车在较为寒冷的地区，顶置空调产生的热量都不足以维持车内的温度，这时可以考虑配备燃气或燃油加热器来辅助制热空气、加热热水等，以满足人们在冬天洗浴的需要，并降低车辆冷起动给发动机带来的损害。

在热源及其邻近的物体之间应有隔热保护措施。燃气（油）具的燃烧废气应排至车外，排气口不得指向车身右侧。燃气（油）输送管道系统和废气排放系统应密封良好，在正常工作压力下，不允许有渗漏现象。

4. 燃气系统

要烹饪所有出行人员的饮食，单靠供电系统是不够的，燃气系统是旅居车必不可少的系统之一。旅居车内使用的燃气主要为液化石油气（Liquefied Petroleum Gas，LPG），LPG 系统供应所需的存储空间小，非常适合旅居车使用，包括 LPG 储存罐、LPG 压力调节阀、分阀、连接管路等。LPG 储存罐应固定可靠，且不应安装在可能产生火花的空间和车厢内部。

旅居车是一个较为密闭的空间，使用燃气设备时，一定要有开放的排气设施，以免 CO 中毒。车厢内应至少配备一套烟雾报警器；配备液化石油气燃料的旅居车，车厢内应配备一套液化气安全探测器及 CO 报警器。

10.3 空间拓展设计

旅居车内部空间相对有限，但是由于居住的需求，又需要有很多空间来满足日常活动和物品的收纳，因此旅居车上的空间需要合理规划和充分利用。现有旅居车上常见的增大空间的方式主要包括加拓展机构、一物多用、合理的储藏和时间换空间。

10.3.1 加拓展机构

旅居车上常用拓展机构主要包括半柔性的拓展、硬性的拓展和露台。

半柔性的拓展主要是指利用车身的 部分拓展出去，而与土车相连的部分为柔性材料，主要应用于顶部拓展，如图 10-5 所示。这种拓展方式主要常见于自行式 B 型、自行式 C 型旅居车中，这种拓展方式的优点是可以简单有效地实现车内空间的扩张，而且透气性较好，车高可调节，行车状态下可降低车高，提高了车辆的通过性。不足之处是保温性较差，不适合在较为寒冷的地区使用。

图 10-5 半柔性拓展

硬性的拓展主要是指旅居车内的一部分结构整体移动，主要是向后、向两侧、向上的拓展方式，如图 10-6 所示。这种拓展方式常见于自行式 A 型和自行式 C 型旅居车上。这种拓展方式的特点是需要电力驱动结构移动，整体性强、稳定性好，但是结构复杂成本较高。

露台主要是指在旅居车的侧面或者顶部向外延伸的开放式空间，如图 10-7 所示。这种扩展方式主要应于自行式 A 型旅居车上。这种拓展方式的特点是容易操作，增加了车内外环境的联通，视野更加开阔。

图 10-6 硬性双拓展

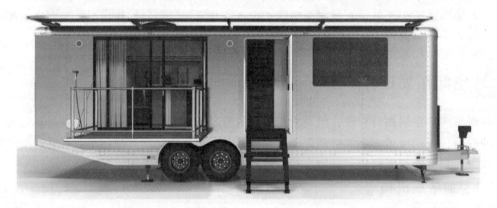

图 10-7 露台

10.3.2 一物多用

一物多用主要是指旅居车内部分设施具有多种功能。例如：沙发白天可以用来坐着休息，晚上可以变成睡眠的床，如图 10-8 所示；多功能水盆掀开盖板可以洗菜，盖上盖板可以完成切菜工作；可以淋浴的水龙头，平时摆在洗手池位置，等需要淋浴时可拉出挂在墙壁

图 10-8　沙发搭配升降桌变折叠床

上的固定位置使用。

10.3.3　合理的储藏

因为旅居车内空间有限，但是要满足居家衣食住行等多种需要，需要很多储藏空间来储备物资和收纳日常用品，所以就需要合理巧妙地利用空间。利用车厢底部多余的空间设计地仓，利用旅居车内高度的落差来设计吊柜以及合理利用床下、座椅下的空间等。旅居车储物空间设计如图 10-9 所示。

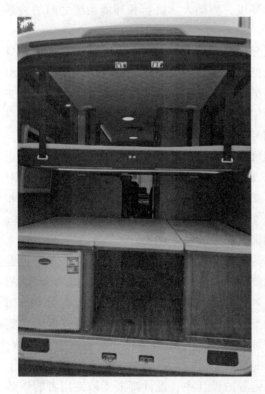

图 10-9　旅居车储物空间设计

10.3.4 时间换空间

时间换空间主要是指一些设施在不需要使用的时候隐藏起来，使得车内空间显得宽敞，为日常活动留出更多的活动空间。在旅居车上常见的应用方式主要有卫生间马桶的隐藏和床铺的隐藏。部分小型旅居车中常将卫生间和淋浴间合并在一个空间内使用，在实现功能的情况下节省空间。这种做法的不足之处在于，淋浴的空间受到影响而且不能做到干湿分离，如果将马桶做成可隐藏式则可以实现干湿分离，并且可以为淋浴留出更多空间。

10.4 旅居车空间设计人机工程学

旅居车的内部空间设计与建筑领域的设计过程相似，旅居车内部空间是为人提供居住、生活、娱乐服务的场所，所以在设计时要考虑人机工程学的内容。

人机工程学是指利用人体测量学、人体力学、劳动生理学、劳动心理学等手段对人体的结构和功能特征进行研究。它提供了人体在运动时各部分的尺寸、质量、体表面积、质心、相互关系和可及范围，以及人体各部分的输出范围和动作时间，分析了人的耳朵、眼睛、皮肤等感觉器官的功能特点，以及人在各种工作中的生理变化、能量消耗、疲劳机制和对各种负荷的适应性，探讨了影响工作心理状态的因素及心理因素对工作效率的影响等。

自20世纪60年代，人机工程学已经迅速发展成为复杂的军事工业和航天工业的重要部分，并应用于其他的领域。现代人机工程学的发展特点是将人、机、环境作为一个整体进行研究，为人工操作创造最合适的机械设备和工作环境，协调人、机器和环境系统之间的关系以达到系统的最优综合性能。

旅居车内部家居是连接人与旅居车之间的媒介，就像房子与人的关系一样，它通过自身不同的造型与尺寸使人们在旅行的同时能够享受舒适的环境。家居设计的目的就是使设计出的家居能够满足人们生活与旅行的需要，故将人机工程学应用到旅居车内部的家居设计中非常必要。人体尺寸是设计旅居车的整体空间、功能结构及家具尺度的基础依据，设计只有遵从人体的基本形态和尺寸，才能让使用者感觉到舒适。

人体尺寸包括人体的构造尺寸和人体的功能尺寸。构造尺寸是人体处于固定的标准静止状态（立姿或坐姿）下测量的身高、手臂长度、腿长度等数据，是静态的人体尺寸。它对与人体直接相关的物体尺寸的确立有较大关系，如家具、服装等。人体构造复杂，解剖学和人体工效学中涵盖了大量人体构造尺寸，对旅居车空间设计而言，这些尺寸的数据最基本、最常用。而这些尺寸也被作为确立人体动作域和家具尺寸的基本依据。

功能尺寸指的是人在进行功能活动时，肢体的各部分所能达到的空间范围及其相对位置的尺寸，是关节活动或身体转动所产生的角度与肢体的长度协调产生的范围尺寸，是动态的人体尺寸，功能尺寸一般用来解决空间范围和相对位置的问题。不同的行为目的会引导不同的人体活动状态和活动伸展尺寸，要精确测量动态尺寸时很困难，但是我们可以根据人在室内的活动规律来测得主要的动作尺寸。在设计方面，功能尺寸比构造尺寸有更广泛的用途，因为人体是经常处于动态下的，而非保持固定不变的状态。

在旅居车的驾驶室和室内活动空间、家具设施等的设计中，设计师要了解使用者的年龄段、性别、职业和民族等，使得所设计的室内空间和家具设施等适应使用对象的尺寸特征。

在尺寸选择中，涉及了百分位指标的概念，百分位指标指的是某一人体尺寸和小于该尺寸的人数占统计总人数的百分比。人体尺寸的百分位数实际上指的是某项人体尺寸数据的正态分布概率。在人机工程学设计中，百分位表示设计的适应域，其中第5、第50、第95百分位是最常用的设计适应域。其中，第5百分位数代表"小"身材；第50百分位数代表"适中"身材；第95百分位数代表"大"身材。如果需要满足大多数人的要求，则根据第95百分位的数据进行设计。其中平均值第50百分位使用得较少，如：若使用第50百分位来确定门高，那么就会使50%的人有头碰到门框的危险；若使用第50百分位来确定凳子高度，那么就会使50%的人脚不能踩到地面。

根据实际情况，百分位的选择有以下3个原则。

（1）极端原则 在不影响健康和安全的前提下，选择的数据应尽量满足更多使用者的需求。具体来说，若设计对象特性的最大值要满足所有人的使用要求，则选择数据应使用人体尺寸的最大值。由人的高度、宽度决定的尺寸（如门高、门宽、走道宽等），通常按第95百分位的男性尺寸进行设计。因为如果大个子的人可以舒适地通行，小个子的人自然就不会有障碍。若设计对象特性的最小值要满足所有人的使用需求，则选择数据应使用人体尺寸的最小值。由人的腿长、臂长等决定的座位高度、手和脚的作业域等（如厨房操作台的高度、驾驶座到加速踏板的距离等），通常按第5百分位的女性尺寸进行设计，因为小个子的人够得着的，大个子的人更没有问题。

如果人体尺寸在上述界限值之外，人的健康或安全可能会受到威胁时，那么适应域应扩大到第1百分位和第99百分位，如紧急疏散口的直径使用第99百分位数据，阳台栏杆间距使用第1百分位数据。

（2）可调范围原则 有时为了使设计对象适应更多使用者，百分位数可以在一定范围内调整。如座椅的高度、座椅和餐桌的距离等，这时通常把最小值第5百分位的女性尺寸到最大值第95百分位的男性尺寸作为可调整范围。因为男性和女性的人体尺寸有时候会重叠，所以这一可调整范围能够满足95%的人群尺寸。

（3）平均原则 一些目的不在于确定界限，而在于确定最佳范围的即具有应用普遍性的设计可以采用第50百分位作为依据，如门铃、电灯开关、门把手和插座等。

人体在室内空间里的动作形态相当丰富，坐、卧、立、蹲、跳、行走等不同的体位具有不同的尺寸和空间需求，这些尺寸特征和空间需求影响了家具的形态和尺寸。家具的设计讲究"以人为本"，根据人、家具、物三者之间的关系，可将家具设计划分成三大类，见表10-3。

表10-3 家具设计的分类

类型	作用	名称
坐卧类家具	支承人体活动	椅、凳、沙发、床榻等
凭倚类家具	辅助人体活动、承托物体	桌台、茶几、案台、柜台等
储存类家具	储存物品	橱、柜、架、箱等

卧室的设计，不仅要考虑人在平躺、坐立状态下的空间，还要考虑人体动态活动尺寸范围，保证人的胳膊、腿脚伸展自如，以及高度满足不能触碰到人体头部，其次心理上也要符合人机工程学的要求，不能过于拥挤，避免使人产生心理上的别扭。

起居室是人休闲娱乐的场所，一般置于视野较好的窗户或者门口附近，自行式旅居

车的起居室一般连着卧室。起居室的空间设计，不仅要满足对面坐姿、并排坐姿下的空间要求，还要保证人的腿脚、胳膊伸展自如，使人不感到拥挤，也不能使空间太大造成空间浪费。

卫生间区域主要满足人们洗漱、淋浴及如厕为一体的整体需求，整体尺寸应满足大部分人的动态活动范围，卫生间一般置于中间或者角落密闭性较好的环境。可以将洗漱区域与淋浴区域合二为一，减少占用面积，其大小主要依据人体尺寸以及卫生间基本设备的尺寸进行空间设计。

厨房区域主要是在户外满足自行烹饪的需求，首先厨房的通风性要好，一般将厨房置于门口、车尾或者靠近窗户位置；厨房的尺寸要满足人机工程学的要求，尺寸设计要满足人上肢的活动范围；考虑到储物柜、冰箱的摆放与人的互动性，不能将它们设计得离厨房太远。

各空间除了满足以上基本功能要求外，还要考虑空间内部家具设备的允许变更尺寸范围，设计时应保留出一定的空间范围，避免模块安装时的碰撞干涉。

此外，还要考虑重心平衡问题，较低的重心能够获得更好的车辆稳定性和安全性，设计时应避免重的设备放于高处；前后、左右质量分布不均时，车辆在爬坡或者转弯时会发生前后翻车事故，尤其是左右质量分布不对称、质量相差太大，转向时会发生侧翻现象。

10.5 车内空间布局优化设计

空间布局就是要把一些物体（称为待布置物）按照一定的要求合理地放置在一个空间内，或者说，将一个空间划分成许多小空间的组合，用这些小空间来安置一些物体。如果进一步寻找其优化解，则是布局优化。

旅居车内部空间设计需符合人机工程学中的人体各个最低尺寸的要求，尽量选择人体最佳尺寸，使得人的活动操作更加习惯和舒适。在满足上述条件的前提下，先对旅居车内部空间进行整体规划，再进行细化设计，从而对储物柜、厨房、卫生间等进行个性化的设计。

旅居车内部空间布置如图10-10所示。旅居车空间布置后质心会发生变化，从而影响整车的操纵稳定性与行车制动性。质心前移，到后轴的距离增加，有利于减小过多转向量，甚至变成不足转向，即操纵稳定性好，但后轴容易先抱死造成侧滑、漂移现象；质心后移，到

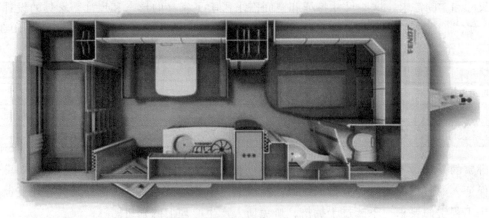

图 10-10　旅居车内部空间布置

后轴的距离减小，前轴易抱死，制动性能变好，但操纵稳定性变差；质心垂直上移，操纵稳定性与平顺性均变差，容易发生侧翻、前后翻。质心过多地前移、后移或者上移都会对整车性能造成很大的影响，所以要对旅居车空间布置位置进行优化，保证质心变化最小。

10.5.1　约束条件

由于不同的模块质量不同，不同的布置方案必然会引起整车质心高度以及前、后轴荷分布的变化，但整车质心高度、前后轴荷分布及横、纵稳定系数必须控制在一定范围内，因此需以轴荷的分布范围与横、纵稳定系数的范围建立优化约束条件。

假设整车总质量为 M，整备质量为 m_0，轴距为 L，装载前的前、后轴荷分别为 F_1、F_2，整车尺寸为长×宽×高 $= C \times W \times H$，其参数关系如图 10-11 所示。以前轴与车宽对称面的交点为原点，车行驶的反方向为 X 方向，车高度方向为 Y 方向，车宽方向为 Z 方向，建立坐标系。

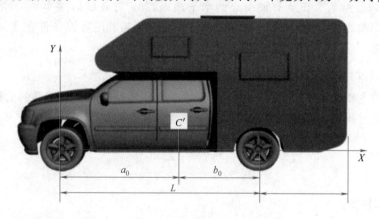

图 10-11　旅居车参数关系

图 10-11 中，C' 是质心位置；L 是轴距；空载时质心高度为 h_0；空载时质心到前、后轴中心的距离分别是 a_0、b_0，$L = a_0 + b_0$；空载时前、后轴的轴荷分别为 M_{a0}、M_{b0}，则有 $M_0 = M_{a0} + M_{b0}$。

1. 装载前的质心位置计算

$$\begin{cases} a_0 = \dfrac{M_{b0}L}{M_0} \\ \\ b_0 = L - a_0 \end{cases} \qquad (10\text{-}1)$$

2. 装载后整车质量

装载后的整车质量包括整备质量及装载的内部各设备件质量之和，即

$$M = m_0 + \sum_{i=1}^{n} m_i \qquad (10\text{-}2)$$

式中，M 为整车总质量；m_0 为整备质量；m_i 为装载的内部各设备件质量；n 为设备件总数。

3. 装载后的整车质心位置计算

$$\begin{cases} a_C = \dfrac{m_0 a_0 + \displaystyle\sum_{i=1}^{n} m_i x_i}{M} \\[4mm] h_C = \dfrac{m_0 h_0 + \displaystyle\sum_{i=1}^{n} m_i y_i}{M} \\[4mm] z_C = \dfrac{m_0 z_0 + \displaystyle\sum_{i=1}^{n} m_i z_i}{M} \end{cases} \qquad (10\text{-}3)$$

式中，a_C 为装载后整车质心至前轴中心的水平距离；h_C 为装载后整车质心至地面的高度；z_C 为装载后整车质心距车宽对称面的距离；x_i、y_i、z_i 为装载的各设备件在 X、Y、Z 方向上的质心坐标位置。

4. 后轴轴荷分布约束

轴荷分配的主要设计原则是指，在满足车辆主要性能及结构布置需要的前提下，保证车辆的各个轮胎受力均匀。设计时要满足旅居车前后轴荷许用范围。后轴轴荷 M_b 为

$$M_b = \frac{m_0 a_0 + \displaystyle\sum_{i=1}^{n} m_i x_i}{L} \qquad (10\text{-}4)$$

式中，L 为整车轴距。

5. 整车稳定性约束

整车横向稳定系数 T_H，即

$$T_H = \frac{0.5B - z_C}{a_C} = \frac{(0.5B - z_C)M}{\left(m_0 a_0 + \displaystyle\sum_{i=1}^{n} m_i x_i\right)} \qquad (10\text{-}5)$$

式中，B 为轮距。

纵向稳定性系数为 T_L，即

$$T_L = \frac{\min(a_C, b_C)}{h_C} = \frac{\min\left(\dfrac{m_0 a_0 + \displaystyle\sum_{i=1}^{n} m_i x_i}{M}, L - \dfrac{m_0 a_0 + \displaystyle\sum_{i=1}^{n} m_i x_i}{M}\right)}{\dfrac{m_0 h_0 + \displaystyle\sum_{i=1}^{n} m_i y_i}{M}} \qquad (10\text{-}6)$$

将计算得出的横向、纵向稳定性系数与附着系数比较，如果大于附着系数，则说明稳定性好，进而校核旅居车内部空间布置得是否合理。

综上，建立约束条件为

$$\begin{cases} m_{\mathrm{cr1}} \leqslant \dfrac{m_0 a_0 + \sum\limits_{i=1}^{n} m_i x_i}{L} \leqslant m_{\mathrm{cr2}} \\[4ex] T_{\mathrm{H}} = \dfrac{(0.5B - z_C)M}{\left(m_0 a_0 + \sum\limits_{i=1}^{n} m_i x_i \right)} \geqslant \varphi \\[6ex] T_{\mathrm{L}} = \dfrac{\min\left(\dfrac{m_0 a_0 + \sum\limits_{i=1}^{n} m_i x_i}{M},\, L - \dfrac{m_0 a_0 + \sum\limits_{i=1}^{n} m_i x_i}{M} \right)}{\dfrac{m_0 h_0 + \sum\limits_{i=1}^{n} m_i y_i}{M}} \geqslant \varphi \end{cases} \tag{10-7}$$

式中，m_{cr1}、m_{cr2} 为装载后的轴荷分布范围；φ 为路面附着系数。

10.5.2　优化目标函数

内部空间布置完成后，会在 X、Y、Z 这 3 个方向产生载荷变化。X 方向载荷分布不均会引起前后翻；Y 方向载荷分布不均会引起质心高度的变化，车辆行驶稳定性差；Z 方向载荷分布不均会引起车辆的侧翻。

故可建立目标函数，即

$$\begin{cases} \min X = \left| \dfrac{m_0 a_0 + \sum\limits_{i=1}^{n} m_i x_i}{M} - a_0 \right| \\[5ex] \min Y = \left| \dfrac{m_0 h_0 + \sum\limits_{i=1}^{n} m_i y_i}{M} - h_0 \right| \\[5ex] \min Z = \left| \dfrac{m_0 z_0 + \sum\limits_{i=1}^{n} m_i z_i}{M} - z_0 \right| \end{cases} \tag{10-8}$$

目标函数值越小，即布置后的质心位置较原车质心移动越小，对整车行驶稳定性影响越小。借助于一些智能优化算法，如粒子群法、萤火虫算法等，可以对旅居车内部装载设备的空间布置进行优化求解。

10.6　内饰材料及色彩搭配

10.6.1　色彩的设计

心理学中认为颜色会影响人们的行为和感受，所以要对车内色彩的设计加以细致考虑，才能避免给使用者的心理健康、行为情绪带来不利影响。对乘用者而言，应该为他们创造一

种和谐、安静的色彩环境。红色和黄色属于暖色系，给人以温暖和温馨的感觉；蓝色和绿色则给人以安静、凉爽的感觉。当然车内空间的色彩也可以鲜艳、明亮一些，但也不应太过复杂、繁多，使人眼花缭乱。

在车内家具的制作过程中，可以通过明度、纯度、色相的关系来实现家具的美感，达到色彩的和谐统一。通过色彩的衬托，家具的质感能更好地展示出来，而人对色彩的感知都是通过光线来实现的。光能够展示出各种颜色在不同家具上的质感，而且根据材料的不同，呈现出来的感觉也不同。

如果想利用配色增加宽阔感，可以以白色为主要的装饰色，墙、顶棚、家具都用白色，稍加淡色的花纹。生活用品也选用浅色，最大限度地发挥浅色产生宽阔感的效果。再适当采用一些鲜明的绿色、黄色，可使宽阔感效果更好。

在车内色彩设计时，可以选择 2~3 个主色调，协调色调的比例关系，也可根据消费者的需求定义色彩或者根据不同地域的文化要求进行设计。

10.6.2 材料的选取

材料是功能和技术的载体。同一个产品的不同材料的选择，会给我们带来不同的感受。如光滑的塑料会给我们干净、眼前一亮的感觉；木头的纹理会给人一种亲切的感觉等。而旅居车内部空间不同的功能分区对于材料的选择也不同，需要根据区域特性进行挑选。如厨房与卫生间区域的材料，由于这两个区域涉及的环境容易产生污渍，不易清理，通常会采用一些防潮及方便清理的材料；卧室及起居室区域是供休息和娱乐的场所，与人的活动息息相关，通常会采用绒毛类材料给使用者一种家的温馨感。多孔复合材料常用于汽车顶棚，此类材料以聚氨酯泡沫为基材，表面黏结聚氯乙烯塑料薄膜面料穿孔制成，具有外观清洁平整、色泽一致、反光、吸声、绝热、耐寒、耐蚀、抗老化、质地轻软和美观等特点。目前，新型的软包复合材料，如 ABS 塑料、人造革材料也已得到广泛应用，可以满足内饰设计人员对色彩及样式的不同需求，而且这类材料具有防振、隔声、隔热、轻便和柔软等优点，从而大大增强了乘坐舒适性。铺地材料应选用防滑、柔软、便于清理和耐磨的装饰材料，如地毯、羊皮地板等。此外，在选材时，还要注重环保问题，比如采用的木板环保级别应达到 E0 级。

10.7 旅居车智能化设计

随着人们对生活水平质量的要求不断提高、智能家电技术的飞速发展，智慧家居的概念正逐渐普及。智慧家居是借助物联网技术，综合利用布线技术、网络通信技术、安全防范技术、自动控制技术、音频技术等将与生活相关的设施集成，构建一个高效的居住生活环境的管理系统，优化用户的生活方式，帮助用户更有效地安排时间，增加安全性，并在一定程度上节约能源、节省资金。

对于旅居车旅游而言，长期处于野外，旅居车的安全性、室内监测、专业设备的监控就显得尤为重要，现阶段的旅居车内空间智能化设计可采用智能家电，以智能手机、平板电脑为操作终端，基于物联网技术，以路由器作为网关连接车内各设备。通过操作终端来监测和控制旅居车内的一切设备，无论身在何处，只要有网络即可实现与旅居车的零距离交互。让

智能化的新技术给用户的旅游生活带来方便和舒适，从而实现以人为本的人性化设计。旅居车内空间的智能化需求，见表 10-4。

表 10-4　旅居车内空间的智能化需求

项目	具体内容
安全防护	车门锁、视频监控、燃气/电/水探测、设备健康度检测、危险预警等
电器控制	空调、电视、热水器、微波炉、冰箱、电动窗帘等必备电器的控制
照明管理	智能插座、智能电灯开关、灯光亮度智能调节
环境调节	空气质量、车内温度、车内湿度、水质的监测与调节
综合服务	旅居车定位、紧急求助、远程控制

　　旅居车内空间的智能化设计应本着用户至上的理念，从用户生活需求出发，通过智能化的新技术为用户提供真正简单易用、安全舒适的旅游生活环境。

思考题

10-1　常见的旅居车内部空间增大方式有哪些？

10-2　旅居车上常用拓展机构形式有哪几种？

10-3　旅居车内部空间布局设计时需要考虑哪些方面？

第11章　旅居车结构设计

旅居车的车身一般由骨架、蒙皮、填充材料、内封板和门窗等零部件组成，可以起到保温、隔热、防风、防漏雨等作用。车身结构设计的主要工作是依据标准和性能的技术要求，设计出开闭件、内外装饰件、仪表板的具体结构以满足制造和使用的要求。对于设计师来说要注意以下几点。

（1）良好的刚度　通过良好的结构设计，在车身质量一定的前提下，获得最大的抗弯和抗扭刚度，以满足使用强度、刚度及耐久性的要求。

（2）轻量化　设计结构要确保在满足刚度要求的基础上使材料最省，达到轻量化，以降低成本和油耗。

（3）符合制造工艺性　从设计结构上尽可能获得好的制造工艺性，包括冲压、焊接、涂装、总装工艺等。

自行式旅居车根据长度和类型的不同，其车身结构也有较大差异，承载式车身与非承载式骨架车身如图 11-1 所示。小型自行式旅居车由于车长较短，一般在 6m 以内，如自行式 B 型旅居车的车身结构形式与乘用轿车很相似，采用承载式车身比较多，采用骨架结构的车身较少。而车长 7m 以上的大中型旅居车，如自行式 A 型旅居车的车身结构多由骨架和蒙皮构成，由骨架形成车体并承载，其骨架主要是铝合金或钢材的结构，特点是结构强度高，不易变形。骨架的布置，一般为网状分布，骨架的间距视车厢尺寸及蒙皮尺寸而定。在结构强度不足或应力比较集中的地方，要增加加强筋，从而起到加强支承和固定的作用。

1. 车厢

车厢尺寸的确定除了受车体外轮廓尺寸限制外，还要考虑两方面因素，一是车厢内部能够布置下各种生活设施，二是要根据人机工程学的相关知识，确定这些生活设施的尺寸是否合适。在车厢高度尺寸方面，要求车厢内顶篷距地板的高度应≥1750mm。

考虑到皮卡底盘承载力有限以及燃油经济性，厢体设计应以轻量化为主，但需兼顾强度与自重平衡。玻璃钢（纤维增强塑料）是目前旅居车车厢的主要材料类型，玻璃钢可以实现较为复杂的车身外形。其制作工艺较为复杂，基本流程如下：首先根据模型制作好模具，

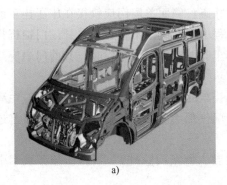
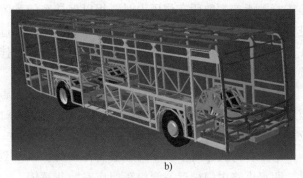

a)　　　　　　　　　　　　　　　　b)

图 11-1　承载式车身与非承载式骨架车身

a）承载式车身　b）非承载式骨架车身

然后对模具进行处理，涂上脱模剂，再刷上一层胶衣，使其表面光滑；干了之后，就可以使用调配好的玻璃钢树脂（俗称腻子）和玻璃纤维毡开始"积层"；固化后装骨架，起模，再送去打磨区，检查产品的气泡、缝合边、补胶衣等。目前采用玻璃钢一体成型技术加工的车身主要应用在自行式 C 型旅居车上，这种车身的优点是可与主车驾驶室连成一体，因此提高了旅居车的整体性和室内的通透性；玻璃钢材料质量小且有一定强度，可以降低旅居车行车载重。由于玻璃钢成型方式较为灵活，可制作出较为复杂和流线的造型。缺点是力学强度较弱，安全系数低，长时间的风吹日晒容易老化。

在隔热方面，车厢应具有一定的保温性，在厢体内、外温度（平均值）之差为 20～25℃时，厢体的传热系数应≤$1.4 W/m^2 \cdot K$。通常建筑上使用的隔热材料是发泡棉，其中有聚乙烯闭孔泡沫塑料、EVA 橡塑、聚乙烯闭孔泡沫板、EPE 发泡棉等几种常见材料。聚乙烯闭孔泡沫塑料具有独立气泡结构，且密度小、柔韧性好，导热系数低，不吸水、防渗透性好，与其他材质容易复合，着色力强，耐高、低温变化，耐老化性能优越。EVA 橡塑是新型环保塑料发泡材料，具有良好的缓冲、抗振、隔热、隔声、防潮、抗化学腐蚀等优点，因其密度差异较大，用途广泛。聚乙烯闭孔泡沫板容量小、拉伸强度大，不吸水，产品环保，施工简便，防渗、防漏、接缝效果佳，耐高低温（-45～80℃），不流淌、不变形、不脆裂、使用寿命长。EPE 发泡棉是新型环保型包装材料，由低密度聚乙烯脂经物理发泡产生无数的独立气泡构成，克服了发泡胶易碎、变形、回复性差的缺点，具有隔水防潮、防振、隔声、保温、可循环再造、抗撞力强等诸多优点。

另外，旅居车应具有良好的防雨密封性。车辆静止和行驶时，旅居挂车的结构都应防水，特别是地板，应能防止车辆行驶时道路积水的溅入和静止时来自地面湿气的侵入。车厢地板不允许留有开孔，为布置管线或其他设施开设的洞、孔应严格密封。车厢内的地板表面应防滑，地板及周边的接缝处应不渗漏。

2. 门窗

旅居车的门窗设计既要满足普通汽车行进过程中的密封性，又要考虑到在外旅居时的安全性与旅居车内部的通透性，因此在设计时位置和尺寸都有严格规定。

进入车内的车门，至少有一个位于车辆的后部或右侧；入口车门的净高度≥1650mm，净宽度≥500mm。除折叠式旅居挂车外，车门最小净高为 1360mm。

所有车门，包括滑动门，内、外部车门都应装备关闭或锁止的装置。当车门承受由旅居

挂车行驶所产生的所有作用力时，用以保持车门关闭状态。侧面单扇门应铰接在旅居挂车前进方向一侧。车厢门锁机构应灵活可靠，车辆行驶过程中车厢门锁不得自行打开。门锁机构在车内或车外应均可完成锁闭和开启功能。当旅居挂车侧面铰接双扇车门时，其前门扇应搭接在后门扇上且后门扇应安装固定销。

若旅居挂车只有一个入口门，则其应安装在旅居挂车的后部或当旅居挂车被牵引时距离道路中间最远的一侧。如果旅居挂车不止一个入口门，那么至少应有一个门安装在上述位置。

对于自行式旅居车，车门应安装儿童防护锁（驾驶人侧车门除外）。当旅居挂车被牵引时，距离道路中间最近一侧的车门应安装儿童锁。

应急门应向外开启并提供畅通无障碍的开启空间。当应急门在门外锁紧时，应能从门内迅速打开。车内应急门的开启机构应从门的内外两侧都能操纵。车内部的门最好采用杆式把手开启，入口门最好通过向下按动把手开启。若车内部的门装有锁闭机构，则应在门的另一侧安装紧急开锁系统。

应急窗和应急板应无障碍向外开启或水平滑动，其所提供的开启面积应 $\geqslant 0.25m^2$ 且任一方向最小尺寸为450mm。应急窗和应急板的较低边缘距地板平面高度应 $\leqslant 950mm$，铰接在车顶的这类窗和板应至少能开启70°且能保持完全开启状态，除非人为关闭。应急窗不应采用绕水平枢轴旋转的窗户（沿顶部边缘旋转的窗户除外）。

门、窗的玻璃面积不得少于整车地板面积的10%，窗户的可开面积应不少于地板面积的5%。当旅居挂车行驶时，天窗及其配件不应出现松动，内侧应带有纱窗。

3. 踏板

当旅居车车厢门口地板距地面的高度超过400mm时，门口应装配固定式或伸缩式踏步板（门梯），第一级踏步板高不超过350mm，其他踏步板高不超过230mm。伸缩式踏步板应取用方便，行车时固定可靠，踏步板上表面应有防滑措施。踏步装置能够承担2000N的力，此力垂直作用在台阶任何一个 100mm×150mm 的面积上，并持续5min，变形不应超过10mm。

4. 把手

车身外侧应安装4个用以人力移动旅居挂车的把手，每侧前后各一个。把手间隙不应小于30mm×120mm。每个安装好的把手应能承受作用在把手上的大小为600N，方向与安装螺栓或固定点垂直的拉力；并还应能承受作用在把手上的大小为1000N，方向与安装螺栓或固定点在同一直线上的拉力。

5. 支腿

每辆旅居挂车应装备4个支腿，每角一个。这些支腿应可伸缩，高度可调节，且每个支腿在伸长后应能承受不低于旅居挂车最大厂定总质量25%的载荷，且应提供调节工具。

11.2 空间扩展机构

旅居车因受到安全、行驶和法规等限制，内部可使用空间十分有限。所以，需要设计可伸展并收缩的拓展空间结构，从而将旅居车外的空间折叠放入车内，增加旅居车的使用空

间。当车辆到达营地时，打开拓展车厢，可为乘坐人员提供宽敞的睡眠和活动空间。

图 11-2 所示为一种后全拓展式机构的整体安装示意图。在铝合金副车架上设置有两根纵梁，纵梁中沿着其长度方向贯通设置有空腔，空腔中滑动连接有铝型材方管制成的支承梁，用于支承拓展舱。支承梁的底部安装有齿条，驱动电机带动转杆转动，转杆上的齿轮与支承梁底部的齿条啮合从而使得支承梁在空腔中滑动。支承梁带动拓展舱在车厢尾部移动，以此来将拓展舱从车厢尾部拉出或收回，实现了拓展舱的后拓展。上、下滑轮为限位组件，可以使得支承梁能够稳定地在空腔中进行滑动，从而提高拓展舱移动的稳定性。

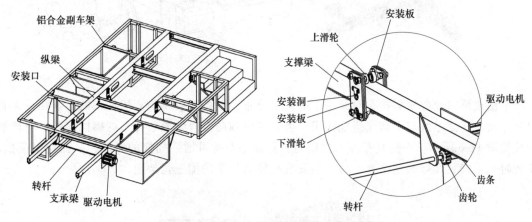

图 11-2　后全拓展式机构的整体安装示意图

11.3　牵引连接装置

旅居挂车自身没有动力，需要额外的牵引车对其进行拖挂。牵引连接装置包括拖车球、球头罩、牵引座、牵引销、平衡仪与防摇摆系统等。旅居挂车牵引连接装置示意图如图 11-3 所示。

拖车球，又称拖车钩，如图 11-4 所示，是连接在牵引车辆后防撞梁上的牵引设备，安装后可以牵引小挂车、旅居挂车等，由固定支架（基座防撞梁）、拖车钩、拖车电源模块等组成。固定支架用于在汽车尾部安装拖车钩；拖车钩用于拖拽挂车、旅居车等；电源模块能够为挂车及搭载装置供电，并能够保持与主车的尾灯系统同步。

在行驶过程中，遭遇侧风容易导致旅居挂车摇摆、蛇行甚至翻车，旅

图 11-3　旅居挂车牵引连接装置示意图

居挂车横向摇摆示意图如图 11-5 所示，特别是在车速过快时，这种摇摆翻车的风险更大。研究表明，旅居挂车的纵向质量分布对其行驶的横向稳定性有重要的影响。一般情况下，旅居挂车的舌重保持在旅居挂车总质量的 10%～15% 时，可以获得较好的稳定性能。

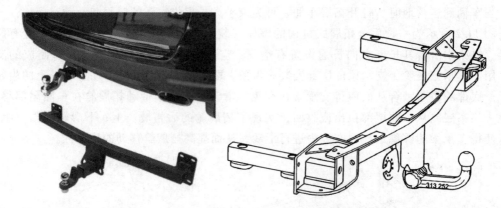

图 11-4　拖车钩

　　平衡仪可以改善旅居挂车对牵引车的质量分布，保持牵引车与旅居挂车的底盘在一条直线上。而防摇摆系统与平衡仪搭配使用，可以有效预防及改善旅居挂车的摇摆问题。防摇摆系统如图 11-6 所示。旅居挂车左右摇摆时，防摇摆系统可增强摇摆的摩擦，从而控制摇摆。安装时一端安装在球头连接处，另一端安装在旅居挂车的前三角架上。

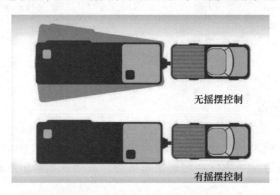

图 11-5　旅居挂车横向摇摆示意图

图 11-6　防摇摆系统

11.4　其他附属配件

11.4.1　遮阳棚

遮阳棚（图11-7）具有全面的外遮阳功能，能够彻底阻挡紫外线的辐射，降低室内温度，减少空调负荷；在遮挡炎炎夏日的同时能够使强烈的阳光以漫射光的形式反射入室内，使室内光线明亮而不眩目。它将人们的生活空间从室内延伸到室外，创造出了新的活动空间，而且延长了室内装修和家具的使用寿命。

图 11-7　遮阳棚

11.4.2　系顶窗

目前大多数的旅居车都采用系顶窗（图11-8）。系顶窗外框为铝合金材料，不易锈蚀，内框为 PU 材料，与墙体颜色一致，隔热隔声效果好。窗户内部安装防卷轴式遮阳帘和防蚊虫纱，遮阳防蚊虫效果很好，即使在下雨天也可打开，雨水不会溅到车内，安全卫生。

图 11-8　系顶窗

11.4.3　水平仪

水平仪是一种测量小角度的常用量具，在机械行业和仪表制造中，用于测量相对于水平位置的倾斜角、机床类设备导轨的平面度和直线度、设备安装的水平位置和垂直位置等。按水平仪的外形不同可分为框式水平仪和尺式水平仪两种；按水准器的固定方式可分为可调式

水平仪和不可调式水平仪。为使睡眠舒适及三用冰箱能正常使用，维持车身的水平是很重要的，所以通常会在车身四周粘贴上水平仪，以测量车身是否水平。

11-1　旅居车车身结构设计有哪些要求？

11-2　旅居挂车的牵引连接装置由哪些组成？

第4篇

专用汽车改装篇

第12章 专用汽车发展概述

12.1 专用汽车的一般概念及型号

1. 专用汽车的概念

专用汽车是指装有专用设备，具备专用功能，用于承担专门运输任务或专项作业以及其他专项用途的汽车。专用汽车是汽车工业的重要组成部分，它的发展与国民经济的发展息息相关，不管是用于公路运输的厢式、罐式、自卸式、仓栅式和桁架式等型式的专用汽车，还是用于施工建设的工程专用汽车，或是城市环卫应用的环卫专用汽车以及军事专用汽车、特种专用汽车、商务专用汽车等，都与国家的整体发展相辅相成。

2. 我国专用汽车型号的编制规则

为了便于识别不同的汽车，每种汽车都有型号，用于表明其厂牌、类型和主要特征参数等。国家标准 GB/T 17350—2009 规定了国产汽车型号的编制规则。

国产专用汽车的型号由拼音字母和阿拉伯数字组成，包括首部、中部和尾部 3 部分，如图 12-1 所示。

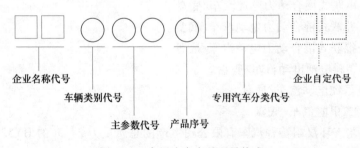

图 12-1 专用汽车产品型号构成

（1）首部 由 2 个或 3 个拼音字母组成，是企业名称代号。如 HY 代表汉阳特种汽车制造厂等。

（2）中部 由 4 位阿拉伯数字组成，分为首位、中间两位和末位 3 部分。汽车型号中部 4 位数字的具体含义见表 12-1。

汽车改装设计

表 12-1　汽车型号中部 4 位数字的具体含义

首位(1~9)表示车辆类别		中间两位数字表示汽车的主要特征参数	末位数字
1	载货汽车	数字表示汽车的总质量(t),总质量超过 100 t,允许用 3 位数字	表示企业自定产品序号
2	越野汽车		
3	自卸汽车		
4	牵引汽车		
5	专用汽车		
6	客车	数字×0.1m 表示车辆总长度	
7	轿车	数字×0.1L 表示发动机排量	
8	(暂缺)		
9	半挂车或专用半挂车	数字表示汽车的总质量(t)	

（3）尾部　由拼音字母或加上阿拉伯数字组成，可以表示变型车与基本型的区别或专用汽车的结构特征和用途特征等。专用汽车结构特征代号见表 12-2。

表 12-2　专用汽车结构特征代号

厢式汽车	罐式汽车	专用自卸汽车	特种结构汽车	起重举升汽车	仓栅式汽车
X	G	Z	T	J	C

专用汽车用途特征代号的确定，根据术语的汉字缩写，取其汉语拼音的第 1 位大写字母组合，对于重复的依次取第二位、第三位，但不应采用 I 和 O。如 BW（保温车）、LC（冷藏车）、JB（混凝土搅拌车）、JY（加油车）、GK（高空作业车），具体可见 GB/T 17350—2009 中的规定。

企业自定代号：企业自定代号按照企业的需要编制，可用汉语拼音字母和阿拉伯数字表示，位数由企业自定。

对于新能源汽车的企业自定代号规定如下。

1）HEV。混合动力电动汽车/底盘。

2）SHEV。串联式混合动力电动汽车/底盘。

3）PHEV。并联式混合动力电动汽车/底盘。

4）CHEV。混联式混合动力电动汽车/底盘。

5）FCEV。燃料电池电动汽车/底盘。

6）BEV/EV。纯电动汽车/底盘。

7）DMEV。二甲醚汽车/底盘。

举例：以湖北三环汉阳特种汽车有限公司生产的总质量为 24.5t 的 HY5253GJBM 汉阳混凝土搅拌运输车型号为例进行介绍，如图 12-2 所示为专用汽车产品型号含义。

其他举例如下。

1）型号 CLW5310ZSLB5。程力威生产的第一代总质量为 31t 的专用自卸式散装饲料运输车。

2）型号 JG5100XLC。济南考格尔公司生产的第一代总质量为 10t 的厢式专用冷藏车。

3）型号 AH5250GJB1。安徽星马专用汽车公司生产的第一代总质量为 24.8t 的罐式混凝

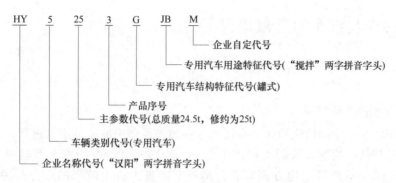

图 12-2　专用汽车产品型号含义

土搅拌运输车。

4）型号 ZLJ5030TSLZL1BEV。中联重科生产的总质量为 3t 的专用特种结构纯电动扫路车。

12.2　发展专用汽车的重要性

1. 专用汽车行业在国民经济中的重要作用

从发达国家汽车的发展历史和我国汽车工业的发展状况可以看出，汽车工业发展同国民经济发展紧密相关。随着汽车工业在经济发展中的地位越来越突出，汽车工业逐渐成为主要汽车生产国的主导产业，并对世界经济的发展和社会进步产生巨大作用和深远影响。

汽车工业的发展促进了专用汽车的发展，同时专用汽车的发展扩大了汽车的应用领域，增加了汽车的工业产出，与汽车工业共同进步。由于社会的不断进步，人们对专用汽车的经济性、工作效率以及各种性能和功能的要求也越来越高，同时，诸如物流运输、建筑和环保等行业的不断进步也促进了专用汽车的发展。随着科技进步，一些以前靠人工完成的工作都逐步由专用汽车来完成，专用汽车作业能减少人的劳动强度，保证人身安全，降低人工操作的危险，提高工作效率，如水泥泵车、修钻井车和其他排险专用汽车在这方面均有突出的作用；专用汽车的研制、生产和应用不仅在实现门到门的专业化运输和作业方面受到社会的广泛重视和欢迎，而且在大幅度地提高运输效率、降低运输成本、扩大汽车的应用领域等方面都发挥着重要的作用，汽车运输的专业化，可以减少运输途中的货损和货差，提高运输的安全性，同时减少了污染，保护了环境。

2. 专用汽车在我国道路运输中的地位和作用

专用汽车作为我国道路运输的主要力量之一，承担了大量商品的流通和特殊商品的运输、储存功能。专用汽车以其品种多、分布行业广泛、专用化服务功能优越等诸多特点受到不同领域运输业主的青睐。目前，我国专用汽车产品已经有超过 5000 个品种，一万多个车型，产品广泛应用于交通、城建、环卫、市政、石油、化工、卫生医疗、银行、军工、文化娱乐等国民经济发展的各个行业。

12.3 我国专用汽车的发展概况

12.3.1 我国专用汽车的生产现状

1. 我国专用汽车供给情况

随着我国汽车产业的快速增长，专用汽车在国民经济中的地位不断提升，并已成为支撑和拉动我国经济持续快速增长的支柱产业之一。2022 年我国专用汽车产量为 309.52 万辆，同比增长 11.5%。从产量结构方面来看，半挂车产量为占比最高的细分品种，为 36.2%，其次为厢式车，产量占比为 22.6%。

我国专用汽车行业主要以出口贸易为主，出口规格远大于进口规格。随着我国专用汽车行业的发展，近年来我国专用汽车出口规模整体呈波动上升的趋势。2022 年我国专用汽车出口量为 23914 辆，同比增长 36.6%，出口金额为 20.19 亿美元，同比增长 51.6%；进口量为 152 辆，同比下降 19.6%，进口金额为 0.82 亿美元，同比下降 40.1%。

2. 我国专用汽车需求情况

2022 年专用汽车六大类共销售 97.9 万辆，同比下滑 34.16%，全国销量五年来降幅最大。从车辆类别来看，厢式汽车销量为 58.4 万辆，同比下降 26.38%；仓栅式汽车销量为 19.2 万辆，同比下降 42.18%；罐式汽车销量为 67.3 万辆，同比下降 57.01%；特种结构汽车销量为 62.9 万辆，同比下降 27.01%；起重举升汽车销量为 40.6 万辆，同比下降 47.67%；专用自卸汽车销量为 30.4 万辆，同比下降 20.87%。从反映至用途上来看，厢式专用车、仓栅式专用车主要是用于城市间物流运输，而近年来居民对于生鲜食品的需求刺激了厢式冷藏车的快速增长；罐式专用车主要是用于工程需求；工程车的市场需求与国内固定资产投资相关性较大。

3. 我国专用汽车企业竞争情况

目前，我国整个专用汽车行业市场集中度不高，行业的市场竞争十分激烈，企业数量众多，虽已出现了个别具备规模实力、资本实力和品牌优势的企业，但行业内总体呈现"多品种、小批量、专、精、特"的特点。随着我国准入政策调整，市场集中度会向龙头企业进行聚拢，专用汽车行业产业集中度会逐步提升。

12.3.2 专用汽车的发展趋势

专用汽车未来发展趋势：两高、两化、两新。汉阳专用汽车研究所副所长、中国汽车工业协会专用汽车分会副秘书长在演讲中总结了专用汽车行业发展的六大趋势，即高水平、高效率、电动化、智能化、新技术、新模式。

（1）高水平　主要体现在安全、绿色（节能减排）、专业上。

（2）高效率　包括甩挂运输、多式联运，以及车用起重尾板等自装卸系统的应用。

（3）电动化　《新能源汽车产业发展规划（2021—2035）》提出：到 2035 年，纯电动汽车成为新销售车辆的主流，公共领域用车全面电动化，燃料电池汽车实现商业化应用，高度自动驾驶汽车实现规模化应用，充换电服务网络便捷高效，氢燃料供给体系建设稳步推进，

有效促进节能减排水平和社会运行效率的提升。

（4）智能化　包括技术层面（汽车正由人工操控的机械产品逐步向电子信息系统控制的智能产品转变）、产业层面（汽车与相关产业全面融合）和发展层面（智能汽车已成为汽车强国战略选择）。

（5）新技术　主要包括轻量化（传统汽车和新能源汽车领域的共性技术，在满足安全的前提下，通过采用新工艺、新材料，在减重、性能和成本之间寻求平衡）、智能化（到2025年，实现有条件自动驾驶的智能汽车达到规模化生产，实现高度自动驾驶的智能汽车在特定环境下市场化应用）、网联化（汽车与通信、交通等跨界融合，对信息网络平台中的所有车辆动态信息进行有效利用，在车辆运行中提供不同的功能服务）。

（6）新模式　一是互联网+（从概念普及走向实践深耕，资源汇聚、协同发展、合作共赢），二是共享（汽车消费方式的变革，极大改善能源紧张、环境污染、交通堵塞、资源闲置的问题）。

思考题

12-1　什么是专用汽车？

12-2　专用汽车的分类？

12-3　专用汽车的发展前景和趋势？

12-4　专用汽车总布置参数有哪些，各自影响哪些性能？

12-5　专用汽车设计特点及要求？

第13章 专用汽车功能改装设计

13.1 自卸汽车改装

专用自卸汽车是指装备有液压举升机构，能将车厢（罐体）卸下或使车厢（罐体）倾斜一定角度，货物依靠自重能自行卸下或者水平推挤卸料的专用汽车。其主要运输散装并可散堆的货物（如沙、土、矿石以及农作物等），还可以用于运输成件的货物，故专用自卸汽车主要服务于矿山、工地、建材场等。为了提高运输生产率，专用自卸汽车通常与装载机、挖掘机、带式运输机等配套使用，实现全部运输机械化。

13.1.1 自卸汽车的总体结构与设计

1. 自卸汽车的结构形式

普通自卸汽车的结构组成如图 13-1 所示，卸货时，通过液压倾卸操作装置 1 从取力器 11 取出动力，驱动液压泵 9 工作，使得自卸汽车的举升机构 2 将车厢 5 抬起，从而实现自卸功能。

（1）自卸汽车整车形式 自卸汽车整车形式是指其轴数、驱动形式、布置形式及车身（包括驾驶室）形式等，它对自卸汽车的使用性能、外形尺寸、质量、轴荷分配和制造等方面影响较大。

1）驱动形式。最大总质量<19t 的普通自卸汽车，一般采用 4×2 的驱动形式；最大总质量超过 19t 时，可采用 6×2 或 6×4 的驱动形式。矿用自卸汽车由于受到运输场地和运输条件的限制，大多数采用短轴 4×2 的驱动形式，这种形式的自卸汽车结构简单、整备质量小、成本低，具有最小转弯半径和纵向通过半径小、机动性与通过性好等优点，少数矿用自卸汽车考虑到道路条件差

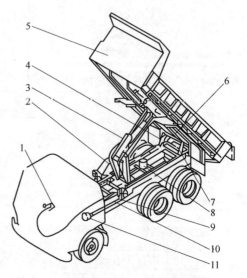

图 13-1 普通自卸汽车的结构组成

1—液压倾卸操作装置 2—举升机构 3—液压缸
4—拉杆 5—车厢 6—后铰链支座 7—安全
撑杆 8—油箱 9—液压泵
10—传动轴 11—取力器

而采用 4×4 的驱动形式。

2）布置形式。自卸汽车的布置形式一般采用发动机前置、后驱动的布置形式，驾驶室与货车一样，也有长头式、短头式、平头式和偏置式 4 种形式。矿用重型自卸汽车多采用偏置式，有些矿用自卸汽车的装载质量大，使用条件差，需要采用专门制造的汽车底盘。

（2）车厢的结构　车厢用于装载和倾卸货物，一般由前栏板、左右侧栏板、后栏板和地板等组成。图 13-2 所示为典型的地板横剖面呈矩形的后倾式车厢结构，为避免装载时物料下落碰坏驾驶室顶盖，通常车厢前栏板加做向上前方延伸的防护挡板，车厢地板固定在车厢底架上，车厢的侧栏板、前后栏板外侧面通常布置有加强筋。

后倾式车厢广泛应用于轻、中和重型自卸汽车，它的左右侧栏板固定，后栏板左右两端上部与侧栏板铰接，后栏板借此即可开启或关闭。

侧倾式及三面倾卸式车厢栏板与地板成直角，如图 13-3 所示。其栏板开启、关闭的铰接轴为上置式，开启时栏板呈自由悬垂状，多用于有侧倾要求的中型自卸汽车。

矿用自卸车和重型自卸车的车厢多采用簸箕式（图 13-4），以方便装载和倾卸矿石、砂石等。有的簸箕式车厢采用双层地板结构，以增加地板的强度和刚度，并可减轻自重。

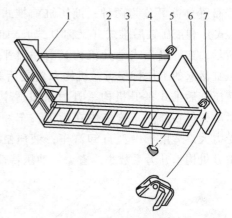

图 13-2　后倾式车厢结构

1—防护挡板　2—侧栏板　3—地板　4—车厢铰支座　5、7—铰接座　6—后栏板

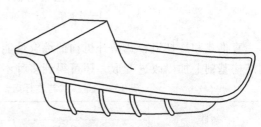

图 13-3　侧倾式及三面倾卸式车厢　　　　图 13-4　簸箕式车厢

（3）举升机构的结构形式　选择举升机构时应考虑：①液压系统是否能承受在举升质量作用下的举升力；②液压缸的行程能否满足车厢的最大举升角度；③液压系统特别是液压缸的生产及配套情况。

举升机构分为两大类：直推式和连杆组合式，它们均采用液体压力作为举升动力。

直推式举升机构的液压缸的举升力直接作用在车厢上，不需要通过杆系作用。按液压缸布置位置的不同，直推式举升机构可分为前置式和后置式（也称中置式）两种，如图 13-5 所示。前置式一般采用单缸，后置式既可采用单缸，也可采用并列双缸。在相同举升载荷的条件下，前置式需要的举升力较小，举升时车厢横向刚度大，但液压缸活塞的工作行程长；

汽车改装设计

后置式的情况则与前置式相反。直推式举升机构布置简单、结构紧凑、举升效率高。但由于液压缸工作行程长，故一般要求采用单作用的 2 级或 3 级伸缩式套筒液压缸，但这类液压缸制造工艺复杂，密封性较差。

连杆组合式举升机构通过杆系和液压缸配合完成举升功能。常用的连杆组合式举升机构按布置分类可分为两种：液压缸前推式（又称T 式）和液压缸后推式（又称 D 式），如图 13-6所示。连杆组合式举升机构具有举升平顺、液压缸活塞的工作行程短，机构布置灵活等优点。液压缸后推式举升机构举升力系数适中，结构紧凑，但各部件布置集中在后部，车厢和地板受力大，适用于中型自卸汽车；液压缸前推式举升机构举升力系数小，省力、油压特性好，适用于重型自卸汽车。

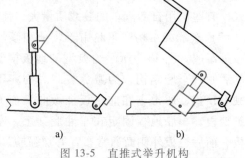

图 13-5　直推式举升机构
a）前置式　b）后置式

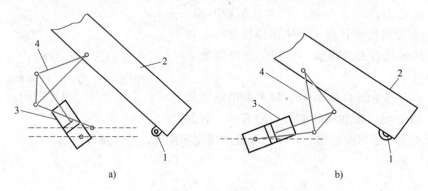

图 13-6　连杆组合式举升机构按布置分类
a）液压缸前推式　b）液压缸后推式
1—铰支座　2—车厢　3—液压缸　4—三角臂

直推式和连杆组合式举升机构的综合性能比较见表 13-1，可供设计时参考。在这两种典型结构基础上加以改进变形，还可得到多种不同形式的举升机构。

表 13-1　直推式与连杆组合式举升机构的综合性能比较

项目	类别	
	直推式	连杆组合式
结构布置	简便,易于布置	比较复杂
系统质量	较小	较大
建造高度	较低	较高
液压缸加工工艺性	多级缸,精度高,工艺性差	单级缸,制造简便,工艺性好
油压特性	较差	较好
系统密封性	密封环节多,易渗漏	密封环节少,不易渗漏
工作寿命	磨损大,工作寿命较短	不易损坏,工作寿命较长
制造成本	较高	较低
系统倾卸稳定性	较差	较好
系统耐冲击性	较好	较差

2. 自卸汽车主要尺寸、质量及性能参数的确定

（1）**主要尺寸参数的确定**　自卸汽车的尺寸参数主要有轴距、轮距、外廓尺寸（车辆长、宽、高）等，如图13-7所示。由于自卸汽车多在二类货车底盘上改装而成，因此，其轴距 L、轮距 B、前悬 L_F、接近角 γ_1 等参数，改装后均保持不变。车厢与驾驶室的间距 $C=100\sim250\text{mm}$。车厢长度 L_H 应根据额定装载质量和主要运输的货物密度，并参照同类车型车厢尺寸确定。

（2）**质量参数的确定**　额定装载质量是自卸汽车的基本使用性能参数之一。目前，中、长距离公路运输趋向使用重型自卸汽车，以便提高运输效率、降低运输成本，额定装载质量一般在 $9\sim19\text{t}$；而承担市区较短途运输的自卸汽车额定装载质量为 $4.5\sim9\text{t}$。同时，还应考虑到厂家额定装载质量的合理分级，以利于产品系列化、部件通用化和零件标准化。此外，额定装载质量还必须与选用的二类货车底盘允许的最大总质量相适应。

改装部分质量主要包括车厢质量、副车架质量、液压系统质量、举升机构质量以及其他改装部件的

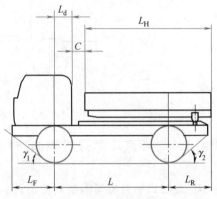

图13-7　自卸汽车的主要尺寸参数

质量。改装部分质量既可通过计算、称重求得，也可以根据同类产品提供的数据进行估算。

自卸汽车整车整备质量是指装备齐全，加够燃料、液压油和冷却液的空车质量。它一般是二类底盘整备质量与改装部分质量的总和，是自卸汽车总体设计的重要参数之一。

自卸汽车总质量是指装备齐全，包括驾驶人，并按规定装满货物的质量。其值可按下式确定，即

$$m_a = m_0 + m_e + m_f \tag{13-1}$$

式中，m_a 为自卸汽车总质量（kg）；m_0 为自卸汽车整车整备质量（kg）；m_e 为装载质量（kg）；m_f 为驾驶人质量（kg），按65kg/人计算。

自卸汽车质量利用系数 η_{CO} 是指装载质量 m_e 与整车整备质量 m_0 之比，即

$$\eta_{CO} = \frac{m_e}{m_0} \tag{13-2}$$

该系数是一项评价汽车设计、制造水平的综合性指标。因此，新车型设计时，就应力求采用新工艺、新材料、新技术，不断减轻汽车自重，提高汽车性能。通常由二类货车底盘改装的自卸汽车（$m_e<15\text{t}$）的质量利用系数略低于原货车的质量利用系数，目前，国产自卸汽车的质量利用系数为 $1.0\sim1.5$，国外自卸汽车的质量利用系数为 $1.3\sim2.0$。

自卸汽车的质心位置是指满载或空载时整车质量中心位置。自卸汽车的质心位置对使用性能（如汽车的制动性、操纵稳定性等）影响很大。因此，进行自卸汽车的总体设计时应尽量使质心位置接近原货车的质心位置。

（3）**性能参数**（最大举升角、举升降落时间）**的确定**　车厢最大举升角，即车厢最大倾斜角，是指车厢举升至极限位置时，车厢底部平面与地平面之间的夹角。确定车厢最大举升角的依据是倾卸货物的安息角。设计的车厢最大举升角 $\theta_{\max}$ 必须大于货物安息角，以保

证把车厢内的货物卸净。此外，在车厢举升达到最大举升角 θ_{max} 时，车厢后栏板与地面须保持一定的间距 H，如图 13-8 所示，避免车厢倾卸时与底盘纵梁后端发生碰撞。

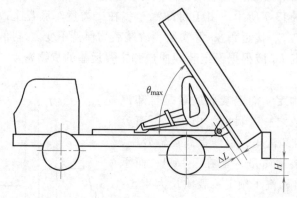

图 13-8　自卸汽车后倾最大举升角的确定

13.1.2　自卸汽车举升机构的结构与设计

1. 直推式举升机构的结构与设计

随着车厢的举升角 θ 不断增大，举升质量的质心位置 C 到后铰支点 O 的水平距离 x_C 不断减小，举升阻力矩 M_F 也随之减小。故通常以每节伸缩液压缸将要伸出时的工况进行受力分析，将其计算结果作为举升机构的设计依据。

对直推式举升机构进行受力分析和设计计算时，可引入力矩比 η，其定义为当任意一节伸缩液压缸套筒将要伸出时，举升机构提供的举升力矩与阻力矩之比。η_1、η_i 和 η_n 分别为第一节、第 i 节和最后一节伸缩液压缸套筒将要伸出时，举升机构提供的力矩比。

考虑到举升初始阶段各铰支点静摩擦力矩较大（阻力矩较大），为使液压系统工作平稳，避免发生过大冲击，η_1 通常取 3~4，η_n 通常取 1~2，液压缸节数较多时，η_n 可取较小值。η_i 可按等比级数在 η_1 和 η_n 之间取值。

（1）伸缩液压缸的单节伸缩工作行程 l 的确定　通常伸缩液压缸的单节伸缩工作行程 l 相等。l 可参照同类液压缸的单节伸缩工作行程大小，同时考虑伸缩液压缸产品的系列化、标准化及总布置所允许液压缸占用的空间等因素来选定。

（2）伸缩液压缸总行程 L 的确定　直推式举升机构工作示意图如图 13-9 所示，根据余弦定理有

$$\overline{AB''} = \sqrt{\overline{AO}^2 + \overline{OB''}^2 - 2\overline{AO}\ \overline{OB''}\cos\angle AOB''} \tag{13-3}$$

式中，$\angle AOB'' = \theta_{max} + \angle OBD - \alpha_0$，$\theta_{max}$ 为最大举升角，α_0 为液压缸铰接点 A 与车厢后铰接点 O 连线与水平方向的夹角。

故液压缸总行程 L 为

$$L = \overline{AB''} - \overline{AB} \tag{13-4}$$

伸缩液压缸的总节数为

$$n = L/l \tag{13-5}$$

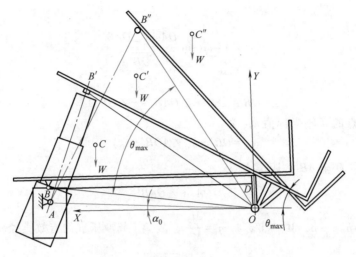

图 13-9 直推式举升机构工作示意图

（3）举升机构液压缸直径的确定

1）当第一节液压缸套筒将要伸出时，举升力矩为

$$M_{z1} = F_1 \overline{OA} \cos\alpha_0 \tag{13-6}$$

式中，F_1 为第一节液压缸的推力（N）；M_{z1} 为举升力矩（N·m）。

阻力矩 M_{F1}（N·m）为

$$M_{F1} = Wx_{C1} \tag{13-7}$$

式中，W 为举升量（N）；x_{C1} 为第一节液压缸套筒将要伸出时 W 作用点的 X 坐标值（m）。

考虑到力矩比 $\eta_1 = M_{z1}/M_{F1}$，故

$$F_1 \overline{OA} \cos\alpha_0 = \eta_1 Wx_{C1}$$

式中，$\overline{OA}$ 为液压缸铰支点 A 至车厢后铰支点 O 的距离（m）。

液压缸推力 F_1 为

$$F_1 = \frac{\pi d_1^2}{4} p \times 10^6 \tag{13-8}$$

式中，p 为液压缸工作压力（MPa）；d_1 为第一节液压缸有效工作直径（m）；F_1 为液压缸推力（N）。

将式（13-7）代入式（13-8），整理得

$$d_1 = \sqrt{\frac{4\eta_1 Wx_{C1}}{\pi \overline{OA} \cos\alpha_0 p}}$$

2）当第 i 节液压缸套筒将要伸出时，B 点移动到 B' 点。在 $\triangle AOB'$ 中，根据余弦定理有

$$\angle OAB' = \arccos \frac{\overline{OA}^2 + \overline{AB'}^2 - \overline{OB'}^2}{2\overline{OA}\ \overline{AB'}} \tag{13-9}$$

根据正弦定理可得

$$\frac{\sin \angle OB'A}{\overline{OA}} = \frac{\sin \angle OAB'}{\overline{OB'}} \tag{13-10}$$

则

$$\angle OB'A = \arcsin \frac{\overline{OA}\sin\angle OAB'}{\overline{OB'}} \tag{13-11}$$

故

$$\angle AOB' = 180° - \angle OAB' = -\angle OB'A \tag{13-12}$$

举升质心 C' 点的 X 轴坐标值 x_{Ci} 为

$$x_{Ci} = OC'\cos(\angle AOB' + \alpha_0) \tag{13-13}$$

车厢后铰支点 O 至 $\overline{AB'}$ 的距离 b_i 为

$$b_i = \overline{OA}\sin\angle OAB' \tag{13-14}$$

又因为 $M_{zi} = p_i b_i = b_i \dfrac{\pi d_i^2}{4} p$，$M_{Fi} = W x_{Ci}$，$\eta_i = \dfrac{M_{zi}}{M_{Fi}}$，故第 i 节液压缸的有效直径 d_i（m）为

$$d_i = \sqrt{\frac{4\eta_i W x_{Ci}}{\pi b_i p}} \tag{13-15}$$

各铰支点（O 点、A 点、B 点）的位置应参照同类车型并结合总体设计所允许的空间确定。设计中通常选用较成熟的标准伸缩液压缸。由选用的元件来验算 η_i，使得 η_i 满足设计要求。

单缸前置直推式举升机构与单缸后置直推式举升机构的计算方法相同。对于双缸后置直推式举升机构的计算，只需令

$$W_j = KW \tag{13-16}$$

式中，W_j 为计算的单缸举升质量（kg）；W 为实际的举升质量（kg）；K 为修正系数，$K = 0.55 \sim 0.65$。

以 W_j 为单液压缸的计算载荷，然后再按单液压缸举升机构的计算方法进行设计计算。

2. 连杆组合式举升机构设计

连杆组合式举升机构设计的两种主要结构形式为后推连杆组合式举升机构和前推连杆组合式举升机构。

后推连杆组合式举升机构又称 D 式举升机构，它具有后铰支轴反力较小、举升力系数大、活塞行程短、举升臂放大系数大等优点。前推连杆组合式举升机构又称 T 式举升机构，它具有省力、液压缸最大推力 F_{max} 较小、油压特性好、液压系统压力 p 随举升角 θ 变化平缓等优点。但是，它也有液压缸摆角大、液压缸行程大等缺点。

对装载质量为 4~8t 的自卸式垃圾车，通常采用后推连杆组合式举升机构；而装载质量为 10~20t 的自卸式垃圾车，则多采用前推连杆组合式举升机构，由于后推连杆组合式举升机构与前推连杆组合式举升机构设计的方法和过程相同，因此，这里仅以前推连杆组合式举升机构为例介绍连杆组合式举升机构的设计方法，并结合一个具体实例，给出每一步参数的选择范围，所设计的自卸汽车的主要技术参数见表 13-2。

表 13-2　自卸汽车的主要技术参数

汽车外形	总长/mm	7430
	总宽/mm	2480
	总高/mm	3220

（续）

轴距/mm	3500+1300
最大总质量/kg	20900
整车装备质量/kg	9800
最大装载质量/kg	11100

前推连杆组合式举升机构及其工作原理如图 13-10、图 13-11 所示。

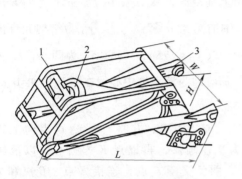

图 13-10 前推连杆组合式举升机构

1—三角臂 2—液压缸 3—拉杆

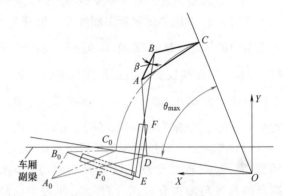

图 13-11 前推连杆组合式举升机构工作原理

该机构主要由举升液压缸 EB、拉杆 AD 和三角臂 ABC 组成。点 O 是车厢与副梁的铰支点。工作时液压缸充油，使液压缸 EB 伸长，三角臂 ABC 和拉杆 AD 随着转动逐渐升高，举升车厢，使其绕点 O 倾翻。货物卸完后，车厢靠自重复位。举升机构在初始位置所占据的空间越小越好，以保证机构紧凑，各构件不发生运动干涉，可协调运转。

前推连杆组合式举升机构的设计分为两个步骤。

第一步：用作图法初选各铰支点的坐标以及各构件的几何尺寸。

（1）车厢与副车架铰支点 O 的确定 车厢后铰支点 O 应尽量靠近车架大梁的尾端。已知车厢副梁高 205mm，长 4505mm，兼顾结构安排空间的需要，取水平方向离车厢副梁尾端 146mm、垂直方向离副梁下沿 118mm 处作为车厢后铰支点，并以车厢后铰支点作为连杆运动的坐标原点（0，0）。x 轴平行于副梁的上平面，指向汽车前方。

（2）车厢放平时举升机构与车厢前铰支点 C_0 的确定 车厢前铰支点 C_0 的坐标（x_{C_0}，y_{C_0}）可按经验公式 $x_{C_0} = RL/\theta_{max}$ 计算，其中，L 为液压缸最大有效工作行程，参考同类车型液压缸型号确定，初选液压缸自由长度 $L_0 = 1162$mm，最大有效工作行程 $L = 780$mm，θ_{max} 为车厢最大举升角，根据车厢倾卸动作的要求和所运物料的安息角，选取 $\theta_{max} = 50°$；R 为经验系数，根据 L 的大小，选取 $R = 175$mm。因此

$$x_{C_0} = \frac{175\text{mm} \times 780\text{mm}}{50°} = 2730\text{mm} \tag{13-17}$$

考虑到结构安排，取 $x_{C_0} = 2725$mm。

C_0 点的垂直方向应尽量靠近车厢底面，充分利用车厢底部空间，减小液压缸下支点沉入副梁中的深度。确定 A_0 距车厢地板的距离为 84mm，已知地板纵梁高 180mm，因此 C 点

坐标为（2725，184）。

（3）液压缸与副梁铰支点 E 的确定 由于液压缸具有相当大的尺寸，以及开始举升时，为减小液压缸的工作压力，液压缸必须具有一定数值的倾斜角，因此，E 点相对 O 点的垂直距离 y_E 由结构允许的最小值确定，取 $y_E = -14\text{mm}$，E 点的 X 轴坐标由经验公式求得，即

$$x_E = x_{C_0} - 0.5L_0 - 0.2L + 400\text{mm} = 2386.5\text{mm} \tag{13-18}$$

根据结构安排，取 $x_E = 2387\text{mm}$，则 E 点坐标为（2387，−14）。

（4）车厢放平时三角臂中支点 B_0 坐标和 C_0B_0 长度的确定 B_0 点即液压缸上支点，车厢放平时，B_0 点应尽量靠近车厢底面，要充分利用上部空间，从而减小液压缸下支点 E 沉入副梁中的深度。过 C_0 点作 $\overline{C_0B_0}$ 线，使该线与 x 轴的夹角 $\alpha = 9y_D/x_{C_0}$。y_D 为结构允许的拉杆 $\overline{AD}$ 与副车架铰支点 D 的最高位置，一般 $y_D > 0$，取 $y_D = 175\text{mm}$。再以 E 为圆心，L_0 为半径画弧，交 $\overline{C_0B_0}$ 线于 B_0 点。连接 E 点、B_0 点，$\overline{EB_0}$ 即为液压缸中心线在举升角 $\theta = 0°$ 时的位置。B_0 点坐标为（3530，94），$CB = \overline{C_0B_0} = 810\text{mm}$。

（5）车厢放平时拉杆与三角臂铰支点 A_0 的确定 连接 OC_0，并将 OC_0 绕 O 点向上转 50°，将 C_0 点转到 C 点。以 C 点为圆心、B_0C_0 为半径画弧，再以点 E 为圆心，以液压缸自由长度与最大有效工作行程之和为半径画弧，两弧交于 B 点，连接 E 点、B 点和 B 点、C 点，作 $\angle EBA = 6°$（一般为 6°~8°），又以 B_0 为顶点，B_0A_0 为边，作 $\angle C_0B_0A_0 = \angle CBA$，根据结构允许的尺寸，取 $AB = A_0B_0 = 250\text{mm}$，连接 A_0 点、C_0 点和 A 点、C 点，由此确定 A_0 点的坐标为（3615，−152），即 $\triangle A_0B_0C_0$ 和 $\triangle ABC$ 分别为 $\theta = 0°$ 和 $\theta = 50°$ 时三角架所处的位置。

（6）拉杆与副梁铰支点 D 及拉杆长度的确定 作 A_0A 的垂直平分线交 $y = y_D$ 线于 D 点，调整 D 点位置使 DA_0 为整数，最后确定 D 点坐标为（2170，175）。拉杆长度 $DA_0 = 1480\text{mm}$。

用作图法初选出各铰支点位置后，需要对不同举升角 θ 作运动轨迹校核。如果出现 B_0 点至车厢地板距离小于 C_0 点至车厢地板距离的情况，则应加大 B_0C_0 线与 X 轴平行线的夹角 α 的数值，重新计算各铰支点参数值。

第二步：令自变量 θ 在 0°~$\theta_{\max}$ 之间变化，将作图法的结果代入并用解析法解出一系列液压缸推力和拉杆的拉力，然后进行比较，选取最大液压缸推力和拉杆的拉力作为设计液压系统压力和拉杆强度计算的依据。

前推连杆组合式举升机构的受力分析如图 13-12 所示，坐标原点 O 为车厢后铰支点。A_0 点、B_0 点、C_0 点、E 点为举升角 $\theta = 0°$ 时三角臂三顶点及液压缸下铰支点的位置，它们的坐标值已由第一步得出；A 点、B 点、C 点为举升角为任意角 θ 时的三角臂三顶点。D 是拉杆 AD 的后铰支点，其坐标值也由第一步得出。G_0 为 $\theta = 0°$ 且车厢满载时的质心，根据自卸汽车的结构参数，可得 G_0 坐标为（1664，879）。

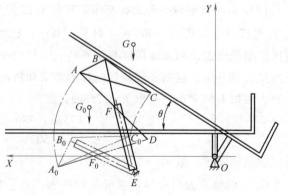

图 13-12 前推连杆组合式举升机构的受力分析

13.1.3　罐式汽车的结构与设计

1. 罐式汽车的定义及其特点

罐式汽车是指装备有罐状容器,用于运输或完成特定作业任务的专用汽车。罐式汽车分为罐式专用运输汽车、罐式专用作业汽车。罐式专用运输汽车在汽车运输中发挥了重要作用,归纳起来有以下优点。

(1) 运输效率高　由于罐体是装载物料的容器,可以采用机械化装卸方式,大大地缩短了装卸时间,加快了车辆周转速度,提高了运输效率。

(2) 运输物料不易变质　罐体通常是个密封容器,罐内物料不受气候条件影响,若物料对温度有要求,还可做成隔热罐体和加热罐体等特殊结构的罐体来保护物料。所以,物料不易变质,也不易受到污染和泄漏。

(3) 工作条件优　罐式汽车运输可实现装、运、卸机械化,大大地降低了装卸工人人数,减轻了劳动强度,且可在封闭状态下进行装、运、卸,减少了粉尘飞扬和异味的散发。

(4) 运输成本低　物料散装运输,节省了包装材料,增加了装载质量,使运输成本下降。

(5) 运输安全　由于是密封运输,物料不会泄漏,即使是有毒物质,也不会污染环境。对于易爆、易燃物品及危险化学物品,也不易产生意外事故。

但是,罐式专用运输汽车也有一些不足之处。因罐体是专用设备,只能装载规定的物料,往往在返程时是空车,且装卸货物需要相应的装料设备和接收设备。

罐式专用作业汽车根据作业功能,可装备贮运罐、真空泵等装置以吸除污浊物,也可装备喷洒系统、清洗装置用来绿化园林、喷洒路面,起到除尘和降温的作用,还可装备消防泵、水罐(泡沫液罐)及水枪等灭火装置用于扑灭火灾。

2. 罐体支承座

罐体与汽车车架的连接通过罐体底部的支承座和固定装置来完成。支承座有整体式和分置式两类。分置式又分为纵梁分置式、横梁分置式和纵横梁分置式 3 种。它们都焊接在罐体的底部,与罐体连成一体。通常在焊接处加有补强钢板。

(1) 整体式支承座　整体式支承座的纵梁和横梁焊成一体,再与罐体焊在一起,如图 13-13 所示。纵梁截面有 L 形或与上部零件的连接面组成长方形、梯形、直角梯形等,上部形状视罐体外形而定。横梁截面多为 L 形。支承座与汽车之间用固定装置联锁。

(2) 分置式支承座

1) 纵梁分置式支承座。纵梁分置式支承座的左、右两根纵梁分别焊于罐体底部两侧,两根纵梁不直接连接。与整体式支承座一样,需用固定装置和止推板等与汽车车架连接。

2) 横梁分置式支承座。横梁分置式支承座的横梁常与罐体连接成长方形封闭截面,用 U 形螺栓和联锁装置与车架连接。这种支承座常采用前、后横梁支承于立式罐体下部。

3) 纵横梁分置式支承座。由两根纵梁和一根横梁组成,用 U 形螺栓和联锁装置与车架连接,也常用于立式罐体上。

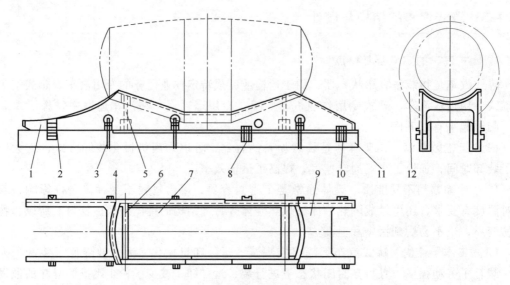

图 13-13　整体式支承座示意图

1—支承座纵梁　2—弹性连接块　3—U形螺栓　4—封板上托板　5—支承座横梁　6—横梁上托板

7—纵梁上托板　8—止推板　9—封板　10—刚性连接块　11—汽车车架　12—罐体

（3）罐体支承座固定装置　图 13-14 所示为常用的刚性固定装置。图 13-14a 所示为刚性联锁，连接块分别装在支承座和车架上，然后用螺栓、螺母将两者刚性地连接起来。图 13-14b 为 U 形螺栓联锁，直接将支承座和车架连接在一起，是普遍采用的一种固定装置。

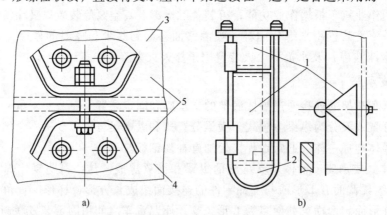

a)　　　　　　　　　　　　　　b)

图 13-14　刚性固定装置

a）刚性联锁　b）U 形螺栓联锁

1—衬架　2—垫块　3—支承座　4—车架　5—连接块

图 13-15 所示为弹性固定装置。图 13-15a 所示为弹性垫板联锁，在支承座和车架之间垫上具有弹性的软垫（如硬橡胶、软塑料或木块），再用螺栓或 U 形螺栓联锁。这种弹性垫能缓冲罐体支承座的动载荷。若在螺栓两端装上弹性垫圈，缓冲效果更好。图 13-15b 所示为弹性联锁，连接块通过弹簧、螺栓、螺母组成弹性联锁。这种联锁不单独使用，常与刚性联锁配合使用。

图 13-15c 所示为弹性铰接式联锁，弹性胶轴套 10 衬在轴套座 9 与铰轴 8 之间，轴套座

两端固定在车架 2 或副车架 11 上，罐体支承座 5 与铰轴 8 铰接。在受外力作用或汽车底盘受到扭矩作用时，由于铰轴 8 在弹性胶轴套 10 中有一定的自由度，因此罐体不会承受扭矩。若罐体支承座前部采用弹性铰接式联锁，且置于车架中间，支承座后部采用两组其他的固定形式，使支承座形成三点支承，效果更佳。图 13-15d 所示为球面铰接式联锁，装在车架上的球面铰座 12 与焊在罐体支承座 5 上的球形钢套 13 套合着一个弹性橡胶块 14，用螺母锁定。中轴螺栓能多向活动，起缓冲作用。这种联锁方式常用于重型液罐车、越野液罐车上。图 13-15e 所示为全浮动式联锁，中间有带孔隔板的胶芯 19，安装在座套 18 内，用上罩盖 21和下罩盖 20 及中轴螺栓 15 固定。当中轴螺栓受力时，胶芯 19 可起缓冲、吸振作用。

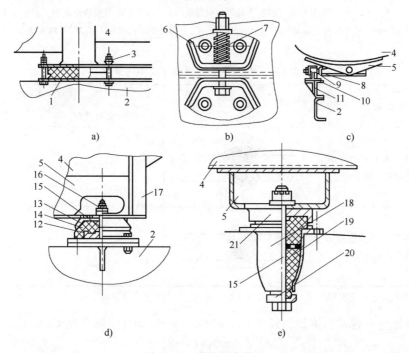

图 13-15　弹性固定装置

a）弹性垫板联锁　b）弹性联锁　c）弹性铰接式联锁　d）球面铰接式联锁　e）全浮动式联锁
1—橡胶弹性块　2—车架　3—弹性胶垫　4—罐体　5—罐体支承座　6—连接块　7—弹簧　8—铰轴
9—轴套座　10—弹性胶轴套　11—副车架　12—球面铰座　13—球形钢套　14—弹性橡胶块
15—中轴螺栓　16—弹性垫圈　17—前立板　18—座套　19—胶芯　20—下罩盖　21—上罩盖

3. 罐体的壁厚计算

油罐、粉罐、气罐等汽车罐体内一般要承受压力，需要根据罐内压力计算出罐体最小壁厚。

（1）圆筒体壁厚计算　罐体受内压作用时圆筒体壁厚 δ（mm）用下式计算，即

$$\delta \geqslant \frac{p_c D_i}{2[\sigma]^t \phi - p_c} + C \tag{13-19}$$

式中，p_c 为计算压力（MPa）；D_i 为圆筒体内直径（mm）；$[\sigma]^t$ 为材料在设计温度下的许用应力（MPa），钢制压力容器的许用应力见表 13-3；ϕ 为焊接接头系数，钢制压力容器的焊接接头系数见表 13-4；C 为壁厚附加量（mm）。对于常压容器，式（13-19）分母中的"$-p_c$"项取消。

表 13-3　钢制压力容器的许用应力

材料	许用应力取下列各值中的最小值/MPa
碳素钢、低合金钢	$\dfrac{R_m}{2.7}, \dfrac{R_{eL}}{1.5}, \dfrac{R_{eL}^t}{1.5}, \dfrac{R_D}{1.5}, \dfrac{R_n}{1.0}$
高合金钢	$\dfrac{R_m}{2.7}, \dfrac{R_{eL}(R_{p0.2})}{1.5}, \dfrac{R_{eL}^t(R_{p0.2}^t)}{1.5}, \dfrac{R_D^t}{1.5}, \dfrac{R_n^t}{1.0}$

注：R_m 为钢材标准抗拉强度下限值（MPa）；R_{eL}（$R_{p0.2}$）为钢材标准常温下屈服强度（或 0.2% 非比例延伸强度）（MPa）；R_{eL}^t（$R_{p0.2}^t$）为钢材在设计温度下的下屈服强度（或 0.2% 非比例延伸强度）（MPa）；R_D^t 为钢材在设计温度下经 10^5 h 断裂的持久强度的平均值（MPa）；R_n^t 为钢材在设计温度下经 10^5 h 蠕变率为 1% 的蠕变极限平均值（MPa）。

表 13-4　钢制压力容器的焊接接头系数

焊缝结构	简图	焊接接头系数	
		100% 无损检测	局部无损检测
双面焊对接接头和相当于双面焊的全焊透的对接接头		1.0	0.85
单面焊对接接头（沿焊缝根部全长有紧贴基本金属的垫板）		0.9	0.8

注：焊接接头系数 ϕ 应根据受压元件的焊接接头型式及无损检测的长度比例确定。

壁厚附加量 C 通常由钢板负偏差 C_1、腐蚀裕量 C_2 和加工减薄量 C_3 组成，即

$$C = C_1 + C_2 + C_3 \tag{13-20}$$

式中，C_1 为钢板厚度负偏差（mm），按钢材标准规定；C_2 为腐蚀裕量（mm），根据常运货物对罐体的腐蚀速率和设计寿命确定，对于碳素钢和普通低合金刚单面腐蚀，可取 C_2 = 1.2mm，对于不锈钢，腐蚀速率极微时，取 C_2 = 0；C_3 为加工减薄量（mm），与罐体的加工方法、材料性质有关，冷卷圆筒体可取 C_3 = 0。

（2）封头壁厚　罐式汽车常用的封头结构参数见表 13-5。

表 13-5　罐式汽车常用的封头结构参数

名称	断面形状	类型代号	形式参数关系
椭圆形封头		EHA	$\dfrac{D_i}{2h} = 2$ $DN = D_i$

（续）

名称		断面形状	类型代号	形式参数关系
碟形封头	以内径为基准	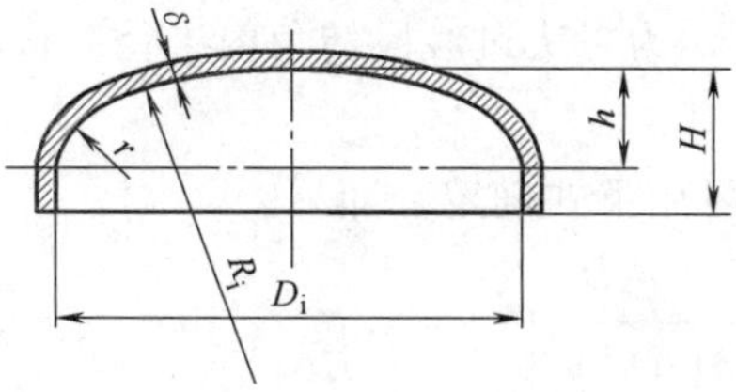	THA	$R_i = 1.0D_i$ $r = 0.15D_i$ $DN = D_i$
	以外径为基准		THB	$R_i = 1.0D_i$ $r = 0.10D_i$ $DN = D_i$
半球形封头		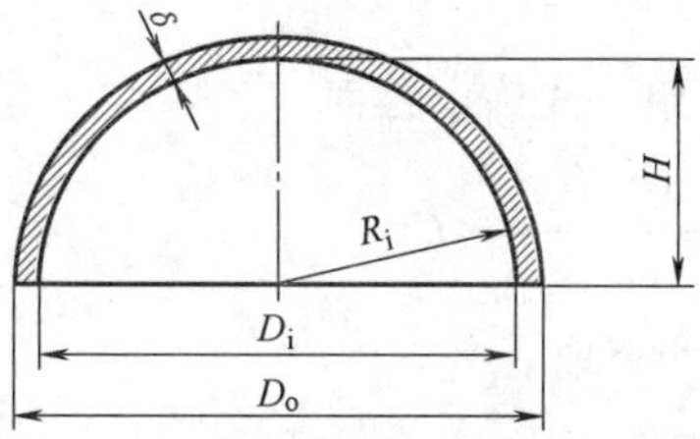	HHA	$R_i = 0.5D_i$ $DN = D_i$
球冠形封头		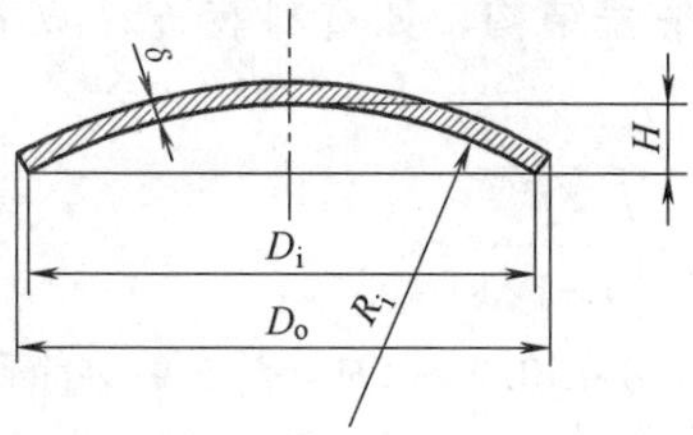	SDH	$R_i = 1.0D_i$ $DN = D_o$

注：DN 为封头公称直径（mm）。

罐体受内压作用时，封头壁厚计算如下。

1）椭圆形封头。计算时推荐采用长轴、短轴比值为 2 的标准椭圆形封头。

椭圆形封头厚度 δ 用下式确定，即

$$\delta \geqslant \frac{Kp_c D_i}{2[\sigma]^t \phi - 0.5p_c} + C \tag{13-21}$$

式中，K 为椭圆形封头形状系数，标准椭圆形封头 K 为 1；D_i 为封头内直径（mm）。对于常压容器，式（13-21）分母中的 "$-0.5p_c$" 项取消。

椭圆形封头形状系数 K，可用下式计算，即

$$K = \frac{1}{6}\left[2 + \left(\frac{D_i}{2h}\right)^2\right]$$

对于椭圆形封头，加工减薄量可取 $C_3 = 0.15\delta$。

2）碟形封头。碟形封头厚度 δ 可用下式确定，即

$$\delta \geqslant \frac{Mp_c D_i}{2[\sigma]^t \phi - 0.5p_c} + C \tag{13-22}$$

式中，M 为碟形封头形状系数，以内径为基准的标准碟形封头（THA），$M = 1.4$，以外径为基准的标准碟形封头（THB），$M = 1.54$。

碟形封头形状系数 M，可用下式计算：

$$M = \frac{1}{4}\left(3 + \sqrt{\frac{R_i}{r}}\right)$$

式中，R_i 为封头球面部分内半径（mm）；r 为封头过渡段转角内半径（mm）。

对于碟形封头，加工减薄量可取 $C_3 = 0.13\delta$。

3）半球形封头。半球形封头厚度 δ 可用下式确定，即

$$\delta \geqslant \frac{p_c D_i}{4[\sigma]^t \phi - p_c} + C \tag{13-23}$$

对于常压容器，式（13-23）分母中的 "$-p_c$" 项取消。对于拼块式半球形封头，加工减薄量可取 $C_3 = 0$。

4）球冠形封头。球冠形封头厚度 δ 可用下式确定，即

$$\delta \geqslant \frac{Q p_c D_i}{2[\sigma]^t \phi - p_c} + C \tag{13-24}$$

式中，Q 为系数，由 GB 150.3—2011 图 5-5 查取。

对于球冠形封头，加工减薄量可取 $C_3 = 0$。

（3）罐式汽车罐体 汽车罐体有一些平盖结构，如进料装置、防堵盖，基本是圆形平盖。圆形平盖厚度 δ_p 按下式计算，即

$$\delta_p \geqslant D_c \sqrt{\frac{K p_c}{[\sigma]^t \phi}} + C \tag{13-25}$$

式中，D_c 为圆形平盖计算直径（mm），见 GB 150.3—2011 表 5-9 中简图；K 为结构特征系数，由 GB 150.3—2011 表 5-9 查取。

对于圆形平盖，加工减薄量可取 $C_3 = 0$。

有些罐体在特定状况下会出现负压，需要根据外压计算出罐体最小厚壁，可参照 GB 150.3—2011 相关内容核算。

13.2 起重举升汽车改装

起重举升汽车是指装备有起重设备或可升降作业台（斗）的专用汽车。起重举升汽车分为起重举升专用运输汽车和起重举升专用作业汽车两大类。起重举升专用运输汽车是指装备有便于货物装卸的起重设备或可升降台，用于运输货物的起重举升汽车，包括随车起重运输车、航空食品装运车。而起重举升专用作业汽车是指装备有起重设备或可升降作业台（斗），用于完成特定作业任务的起重举升汽车。根据作业方式、内容的不同，起重举升汽车又可细分为汽车起重机、高空作业车、飞机清洗车、登高平台消防车、举高喷射消防车、云梯消防车、桥梁检测车、计量检衡车。

13.2.1 整车总体设计

1. 整车基本参数的选择

（1）尺寸参数 随车起重运输车的尺寸参数主要是指处于行驶状态时，整车的外廓尺

寸，即车辆的长、宽、高，必须符合 GB 7258—2017《机动车运行安全技术条件》中有关车辆外廓尺寸限制的规定。

（2）质量参数

1）厂定最大总质量。由于随车起重运输车是在载货汽车二类底盘上改装而成的，厂定最大总质量 m_a 应和载货汽车的厂定最大总质量相同。

2）装载质量。随车起重运输车的装载质量 m_e（kg）可由下式计算

$$m_e = m_a - m_d - m_x - m_k \tag{13-26}$$

式中，m_d 为二类底盘质量（kg）；m_x 为车厢质量（kg）；m_k 为起重装置质量（kg）。

3）质量利用系数。因随车起重运输车属于运输型专用汽车，故应考虑改装后的质量利用系数。显然，在质量利用系数较低的货车上进行改装是不经济的，但我国目前还没有标准可参照执行。据国家有关统计，随车起重运输车的质量利用系数一般为 0.73~0.84。

2. 轴载质量分配

随车起重运输车的轴载质量分配，在总布置时应特别注意。要求改装后的整车轴载质量分配应与原货车基本相同。下面以前置式随车起重运输车为例进行说明。

前置式随车起重运输车为了将起重装置安放在驾驶室和车厢之间，需把原货车的车厢前部裁短 450~500mm。又因增加了起重装置，使整车的轴载质量发生了变化。另外，当起重臂在不同工况位置时，其轴载质量也会有所不同。因此，轴载质量的分配要根据车辆行驶状态下起重臂所处的位置来计算。轴载质量分配计算图如图 13-16 所示，由于起重装置在汽车行驶状态所处的位置不同，则轴载大小也不相同，因此在布置时要注意防止前轴轴载质量超载。结合图 13-16，列出了起重臂布置在不同位置时的轴载质量分配计算公式，见表 13-6。

表 13-6　起重臂在不同位置时的轴载质量分配计算公式

负载	起重臂位置	前轴轴载质量	后轴轴载质量
空载	图 13-16a	$m_{01} = \dfrac{m_d L_{d2} + m_{k1}(L_{k1}+L_{k2}) + m_{k2}L_{k2} + m_x L_x}{L}$	$m_{02} = m_0 - m_{01}$
	图 13-16b	$m_{01} = \dfrac{m_d L_{d2} + (m_{k1}+m_{k2})(L_{k1}+L_{k2}) + m_x L_x}{L}$	
满载	图 13-16a	$m_1 = \dfrac{m_d L_{d2} + m_{k1}(L_{k1}+L_{k2}) + m_{k2}L_{k2} + (m_x+m_e) L_x}{L}$	$m_2 = m_a - m_1$
	图 13-16b	$m_1 = \dfrac{m_d L_{d2} + (m_{k1}+m_{k2})(L_{k1}+L_{k2}) + (m_x+m_e) L_x}{L}$	

13.2.2　起重装置的参数选择与设计

1. 参数选择

起重装置的参数决定了起重举升汽车的工作特性，应根据使用要求和实际生产条件确定，并考虑相关的标准和规定。起重装置的主要参数有起重量、起升高度、幅度和工作速度等。

（1）起重量　起重量是指起重臂在一定长度和幅度下，保证起重举升汽车的起重稳定

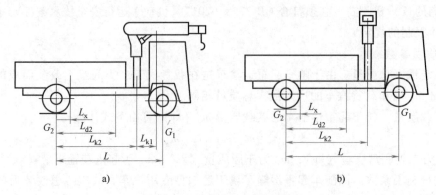

图 13-16　轴载质量分配计算图
a）起重臂在驾驶室上方　b）起重臂在驾驶室后围与车厢之间

性的最大起升质量。在起重臂最短和幅度最小时，其最大起重量称为标定起重量。

（2）起升高度　起升高度是指从地面到吊钩钩环中心极限位置的距离。起升高度也随臂长和幅度的变化而变化，通常以最大起升高度表示。

（3）幅度　幅度是指起重臂前端吊钩钩环中心到立柱转台回转中心线间的距离。随车起重运输车不移位时的工作范围，由最大幅度和最小幅度决定。

（4）工作速度　起重装置的工作速度应根据工作要求确定。起重工作速度包含以下主要内容。

1）起升速度。货物起升速度与起重量和起升高度有关。起吊小吨位货物时，可采用较高的起升速度。但起升高度不大时，起动和制动过程所占的比例相对较大，一味提高起升速度将增加动载荷，反而不能提高工作效率。一般取起升速度为 0.3m/s 左右。

2）回转速度。立柱的回转速度受旋转起动或制动时切向惯性力的限制。在 10m 左右的幅度内，回转速度不应超过 3r/min。回转速度过高，货物在切向方向的摆动大，反而会对作业效率产生不利的影响。一般取回转速度为 2.5r/min。

3）变幅速度。对于折叠臂式，起重臂变幅速度是指起重臂在变幅液压缸作用下，其角度的改变速度，一般<12°/s。对于伸缩臂式，起重臂变幅速度是指起重臂在水平方向的直线运动速度，可参照起升速度选取。

4）支腿伸缩速度。支腿伸缩速度均用时间来表示，伸腿时间一般为 15~20s，缩腿时间为伸腿时间的 1/2。

2. 起吊支腿的设计计算

随车起重运输车进行起吊作业时，主车架将受到较大的附加集中载荷，为了保证车架的强度和提高整车的起重能力，必须设置支腿。此外，支腿还对起吊作业时整车的工作稳定性有很大的影响。

（1）支腿形式的选取　通常采用 H 形支腿，即左右各一个支承。每个支腿各有一个水平支承液压缸，一个垂直支承液压缸。进行起吊作业时支腿外伸呈 H 形，行驶时收回，如图 13-17a 所示。为保证支腿收回时不超出车辆行驶时的宽度标准，外伸时又有足够的支承距离，可将左右支腿的水平液压缸错开安放，如图 13-17b 所示。支腿必须与起重装置的横梁牢固连接，以保证支腿支承可靠，使整车起吊作业稳定。

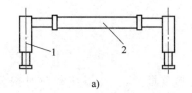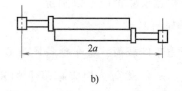

图 13-17　H 形支腿

a）水平支承液压缸同轴布置　b）水平支承液压缸错开布置

1—垂直支承液压缸　2—水平支承液压缸

（2）支腿跨距的确定　由于随车起重运输车只有左右两个支腿，故只确定横向跨距。确定的原则是起重装置在臂架强度允许的起重量范围内工作时，要保证整车的侧向稳定性，即要求最大起重量和其他各重力对该侧支腿支承中心线作用的倾翻力矩小于整车的稳定力矩。

由力矩平衡方程可以得到，支腿横向外伸跨距的最小值 a 为

$$a = \frac{L_{k1}m_{k1} + RQK}{m_0 + m_{k1} + QK}$$　（13-27）

式中，a 为支腿支承中心与立柱中心的距离（m）；L_{k1} 为起重臂质心至立柱中心的距离（m）；R 为起重臂的工作幅度（m）；m_{k1} 为起重臂质量（kg）；Q 为起吊质量（kg）；m_0 为不包括起重臂质量的整车整备质量（kg）；K 为动载系数，可取 $K = 1.2$。

（3）支腿压力计算和支承液压缸缸径的确定　按最危险工况考虑，即随车起重运输车的大部分车轮被支承液压缸顶起，整车成为 3 点支承状态。设整车满载时的重力载荷平均分配在 3 个支承点上，则单个支腿上所受到的支承载荷 F_Z 为 G_0 的 1/3。再根据液压系统工作压力 p（可按中、高压系统选 $p = 8 \sim 16$MPa），即可确定支承液压缸的缸径。

13.2.3　稳定性校核

随车起重运输车的稳定性校核包括作业稳定性校核和静态稳定性校核，校核的原则是在极限工况下整车不发生倾翻。作业稳定性包括起重臂在侧向作业时的横向稳定性和起重臂在正前、后方作业时的纵向稳定性。从理论上讲，稳定性条件可由作用在倾翻线两侧的倾覆力矩和稳定力矩的平衡决定，但实际上还受地形、风载荷和惯性载荷的影响，并要考虑适当的安全系数。

根据 QC/T 459—2014《随车起重运输车》的规定，在进行稳定性校核时，按下列要求选择载荷参数进行计算。

1. 作业稳定性校核

产生稳定力矩的载荷：整车整备质量 G_0。

产生倾覆力矩的载荷如下。

1）相应幅度下的额定起重量 P_Q，计算该载荷时按 1.1 倍取值。

2）惯性载荷 P_H，取载荷的回转水平惯性力（沿吊臂方向或垂直吊臂方向）和变幅惯性力对倾覆影响较大者。详细计算方法可查阅有关起重机械手册。

3）风载荷 P_W，工作状态下的风载荷按风压 $q = 125$N/m^2 计算。有特殊要求的起重机，

其风载荷系数根据实际情况予以确定。

2. 静态稳定性校核

产生稳定力矩的载荷：整车整备质量 G_0。

产生倾覆力矩的载荷：相应幅度下的额定起重量 P_Q，计算该载荷时按公式 $1.25P_Q + 0.1F$ 取值，其中 F 为起重臂折算至吊臂头部由吊臂的质量引起的载荷，不计风载。

随车起重运输车稳定性校核的计算公式见表 13-7。

在分析了整车的稳定力矩和倾覆力矩之后，可按前面确定轴载质量或支腿跨距的方法进行稳定性校核计算。

若随车起重运输车在表 13-7 给定的载荷作用下，当倾覆力矩小于稳定力矩时，则认为整车是稳定的。否则，应对整车的总体布置进行调整或重新设计。

表 13-7 随车起重运输车稳定性校核的计算公式

验算工况	载荷值			
	整车整备质量/kg	载荷/N	惯性载荷/N	风载/N
作业稳定性校核	G_0	$1.1P_Q$	P_H	P_W
静态稳定性校核	G_0	$1.25P_Q + 0.1F$	—	—

表 13-7 中的计算方法是采用给定载荷法，使各种受力分析更接近起重运输车的实际工况。进行上述步骤后，即可考虑起重机与汽车车架的联系，以及取力器、传动轴、有关泵、阀油箱及管路的安装等，进而完成整个起重运输车的设计。

13.3 厢式汽车改装

13.3.1 总体结构与设计

厢式专用运输汽车中用于载运货物的专用汽车，根据结构形式可分为两种：一种是在二类货车底盘基础上，安装一个独立封闭的车厢，如图 13-18a，大多数的厢式运输车属于这种类型；还有一种是专门设计制造的厢式运输半挂车，如图 13-18b 所示，车厢采用全封闭结构。车厢设置有后门或侧门，厢内装有通风、采光设施，具有良好的防雨、防晒、防尘、防盗等功能。

按驾驶室的形式不同，厢式运输车可分为长头驾驶室式和平头驾驶室式两种。前者车厢相对长度较小、车厢容积利用率较低、空气阻力较大；后者车厢相对长度较前者有明显提高，外形较协调。装有导流罩的平头驾驶室式厢式运输车的空气阻力小，适合高速行驶。

厢式汽车的厢体一般是由顶盖、底架（包括副车架纵梁）、前围、后围（后门框）及左、右侧围 6 部分组焊而成。厢体布置应遵循以下原则。

1）根据 GB 7258—2017《机动车运行安全技术条件》的规定，除消防车外的其他机动车在空载、静态状态下，向左侧和右侧倾斜的侧倾稳定角应满足下列条件。

① 总质量为整备质量的 1.2 倍以下的机动车：≥28°。

② 总质量不小于整备质量的 1.2 倍的专项作业车：≥32°。

2）根据 GB 1589—2016《汽车、挂车及汽车列车外廓尺寸、轴荷及质量限值》的规定，车宽限值由 2500mm 修订为 2550mm（冷藏车车宽限值为 2600mm），车高限值为 4000mm，不同类型的车辆应符合车长限值的要求，同时要满足最大允许总质量限值的要求。

3）厢式货车的货厢顶部应封闭、不可开启（翼开启式车辆除外），其与侧面的连接应采用焊接等永久固定的方式；货厢的后面或侧面应设有固定位置的车门。

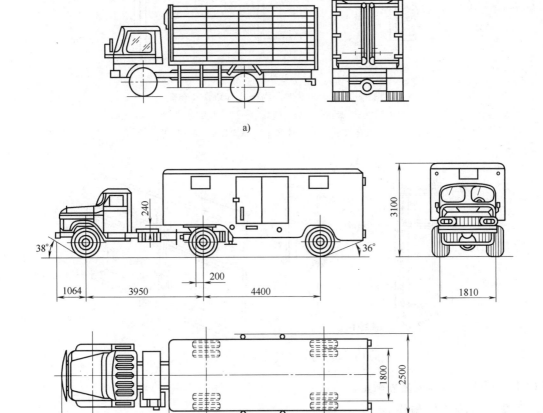

图 13-18　厢式货车整体布置图

a）厢式货车　b）厢式运输半挂车

厢体通过其底架（副车架）纵梁紧固在汽车底盘的纵梁上。一般同时采用角铁连接与 U 形螺栓连接。车厢底架与纵梁连接角铁及装配如图 13-19 所示。为避免装配后连接面产生间隙（图 13-19c），紧固前上下角铁间的间隙（图 13-19a）应适当，紧固后应保证连接面紧密贴合（图 13-19b）。

当采用 U 形螺栓固定时，为防止车架纵梁翼面变形，防止紧固松动，需要在 U 形螺栓连接部位处的车架纵梁槽形断面内衬入一垫板或型钢，但在靠近消声器处因温度较高，为安全起见，必须使用钢内衬垫板，连接用内衬垫板形式与安装如图 13-20 所示。U 形螺栓的直径 $D \geqslant 16mm$，螺栓安装间距以 1000～1500mm 为宜。U 形螺栓的长度由底盘纵梁、车厢纵梁

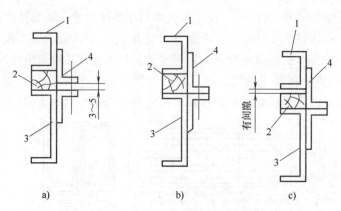

a)   b)   c)

图 13-19　车厢底架与纵梁连接角铁及装配

a）紧固前　b）紧固后　c）不当装配

1—厢体底架　2—缓冲垫　3—底盘纵梁　4—角铁

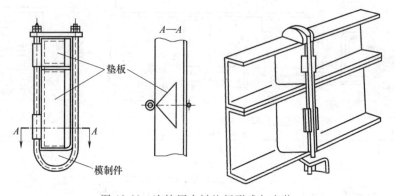

图 13-20　连接用内衬垫板形式与安装

和中间缓冲垫三者高度之和确定。

13.3.2　车厢结构与设计

1. 车厢尺寸参数的确定

（1）车厢外廓尺寸（长×宽×高）　车厢外廓尺寸应在厢式汽车总体设计阶段予以确定。其中，厢体长度主要由前后轴荷分配系数决定，应接近原车厢长度，以便保持原底盘性能；厢体宽度主要由底盘轮距、使用要求及法规限宽等因素决定；厢体高度由改装后的质心高度（影响汽车的行驶稳定性）决定，在满足装载容积及装卸方便的情况下，应尽量减小厢体高度，以降低质心，提高汽车行驶的稳定性。

（2）车厢内框尺寸（长×宽×高）　车厢内框尺寸是指车厢内有效的长、宽、高，三者乘积确定了车厢容积的大小，并直接影响汽车的运输效率、运输成本及使用方便性。设计时应考虑车辆用途、装载质量、货物密度以及包装方式、尺寸规格等多方面因素。

（3）车厢地板高度　车厢地板高度直接影响货物装卸的方便性和汽车质心的高度。地板离地过高，会导致汽车质心位置升高，对行驶稳定性及装卸货物的方便性都会产生不利影响；地板离地过低则轮胎与地板下平面易发生运动干涉，严重影响轮胎使用。制约车厢地板高度的主要因素有轮胎直径、道路条件、悬架动挠度以及车辆空载时轮胎与地板下平面之间预留的空间等。设计时该预留空间一般取 230mm 左右。

（4）**整车整备质量与最大装载质量** 厢式汽车的整车整备质量 m_0 是指除去货物和人员之外而保证汽车正常行驶和完成使用功能所需要的全部装备质量之和。当底盘选定之后，专用设施和车厢的结构是影响整备质量的主要因素。

底盘和专用设施的质量一般由主机厂提供或直接测量获得，车厢质量只能从所使用的材料估算或用类比法求得。减小车厢质量是提高汽车动力性、经济性和生产效益最有效的方法之一。因此，设计时应在保证车厢具有足够强度和刚度的前提下，尽量减小车厢质量。整备质量是评价和比较不同车型设计、制造及材料利用水平的重要指标，也是研究车辆轻量化的研究方向。

最大装载质量 m_e 是厢式运输车的基本使用参数之一，它直接关系到汽车的运输效率与成本。最大装载质量 m_e（kg）的计算公式为

$$m_e = m - m_0 \tag{13-28}$$

式中，m 为最大总质量（kg）；m_0 为整车整备质量（kg）。

2. 车厢的结构设计

车厢是厢式汽车的主要改装部分，其设计应最大限度地利用汽车的使用面积和载货量，确保货物运输的安全性，提高装卸货物的方便性，同时在保证车厢具有足够强度和刚度的前提下，尽量减小车厢质量，以满足汽车轻量化的发展要求。

（1）**车厢骨架结构的设计** 骨架结构形式既要满足车厢强度和刚度要求，又要尽量减小车厢自重。在材料相同、截面积相等及壁厚不变的条件下，管形截面的抗扭刚度最佳，箱形截面次之，开口截面最差。在抗弯性能方面，开口截面稍优于闭口截面。从提高整个厢体的刚度出发，宜采用闭口截面。此外，骨架结构设计还要考虑内外蒙皮装配的工艺性要求，以及内外蒙皮、底架、门框等零部件的通用化程度，以缩短设计和制造周期，降低生产成本。

车厢骨架一般都设计成"井"字形的矩形框架结构，为了节约材料、减轻自重，对于受力较小的顶盖也可设计成"米"字形框架结构。在制造工序上，首先将组成车厢的顶盖、地板（包括副车架的纵梁、横梁）、前围、后围、左、右侧围六大块，分别加工为骨架分总成，然后将这六大块骨架分总成焊接成一个完整的车厢骨架。骨架构件一般选用 1.2 ~ 2.5mm 厚的钢板制成。

地板是整个车厢的安装及承载基础，受力情况最复杂，因此其纵梁和横梁均采用槽形截面纵横搭接的结构（图 13-21），以提高强度和刚度。设计时，纵梁间距应与所选底盘车架的纵梁间距相等，以便安装。各横梁的纵向位置应根据汽车后轴轴线位置确定。与后轴轴线相邻的两横梁要避免因轮胎跳动而产生运动干涉，因此间距要比其他横梁间距大，一般取 1000mm 左右，其他横梁间距取 500 ~ 700mm。为了减轻自重，一般将横梁两端的截面做成变截面，即由两端小过渡到中间大。在与纵梁连接处，有的结

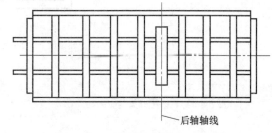

后轴轴线

图 13-21 车厢地板骨架结构图

构采用局部加强措施，变槽形截面为箱形截面。

此外，还出现了框式骨架、宽瓦楞略厚钢板外蒙皮式结构和无骨架式结构的车厢。框式骨架、宽瓦楞略厚钢板外蒙皮式结构车厢的特点是省去了传统的骨架，一般也无内蒙皮。首先用异形钢管焊接成框形骨架，将约 1.6mm 厚的钢板压制成较宽、较深的梯形形状，装入框形骨架内，四边与框架焊接连成一体，使各板成为单一的总成，再在车上拼装焊接成厢体。由于车厢蒙皮采用较厚钢板压成凹凸较大的瓦楞板，去除了各板中间的支持骨架，仅靠周边框架状骨架即可满足强度、刚度要求。无骨架式结构车厢是采用高强度的"钢塑夹层板"作为车厢的壁板，即由层压板和薄钢板复合而成，内部为木材层压板，外表采用薄钢板，该结构同时兼有骨架和蒙皮的作用，从而大大减轻了车厢的自重，简化了制造工艺。

（2）车厢蒙皮的设计　蒙皮通常采用 0.8~1.5mm 厚的薄钢板，也可采用合金铝板、复塑钢板、强化纤维塑料板或玻璃钢板等。非金属蒙皮厚度为 2~3mm。为了提高蒙皮的刚度，在薄板上压制成各种截面形状的加强筋（图 13-22）。其中弧形截面的刚度最佳，其次是三角形和矩形。每块蒙皮的形状、大小应根据骨架的结构和板料的尺寸规格确定。蒙皮之间应留有 15mm 左右的搭接量，这是结构上的需要，设计者可借此补偿骨架间隔和蒙皮本身的尺寸误差。

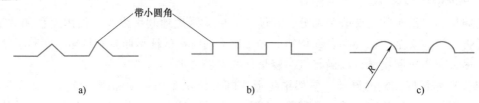

图 13-22　外蒙皮的截面形状

a）三角形断面　b）矩形断面　c）弧形断面

车厢内饰多采用人造夹层板制作。人造夹层板较厚，不能搭接，只能对接，并采用装饰压条进行封口（图 13-23）。由于压条较宽，故对接缝的要求不高，允许有<3mm 的间隙存在。内饰的外表面覆盖一层压制有加强筋的内蒙皮。为减轻质量，可将内蒙皮制成条状，从下至上间断布置。这样既可以保护内饰件，又可使货物直接与内蒙皮接触。

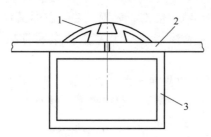

图 13-23　装饰压条的密封结构

1—装饰压条　2—夹层板　3—骨架

13.4　仓栅式汽车改装

仓栅式汽车是指装备有专用装置，具有仓笼式或栅栏式结构车厢的专用汽车，主要用于

运输散装颗粒食物或饲料、畜禽等货物。

目前我国仓栅式汽车主要有散装饲料运输车、散装粮食运输车、畜禽运输车、养蜂车等。其中，散装饲料运输车、散装粮食运输车为仓笼式汽车，畜禽运输车、养蜂车等为栅栏式汽车。

13.4.1 散装饲料运输车的分类与设计要求

散装饲料运输车是指装备有液压传动系统和输送器，通过输送器将饲料输送到一定距离和高度，用于运输散装饲料的专用自卸运输汽车。散装饲料运输车根据其卸料方式的不同分为螺旋卸料式、螺旋气力卸料式和气力卸料式。由于各种饲料成分、密度不同，通常采用螺旋卸料式。

螺旋卸料式又根据其螺旋机构驱动方式的不同，分为机械式、液压式和增压式。本小节主要介绍机械螺旋卸料式散装饲料运输车的结构与设计。

散装饲料运输车的设计要求如下。

1）饲料一般由多种原料配制而成，因此在运输和装卸过程中，不能破坏饲料的混合比。

2）有足够的卸料能力，且剩余率必须满足有关标准规定。

3）饲料在卸料过程中，各环节的卸料能力、输送能力必须互相匹配，避免发生饲料堵塞。

4）罐体应具有足够的强度、刚度和耐磨性。

13.4.2 机械式螺旋输送散装饲料运输车

1. 总体结构和工作原理

机械式螺旋输送散装饲料运输车由二类汽车底盘、仓罐、螺旋输送卸料机构、取力装置等组成，机械式螺旋输送散装饲料装置结构如图13-24所示。

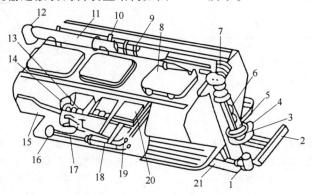

图 13-24 机械式螺旋输送散装饲料装置结构

1—手压泵 2—后保险杠 3、7—弯头 4—转向盘 5—转弯螺杆 6—垂直螺旋轴
8—人孔 9—卸料螺旋轴 10—悬臂支架 11—悬臂 12—卸料头 13—底部螺旋轴
14—减速器 15—操纵杆 16—变速器 17—传动轴 18—活门开关控制杆
19—正反换向装置 20—移动活门 21—液压软管

汽车卸料时，首先操纵手压泵 1，使起伏装置利用液压缸举起卸料螺旋轴 9 和悬臂 11 至饲料仓口高度，图中实例的卸料螺旋轴最大可上升 70°，下降 25°。再由转向盘 4 经转弯装置带动悬臂 11 旋转，使卸料螺旋槽对准接收仓口，做好卸料准备。转弯装置利用蜗轮蜗杆可使卸料螺旋左右各旋转 180°。

取力装置将汽车变速器 16 的动力通过传动轴 17、正反换向装置 19 和减速器 14 传递，驱动底部螺旋轴 13 旋转。当活门开关控制杆 18 拉出仓底移动活门 20 时，仓内饲料落入螺旋槽内，并随即输送至螺旋轴后端。螺旋轴通过一对锥齿轮换向后，带动垂直螺旋轴 6 旋转，改变饲料输送方向，饲料沿着垂直螺旋轴 6 向上提升，通过弯头 7 到达卸料螺旋槽。卸料螺旋将饲料推送至饲料仓口。

图 13-25 所示为机械式螺旋输送驱动力传递方式简图，取力装置由变速器取力器 4 经过传动轴 5、正反转装置 6、减速器 3，从而带动底部螺旋轴转动。

螺旋输送卸料机构包括螺旋机构、转弯装置、起伏装置和移动活门机构。机械螺旋输送卸料机构主要由 3 套螺旋机构组成，即底部螺旋机构、垂直螺旋机构和卸料螺旋机构。其作用是将仓罐中的饲料通过螺旋机构的旋转推进作用，输送到一定距离和高度，完成卸料工作。底部螺旋机构装在仓罐底部，不工作时两者以移动活门机构相隔。螺旋机构的前端装有正反转装置，用以控制卸货的开始或停止。

转弯装置用以改变输送饲料和螺旋机构的动力传递方向，安装在底部螺旋机构和垂直螺旋机构之间，完成动力的传递和变向，带动悬臂旋转。图 13-26 所示的转弯装置由蜗轮 2、蜗杆 5、一对锥齿轮 8 和转向盘 6 等组成。转动转向盘 6，通过蜗杆 5 和蜗轮 2 可使悬臂旋转。

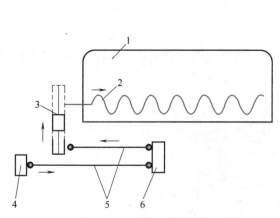

图 13-25 机械式螺旋输送驱动力传递方式简图

1—罐体 2—底部螺旋 3—减速器 4—变速器取力器
5—传动轴 6—正反转装置

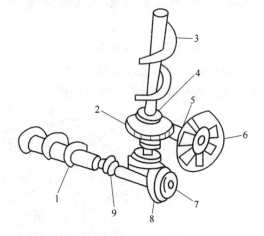

图 13-26 转弯装置

1—底部螺旋轴 2—蜗轮 3—垂直螺旋轴 4、7、9—轴承
5—蜗杆 6—转向盘 8—锥齿轮

起伏装置可使悬臂在垂直面内上下运动，改变卸料高度，如图 13-27 所示。弯头 4 与液压缸 3 的一端相连，另一端通过连杆 2 与悬臂 1 相连。当悬臂升起时，操纵手压泵使液压油进入液压泵，推动连杆升起悬臂；当液压缸油压下降时，悬臂下落。

在各仓底部装有移动活门机构，如图 13-28 所示。当控制杆 4 外拉时，移动活门打开，即可出料，反之，关闭仓室，停止出料。

图 13-27 起伏装置

1—悬臂 2—连杆 3—液压缸 4—弯头

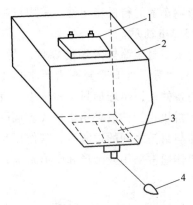

图 13-28 移动活门机构

1—人孔 2—容器室 3—移动活门 4—控制杆

机械式螺旋输送卸料方式结构简单，工作可靠，维修方便，成本低廉。但起动转矩较大，不利于发动机工作，且工作平稳性较差，传动噪声大，而且当物料堵塞时易损坏驱动机构。

2. 仓罐结构与罐体设计

（1）仓罐结构　仓罐是贮存饲料的容器，紧固在汽车的车架上。其外形大多为圆形立仓，截面呈扇形漏斗状。分仓板壁将仓罐分隔成若干仓室，各仓室顶部设有人孔，作为加料或检修之用。下部设有移动活门，以便仓室内的饲料落卸到设在仓罐底部的螺旋输送槽内。

立仓式仓罐分为单仓式和多仓式两种。单仓式立罐如图 13-29 所示，它结构简单，制造方便，适用于装载质量较小的汽车和半挂车；多仓式立罐如图 13-30 所示，结构比较复杂，适用于装载质量较大的汽车和半挂车。无论是单仓式还是多仓式立罐，整车质心高度均会升

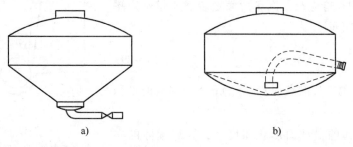

a)　　　　　　　　　　b)

图 13-29 单仓式立罐

a）单封头　b）双封头

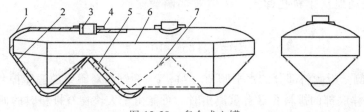

图 13-30 多仓式立罐

1—封头 2—锥筒 3—进料口 4—料口加强圈 5—分仓滑板 6—立筒 7—流态化床

高，影响车辆的行驶稳定性。采用双封头单仓立罐（上出料）可明显降低车辆的质心高度，如图 13-29b 所示。

封头是封闭筒体两端的零件。封头的形式一般包括半球形、椭圆形和碟形 3 种，如图 13-31 所示。半球形封头为半球形（图 13-31a），具有强度高、壁薄等特点。在罐体容积相同的条件下，半球形封头质量小、有效容积大。根据半球形封头加工方法的不同又分为整体式和拼块式，一般采用拼块式。椭圆形封头的断面由直边和椭圆组成，如图 13-31b。直边为罐体与封头之间的过渡段，其作用是便于筒体与封头的焊接。碟形封头为带折边的球形封头。罐体通常采用椭圆形和碟形封头，而半球形封头由于制造困难而很少使用。

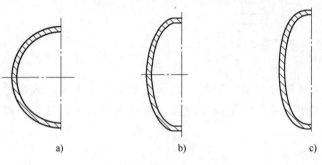

图 13-31　罐体封头形式
a）半球形　b）椭圆形　c）碟形

为了增加装载质量，也可采用厢式结构的仓罐，如图 13-32 所示。仓罐的左、右侧壁可做成可开式，这样可在回程利用仓罐运输其他货物，减少空程率。

（2）罐体设计

1）罐体容积。首先根据汽车的额定装载质量确定罐体的理论容积 V_e（m^3）为

$$V_e = \frac{m_e}{\gamma} \qquad (13-29)$$

式中，m_e 为汽车的额定装载质量（kg）；γ 为饲料的堆积密度（kg/m^3）。

然后根据罐体的横截面形状和尺寸，计算罐体的实际容积 V。罐体设计时应满足：$V \le V_e$。

2）排料孔。排料孔设在罐体底部的倾斜部位处。为了能保证饲料顺利地从排料孔卸出，罐体底部侧壁倾斜角度应满足

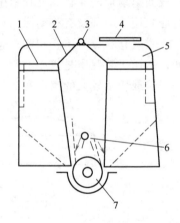

图 13-32　厢式仓罐
1—控制杆　2—钢丝绳　3—滑轮
4—人孔　5—仓罐　6—移动活门
7—底部螺旋输送槽

$$\beta = \varphi_0 + (5° \sim 10°) \qquad (13-30)$$

式中，β 为罐体侧壁板倾斜部分的水平倾角（°）；φ_0 为饲料对罐壁的静摩擦角（°）。

当饲料从罐体底部的排料孔靠自重流出时，可能由于大块物料排料时的偶然粘结或小颗粒饲料之间的粘结力造成起拱。为了防止饲料从排料孔靠自重流出时起拱，引入排料孔的水力半径 R（m），排料孔水力半径计算简图如图 13-33 所示。水力半径 R（m）应满足

$$R > \frac{\tau_0(1+\sin\varphi)}{\gamma} \tag{13-31}$$

式中，τ_0 为饲料的初抗切强度（N/m²）；γ 为饲料的堆积密度（kg/m³）；φ 为饲料的内摩擦角（°）。

其中排料孔水力半径 R（m）的计算公式为

$$R = F/l \tag{13-32}$$

式中，F 为考虑了饲料颗粒尺寸影响的排料孔面积（m²）；l 为对应于上述排料孔面积的周长（m）。

对于图 13-33 所示的圆形排料孔，其水力半径为

$$R = (D-a')/2 \tag{13-33}$$

式中，D 为排料孔本身的直径（m）；a' 为饲料的典型颗粒尺寸（m）。

3）罐壁压力。当罐体中充满饲料时，罐壁受到饲料的作用力，罐壁压力如图 13-34 所示。

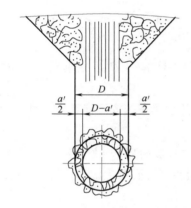

图 13-33 排料孔水力半径计算简图

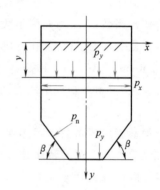

图 13-34 罐壁压力

罐体侧部垂直部分受到的压力为

$$p_x = y\gamma\lambda \tag{13-34}$$

式中，p_x 为 x 轴方向上单位面积的饲料产生的罐壁压力（N/m²）；y 为距物料表面高度（m）；γ 为饲料的堆积密度（kg/m³）；λ 为侧压系数，可按 $\lambda = (1-\sin\varphi)/(1+\sin\varphi)$ 计算。

罐体水平部分受到的压力为

$$p_y = y\gamma \tag{13-35}$$

式中，p_y 为 y 轴方向上单位面积的饲料产生的罐壁压力（N/m²）。

罐底倾斜部分受到的压力为

$$p_n = y\gamma(\lambda\sin^2\beta + \cos^2\beta) \tag{13-36}$$

在获得罐壁压力的基础上，可参考压力容器设计的有关理论和方法进行罐体强度和刚度校核。

3. 螺旋输送卸料机构

下面主要介绍螺旋机构的构造与设计。

螺旋机构的螺旋面形式有实体面型和带式面型两种，如图 13-35 所示。其中，实体面型

螺旋机构是最常用的一种，它适用于输送干燥、黏度低的小颗粒或粉状饲料；带式面型螺旋机构则适用于输送大块物料或黏度大的物料。

料槽一般由薄钢板制成，其厚度由螺旋直径和被输送物料磨碴性的大小决定，通常约等于螺旋叶片的厚度。对于螺旋直径不大、输送磨碴性较小的饲料，可取厚度 $\delta = 2 \sim 3\text{mm}$，料槽圆柱形部分的轮廓内径要稍大于螺旋的直径，两者间隙值为 $7 \sim 10\text{mm}$。

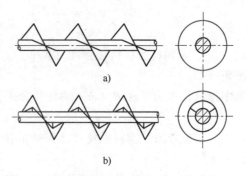

图 13-35　螺旋面形式
a) 实体面型　b) 带式面型

螺旋直径主要取决于散装饲料运输车的卸料能力，按下式初定螺旋直径为

$$D \geqslant K_z \left(\frac{Q}{K_d K_\beta \gamma} \right)^{\frac{2}{5}} \qquad (13\text{-}37)$$

式中，D 为螺旋直径（m）；Q 为卸料能力（m^3/h）；γ 为饲料的堆积密度（kg/m^3）；K_z 为物料综合特性系数；K_d 为充填系数；K_β 为倾角系数。

系数 K_z、K_d、K_β 可在相关机械设计手册中查得。计算出 D 后，应圆整到 150mm、200mm、250mm、300mm、400mm 等标准直径。

螺旋节距 t（m）则根据螺旋面的形式和螺旋直径的大小来选取。计算公式为

$$t = k_j D \qquad (13\text{-}38)$$

式中，k_j 为螺旋形式系数，实体螺旋面型 $k_j = 0.8$，带式螺旋面型 $k_j = 1$。

通过试验可知，螺旋转速超过一定值时，物料将会由于受到过大的切向力被抛起，以致无法运输，因此螺旋转速 n（r/min）有一个上限值 n_j，即

$$n \leqslant n_j = K_1 / \sqrt{D} \qquad (13\text{-}39)$$

式中，K_1 为物料特性系数。

按式（13-39）计算后并将其圆整为 20r/min、30r/min、35r/min、45r/min、60r/min、75r/min、90r/min、120r/min、150r/min、190r/min 等。然后对充填系数 K_d 进行验算

$$K_d = \frac{Q}{47 K_\beta D^2 n \gamma t} \qquad (13\text{-}40)$$

验算结果中，如果 K_d 在推荐范围内，则圆整后 D、n 是适当的；如果 K_d 高于推荐值，则应适当加大螺旋直径 D；如果 K_d 低于推荐值，则应降低螺旋转速 n。

4. 功率和卸料能力

（1）功率的计算　对于水平螺旋机构，所需功率为

$$P_1 = \frac{Q \omega_1 L_1}{367} \qquad (13\text{-}41)$$

式中，P_1 为水平螺旋机构功率（kW）；L_1 为水平螺旋长度（m）；ω_1 为阻力系数。对于干燥、磨碴性较小的物料取 $\omega_1 = 1.2$。

对于垂直螺旋机构，所需功率为

$$P_2 = \frac{Q\omega_2 H_2}{367} \tag{13-42}$$

式中，P_2 为垂直螺旋机构功率（kW）；ω_2 为阻力系数，对于谷物，取 $\omega = 5.5 \sim 7.5$；H_2 为垂直螺旋高度（m）。

对于卸料螺旋来说，由于最大水平倾角可达 70°，为选取足够大的功率，可按垂直螺旋进行计算，即

$$P_3 = \frac{Q\omega_2 L_3}{367} \tag{13-43}$$

式中，P_3 为卸料螺旋机构功率（kW）；L_3 为卸料螺旋长度（m）。

因此，为保证散装饲料运输车连续卸料，取力器的输出功率 P 应满足

$$P \geqslant P_1 + P_2 + P_3 \tag{13-44}$$

（2）卸料能力的匹配 散装饲料运输车卸料时，饲料输送经过 4 个环节，即通过排料孔、水平螺旋机构、垂直螺旋机构和卸料螺旋机构。每个环节出口处都有一定的卸料能力，计算公式为

$$Q_1 = 3600 N F \gamma \eta \sqrt{3.2 R g} \tag{13-45}$$

式中，Q_1 为排料孔卸料能力（m³/h）；N 为排料孔的数目；F 为排料孔截面积（m²）；R 为排料孔水力半径（m）；γ 为饲料的堆积密度（kg/m³）；η 为排料系数，对于干燥易流的粒状物料，$\eta = 0.6$，对于尘状及湿粉状物料，$\eta = 0.2$。

水平螺旋卸料能力计算式为

$$Q_2 = 47 K_d K_\beta \gamma n_2 D_2^2 t_2 \tag{13-46}$$

式中，Q_2 为水平螺旋卸料能力（m³/h）；n_2 为水平螺旋转速（r/min）；D_2 为水平螺旋直径（m）；t_2 为水平螺旋的螺距（m）。

垂直螺旋卸料能力计算式为

$$Q_3 = K_d v_3 F_3 \gamma \tag{13-47}$$

式中，Q_3 为垂直螺旋卸料能力（m³/h）；v_3 为物料的平均提升速度（m/s）；F_3 为垂直螺旋的截面积（m²）。

卸料螺旋卸料能力计算式为

$$Q_4 = 9.42 D_4^3 n_4 \gamma \tag{13-48}$$

式中，Q_4 为卸料螺旋卸料能力（m³/h）；D_4 为卸料螺旋的直径（m）；n_4 为卸料螺旋的转速（r/min）。

因此，为了使散装饲料运输车能够连续卸料，卸料能力的匹配应满足

$$Q_1 \leqslant Q_2 \leqslant Q_3 \leqslant Q_4 \tag{13-49}$$

13.5 特种结构汽车改装

特种结构汽车是指装备有专用装置，具有桁架形结构、平板结构等各种特殊结构，用于承担专项运输或专项作业的专用汽车，如集装箱运输车、车辆运输车、运材车（运输各类管材、原木、建筑大板等长件货物）、混凝土泵车、修井车、照明消防车等。

13.5.1　泵车的总体结构和泵送原理

泵送装置由泵车的发动机驱动或另配发动机来驱动。

泵送装置为活塞式混凝土泵，利用液压缸来驱动混凝土缸活塞做往复运动，与料斗、分配阀配合完成吸入和排出混凝土，以达到输送目的。

布料装置为臂架式，能够在一定范围内的垂直和水平方向进行输送和浇灌混凝土。

混凝土泵车的工作原理图如图 13-36 所示。汽车发动机 22 的动力经分动器 18，驱动主液压泵 19、布料装置液压泵和搅拌液压泵。主液压泵输出的液压油经控制阀组、集流阀组进入主液压缸和混凝土分配阀换向液压缸，从而实现泵送混凝土。布料装置液压泵输出的液压油满足混凝土泵车的支腿和布料装置（臂架、转台）的动力需要，通过操纵支腿控制阀 20 和臂架电磁阀组 21，完成支腿的伸缩、臂架的升降和转动。搅拌液压泵输出的液压油，通过液压马达驱动料斗 13 内的搅拌叶片，不断搅拌混凝土，使其顺利地进入混凝土缸内，并能在其他部件故障而停止作业时继续搅拌料斗内的混凝土，防止混凝土凝固和沂水。上述各专用装置协调配合工作，使泵送出的混凝土沿臂架的输料管道达到浇灌点。通过操纵机构使臂架升降或旋转，可以改变浇灌点的位置。

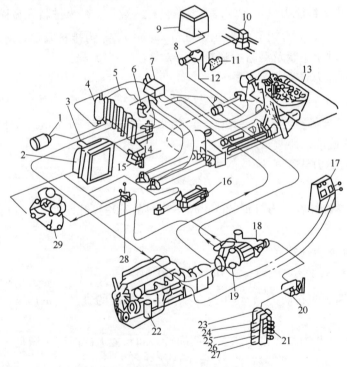

图 13-36　混凝土泵车的工作原理图

1—储气罐　2—液压油冷却器　3—液压马达　4—蓄电池　5—液压油箱　6—低压过滤器
7—集流阀组　8—润滑脂泵　9—润滑脂箱　10—分配阀　11—减振器　12—搅拌泵
13—料斗　14—空气调节器　15—二通阀　16—水泵　17—操作台　18—分动器
19—主液压泵　20—支腿控制阀　21—臂架电磁阀组　22—发动机　23—制动液压缸操纵
24—旋转液压马达操纵　25—上节臂液压缸控制　26—中节臂液压缸控制
27—下节臂液压缸控制　28—三通阀　29—空压阀选择开关

13.5.2　混凝土泵车主要技术参数计算

混凝土泵车的主要技术参数可归纳为专业技术参数和整车技术参数两部分。专业技术参数主要有混凝土排出量、混凝土泵送压力和输送距离、泵送能力指数、布料装置工作范围、混凝土坍落度适应范围、料斗工作高度等。整车技术参数除必须满足国家交通安全法规的要求外，还应根据工作条件情况，着重考虑泵车的最小转弯直径、最大爬坡度、质心高度及最小离地间隙等。

1. 混凝土排出量

混凝土排出量 Q 是指泵车在单位时间内输送的混凝土量，即混凝土泵车的生产率，单位为 m^3/h。混凝土排出量一般可以通过调节发动机转速或主液压泵的流量来改变。通常以最大排出量作为泵车的混凝土排出量参数。排出量按大小分为小排量，$Q<40m^3/h$；中等排量，$Q=40\sim100m^3/h$；大排量，$Q>100m^3/h$。排出量标准系列为 $10m^3/h$、$20m^3/h$、$30m^3/h$、$40m^3/h$、$50m^3/h$、$60m^3/h$、$80m^3/h$、$100m^3/h$、$125m^3/h$、$150m^3/h$，设计时可根据需要选取。若主液压泵系统采用高、低压切换的泵车，则有两个混凝土排出量：采用高压时输送较长距离，这时是小值最大排出量；采用低压时输送距离较短，这时是大值最大排出量。在混凝土泵车铭牌上标的是大值最大排出量。也有的泵车采用恒功率变量液压泵，混凝土排出量和泵送压力的乘积为常数，即排出量与泵送压力成反比，这种泵车铭牌上仍用最大排出量标出。

活塞式混凝土泵的理论排出量 Q_T（m^3/h）为

$$Q_T = 60Vn \tag{13-50}$$

式中，n 为混凝土泵缸活塞每分钟往复次数，一般在 45 次/min 以下；V 为混凝土泵缸的有效容积（m^3），用下式计算

$$V = \frac{\pi}{4}D^2 s \times 10^{-9} \tag{13-51}$$

式中，D 为混凝土泵缸内径（mm）；s 为混凝土泵缸活塞有效工作行程（mm）。

混凝土泵的实际排出量 Q 为

$$Q = KQ_T \tag{13-52}$$

式中，K 为混凝土泵的吸入效率，可取 $0.7\sim0.9$。

影响 K 的因素较多，主要是混凝土的坍落度和混凝土泵缸活塞速度。混凝土坍落度越小，则 K 值越小，坍落度在 15cm 以上时，吸入效率较稳定，K 值可取 0.85 以上。混凝土泵缸活塞工作速度小，混凝土在缸中的流动速度小，有利于吸入，K 值大；反之，活塞速度大，混凝土在缸中流动出现滞后，K 值小，设计时活塞速度可取 1m/s 左右。此外，混凝土分配阀的结构形式、阀的密封程度、吸料口的大小和形状、通道的方向和截面形状等都会影响吸入效率 K 的值。

2. 泵送压力和输送距离

混凝土泵的泵送压力是指混凝土缸出口处的混凝土排出压力。它反映了泵车输送混凝土距离远近的能力。泵送压力，通常分为 3 个等级：低压级，$p<4MPa$；中压级，$p=4\sim7MPa$；高压级，$p>7MPa$。一般活塞式混凝土泵车的最小泵送压力 $\geq2MPa$。

混凝土泵的泵送压力主要用来克服输料管中的混凝土与管壁间的摩擦力，在垂直管中还要克服混凝土的重力。这些压力损失与管道长度、布管状态、混凝土流速、输料管直径、混凝土坍落度及混凝土配料比例等因素有关。试验表明，混凝土流速增大，输料管直径减小和混凝土坍落度减小，会使压力损失增大。管道输送压力损失的计算比较复杂，通常通过试验绘制几组曲线，供设计时使用。图 13-37 所示为在不同管径、不同坍落度和不同排出量下每米水平直管的压力损失曲线。图 13-38 所示为不同管径、不同坍落度和不同排出量下与每米垂直直管的压力损失等效水平直管的长度（以下简称等效长度）曲线。图 13-39 和图 13-40 所示分别为每米锥形管和弯管的压力损失等效水平直管长度曲线。

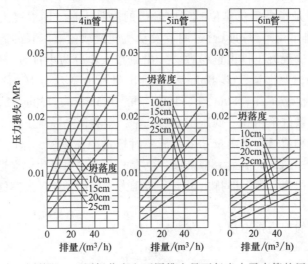

图 13-37　在不同管径、不同坍落度和不同排出量下每米水平直管的压力损失曲线

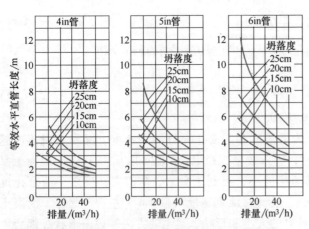

图 13-38　不同管径、不同坍落度和不同排出量下每米
垂直直管的压力损失等效水平直管的长度曲线

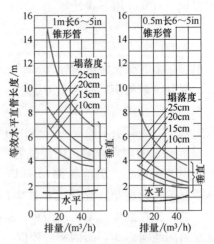

图 13-39　每米锥形管的压力损失
等效水平直管长度曲线

根据提供的输料管道压力损失以及混凝土总泵能达到的泵送压力可以粗略计算出泵车的输送距离（即输送管长度）。首先按采用的管径、混凝土坍落度、排出量以及混凝土泵的泵送压力，利用图 13-37 计算出能够输送的水平直管总长度 A，再按管道布置所用的垂直直管

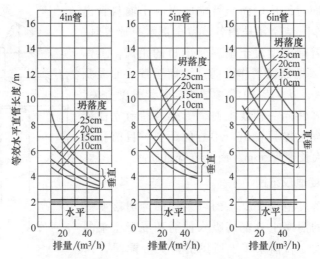

图 13-40 每米弯管的压力损失等效水平直管长度曲线

长度 B、锥形管长度 C 和弯管长度 D，从图 13-38、图 13-39 和图 13-40 中分别查出它们的等效水平直管长度量 B_1、C_1、D_1，于是，输料管道等效水平长度 L 为

$$L = A - (B_1 + C_1 + D_1) + B + C + D \tag{13-53}$$

式中，L 为混凝土泵的泵送压力全部用在克服管道阻力及混凝土重力上，且管道出口压力为零时的管道等效水平长度。

若需要管道出口的混凝土有一定的速度，可将此速度换算成压力，由图 13-37 查出此压力等效的水平直管长度，再计算输送距离。

3. 泵送能力指数

泵送能力指数 M 是指混凝土泵工作时，混凝土缸出口的混凝土泵送压力与实际混凝土排出量乘积的最大值，即

$$M = (pQ)_{max} \tag{13-54}$$

式中，p 为混凝土泵送压力（MPa）；Q 为混凝土的实际排出量（m^3/h）。

泵送能力指数的推荐值见表 13-8。

表 13-8 泵送能力指数的推荐值

基本参数	排出量/（m^3/h）									
	10	20	30	40	50	60	80	100	125	150
泵送混凝土压力/MPa	≥2.0	≥2.0	≥2.5	≥3.0	≥3.5	≥4.0	≥5.0	≥5.0	≥5.0	≥5.0
泵送能力指数/MPa	≥20	≥40	≥75	≥120	≥150	≥200	≥250	≥300	≥300	≥300

4. 布料装置工作范围

混凝土泵车需要能在一定空间范围内进行布料作业，布料作业范围如图 13-41 所示。布料作业范围由工作高度 H、水平工作圆半径 R 及工作深度 D 等参数确定。工作高度是指各

节臂全部垂直于地面时，从地面至臂端的混凝土输料管出口的距离。水平工作圆半径 R 是指各节臂全部水平放置时，从转台回转中心至臂端的混凝土输料管出口的距离。工作深度 D 是指臂架伸入地面以下作业时，地面至臂端的混凝土输料管出口的距离。H、R、D 等参数均与臂架长度有关。臂架长度是指各节臂在同一轴线上时，臂架与转台立柱铰支点中心至臂端混凝土输料管出口中心的距离。目前我国制造的泵车臂架最大长度为 56m，由 5 节臂组成。

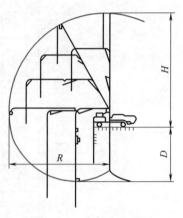

图 13-41　布料作业范围

5. 混凝土坍落度适应范围

泵车对不同坍落度范围混凝土的可泵性即为坍落度适应范围。它与泵车的混凝土分配阀吸入性能和混凝土泵的混凝土缸径大小有关。目前泵车上所用的两类分配阀（滑阀和摆阀）对混凝土坍落度适应范围均为 5~23cm。

6. 料斗工作高度

料斗工作高度是指混凝土泵车在作业状态时，料斗口与地面间的距离。为便于对料斗加料，料斗工作高度尽可能设计得低一些，一般在 1.2~1.7m 之间。

下面以三一重工 SY5500THB 56 型混凝土泵车为例说明主要性能参数。

1）型号：SY5500THB 56 型混凝土泵车。

2）类型：高低压自动切换 S 阀。

3）排出量：高压 67m³/h；低压 120m³/h。

4）输出压力：高压 11.8MPa；低压 6.38MPa。

5）理论输送距离：垂直方向 200m；水平方向 850m。

6）最大骨料尺寸：40mm。

7）适用混凝土坍落度：14~23cm。

8）输送缸内径×行程：230mm×2000mm。

9）料斗容积×高度：0.6m³×1.45m。

10）清洗方式：水洗式。

11）水泵最大水压：8MPa。

12）臂架类型：五节卷折全液压。

13）臂架最大长度：水平长度 51.6m；垂直长度 55.6m。

14）旋转角度：360°。

15）发动机最大功率：309kW（1500~1800r/min）。

16）整车质量：49.5×10³kg。

17）整车外形尺寸（长×宽×高）：14874mm×2495mm×3995mm。

13.5.3　混凝土泵车底盘的选择

1. 对混凝土泵车底盘的要求

混凝土泵车一般用载货汽车二类底盘或专用底盘改装而成。选用的汽车底盘应满足下列

要求。

1）发动机的功率应能满足混凝土泵车各装置要求的驱动功率。

2）混凝土泵车的总质量及其轴载质量的分配应在原汽车底盘前、后轴的容许承载质量范围内。

3）有足够空间配置动力输出装置。

4）能合理安装布料装置、转台底座和布置混凝土泵送装置。

2. 混凝土泵车各工作装置的驱动功率

混凝土泵车各工作装置的动力源一般取自本车发动机。在进行混凝土输送作业时，汽车发动机动力经变速器和万向传动装置输入分动器（图13-42），通过分动器操纵杆将动力传递给各液压泵，同时切断通往后桥的动力，汽车处于驻车状态。计算和确定各工作装置的驱动功率，合理地进行功率组合是正确选择底盘发动机功率的依据之一。

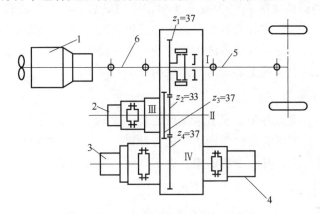

图13-42　混凝土泵车动力传动图

1—汽车发动机　2—双联泵　3—主液压泵　4—臂架液压泵　5—传动轴　6—万向传动装置

（1）混凝土泵的驱动功率 P_1　混凝土泵的驱动功率 P_1（W）与混凝土泵液压系统的压力 p_1 和流量 Q_1 有关，计算公式为

$$P_1 = 277.8 \frac{p_1 Q_1}{\eta} \tag{13-55}$$

式中，p_1 为主液压泵压力（MPa）；Q_1 为主液压泵流量（m^3/h）；η 为主液压泵传动效率。

p_1 和 Q_1 可根据泵车的混凝土泵送压力 p 和混凝土排出量 Q 计算，即

$$p_1 = p \frac{D^2}{D_1^{\,2}} \tag{13-56}$$

$$Q_1 = Q \frac{Q_{T1} \eta_{V1}}{Q_T \eta_V} \tag{13-57}$$

式中，p 为混凝土泵送压力（MPa）；D、D_1 分别为混凝土缸和主液压缸的内径（m）；Q_T、Q_{T1} 为分别为混凝土泵的理论排出量和主液压泵的理论流量（m^3/h）；η_V 为混凝土缸容积效率；η_{V1} 为液压系统（包括主液压泵、主液压缸及管道等）的容积效率。

（2）布料装置的驱动功率 P_2　布料装置臂架变幅、转台回转、支腿伸缩等均由发动机通过臂架液压泵驱动。但支腿的伸缩是在泵车作业前、后动作，故其驱动功率不计入 P_2 内。

（3）**搅拌装置的驱动功率 P_3** 搅拌装置由搅拌液压泵驱动。泵车开始作业，搅拌装置也开始工作，只要料斗中有混凝土，它是不允许间断工作的。通常情况下，搅拌装置有 4 种工况：①搅拌装置正常工作，这时液压泵的驱动功率为 P_3，主要用于克服搅拌阻力；②搅拌叶片被骨料卡住不转，液压系统油压升高，使反转溢流阀工作，搅拌换向阀换向，叶片反转而排除卡阻，叶片又恢复正常转动，此工况时间短暂，一般增加功率不计入 P_3 中；③当搅拌叶片被骨料卡住而无法反转排除时，油压上升，打开溢流阀，液压泵驱动功率达最大值 P_{3max}，此工况时间也很短；④搅拌装置不工作时，液压油经换向阀回油箱，液压泵空转，驱动功率为最小值 P_{3min}。

（4）**冷却系统的驱动功率 P_4** 为使液压油冷却，在液压系统内需设置强制式液压油冷却器。冷却器的驱动功率 P_4，由两部分组成：一是驱动冷却器风扇的功率；二是将油箱中热油泵入冷却器、降温后泵回油箱消耗的功率。

（5）**清洗系统的驱动功率 P_5** 混凝土泵车作业完毕后，需对车辆和输料管中残余的混凝土进行清洗。清洗工作是在其他装置停止工作后进行的。清洗系统水泵的压力要大于混凝土在输料管中的压送力，这样才能冲洗出管中的残余混凝土。此外，水泵的流量要大，提高清洗速度。由水泵的压力和流量确定清洗系统的驱动功率 P_5。

3. 发动机功率选择

泵车发动机功率应满足各种工况下泵车所需要的驱动功率。在进行发动机功率选择时，首先应对各种工况下泵车所需要的驱动功率进行计算，然后选其中的最大值来确定发动机的功率。但用这种计算方法，有时会很困难，也不方便。现推荐下列经验公式来估算发动机功率，即

$$P_e = 0.044Q\left[0.088L + \frac{12}{(D/D_1)^2}\right] \tag{13-58}$$

式中，P_e 为所需发动机功率（kW）；Q 为混凝土排出量（m³/h）；L 为泵送混凝土最大水平距离（m）；D、D_1 分别为混凝土缸、主液压缸内径（m）。

4. 泵车总质量和臂架质量

泵车总质量主要由汽车底盘质量、混凝土泵送装置质量、布料装置质量及清洗系统质量等组成。影响泵车总质量的关键是臂架质量，而混凝土排出量的影响不大。所以在选择底盘和计算泵车总质量时，首先计算臂架的总质量。

对现有泵车的统计分析，推荐用下列公式估算臂架质量

$$m = \frac{1}{10}(K_1L + K_2)L \tag{13-59}$$

式中，m 为臂架质量（kg）；L 为臂架长度（m）；K_1 为系数，当 $L<30m$ 时，$K_1=4$；当 $L\geqslant 30m$ 时，$K_1=5$；K_2 为系数，当 $L<30m$ 时，$K_2=40$，当 $L\geqslant 30m$ 时，$K_2=45$。

13.5.4 混凝土泵车作业时的稳定性分析及优化设计

混凝土泵车作业时，由于质心升高，同时受到臂架质量、输料管及其中混凝土的重力、臂架变幅产生的惯性力、风力，以及混凝土在管道中运动产生的振动等作用，使泵车在作业中可能会失去稳定性。为此，在设计中应限制臂架的工作幅度、降低转动部分的质量、加大

支腿的支承面积和增加泵车非转动部分的质量等。

　　臂架在展开形式一定的情况下，绕回转中心转动时，整机重心会发生变化，如图 13-43 所示为混凝土泵车稳定性分析图。

　　设点 A、B、C、O 分别为整机重心、臂架重心、机体重心（除臂架以外的部分）、臂架回转中心在水平面的投影位置。以臂架回转中心 O 为坐标原点，O 点与 C 点之间的连线为纵轴，建立坐标系。设 $OB=R$，$OC=b$，臂架在某一位置时与 x 轴的夹角为 θ，则 B 点的坐标值为 $B(R\cos\theta, R\sin\theta)$，$C$ 点的坐标值为 $C(0, -b)$。根据解析几何和重心理论，其整机重心 A 必在 B、C 两点之间的连线上，且 $A(x_A, y_A)$ 点的横、纵坐标为

$$\left.\begin{array}{l} x_A = \dfrac{W_1 R\cos\theta}{W_1 + W_2} = \dfrac{W_1 R\cos\theta}{W} \\[3mm] y_A = \dfrac{W_1 R\sin\theta - bW_2}{W_1 + W_2} = \dfrac{W_1 R\sin\theta - bW_2}{W} \end{array}\right\} \tag{13-60}$$

式中，W_1、W_2、W 为分别为臂架、机体和整机质量，其中 $W = W_1 + W_2$。

　　显然，式（13-60）是以 θ 角为参数的参数方程，消除 θ 角，经变换得

$$x_A^2 + \left(y_A + \frac{bW_2}{W}\right)^2 = \left(\frac{RW_1}{W}\right)^2 \tag{13-61}$$

　　可见，泵车整机重心变化的轨迹为一个圆，该圆称为合力轨迹圆，圆心 O_1 的坐标为 $\left(0, -\dfrac{bW_2}{W}\right)$，半径为 $\dfrac{RW_1}{W}$。

　　当图 13-43 所示的合力轨迹圆全部落在支承面 $MNKL$ 内时，表示泵车作业是稳定的。若合力轨迹圆部分落在支承面外，则表示臂架回转到 NL 支承线外侧范围后，泵车有可能出现倾翻，作业是不稳定的，混凝土泵车失稳示意图如图 13-44 所示。

　　在图 13-43 中，设泵车前、后支腿的转轴位置和支腿长度一定，若前、后支腿的展开角度分别为 β_1、β_2、β_3、β_4，显然 β_n（$n=1, 2, 3, 4$）各角度值的变化范围应为 $0° \sim 90°$，不同的 β_n 值构成了以支腿为 4 个顶点的不同的四边形支承面。衡量各支腿在某一展开角度时，所构造的支承面对整机稳定性的好坏，先要求出臂架 $360°$ 回转时，整机重心距该支承面边缘的最短距离。

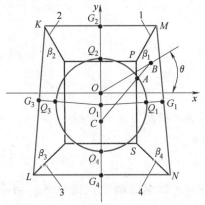

图 13-43　混凝土泵车稳定性分析图

1、2、3、4—混凝土泵车支腿

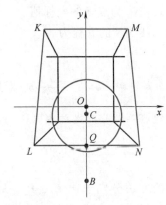

图 13-44　混凝土泵车失稳示意图

先以轨迹圆的圆心点 O_1 为起始点，以点 G 为垂足，作四边形中的任意一条边如线段 MN 的垂线，交轨迹圆于点 Q_1，交线段 MN 于点 G_1。设线段 Q_1G_1 的长度值为 L_1，则 L_1 为轨迹圆上的点（即臂架回转时整机重心的位置）到线段 MN 的最短距离，用同样的方法找出四边形支承面另外 3 条与轨迹圆所对应的最短线段长度 L_2、L_3、L_4。比较 L_1、L_2、L_3、L_4 值的大小，找出 4 个长度中最短的一个，设该最短距离为 S_{min}，即 S_{min} 的长度值便可用来作为衡量此时整机稳定性的指标。显然，S_{min} 越大，稳定性越好，反之则稳定性越差。

假设支腿的展开角度 β_n（$n = 1$，2，3，4）的数值往两极方向变化，显然，当 β_n 值过小（趋近 $0°$）或过大（趋近 $90°$）时，S_{min} 值均会减小甚至变成负值，由于 S_{min} 为 β_n 的连续函数，因此必有一个 β_n^* [$0° < \beta_n^* < 90°$（$n = 1$，2，3，4）]，可使 S_{min} 趋于最大值，也就是说，支腿按该角度布置展开时，泵车的整机稳定性最好。

上面所用的方法是在臂架展开形式一定的情况下推导出来的。显然，臂架全部展开且在水平位置回转时，整机重心偏移机体支承面的程度最大，即整机的稳定性最差。因此研究泵车的稳定性问题，就可归结为研究泵车臂架全部展开且在水平位置回转时的稳定性问题，故将臂架全部展开水平回转时，臂架重心距离回转中心的长度作为式（13-60）中回转半径 R 的数值。

支腿在进行角度调整时，因支腿本身具有质量，因此要考虑支腿重心变动时对机体重心位置的影响。为此，可将泵车分为 3 个部分：臂架部分、支腿部分以及车体部分。对于一定的 β_n（$n = 1$，2，3，4），则 4 个支腿的重心就可完全确定，求出该重心与车体重心的共同重心，并作为式（13-61）中的机体重心 W_1，便可利用式（13-61）求出重心轨迹圆方程。

如图 13-43 所示，设点 P、S 与点 M、N 分别为相邻两支腿的转轴中心与支承点，R_M、R_N 分别等于线段 PM 和线段 SN，则点 M 的横、纵坐标为

$$x_M = R_M \cos\beta_1 + x_P$$
$$y_M = R_M \sin\beta_1 + y_P$$

式中，x_P、y_P 为点 P 的坐标值。

点 N 的横、纵坐标为

$$x_N = x_S + R_N \cos(-\beta_4) = x_S + R_N \cos\beta_4$$
$$y_N = y_S + R_M \sin(-\beta_4) = y_S - R_M \sin\beta_4$$

式中，x_S、y_S 为点 S 的坐标值。

则直线 MN 的方程为

$$y = kx + b_1 \tag{13-62}$$

式中，k 为斜率，$k = \dfrac{y_M - y_N}{x_M - x_N}$；$b_1$ 为截距，$b_1 = y_N - kx_N$。

设轨迹圆圆心的坐标为（0，y_{O1}），点 O_1 到线段 MN 的距离为 L_1，则

$$L_1 = \left| \frac{b_1 - y_{O1}}{\sqrt{K^2 + 1}} \right| - \frac{RW_1}{W} \tag{13-63}$$

用同样的方法分别求出 L_2、L_3、L_4，则该支承状态下，泵车的稳定性指标 S_{min} 可表示为 $S_{min} = \min\{L_1, L_2, L_3, L_4\}$。

综上所述，以 4 个支腿展开角度 β_1、β_2、β_3、β_4 为优化设计参数，以稳定性指标（整

机重心距离支承面的最小距离）达到最大为目标函数，建立优化数学模型为

$$F(\beta_1,\beta_2,\beta_3,\beta_4) = \min\{L_1,L_2,L_3,L_4\} \rightarrow \max$$

$$L_n \geq 0 \ (n=1,2,3,4)$$

$$0° < \beta_n < 90° \ (n=1,2,3,4)$$

$$\left.\begin{array}{c}\end{array}\right\} \quad (13\text{-}64)$$

有时还对泵车稳定性给出许用稳定安全系数 $[K]$。所谓许用稳定安全系数是指在臂架轴线与倾覆线（泵车的四边形支承面的任意一边线）正交时，倾覆线内（即支承面内）的稳定力矩 M_n 与倾覆线外侧的倾覆力矩 M_W 之比值。安全条件为

$$\frac{M_n}{M_W} \geq [K], [K] = 1.25 \quad (13\text{-}65)$$

现以图 13-44 为例来说明 M_n 和 M_W 的计算。假定轨迹圆部分落在 NL 线外侧，则泵车可能会向 NL 线外侧倾翻。NL 线即为倾覆线，臂架轴线 OB 与 NL 线正交（相交 90°），则

$$M_n = W_2 L_{CQ} \quad (13\text{-}66)$$

$$M_W = W_1 L_{BQ} \quad (13\text{-}67)$$

式中，L_{CQ} 为机体重心至 NL 线的距离；L_{BQ} 为臂架重心至 NL 线的距离。

思考题

13-1　自卸汽车的分类结构特点是什么？

13-2　简述自卸汽车最大举升角举升降落时间的确定。

13-3　简述罐式汽车的特点和分类。

13-4　简述机械制冷装置特点及蒸汽压缩式制冷机的结构与工作原理。

13-5　简述汽车起重机的用途和分类。

13-6　汽车起重机的主要专用性能参数有哪些？

13-7　散装饲料运输车的设计要求是什么？

13-8　混凝土泵车按输送泵型式分类及各自的工作原理特点。

第14章　专用汽车现代设计方法

14.1　专用汽车的特点和要求

14.1.1　专用汽车的特点

1）专用汽车设计多选用定型的基本型汽车底盘进行改装设计。首先要熟悉基本型货车产品的生产情况、底盘规格、供货渠道、销售价格及相关资料等，然后根据所设计的专用汽车的功能和性能指标要求，在功率匹配、动力输出、传动方式、外形尺寸、轴载质量、购置成本等方面进行分析比较，优选出一种基本型汽车底盘作为专用汽车改装设计的底盘。能否选到一种好的汽车底盘，是能否设计出一种好的专用汽车的前提。

2）专用汽车设计的主要工作是总体布置和专用工作装置匹配。设计时既要保证专用功能满足其性能要求，也要考虑汽车底盘的基本性能不受到影响。必要时可适当降低汽车底盘的某些性能指标，以满足实现某些专用工作装置性能的要求。

3）针对专用汽车品种多、批量少的生产特点，专用汽车设计应考虑产品的系列化，以便根据不同用户的需求很快进行产品改型。

4）对专用汽车自制件的设计，应遵循单件或小批量的生产特点，要更多考虑通用设备加工的可能性。

14.1.2　专用汽车的要求

1）在普通汽车底盘上改装的专用汽车，底盘受载情况可能与原设计不同，因此要对一些重要的总成结构件进行强度校核。

2）专用汽车设计应满足有关机动车辆公路交通安全法规的要求。

3）对专用汽车工作装置中的某些核心部件和总成，如各种水泵、油泵、气泵、空压机及各种阀等，要从专业生产厂家中优选。

4）某些专用汽车可能会在很恶劣的环境下工作，其使用条件复杂，设计者要了解和掌握国家及行业相应的规范和标准，使专用汽车具有良好的适应性和工作可靠性，此外还要设置安全性装置。

14.2 专用汽车设计方法

专用汽车的开发是一项复杂的系统工程，时代的发展又为它提出了更高的要求。一方面多元化的市场需求要求企业以敏捷化的设计方式快速应对；另一方面专用汽车本身也开始从具有纯粹的功能性转向兼顾舒适性、环保性、可靠性等性能指标，即更加关注于功能的实现过程。显然，仅仅依靠传统的设计方法是很难实现这些目标的。

现代设计方法以当前先进的计算机技术为手段，充分利用力学、应用数学等工程基础学科的进展，为工程设计提供了强有力的工具，这在很多行业都得到了充分验证。专用汽车生产企业要在激烈的市场竞争中开拓成长的空间，就必须努力提高企业的核心竞争力，而应用现代设计方法，强化自主研发能力，应该说是一条艰巨但又充满希望的途径。

1. 模块化绘图系统

专用汽车产品具有品种多、批量少的特点，其生产多采用改装设计的方式，即在基本型汽车底盘上加装外购或自制的专用设备，和其他的机械产品一样，改装所需的零部件应尽量满足"通用化、标准化、系列化"的"三化"要求。即使是自制的异型件，也会根据企业的生产特点自成系列。这就为采用模块化设计奠定了基础，如半挂车设计就可以划分为标准件库（螺栓、螺母等）、总成件库（牵引座、支承装置、车轴等）和构件库（直梁式纵梁、阶梯式纵梁等）的设计，设计时根据需要调用相应的图库来进行总体布局的构建。

现代绘图软件也为上述模块化绘图系统提供了实现手段，与外部数据库的接口可以实现对数据的开放型管理，内嵌开发语言可以完成图元的参数化设计，而图形化的界面可以方便用户操作，如图 14-1～图 14-12 所示。这样工程技术人员关注的重点可以回归到设计本身，而不是适应复杂的计算机操作。模块化绘图系统为敏捷化制造提供了可能。在多变的市场环境里，企业可以抓住稍纵即逝的机遇，快速开发出能充分满足顾客要求的新产品，从而使新产品参与工程的竞标与生产。

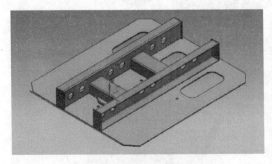

图 14-1 牵引装置总成模块

图 14-2 行走系统集成模块

以厢式半挂车的设计制造为例，并结合不同车型间零部件单体或模块的共享性、可组装性，建立以钢结构总装配、电气路与行走系统及附件总装配为主线，以分模块为支线的柔性生产线来适应不同模块间、车型间的混线生产，以节约场地资源和便于物流管理、纠错管理、合同变更管理等。

图 14-3　边梁模块

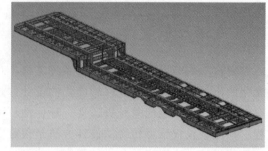

图 14-4　车架合焊模块（一）

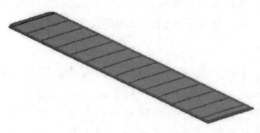

图 14-5　车架合焊模块（二）

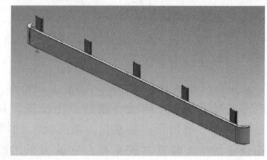

图 14-6　侧防护栏模块

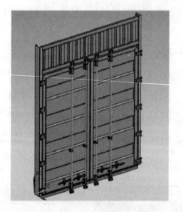

图 14-7　后墙总成模块

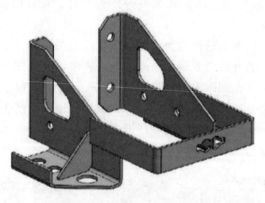

图 14-8　备胎架安装总成模块

图 14-9　前墙总成模块

图 14-10　挡泥板安装模块

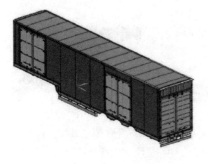

图 14-11　厢体总装配模块

图 14-12　完整的厢式半挂车装配完毕

2. 虚拟运动仿真

虚拟运动仿真是以多体系统动力学为理论基础，通过计算机技术实现的现代设计方法。运用该方法，可以建立复杂机构的物理模型，在各种虚拟条件下准确再现系统的运动及受力情况，快速分析多种设计方案。根据实际情况，举升机构各部件之间通过不同的运动副连接，在仿真过程中通过动画和图表的形式实时观测各变量的演化，为设计方案的确定提供依据。

专用汽车中许多专用设备都是由大量零部件构成的复杂系统，在进行特定操作时这些部件间存在相对运动，如自卸汽车的各种举升机构、栏板起重装置的升降机构、高空作业车的举升机构等。在专用汽车的设计开发中，应用虚拟运动仿真来代替真实的样机试验，可用极低的运行成本获得各种工况下各零部件准确的运动规律和动力学响应，迅速完成设计方案的筛选和修改。

结合整体自装卸车的结构特点，阐述利用 SolidWorks 进行虚拟设计的方法和流程，以自装卸机构运动仿真为例，介绍其 CAE 插件 COSMOSMotion 在机械系统仿真分析中的应用。整体自装卸车由越野汽车二类底盘和自装卸系统两部分组成，其虚拟模型如图 14-13 所示。

自顶向下（top-down）设计关注的是零部件之间的约束关系，而不是零件的结构细节。从整体自装卸车的功能和整体结构方面分析，折臂和举升臂的设计适合采用这种方法。折臂和举升臂的轮廓如图 14-14 所示，三维实体模型如图 14-15 所示。

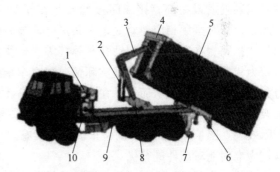

图 14-13　整体自装卸车虚拟模型

1—H 架翻转机构　2—折臂液压缸　3—折臂　4—H 架
5—集装箱　6—尾部导向装置　7—稳定器　8—举升臂
9—举升液压缸　10—底盘

虚拟设计完成后，可利用整体自装卸车的三维实体模型和 COSMOSMotion 插件进行 H 架翻转机构、自装卸机构、尾部导向装置和稳定器等主要部件的运动仿真以及整个作业过程的模拟。本书以自装卸机构为例进行运动仿真，由于吊钩是自装卸机构与集装箱或托盘直接产生相互作用的部位，其运动状态将影响到作业的速度和平稳性，因此对吊钩中心点的仿真结果进行测量，得到其速度和加速度曲线如图 14-16 所示。

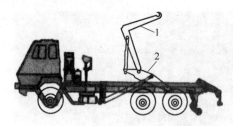

图 14-14　折臂和举升臂的轮廓
1—折臂　2—举升臂

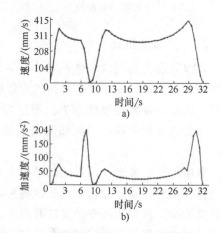

图 14-15　折臂和举升臂的三维实体模型
a）折臂　b）举升臂

图 14-16　吊钩中心点的速度和加速度曲线
a）速度曲线　b）加速度曲线

3. 有限元分析

有限元法是当前工程技术领域应用最为广泛的数值求解方法，其基本思想是将连续的求解区域离散为有限个按一定方式相互联结在一起的单元的组合体。由于单元能按不同的联结方式进行组合而且单元本身又可以有不同的形状，因此可以模型化几何形状复杂的求解域。40 多年来，有限元法的应用范围也从固体力学扩展到流体力学、传热学、电磁学等连续介质场领域。

专用汽车设计中大量的实际问题可以应用有限元分析取代传统的简化计算方法，以获得更为精确的数值解。以车架为例，作为主要的承载构件，各种专用装置或设备都直接或间接地安装在车架上，因此在设计时必须相应地对底盘车架进行改装设计，包括设计副车架、增加加强板、对车架加长或扩宽、在车架上实施钻孔与焊接等。传统的设计大多依据经验或简化的公式，设计显得较为粗糙，现在则可以根据实际情况建立车架整体的有限元模型，准确地分析车架上的应力分布和应力水平，从而选择在小应力区域钻孔与焊接，在高应力区域采用加强板，使整个车架尽量符合等应力分布的原则。完成改装后，又可以通过修改有限元模型，分析改进后的实际效果。图 14-17 所示为试验车辆叠合梁有限元分析，在对其应力分布进行分析之后，可以较为准确地对部件进行优化。

此外，冷藏保温汽车隔热货厢的热场分析、罐式汽车罐体的强度分析、混凝土泵车臂架的强度分析等都可以采用有限元法进行分析计算。

4. 最优化设计

最优化设计是 20 世纪 60 年代初发展起来的一门学科，它将最优化原理和计算技术应用于工程设计领域，是一种重要的科学设计方法。最优化设计工作一般包括两个方面的内容：一是根据实际问题的需要选择设计变量，构建目标函数，给出约束条件，将工程中的物理模型转化为最优化的数学模型；二是选用适当的最优化方法求解数学模型，得到目标函数的极值点。由于寻优的过程是采用计算机自动搜索，因此该方法可以在较短的时间内从可行域中寻找出最佳设计方案。实践证明，最优化设计是保证产品具有优良的性能，减轻自重或体积，降低工程造价的一种有效设计方法，可以极大地提高设计效率，同时可以使设计者从大

图 14-17　试验车辆叠合梁有限元分析

量繁琐和重复的计算工作中解脱出来，使之有更多的精力从事创造性的设计。

专用汽车的开发中有很多方面可以采用最优化设计，行业内已经有了大量成功的范例。目前的趋势是将前面所论述的各种现代设计方法与最优化设计相结合进行参数分析及寻优。例如，以一款摆臂式垃圾车为优化设计对象，对其进行有限元分析及轻量化设计，在保证整车满足使用要求的情况下，最大可能地降低结构质量和制造成本，如图 14-18~图 14-21 所示。

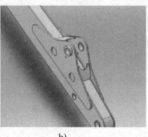

a)　　　　　　　　　　b)

图 14-18　油缸拉座优化方案
a) 原始拉座　b) 优化拉座

a)　　　　　　　　　　b)

图 14-19　摆臂拉链吊座
a) 原始方法　b) 优化方案

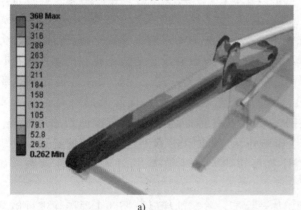
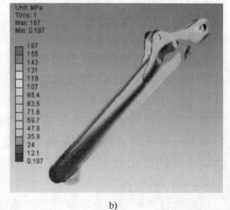

a)　　　　　　　　　　　　　　　　b)

图 14-20　摆臂总成应力分布
a) 优化前　b) 优化后

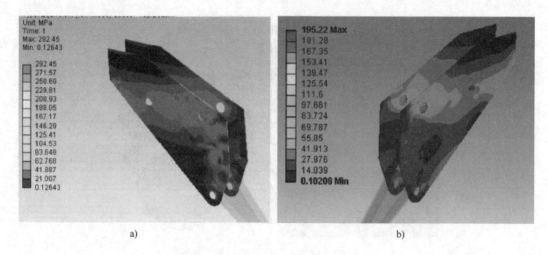

图 14-21　边板总成内板应力分布
a）优化前　b）优化后

14.3　自卸车设计优化方案

自卸车在我们的日常生活中非常常见，在施工工地和材料生产商之间起到了桥梁的作用，为施工带来了很多的便利。近年来，随着国家扩大内需和城镇化建设政策的实施，启动了大量基础建设项目，兴建了若干大型工程，对于工程机械，特别是自卸车的需求量逐年增加。自卸车由底盘、副车架、货箱和液压举升机构组成，液压举升机构控制货箱的举升，以完成货物的装卸。自卸车具有装卸货自动化、机动性强等特点，可提高货物装卸效率，节约劳动力和时间成本，已经成为当今货物运输最重要的车辆之一。但是，自卸车的工作环境恶劣，工作条件复杂，各部件在各工况下特别是在满载受到路面冲击和卸货工况下易受到复杂的载荷作用，造成结构强度问题，所以在对自卸车进行设计的时候需要考虑很多方面。

首先需要按照理想的需求选择合适的底盘，这一方面已经模块化，市面上的车企提供了很多不同规格的底盘进行选择，在底盘出厂的时候就已经做好了各种测试，参数可以直接用于后期的设计和计算使用。

接着就是对整车性能的模拟，发动机是驱动汽车行驶的动力输出装置，在进行车辆动力性、燃油经济性和排放性能的仿真计算时，发动机模型参数的设置至关重要。汽车在正常行驶过程中，发动机多数工作在非稳定状态，为了和实际情况一致，在发动机性能台架试验中应测量其非稳定工况下的性能，但是由于测量工作难度很大，现阶段的研究工作主要还是基于发动机稳态工况进行的，即根据发动机万有特性曲线和外特性曲线进行确定。研究表明，该处理方法对汽车燃油经济性影响不大，CRUISE 软件采用插值法描述发动机特性，计算精度比较高，经过一系列的计算可以得到试验车辆的详细动力性参数。如图 14-22～图 14-25 所示。

通过对自卸车的最高车速、爬坡性能、加速性能、等速油耗以及循环工况油耗进行仿真之后，根据所得到的数据，可以有针对性地对整车的性能做出优化，选择最合适的发动机和变速箱，从而达到理想的效果。

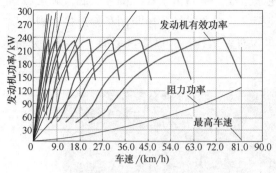

图 14-22　功率平衡图

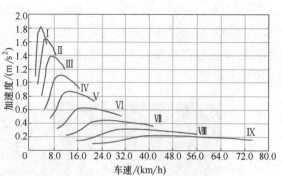

图 14-23　各档加速度曲线

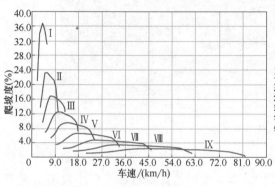

图 14-24　各档最大爬坡度

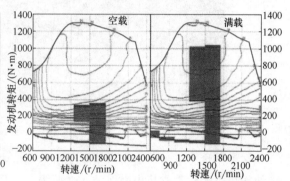

图 14-25　商用车六工况下燃油消耗

　　近年来，重型自卸车的侧翻已经成为一个重要的安全问题。据统计，自卸车侧翻事故已成为仅次于汽车正面碰撞的严重车辆事故，侧翻稳定性研究引起了人们的重视。而由于自卸车自身结构特殊，因此其整车质心高度较一般载货车要高，其失稳的危险性也较一般载货车要高。其中，自卸车特殊的且危害最大的失效形式是卸载作业时失稳。

　　针对这一方面的设计，通过 ADAMS 软件二次开发出一套易于操作的第三方自卸车卸载工作稳定性分析软件，该软件的建模、仿真及优化均基于人机对话框交互的方式，从而实现"傻瓜"式快速便捷操作，提高了设计的效率与准确性。其中，重型自卸车悬架大多采用的是钢板弹簧悬架。钢板弹簧悬架不利于调用 ADAMS 命令建模，所以将钢板弹簧悬架简化为螺旋弹簧悬架，简化前和简化后的钢板弹簧悬架如图 14-26、图 14-27 所示。

图 14-26　简化前的钢板弹簧悬架

图 14-27　简化后的螺旋弹簧悬架

　　自卸车由货箱、副车架、主车架、悬架及轮系组成，货箱由前板、侧板、底板和后板组成。货箱前端通过液压油缸与副车架的油缸座连接，后端通过倾翻座与副车架连接。副车架与主车架通过边板和 U 型螺栓连接。由于自卸车为对称结构，所以取模型的一半进行分析，如图 14-28 所示。

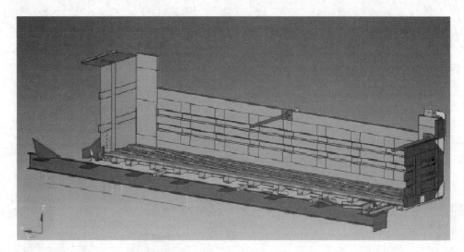

图 14-28　自卸车的有限元模型

　　在工作状态下，自卸车货箱承受所运载货物的全部载荷，在静力学分析中，将货物对货箱的作用力简化为货箱内表面的线性压强。采用 Radioss 求解器计算自卸车两个典型工况下的结构强度，按照第四强度理论分析，选用 Von-Mises 等效应力和位移来判断自卸车的结构强度。

　　通过有限元模型在满载静止工况下得出自卸车总体位移最大值的位置和量，以及自卸车大应力分布区域和应力大小。整车位移分布如图 14-29 所示。整车应力分布如图 14-30 所示。

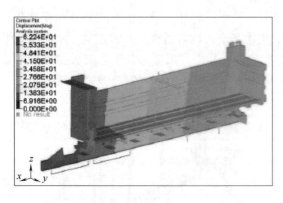

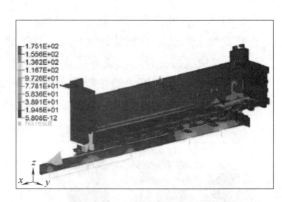

图 14-29　整车位移分布　　　　　　　　　　图 14-30　整车应力分布

　　使用同样的方法可以得出自卸车在举升卸货工况下的有限元模型，并且对其进行相同的分析。计算分析自卸车在两种典型工况下各部件的位移和应力分布。满载静止工况位移和应力分布情况较好，最大位移出现在侧板中部，大应力分布区域为货箱侧板下部冲压折弯处、

货箱前板与液压缸连接处、货箱底板后部与副车架后部倾翻座连接处、货箱底板纵梁底面、主车架与后悬架连接处。由此可以针对性地对车厢的不同部位进行加强和优化，从而降价风险。

 **思考题** •••

14-1 专用车设计方法有哪些？

14-2 专用车的特点和要求是什么？

14-3 简述自卸车设计优化方案。

第15章 改装案例

15.1 专用自卸汽车改装——摆臂式垃圾车

15.1.1 摆臂式自装卸汽车的总体设计

摆臂式自装卸汽车是在二类汽车底盘上装有使车厢或货斗具有装卸功能的摆臂装置的专用汽车。摆臂可悬吊货斗或集装箱之类的载货容器,并随之回转做平移起落,实现载货容器与汽车的结合(装)与分离(卸)。此外,它还可以对车厢散装货物实现自卸作业。

摆臂式自装卸汽车适用于城市内短途运输,它可以配置满足运输各种物料要求的数个货厢,又具有自卸功能,能更充分发挥摆臂自装卸汽车的效率。目前,摆臂式自装卸汽车已广泛应用于城市环卫部门、厂矿、建筑行业、散装谷物运输和冶金行业等。

摆臂式自装卸汽车有后装卸式和侧装卸式两种。后装卸式应用广泛,本节主要介绍后装卸式摆臂自装卸汽车的总体设计。

1. 总体设计特点

设计摆臂式自装卸汽车时,首先要选择合适的汽车底盘。选择底盘的主要依据有装载质量、道路条件、运输货物的特性(例如密度、安息角等)、运距等。在无专用汽车底盘的情况下,通常选用短后悬的普通自卸汽车底盘,这有利于摆臂布置,使结构紧凑。

汽车底盘选定后,摆臂式自装卸汽车的主要尺寸参数(如轴距、轮距等)也就随之确定。车辆的外廓尺寸(长、宽、高)原则上不应超过选用汽车的外廓尺寸,若因布置困难可略有突破,但也要控制在法规允许的界限以内。

摆臂式自装卸汽车的装载质量 m_e 随车辆用途而异。用于一般运输的摆臂式自装卸汽车,多采用中、轻型货车底盘改装而成;而工地矿山专用摆臂式自装卸汽车则采用重型货车底盘改装而成。目前,国产摆臂式自装卸汽车装载质量 m_e 有 2t、4.5t、8t 和 12t 几种。

摆臂式自装卸汽车的质量利用系数 η_m,通常在 0.9 左右。

摆臂式自装卸汽车的轴载质量及其分配原则上应与所选原货车相接近,但是,由于增加的主要部件,如油缸支腿、摆管、副车架等均布置在汽车后部,易导致后轴轴载质量超限。因此,总布置设计时应将车厢适当前移,以满足轴载质量及其分配比例符合原车要求。

摆臂式自装卸汽车的主要性能参数，如动力性、燃油经济性、制动性、平顺性及行驶稳定性等应与所选原货车的相接近。离去角 γ_2，因设置油缸支腿有所减小，但不应<17°。

图 15-1 所示为摆臂式自装卸汽车总布置。摆臂的最大摆角 φ_{max} 是指摆臂从初始位置绕摆臂轴旋转到极限位置时摆臂所转过的角度。φ_{max} 值决定了车厢倾卸角 β 的大小，同时也决定了车厢起吊的深度 h_d。因此 φ_{max} 是摆臂式自装卸汽车设计中的一个重要参数。设计时应根据车辆用途，并参考同类型汽车来选取 φ_{max}。

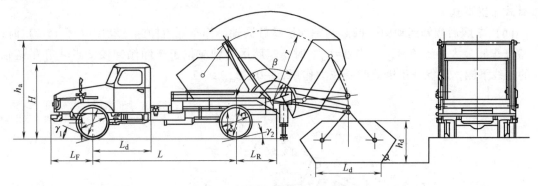

图 15-1 摆臂式自装卸汽车总布置

设计时，车厢满载吊装时间不应超过 60s，而满载吊卸时间可缩短为 50s 左右。吊装、吊卸时间相对整个运输过程来说是相当短的，故对运输生产率影响不大，没有必要追求过快的吊装、吊卸速度。此外，过快的吊装、吊卸还会造成冲击，会对液压元件提出更高的要求。

2. 摆臂式自装卸汽车总布置图设计

在选定的二类汽车底盘基础上合理布置各个总成时，必须绘制总布置图，其目的是在图纸上实现总体方案。总布置图的主要内容包括：各部件的相对位置、外部连接尺寸及装配关系；摆臂、车厢、支腿等运动件的运动轨迹及极限位置；汽车的主要外廓尺寸、通过性的几何参数，车厢质心等。总布置图绘制过程如下：

（1）绘制选定的汽车底盘总布置图 在主视图上标出轴距 L、车架上平面线及其高度、前悬 L_F、后悬 L_R、接近角 γ_1、离去角 γ_2、驾驶室后壁到前轮中心距离 L_d 等。在后视图上应标出后轮距、整车宽度、摆臂宽度等。

（2）绘出副车架的有关尺寸 如副车架上平面的高度、副车架纵梁截面尺寸（该尺寸应与底盘纵梁截面尺寸相接近，尤其是宽度应保证相等）。

（3）确定车厢的长度和高度尺寸 首先按选定的货车装载质量的 85%~90% 初步确定摆臂式自装卸汽车的装载质量，再按常载货物的密度估算车厢容积，然后根据车厢容积确定车厢的长、宽、高尺寸。但车厢的宽度，应在估计摆臂油缸的外径尺寸后确定。

（4）确定摆臂回转轴线位置和摆臂回转半径 R 摆臂回转轴线到吊链轴线之间的距离为摆臂回转半径 R。在满足使用要求的前提下，摆臂回转半径越小越好。总布置时，一般先在副车架上选择一点作为摆臂回转中心（轴线），摆臂上端的吊链轴线位置应使车厢放在副车架上时其投影正好通过车厢的质心。在作车厢吊卸运动轨迹图时，应保证车厢在整个运动过程中与副车架的间距≥100mm。摆臂外形尺寸、摆臂与油缸铰支点的位置等可采用作图法

初步确定。设计原则是车厢吊装和吊卸过程中的油缸工作压力变化应平移，其最大值应小于系统的额定压力。否则，应适当改变摆臂轴线、摆臂油缸铰支点和吊链轴线位置。当通过作图法或解析计算法确定以上各点位置后，摆臂油缸行程也就确定下来。

（5）支腿的布置　为保证汽车具有足够大的离去角，支腿一般布置在靠近摆臂轴线处；支腿油缸一般布置在垂直于地面的方向，支腿上端与摆臂位于极限后倾角时的最近距离应≥20mm；支腿油缸收拢时，车辆离去角应>17°，必要时支腿油缸可采用非垂直方向布置或可折叠式布置形式。

（6）车厢后倾卸运动图　倾卸钩轴和摆臂轴同轴，作车厢后倾卸运动图（图15-2）时，应检查车厢最大倾卸角 β_{max}。当 $\beta = \beta_{max}$ 时，车厢吊耳轴应位于车厢倾卸铰支点 A 和吊链轴 C 的连线下侧，以保证吊链此时受拉力作用，一般 $\beta_{max} \geq 85°$。

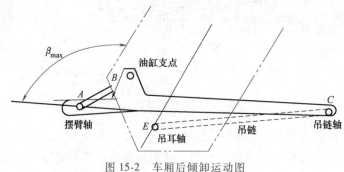

图 15-2　车厢后倾卸运动图

（7）整车稳定性校核　整车稳定性校核分两种工况进行讨论：第一种工况为汽车行驶时稳定性校核，这部分内容与普通汽车的行驶稳定性校核方法相同；第二种工况为专用装置工作时的稳定校核，其中支腿起支承作用，将满载车厢从地面刚起吊时的驻车稳定性最差。在第二种工况下，汽车前、后轮均有离开地面的趋势，汽车将以支腿为支点向后翻转，导致吊装失败。校核时可将装载质量 m_e 乘以 1.3（超载系数），然后再考虑摆臂质量、车厢本身质量等因素，并将汽车后轮对地面作用力正好消失作为驻车工况稳定性校核的临界条件。

15.1.2　摆臂装置的结构与设计

1. 倾卸钩的结构与工作原理

摆臂式自装卸汽车可以用来运输各种不同类型的货物，在设计摆臂式自装卸汽车时往往按满足主要运输要求而选择合理的结构，其中变化最多的就是摆臂。常见倾卸钩的结构如图 15-3 所示。倾卸钩 1 铰接在副车架 8 的横轴 2 上，可绕其转动。此外，倾卸钩同时承受弹簧 5、弹簧 6 的拉力作用，但两者作用在倾卸钩上的转矩方向相反。图 15-3 中所示倾卸钩的实线位置为倾卸钩被锁在副车架上的位置。倾卸钩的锁止过程是拉紧油缸 7 的活塞杆向左收缩，弹簧 5 作用在倾卸钩上的转矩随之增加，当其大于弹簧 6 作用在倾卸钩上的转矩时，倾卸钩开始沿逆时针方向转动，直到倾卸钩锁住车厢上的倾卸轴为止。

如果进行吊装或吊卸车厢作业，必须首先解除倾卸钩对车厢倾卸轴的约束。使倾卸钩处于图 15-3 所示的双点画线位置。其过程是拉紧油缸 7 向右伸出，于是弹簧 5 对倾卸钩作用的转矩减小，当其小于弹簧 6 作用于倾卸钩的转矩时，倾卸钩便沿顺时针方向转动到双点画

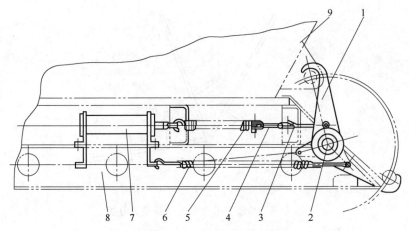

图 15-3　常见倾卸钩的结构

1—倾卸钩　2—横轴　3—钢丝绳　4—调整螺杆　5、6—弹簧　7—拉紧油缸　8—副车架　9—车厢

线所示位置。调整螺杆 4 的作用是调整弹簧 5 的拉力大小，以便使倾卸钩具有足够的锁止作用。在拉紧油缸 7 活塞伸出到位时，应保证倾卸钩彻底解除锁止作用。

倾卸车厢时，因车厢倾卸轴被倾卸钩钩住，故车厢在摆臂的作用下只能在倾卸钩的约束下向后做倾卸运动。在车厢倾卸至极端位置时，弹簧 5 的拉伸变形量最大。

2. 定幅摆臂的结构和受力分析

摆臂按回转半径 R 是否可变分为：定幅摆臂和变幅摆臂。定幅摆臂是目前用得最多的摆臂形式，具有结构简单、工作可靠、承载能力大等优点。变幅摆臂又可分为折叠式、伸缩式和综合式 3 种摆臂形式，主要用于有特殊要求的摆臂式自装卸汽车。

（1）定幅摆臂结构　定幅摆臂结构的左右摆臂上端通过横梁连接成框架结构。横梁和摆臂之间通常采用凸缘连接（必要时设有调整垫片）。横梁应有一定的强度和刚度，应能保证左右两摆臂同步运动。

摆臂为箱形截面的钢构件，具有足够的强度和刚度。摆臂上部安装吊链轴，摆臂下端铰接在摆臂轴上，摆臂轴固定在副车架上。摆臂上装有倾卸轴，倾卸轴作为车厢倾翻时的支点，在运输过程中也起到固定车厢的作用。在吊装、吊卸作业时，倾卸轴对车厢的约束自动解除。

（2）摆臂的受力分析　摆臂受力可按吊装（吊卸）和倾卸两种工况进行讨论。

1）吊装、吊卸工况。图 15-4 所示为吊装、吊卸工况摆臂受力分析，O 点为油缸与副车架的铰支点；A 点为油缸与摆臂的铰支点；双作用油缸作用力 F_a 的大小和方向随摆臂的转动而改变，并为摆臂转角 β（β 为摆臂与 x 轴的正向夹角）的单值函数；B 点为吊链轴位置，B_0 为吊卸初始状态的吊链轴位置；B_1 为吊链轴在吊装工况初始状态的位置。γ_a 为油缸轴线与 x 轴的正向夹角。

摆臂式自装卸汽车在吊装和吊卸过程中，摆臂受力的两个典型工况为：当 B 点位于 B_1 时，摆臂可从下极限位置吊装货厢；当 B 点位于 B_0 时摆臂可从副车架上吊卸货厢。

当吊装货厢时，取摆臂为分离体。

由 $\sum M_P = 0$，得

$$F_{ax}A_{1y} - F_{ay}A_{1x} - \frac{1}{2}G_e B_{1x} = 0$$

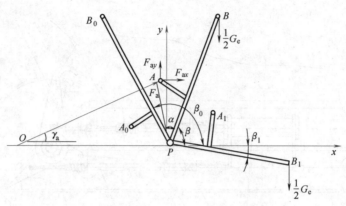

图 15-4　吊装、吊卸工况摆臂受力分析

式中，F_{ax}、F_{ay} 为油缸作用力 F_a 在 x 轴、y 轴上的投影（N）；A_{1x}、A_{1y} 为油缸上铰支点 A_1 的 x、y 坐标值（m）；G_e 为吊装重力（N）；B_{1x} 为 B_1 点的 x 轴坐标轴（m）。

上式可进一步写成

$$F_a \cos\gamma_a A_{1y} - F_a \sin\gamma_a A_{1x} - \frac{1}{2} G_e B_{1x} = 0$$

整理得

$$F_a = \frac{1}{2} \frac{G_e B_{1x}}{\cos\gamma_a A_{1y} - \sin\gamma_a A_{1x}} \tag{15-1}$$

由式（15-1）计算得出 F_a 值，为选用油缸提供负载依据，同时也为摆臂强度和刚度计算提供依据。

又知摆臂在极限位置时，摆臂转角为 β_1，$B_{1x} = \overline{PB_1}\cos\beta_1$，$A_{1x} = \overline{PA_1}\cos(\alpha+\beta_1)$，$A_{1y} = \overline{PA_1}\sin(\alpha+\beta_1)$，$\alpha$ 为 $\overline{PA_1}$ 与 $\overline{PB_1}$ 的夹角。将 B_{1x}、A_{1x}、A_{1y} 的计算式带入式（15-1），得

$$F_{\alpha\beta_1} = \frac{1}{2} \frac{G_e \overline{PB_1}\cos\beta_1}{[\cos\gamma_a \sin(\alpha+\beta_1) - \sin\gamma_a \cos(\alpha+\beta_1)] \overline{PA_1}} = \frac{G_e \overline{PB_1}\cos\beta_1}{\sin(\alpha+\beta_1-\gamma_a) \overline{PA_1}} \tag{15-2}$$

式中，γ_a、α、$\overline{PA_1}$、$\overline{PB_1}$ 为结构几何尺寸，均可通过计算获得。

当摆臂处在吊卸初始位置时，B 点位于 B_0，$\beta=\beta_0$，根据上述分析，同理可得

$$F_{\alpha\beta_0} = \frac{1}{2} \frac{G_e \overline{PB_0}\cos\beta_0}{\sin(\alpha+\beta_0+\gamma_a) \overline{PA_0}} \tag{15-3}$$

式（15-2）和式（15-3）分别计算了 $\beta=\beta_1$ 和 $\beta=\beta_0$ 时油缸所受到的推力和拉力。通常，以 $F_{\alpha\beta_1}$ 和 $F_{\alpha\beta_0}$ 作为选用油缸和摆臂强度计算的依据。

2）倾卸工况。由于倾卸工况所需油缸的推力和拉力远小于吊装、吊卸工况所需的油缸作用力，故对油缸作用力和摆臂受力不予讨论。通过分析计算，求出吊链所受到的最大拉力，以便对吊链进行强度校核。倾卸工况吊链受力分析如图 15-5 所示。

倾翻初始，左吊链受力 F_{DZ} 为

$$F_{DZ} = \frac{1}{2} \frac{G_e L_e}{\overline{PE}} \tag{15-4}$$

式中，$\overline{PE}$ 和 L_e 由结构尺寸决定。

当货厢倾卸到最大倾翻角时，右吊链受力 F_{DY} 为

$$F_{DY} = \frac{1}{2} \frac{G_e L_m}{\overline{PF}} \qquad (15\text{-}5)$$

式中，$\overline{PF}$ 和 L_m 由结构尺寸决定。

通常左、右吊链尺寸、规格均相同，故设计时只取 F_{DZ} 和 F_{DY} 中较大值作为选取吊链的依据。事实上，当货厢倾卸到最大倾翻角时，厢内货物已所剩不多，故在一般情况，$F_{DZ} > F_{DY}$。

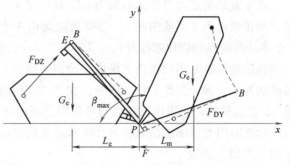

图 15-5 倾卸工况吊链受力分析

15.1.3 摆臂式自装卸汽车的液压系统设计

摆臂式自装卸汽车货厢的吊装、吊卸、倾卸功能均依靠液压传动实现。

现以 XN-443 型摆臂式自装卸汽车为例，介绍液压系统的组成及其主要液压元件和布置特点。图 15-6 所示为 XN-443 型摆臂式自装卸汽车的液压传动原理。

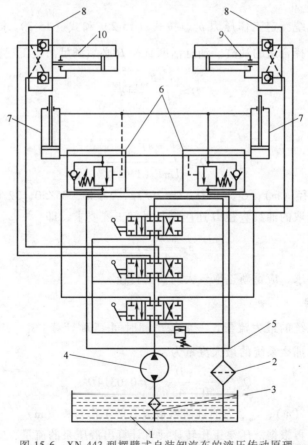

图 15-6 XN-443 型摆臂式自装卸汽车的液压传动原理

1—油箱 2、3—过滤器 4—油泵 5—多路换向阀 6—单向平衡阀
7—摆臂油缸 8—双向液压锁 9—右支腿油缸 10—左支腿油缸

汽车发动机动力经变速器取力器驱动油泵 4 工作，油箱 1 中的油液通过过滤器 3 吸入油泵，加压输送到多路换向阀 5，多路换向阀由 3 个三位六通手动换向阀和一个溢流阀组成。3 个手动换向阀分别控制摆臂油缸 7（共 2 个）、左支腿油缸 10 和右支腿油缸 9。在手动换向阀和摆臂油缸之间的油路上串联了单向平衡阀 6，以防止摆臂工作时因货厢自重加速下落造成的冲击，保证工作平稳、安全。在手动换向阀和支腿油缸之间的油路上串联了双向液压锁 8，液压锁能防止因换向阀磨损等原因造成的内泄漏或其他故障造成的外泄漏，也可防止汽车行驶时因支腿油缸活塞杆自行下滑造成的事故或在支腿油缸支承时因活塞杆自行回缩发生的"软腿"事故。

XN-443 型摆臂式自装卸汽车的液压系统采用两个换向阀分别控制左、右支腿油缸，这是考虑到因地面不平需要分别调整支腿油缸来满足车身必须保持水平的要求。多路换向阀油路中的溢流阀可用来控制摆臂式自装卸汽车的额定载荷。当货厢的总质量超过设计值时，液压系统内压增加到超过额定值，溢流阀开通，起到了过载保护的作用。此外，当液压系统内部由于某种原因造成系统内压上升而超过额定值时，溢流阀也能自动开启，实现减压和限压作用。因此溢流阀起到保证液压元件正常工作的作用。

首先确定液压系统的布置方案，其次选用液压元件，具体如下。

1. 摆臂油缸的选用

可根据初步的系统额定工作压力 p_e，按式（15-2）和式（15-3）求出 $F_{\alpha\beta_1}$ 和 $F_{\alpha\beta_0}$，再参考油缸标准系列选择合适的油缸。油缸活塞直径 D 必须满足吊装工况要求，即

$$D \geqslant \sqrt{\frac{4F_{\alpha\beta_1}}{\pi P_e} + d^2}$$

或

$$D \geqslant \sqrt{\frac{4F_{\alpha\beta_1}}{\pi P_e(1-C^2)}} \tag{15-6}$$

式中，d 为活塞杆直径（m）；C 为 d/D，$C = 20/32$，$22/40$，$25/50$，$32/60$，$40/80$ 等。

按式（15-6）选取的油缸直径 D 还应满足吊卸工况要求，即

$$p_e \frac{\pi D^2}{4} \geqslant F_{\alpha\beta_0}$$

若不满足上述要求，应重新选取较大的油缸直径。

2. 液压泵的选用

选用前应计算系统的最大流量，一般按吊卸时间 <50s 计算。s_{max} 应由摆臂式自装卸汽车的总体布置确定。那么系统的最大流量为

$$Q_{max} = \frac{2}{50} \times \frac{\pi D^2}{4} s_{max} = 0.0314 D^2 s_{max} \tag{15-7}$$

式中，D 为油缸直径（m）；s_{max} 为油缸活塞最大有效工作行程（m）。

已知最大流量，再根据液压泵工作转速便可计算出液压泵的流量，结合给定的系统额定压力 P_e，选择合适的齿轮泵即可。摆臂自装卸汽车多采用高压、高速齿轮泵，如 CBN、CBX、CBZ 等系列齿轮泵。

3. 各种阀类的选用

可采用工程机械使用的多路多用阀，常用 ZS1 系列多路阀。支腿油缸配用的双向液压锁的常用型号为 DDFY-L8H-O。摆臂工作回路中设置的单向平衡阀的常用型号为 BQ223。

15.2 罐式汽车改装——常压液体罐车

罐车的罐体作为移动式容器，承受着各种复杂应力，为保证罐体强度和刚度，罐体设计时不仅要考虑如内压、外压或内外压差等静载荷，还要考虑所装运的介质由于受罐车运行时惯性力的影响所引起的等效静态力等载荷。如最大装运质量时的液柱静压力、运输时的惯性力、支座与罐体连接部位或支承部位的作用力等。

1. 罐体的设计压力和计算压力

罐体的设计压力主要考虑以下两个工况，取其中的较大值。

1）设计温度下介质的饱和蒸汽压力与封罐压力之和。

2）充装、卸料时的操作压力。

计算压力指在相应设计温度下，用以确定罐体元件厚度的压力，其中包括液柱静压力和动载荷等。罐车在运行过程中承受着各种动态力的作用，为便于设计计算，一般将其折算成相应大小的静态力。对于纵向，即运行方向，静态力等于 2 倍的最大充装质量乘以重力加速度；对于横向，即与运行方向成直角的水平方向，静态力等于 1 倍的最大充装质量乘以重力加速度；对于垂直向上，静态力等于 1 倍的最大充装质量乘以重力加速度；对于垂直向下，静态力等于 2 倍的最大充装质量乘以重力加速度。所有静态力作用于罐体的形心。

除上述要求外，罐体的计算压力还要考虑以下两方面。

1）考虑设计温度下的介质（饱和蒸汽压、充氮等）产生的封罐压力以及静态力产生的压力之和，该压力<0.035MPa 时，按 0.035MPa 计算。

2）当介质要求的计算压力分别为 0.15MPa、0.265MPa、0.4MPa、1MPa 时，表示该数值为最小计算压力，还必须与下述数值比较，取大值。

对充装 50℃时饱和蒸汽压大于 0.01MPa，且沸点大于 35℃的介质，计算压力应取充装或卸料压力较大值的 1.3 倍，与 0.15MPa 比较，取大值。

对充装 50℃时饱和蒸汽压大于 0.01MPa，且沸点不大于 35℃的介质，计算压力应取充装或卸料压力较大值的 1.3 倍，与 0.4MPa 比较，取大值。

根据介质特性，罐体的计算压力应取上述两者中的较大值。

2. 设计温度

罐体设计温度的确定应考虑环境温度的影响。罐体不保温的，其设计温度应不小于50℃；罐体结构有保温层的，设计温度应不小于元件金属可能达到的最高温度，对于 0℃以下的金属温度，设计温度应不大于元件金属可能达到的最低温度。

3. 许用应力

当罐体承受内压载荷时，罐体用材料的许用应力按选定的建造标准确定。

当考虑局部应力时，可按 JB 4732—1995《钢制压力容器分析设计标准》的规定进行分

类评定，设计应力强度取罐体材料的许用应力。

4. 罐体内压校核

选用的罐体用材料应当具有良好的耐蚀性、力学性能、焊接性能及其他工艺性能。罐体用材料应与罐内装运介质相容，其腐蚀速率应≤0.5mm/年。碳素钢或低合金钢应具有良好的塑性，防止应力集中，常温下的屈服强度应≤460MPa，抗拉强度上限值应≤725MPa，且屈服强度与抗拉强度下限值之比应≤0.85，断后伸长率应≥20%；铝及铝合金材料的断后伸长率应≥12%。对于金属内衬非金属衬里的罐体，非金属衬里材料应不小于罐体金属材料的弹性，以防非金属衬里撕裂。不论使用什么罐体材料，该材料的使用温度都必须符合环境和装运介质的要求。

圆形截面罐体计算厚度按式（15-8）计算，非圆形截面可采用有限元进行分析。

$$\delta = p_c D_i / (2[\sigma]^t \phi) \tag{15-8}$$

式中，δ 为罐体计算厚度（mm）；p_c 为计算压力（MPa）；D_i 为罐体内直径（mm）；$[\sigma]^t$ 为设计温度下，罐体材料许用应力（MPa）；ϕ 为焊接接头系数。

罐体的名义厚度还要加上腐蚀裕量、加工减薄量和钢板负偏差。

对于常压液体罐车，由于罐体厚度较薄，往往刚度不足，为此，在 GB 18564.1—2019《道路运输液体危险货物罐式车辆 第1部分：金属常压罐体技术要求》中，引进了基准钢的概念，基准钢机械性能要求为：抗拉强度≥370MPa，断后伸长率为27%。对于各种截面的罐体，确定了采用基准钢时的最小厚度，当罐体直径≤1800mm时，基准钢的最小厚度为5mm；当罐体直径>1800mm时，基准钢的最小厚度为6mm。

对采用其他钢材的罐体，其最小厚度可由式（15-9）求出；采用铝或铝合金材料的罐体，其最小厚度可按式（15-10）求出。

$$\delta_1 = 464\delta_0 / (R_{m1}A_1)^{2/3} \tag{15-9}$$

$$\delta_1 = 21.4\delta_0 / (R_{m1}A_1)^{1/3} \tag{15-10}$$

式中，δ_1 为所用材料的罐体最小厚度（mm）；δ_0 为基准钢的罐体最小厚度（mm）；R_{m1} 为所用材料的标准抗拉强度下限值（MPa）；A_1 为所用材料的断后伸长率（%）。

当罐体装有加强部件，相邻两个加强部件之间的距离不超过1750mm；或相邻两个隔仓板或防波板之间的容积≤7.5m³，隔仓板或防波板的厚度不小于罐体壁厚，防波板的有效面积应至少为罐体横截面积的70%时，各种截面的罐体除符合式（15-8）~式（15-10）的要求外，其最小厚度还需分别满足以下要求。

1）无论采用何种材料，圆形截面罐体壁厚都不允许低于表15-1规定的罐体最小厚度的数值。

表 15-1　罐体最小厚度　　　　　　　　　　　　　　　　　　（单位：mm）

罐体直径		≤1800	>1800
截面	奥氏体不锈钢	≥2.5	≥3
	其他钢材	≥3	≥4
	铝合金	≥4	≥5
	99.60%纯铝	≥6	≥8

2）当非圆形截面罐体的最大圆弧半径≤2000mm时，可按相同截面积的圆形截面罐体的直径计算，该直径称为当量直径。此时采用基准钢的罐体：当量直径≤1800mm时，其最小厚度应≥3mm；当量直径>1800mm时，其最小厚度应≥4mm；对其他金属材料制作的罐体，其最小厚度应满足表15-2的规定。

表15-2 非圆形截面罐体最大圆弧半径不大于2000mm时的罐体最小厚度

（单位：mm）

罐体当量直径		≤1800	>1800
罐体最小厚度	奥氏体不锈钢	≥2.5	≥3
	其他钢材	≥3	≥4
	铝合金	≥4	≥5
	99.60%纯铝	≥6	≥8

3）当非圆形截面罐体的上下圆弧半径≤3000mm，两侧圆弧半径≤2000mm时，可按相同截面积的圆形罐体的直径计算，该直径称为当量直径。此时采用基准钢的罐体：当量直径≤1800mm时，其最小厚度应≥3mm；当量直径>1800mm时，其最小厚度应≥4mm；对其他金属材料制作的罐体，其最小厚度应满足表15-3的规定。

表15-3 非圆形截面罐体的上下圆弧半径不大于3000m时的罐体最小厚度

（单位：mm）

罐体截面积/m²	≤2.1	(2.1,2.7]	(2.7,3.9]	>3.9
基准刚	≤3	≥3.5	≥4	≥5
奥氏体不锈钢	≥2.5	≥3	≥3.5	≥4
碳素钢或其他钢材	≥3	≥3.5	≥4	≥5
铝合金	≥4	≥4.5	≥5	≥5.5
99.60%纯铝	≥6	≥8	≥10	≥12

5. 外压校核

当罐内介质的温度降低时，罐内会产生负压，尤其用泵卸料时，会在罐内产生较大的负压，为防止这类情况的发生，应在罐体上安装真空阀或呼吸阀，以防罐体因负压而失稳吸瘪；但对于有些介质，装运时需要充氮，否则介质遇到空气会发生化学反应，此时不能安装真空阀或呼吸阀；有些介质，一旦释放到大气中，会污染环境或有安全隐患，则只适宜安装真空阀，但不能安装呼吸阀。

当罐体未装真空阀、呼吸阀等可以防止罐内产生负压的装置时，必须对罐体进行外压稳定性校核，校核压力至少应高出罐体内压力0.04MPa。

当装有真空阀，但未安装呼吸阀等可释放压力的装置时，仍然需要对罐体进行外压稳定性校核，由于真空阀的开启压力≥0.021MPa，因此校核压力应至少高出罐内压力0.021MPa。

6. 腐蚀裕量

金属和合金的腐蚀主要是由于化学或电化学作用引起的破坏，有时还同时伴有机械、物理或生物作用，例如应力腐蚀就是应力和化学物质共同作用的结果。不同材料在不同环境中

有不同的腐蚀速度，设计人员应选择在特定环境下腐蚀率低，价格较便宜，物理力学性能等符合设计要求的材料，并采取简单且有效的控制腐蚀的方法，使罐体获得经济、合理的使用寿命，罐体用材料的腐蚀速率应≤0.5mm/年，有腐蚀或磨损的零件，应根据预期的罐体设计寿命和介质对材料的腐蚀速率确定腐蚀裕量，罐体各组件的腐蚀程度不同时，可采用不同的腐蚀裕量。

7. 罐体材料的厚度

由于在市场上采购的材料有一定的公差范围，罐体材料在加工过程中材料厚度有可能变薄，比如碟形封头在成形过程中，由于表面积增大而厚度减薄，所以实际材料采购的名义厚度要包括计算厚度、腐蚀裕量加工减薄量、钢材副偏差，并在此基础上进行圆整。

8. 罐体容积

液体的体积随着温度的变化而热胀冷缩，为保证在任何情况下，液体都不会因体积膨胀而溢出，液体不能装满，必须留有一定的气相空间，不同介质要求的最小气相空间也不一样，其充装系数一般≤95%；在预留有足够的气相空间的前提下，尽量提高充装系数，以减小液体在运输过程中的晃动。根据车辆载重、介质密度和充装系数确定罐体容积，其计算公式为

$$V = \frac{W}{\rho g \phi} \qquad (15\text{-}11)$$

式中，V 为罐体容积（m^3）；W 为车辆载重（kg）；ρ 为介质密度（kg/m^3）；g 为重力加速度（m/s^2）；ϕ 为重装系数。

确定罐体容积后，根据罐体长度可确定罐体截面，罐体的截面面积与容积和罐体长度的关系为

$$V = A\left[L + (L_1 + L_2)/3\right] - V_0 \qquad (15\text{-}12)$$

式中，V 为罐体容积（m^3）；A 为罐体的截面面积（m^2）；L 为罐体直线段长度（m）；L_1、L_2 为封头深度（m）；V_0 为罐内附件的体积总和（m^3）。

确定罐体形状时，应保证罐体强度，这样有利于降低整车重心高度，减轻自重，增大容积效率，减小空气阻力，使得整车外形美观。

15.3 起重举升汽车改装——高空作业车

15.3.1 支腿机构的设计

为满足高空作业汽车的作业能力和整个作业范围内的作业稳定性及其调平作用，高空作业汽车的支腿要求坚固可靠、操作方便。支腿设计内容主要包括跨距确定、压力计算和支承脚接地面积确定。

1. 支腿跨距的确定

高空作业汽车的支腿一般为前后布置，并向两侧伸出，形成矩形，如图15-7所示。高空作业汽车的工作范围通常是全方位的（但举升臂在车辆前方作业时，即图15-7中的Ⅰ区，举升载荷一般不超过额定值的50%）。支腿纵横方向选取要适当，原则是作业平台额定载荷工作在最大幅度时，应保证其稳定性，即在最不利的载荷组合条件下，各项稳定力矩之和仍

要大于倾覆力矩之和。在支腿全部外伸时，支腿中心连线所形成的矩形四边就是倾覆边。

支腿横向跨距应保证高空作业汽车在侧向作业时的稳定性，如图 15-8a 所示，绕左右倾覆边 AB 和 DC 的稳定力矩大于倾覆力矩，即

$$(Q+q)K(R-a)+G_b(r-a)+M_\tau \leqslant G_2 a+G_1(a+L_1) \tag{15-13}$$

式中，Q 为作业平台额定载荷（N）；q 为作业平台的重力（N）；K 为考虑起升速度变化等产生的垂直方向附加动载荷而引入的系数，可取 $K=1.2$；R 为最大工作半径（m）；a 为支腿横向跨距的一半（m）；G_b 为臂架重力（N）；r 为臂架重心到回转中心线的距离

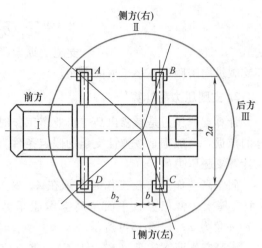

图 15-7 高空作业汽车支腿布置

（m）；M_τ 为风力、回转惯性力等水平载荷产生的倾覆力矩（可根据迎风面积、风压和各回转部分的回转速度、回转半径、质心高度等计算确定）（N·m）；G_1 为转台重力（N）；G_2 为底盘重力（N）；L_1 为转台重心到回转中心线的距离（m）。

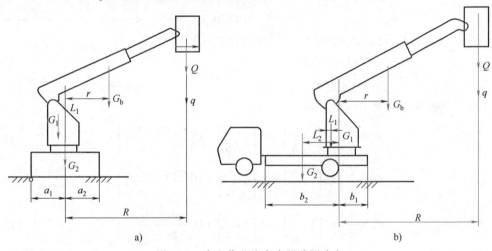

图 15-8 高空作业汽车支腿跨距确定

a）侧向作业 b）后方作业

所以支腿横向跨距应满足

$$\text{支腿的横向跨距} \geqslant \frac{2\left[(Q+q)RK+G_b r+M_\tau-G_1 L_1\right]}{G_1+G_2+G_b+(Q+q)K} \tag{15-14}$$

支腿纵向跨距应保证高空作业车在汽车后方（图 15-8b）或前方作业时的稳定性，由绕前后倾覆边 AD 和 BC 的稳定力矩大于倾覆力矩可以导出，回转中心到后支腿连线和前支腿连线的距离 b_1、b_2 分别满足

$$b_1 \geqslant a-\frac{G_2 L_2}{G_1+G_2+G_b+(Q+q)K} \tag{15-15}$$

$$b_2 \geqslant a + \frac{G_2 L_2}{G_1 + G_2 + G_b + (Q+q)K} \tag{15-16}$$

$$支腿的纵向跨距 = b_1 + b_2 \geqslant 2a \tag{15-17}$$

即支腿纵向跨距应不小于横向跨距。

2. 支腿压力的计算

计算支腿压力是指求出高空作业车工作时支腿所承受的最大支反力，该力是支腿强度计算的依据，一般都是按弹性支承的假定条件（不考虑风力、水平方向惯性力和变速动载荷）来计算支腿压力的。

假定高空作业车在工作时支承在 A、B、C、D 这 4 个支腿上，臂架竖直平面与高空作业车纵轴线（x 轴）夹角为 φ，如图 15-9 所示。

设高空作业车底盘（重力为 G_2）重心位置 O_2 到支腿对称中心（坐标原点 O）的距离 e_2，回转中心 O_0 到支腿对称中心的距离为 e_0，回转部分的合重力为 G_0，G_0 作用线到 O_0 的距离为 r_0，作用在臂架平面内的倾覆力矩为 M。即有

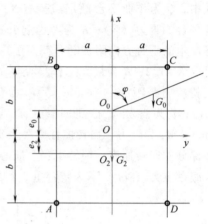

图 15-9　支腿压力确定

$$e_2 = b_1 + L_2 - b_2 \tag{15-18}$$

$$e_0 = b - L_1 - b_1 \tag{15-19}$$

$$G_0 = G_1 + G_b + Q + q \tag{15-20}$$

$$r_0 = \frac{G_b r + (Q+q)R - G_1 L_1}{G_1 + G_b + Q + q} \tag{15-21}$$

于是可求得 4 个支腿上的压力为

$$F_A = \frac{1}{4}\left[G_2\left(1 - \frac{e_2}{b}\right) + G_0\left(1 - \frac{e_0}{b}\right) - M\left(\frac{\cos\varphi}{b} + \frac{\sin\varphi}{a}\right) \right] \tag{15-22}$$

$$F_B = \frac{1}{4}\left[G_2\left(1 + \frac{e_2}{b}\right) + G_0\left(1 + \frac{e_0}{b}\right) + M\left(\frac{\cos\varphi}{b} - \frac{\sin\varphi}{a}\right) \right] \tag{15-23}$$

$$F_C = \frac{1}{4}\left[G_2\left(1 + \frac{e_2}{b}\right) + G_0\left(1 + \frac{e_0}{b}\right) + M\left(\frac{\cos\varphi}{b} + \frac{\sin\varphi}{a}\right) \right] \tag{15-24}$$

$$F_D = \frac{1}{4}\left[G_2\left(1 - \frac{e_2}{b}\right) + G_0\left(1 - \frac{e_0}{b}\right) - M\left(\frac{\cos\varphi}{b} - \frac{\sin\varphi}{a}\right) \right] \tag{15-25}$$

按 4 点支承计算支腿压力时，若有一支腿压力出现负值，就应改用 3 点支承来重新计算。设举升臂在 Ⅱ 工况位置作业时，支腿 A 被抬起，支腿 B、C、D 受力，如图 15-10 所示。

这时，支腿 C 受力最大，并且当 $\varphi = \arctan\dfrac{b}{a}$ 时，F_C 获得最大值，为

$$F_{C\max} = \frac{1}{2}\left(\frac{G_0 e_0 - G_2 e_2}{b} - M\sqrt{\frac{1}{a^2} + \frac{1}{b^2}} \right) \tag{15-26}$$

若举升臂转到 Ⅰ 工况位置作业时，φ 为钝角，则支腿 B 被抬起，只有支腿 A、D、C 受力，可求得受力最大的支腿 D 的压力为

$$F_D = \frac{1}{2}\left[M\left(\frac{\sin\varphi}{a} - \frac{\cos\varphi}{b}\right) - \frac{G_0 e_0 - G_2 e_2}{b}\right] \quad (15\text{-}27)$$

当 $\varphi = \pi - \arctan\dfrac{b}{a}$ 时，F_D 获得最大值，为

$$F_{D\max} = \frac{1}{2}\left(\frac{G_0 e_0 - G_2 e_2}{b} + M\sqrt{\frac{1}{a^2} + \frac{1}{b^2}}\right) \quad (15\text{-}28)$$

如果 $G_0 e_0 \geqslant G_2 e_2$，按式（15-26）求 $F_{C\max}$，确定为最大支反力 $F_{\max}$；如果 $G_0 e_0 < G_2 e_2$，按式（15-28）求 $F_{D\max}$，确定为最大支反力 $F_{\max}$。

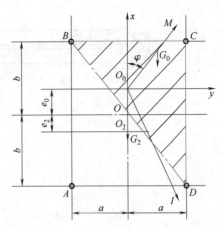

图 15-10　支腿 3 点支承

3. 支承脚接地面积确定

为了使高空作业汽车工作时能在规定的地面承受压力不下陷，且保证在不同地面能可靠支承，支承脚要有足够的接地面积 S_j（m^2），保证在最大支反力 $F_{\max}$ 下对地面的压强不大于地基强度，即

$$S_j \geqslant \frac{F_{\max}}{[\sigma_d]} \quad (15\text{-}29)$$

式中，$[\sigma_d]$ 为地基强度，一般取 1.6MPa。

支腿与支承脚采用球式铰接，以适应不同地形。

15.3.2　举升机构设计

下面以目前使用较多的折叠式动臂举升机构为例进行介绍。

1. 举升机构运动范围的确定

常用的上折叠式动臂举升机构如图 15-11 所示。它包括 3 个动臂：下臂 3、上臂 4 和折臂 7。下臂下端铰接在回转台上，由下臂油缸驱动；上臂下端与下臂上端铰接，由撑臂油缸 5 和四杆机构驱动；折臂头部与上臂上端铰接，由折臂油缸 6 驱动；作业斗 8 与折臂尾部铰接，由内藏式四连杆机构使作业斗保持水平。下臂 3、上臂 4 和折臂 7 在铅垂平面内的运动范围如下。

1）下臂相对于回转台：0°～82°。

2）上臂相对于下臂：0°～160°。

3）折臂相对于上臂：0°～90°。

2. 驱动油缸设计

下臂油缸设计时，以其所承受最大力的工况为设计工况，同时应校核下臂处于最大仰角时的工况，此时油缸轴线至下臂铰支点距离最近，油缸将出现反拉现象，且在作回缩动作时，有杆腔工作，油缸活塞杆受拉力。

撑臂油缸一般与四连杆机构配合，组成撑臂机构，以减小油缸体积，左边的两个连杆分别是上臂和下臂的一部分，撑臂机构简图如图 15-12 所示。但采用此种机构，会使上臂动作速度不均匀，设计要特别注意。

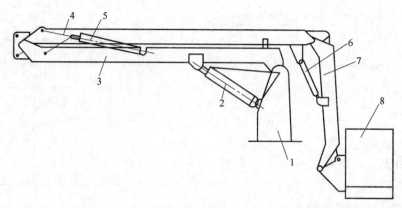

图 15-11　常用的上折叠式动臂举升机构

1—回转台　2—下臂油缸　3—下臂　4—上臂　5—撑臂油缸　6—折臂油缸　7—折臂　8—作业斗

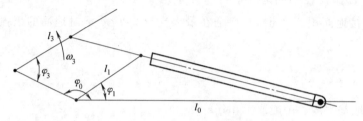

图 15-12　撑臂机构简图

设撑臂油缸的工作速度为 v，上臂绕铰支点的回转角速度为 ω_3，撑臂油缸与上下臂之间的连杆长皆为 l_1，下连杆绕下臂铰支点的回转角速度为 ω_1，撑臂油缸在下臂上的铰支点到下连杆铰支点的距离为 l_0，上臂和下臂铰支点与上下连杆的距离皆为 l_3，下臂上的撑臂油缸铰支点与连杆铰支点连线和左下连杆的夹角为 φ_0，撑臂油缸铰支点的距离为 u，则

$$u^2 = l_0^2 + l_1^2 - 2l_0 l_1 \cos\varphi_1 \tag{15-30}$$

$$l_1^2 \left[1 - \cos(\varphi_3 + 2\varphi_0 - 2\varphi_1) \right] = l_3^2 (1 - \cos\varphi_3) \tag{15-31}$$

$$\omega_1 = \frac{uv}{l_0 l_1 \sin\varphi_1} \tag{15-32}$$

$$\omega_3 = \frac{2\omega_1}{1 - \left(\dfrac{l_3}{l_1}\right)^2 \dfrac{\sin\varphi_1}{\sin(\varphi_3 + 2\varphi_0 - 2\varphi_1)}} \tag{15-33}$$

由式（15-30）~式（15-33）可知，通过合理确定 φ_0、l_0 等参数，可使上臂速度变化小，以保证作业斗的平稳性。

有关液压传动和液压系统设计，应符合 JG 5099—1998《高空作业机械安全规则》要求。

3. 动臂的结构设计和主要尺寸确定

动臂受弯扭复合作用，为获得较大强度和刚度，一般采用薄壁箱形结构。为减少焊接变形，臂架采用两根冲压成形的槽形板对接而成，槽形板折边采用大圆角形式，增强板件的局部刚度。为使主受弯截面获得较高的抗弯截面模量，可增加上下加强筋，获得渐近的等强度受力状态，动臂横截面如图15-13所示。

动臂截面高度 h 可按经济条件（结构质量最小）计算确定，即

$$h = \sqrt[3]{\frac{M}{[\sigma]\gamma_{n}}} \qquad (15\text{-}34)$$

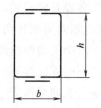

图 15-13　动臂横截面

式中，M 为动臂承受的最大合成弯矩（以作业斗的额定载荷处在最大臂幅时计算）（N·m）；γ_{n} 为腹板的厚高比。

一般推荐 $b = (0.7 \sim 0.8)h$。

动臂的尺寸确定后，还应进行强度校核。根据动臂的工作情况，正应力 σ 为

$$\sigma = \frac{M_{x\max}}{W_{x}} + \frac{M_{y\max}}{W_{y}} \qquad (15\text{-}35)$$

式中，$M_{x\max}$ 为主受弯截面的最大弯矩（N·m）；$M_{y\max}$ 为由水平力引起的最大弯矩（N·m）；W_{x}，W_{y} 分别为主梁截面对中性轴 x 和 y 的截面模量（m^3）。

剪应力 τ 为

$$\tau = \frac{Q_{x\max}S_{x}}{2I_{x}\delta} + \frac{M_{n}}{2A\delta} \qquad (15\text{-}36)$$

式中，$Q_{x\max}$ 为主受弯截面的垂直剪力（N）；M_{n} 为截面的转矩（N·m）；I_{x} 为截面对中性轴的惯性矩（m^4）；S_{x} 为截面的最大静矩（m^3）；A 为由板的中线围成的面积（m^2）；δ 为腹板的厚度（m）。

最后，根据合成应力验算动臂强度，即

$$\sqrt{\sigma^2 + 3\tau^2} \leqslant [\sigma] \qquad (15\text{-}37)$$

15.3.3　回转机构的设计

按照有关专业标准，高空作业汽车的回转机构应能进行正反两个方向的 360° 回转，回转速度 $\leqslant 2$r/min，回转过程中的起动、回转、制动要平稳、准确、无抖动和晃动现象，微动性能良好。转盘是回转结构最重要的零部件，在设计时必须考虑到支承能力以及强度和刚度的要求。下面以目前应用最为普遍的交叉圆柱滚子转盘为例，说明其设计计算要点。

圆柱滚子的接触角一般为 45°，相邻的两圆柱滚子轴线成 90° 交叉。这不但使回转装置能承受轴向和径向载荷，而且还能承受翻倾力矩。

1. 确定圆柱滚子的最大载荷

圆柱滚子在工作时要受到 3 种作用载荷，如图 15-14 所示。第一种为轴向力 Q，即垂直力，它由转台及举升机构的重力、举升货物的重力以及升降时的惯性力等组成；第二种为径向力 H，即水平力，该

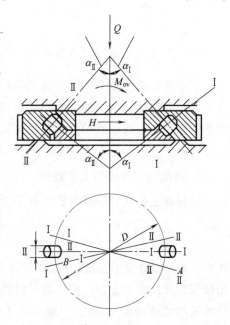

图 15-14　圆柱滚子外载荷及
承载最大的滚子位置

力由举升装置及转台的回转离心力、风载荷及回转齿轮的啮合力而产生；第三种为翻倾力矩 M_{ov}，它由轴向力和径向力的偏心作用而引起。

将方向交叉的两组圆柱滚子，用 Ⅰ 和 Ⅱ 组表示。假定每组的圆柱滚子数目各占一半，并进行一对一的间隔排列，则 Ⅰ 组圆柱滚子在 A 点受力最大，如图 15-14 所示。其中任一圆柱滚子的最大法向载荷 F_{Imax} 为

$$F_{Imax} = F_{IQ} + F_{IH} + F_{IM} \tag{15-38}$$

式中，F_{IQ} 为由轴向力 Q 引起的 Ⅰ 组任一圆柱滚子最大法向载荷（N）；F_{IH} 为由径向力 H 引起的 Ⅰ 组任一圆柱滚子上最大法向载荷（N）；F_{IM} 为由翻倾力矩 M_{ov} 引起的 Ⅰ 组任一圆柱滚子上最大法向载荷（N）。

对内圈进行受力分析，圆柱滚子内圈受力图如图 15-15 所示，由力系平衡条件可以求得 F_{IQ} 和 F_{IH}。为求得 F_{IM}，可以近似地把座圈看成直径为 D 的圆圈，如图 15-16 所示，并假定圆柱滚子对座圈的压力在座圈上连续分布，按圆柱滚子接触压力沿圆圈弧长的比压，列出平衡方程可求得 F_{IM} 值。

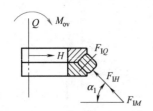

图 15-15　圆柱滚子内圈受力图

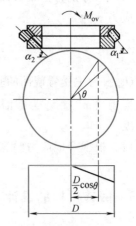

图 15-16　翻倾力的计算

对于 Ⅱ 组圆柱滚子，处于图 15-14 中 B 位置时受到的载荷最大。此时滚子不承受由水平力传来的载荷，且由于轴向力 Q 引起的法向载荷与翻倾力矩 M_{ov} 引起的法向载荷方向相反，因此 Ⅱ 组中任一圆柱滚子的最大法向载荷为

$$F_{Imax} = F_{IM} + F_{IQ} \tag{15-39}$$

2. 确定圆柱滚子的允许载荷

根据赫兹公式，滚道与圆柱滚子的线接触应力为

$$\sigma = 0.418 \sqrt{\frac{FE}{L} \sum \rho} \tag{15-40}$$

式中，F 为圆柱滚子在接触线上的法向载荷（N）；E 为弹性模量（MPa），一般座圈材料采用碳素钢或低碳合金钢，圆柱滚子材料采用轴承钢，故可取 $E = 2.1 \times 10^5 \mathrm{MPa}$；$L$ 为圆柱滚子与滚道的接触长度（m），一般情况下 $L = 0.85d$；$\sum \rho$ 为圆柱滚子与滚道接触表面主曲率之和。

座圈一般用优质碳素钢或低碳合金钢轧制或锻造而成，其滚道表面热处理硬度为 59～

60HRC。依据所选用材料的许用应力值 $[\sigma]$，便可求得圆柱滚子的允许载荷 $[F]$。

3. 确定滚盘直径和接触角

滚盘直径 D 和接触角 α 应根据下列两个条件来确定。

首先，转盘中任一圆柱滚子的最大载荷均不得超过允许载荷 $[F]$，即 $F_{\text{I}\max}<[F]$，$F_{\text{II}\max}<[F]$。

其次，为了充分利用两组圆柱滚子及两对滚道的最大承载能力，达到应力均衡的理想状态，应使 I 组圆柱滚子可能出现的最大载荷尽量与 II 组圆柱滚子可能出现的最大载荷相等，即 $F_{\text{I}\max}=F_{\text{II}\max}$。

根据上述两个条件，可以确定合理的 D 和 α 值，当滚盘直径 D 值按结构需要确定后，合理的接触角 α 应为

$$\alpha = \arctan \frac{8M_{\text{ov}}+2QD}{8M_{\text{ov}}-2QD-5FD} \tag{15-41}$$

4. 确定滚动体的总数目

设滚动体的总数目为 n_{Σ}，则有

$$n_{\Sigma} = \frac{\pi D}{d+b} \tag{15-42}$$

式中，b 为隔离套厚度（m），若无隔离套，则 $b=0$。

滚动体之间可以设隔离套，也可不设。隔离套常用粉末冶金或聚酰胺组成，厚度为 $2\sim3\text{mm}$。在无隔离套的交叉滚柱式支承装置中，滚柱数应为偶数，其最后间隙可用调隙隔离套填充。

交叉滚柱式回转支承装置，其滚子的间隔排列可以设计成一对一、二对一、三对一或三对二等多种交叉形式，这些结构已得到广泛使用。

5. 确定回转机构的布置形式

回转机构的布置形式主要有两种。一种是将回转机构布置在回转平台上，并随回转平台一起绕回转支承装置的大齿圈回转，回转小齿轮既做自转运动又做公转运动。由于这种回转支承装置的大齿圈固定在汽车底盘车架上，因此采用该布置，在对回转机构进行维修时比较方便，但有时会使得回转平台上比较拥挤。第二种布置形式是将回转机构固定在汽车底盘车架上，回转小齿轮带动大齿圈回转，而大齿圈和回转平台连接在一起。这种布置对回转机构的维修不利，但回转平台上的其他机构比较好布置。

6. 确定紧固螺栓的形式

紧固螺栓有两组：带有内齿圈的转盘用一组螺栓紧固，外圈由上、下座圈组成，与转台底座用另一组螺栓紧固；带有外齿圈的转盘则相反。在一般情况下，内、外圈所选用的两组螺栓，其规格和数量相同，螺栓总数为偶数，并均匀分布在圆周上。显然，内圈这一组螺栓受载较外圈大，应按内圈螺栓的受力计算为准。

无论是内圈固定，还是外圈固定，螺栓均承受脉动交变载荷。为了提高其疲劳强度，在安装时要求有足够的预紧力，一般取为 $2\sim3$ 倍的螺栓的最大拉力。预紧力太大会使螺栓的静强度降低，故一般限定预紧应力 $\sigma_{\text{P}} \leqslant 0.6\sigma_{\text{T}}$（$\sigma_{\text{T}}$ 为材料的屈服极限）。当上述两个条件不

一致时，不应随便降低预紧力，而应采取增加螺栓数目或加大螺栓直径，或改变螺栓材料或加工工艺等措施，提高其力学性能。为了提高螺栓的抗冲击能力，在可能的条件下，应尽量增加螺栓数，减少单个螺栓的直径，并增加螺栓的长度。

转盘的径向力不应由螺栓直接承受，而应由定位止口或支承面传递。此时，应保证支承面上由螺栓预紧力产生的摩擦力大于径向力。

15.3.4　整车稳定性和结构强度要求

高空作业车应符合 JG 5099—1998《高空作业机械安全规则》要求，设有防超载保护装置的，该装置不可人为失效，其静稳定性载荷值为测试工况能够起升的最大载荷，其强度测试载荷值为测试工况能够起升的最大载荷。

思考题

15-1　简述装卸式摆臂自装卸汽车的总体设计特点和要求。

15-2　简述倾卸钩的结构与工作原理。

15-3　摆臂式自装卸汽车的液压系统设计方法是什么？请简单描述一下。

15-4　罐体的计算压力需要考虑哪些因素？

15-5　简述高空作业车支腿压力的计算过程。

15-6　简述回转机构设计流程，需要注意哪些地方？

参 考 文 献

[1] 李平. 玩转汽车改装 [M]. 北京：机械工业出版社，2013.

[2] 宁德发. 图解汽车改装一本通 [M]. 北京：化学工业出版社，2016.

[3] 吴敏兴，汪涛，尚丽. 汽车改装技能与实例 [M]. 北京：化学工业出版社，2017.

[4] 安永东，张德生，刘发军. 汽车改装技术与实例 [M]. 2 版. 北京：化学工业出版社，2014.

[5] 宁德发. 汽车改装技术应用与实例 [M]. 北京：化学工业出版社，2017.

[6] 冯培林，张启森. 汽车改装技术 [M]. 北京：化学工业出版社，2016.

[7] 谷士德. 基于客户定制的多功能自行式 A 型房车设计与研究 [D]. 广州：华南理工大学，2017.

[8] 胡佳. 房车空间设计研究 [D]. 武汉：华中科技大学，2012.

[9] 路艳玲. 基于模块化的自行式房车内部设计研究 [D]. 淄博：山东理工大学，2018.

[10] 孙凯. 牵引式房车的内部布置方案及优化 [D]. 淄博：山东理工大学，2019.

[11] 张玉洁. 现代房车内部空间的优化设计研究 [D]. 大连：大连理工大学，2013.

[12] 杨华伟. 基于中国国情的小型拖挂式房车的设计与研究 [D]. 广州：华南理工大学，2014.

[13] 宋明亮，田多，肖含月，等. 基于 A-KANO 模型的中国房车设计用户需求研究 [J]. 包装工程，2020，41（10）：77-82.

[14] 罗中影. 旅居车外观造型设计研究 [D]. 秦皇岛：燕山大学，2015.

[15] 肖献法. 我国专用汽车未来发展趋势：两高+两化+两新—2020 中国专用汽车产业发展国际论坛侧记 [J]. 商用汽车，2020，4（12）：78-82.

[16] 陈韬. 浅析"十四五"我国专用汽车行业技术发展趋势 [J]. 专用汽车，2021，4（3）：24-26.

[17] 张筱梅. 2020 年我国专用汽车行业十大变化 [J]. 专用汽车，2021，4（2）：18-21.

[18] 吴昊，王孟志，王加明，等. 基于 Hypermesh 的轻型专用车车架强度分析 [J]. 重型汽车，2020（5）：12-13.

[19] 汪松年，李永香，杜遥. 可扩展式车厢的结构设计与选型 [J]. 移动电源与车辆，2020（3）：32-36.

[20] 魏玉宏，刘小艳，林园园，等. 一种用于纯电动车辆应急救援的专用车设计 [J]. 专用汽车，2020（7）：84-88.

[21] 宁文祥. 专用汽车未来发展的大讨论共性技术及前沿技术发展 [J]. 专用汽车，2018（12）：30-32.

[22] 屈葵林. 自卸车的参数化设计技术初探 [J]. 科技创新与应用，2017（20）：97-98.

[23] 王权，王永强，朱勇，等. 重型特种专用车异型车架结构有限元分析及设计优化 [J]. 重型汽车，2017（2）：14-15.

[24] 安蓓. 浅谈专用车产品轻量化设计 [J]. 河南科技，2013（11）：64.

[25] 刘红丽，田海洲，刘红岗. 专用车车架改装要求及注意事项浅析 [J]. 商用汽车，2011（18）：54-57.

[26] 段馨蕊. 专用车举升机构的仿真与优化设计 [J]. 科技风，2011（16）：90.

[27] 杨占琪. 有限元分析在专用车优化设计中的应用 [J]. CAD/CAM 与制造业信息化，2011（5）：59-63.

[28] 徐达，陆锦荣. 专用汽车工作装置原理与设计计算 [M]. 2 版. 北京：北京理工大学出版社，2002.

[29] 罗列. 专家谈中国专用汽车产业的创新、变革和突围 [J]. 专用汽车，2020，4（12）：21.

［30］程书良，李全勤，姚莉莉. 混凝土搅拌运输车搅拌筒设计概述［J］. 建筑机械化，2002（1）：38-40.

［31］程书良，姚莉莉. 混凝土搅拌运输车搅拌叶片的设计［J］. 建筑机械化，2002（2）：12-13，35.

［32］张国忠，周淑文，姜雪梅. 混凝土泵车臂架布料机构及其运动学仿真方法的研究［J］. 沈阳大学学报，2004（6）：27-31.

［33］郭正康. 现代汽车列车设计与使用［M］. 北京：北京理工大学出版社，2006.

［34］姜校林，欧伪滨. 混凝土泵车支腿展开角度的优化设计［J］. 建筑机械，2005（5）：75-76，79.

［35］谭德淼，刘建书. 液化石油气汽车罐车的设计与开发［J］. 化工装备技术，2001，22（3）：21-27.

［36］黄睿，刘春辉. 2017年厢式车市场回顾及2018年1—2月份市场分析［J］. 专用汽车，2018（4）：46-49.

［37］饶良星. 厢车运输车车顶防雨密封性的改进措施［J］. 汽车实用技术，2014（11）：85-86.

［38］王举，佟庆雨，姚志辉，等. 一种小吨位随车起重机回转机构设计及有限元分析［J］. 机械制造，2014，52（3）：36-38.

［39］雷琼红，赵晶，张奎. 凹梁式车辆运输半挂车的设计［J］. 汽车科技，2001（4）：13-15.